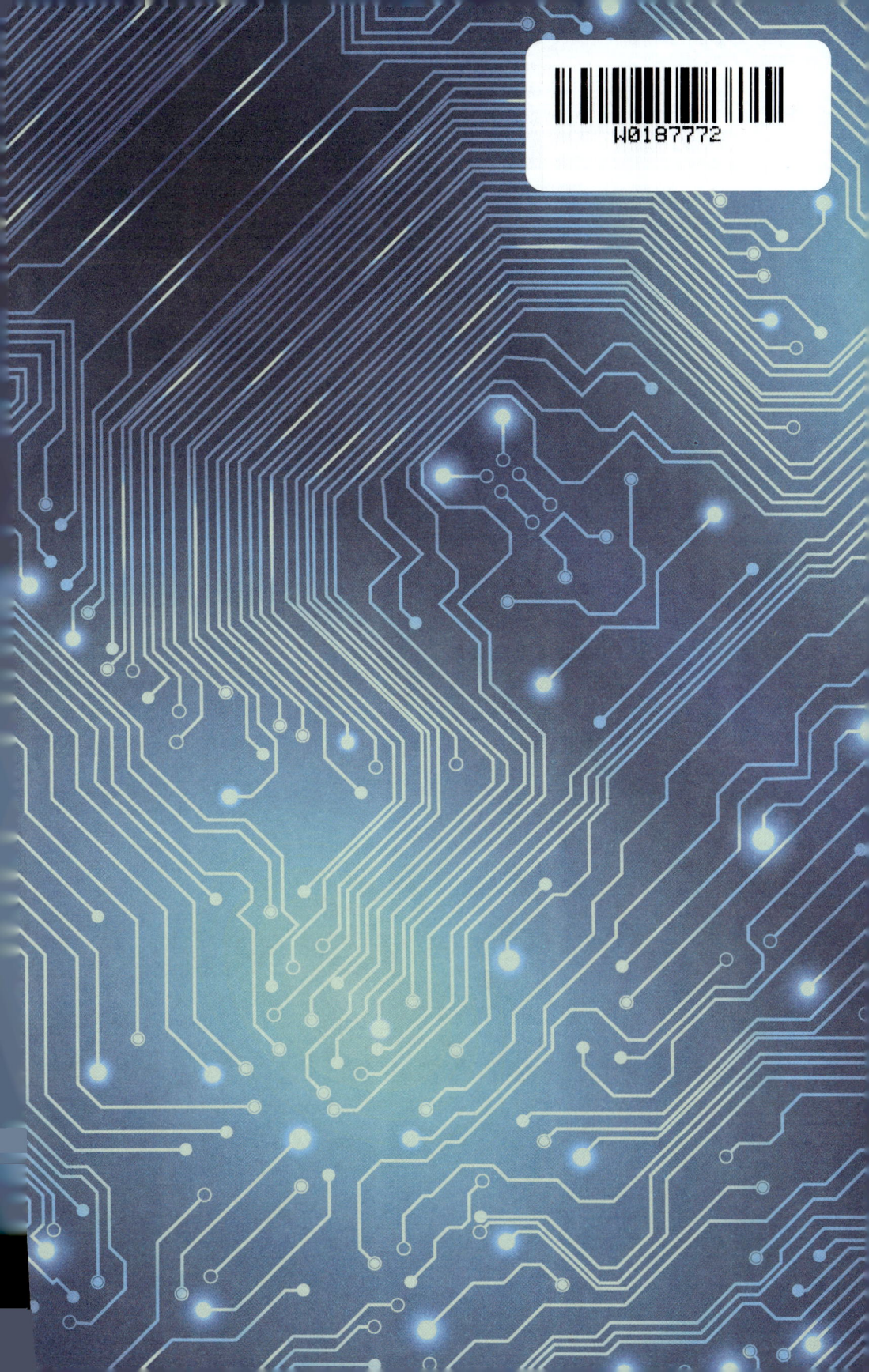

MATTHIAS A. K. ZIMMERMANN

ROMAN

KRYONIUM

{
1 /
2 Die
3 Experimente
4 der
5 Erinnerung
6 [...]

Mit einem Nachwort
von Stephan Günzel

κάδμος

Gewidmet ist dieses Buch *Archimedes von Syrakus*. Der Roman ist von seiner Formel zur Berechnung eines Kugelvolumens ($4/3 \cdot \pi \cdot r^3$) inspiriert, welche die Erzählstränge dieser Geschichte zusammenhält.

Man muss in der grenzenlosen Weite verweilen,
hellwach und klar,
die Unendlichkeit des Raums schauend,
so, als säße man auf dem Gipfel eines Berges
mit freier Sicht nach allen Seiten.

Shabkar (1781–1851), Tibetischer Yogi

INHALT

ERSTER TEIL

1 AMNESIE

Es war der heimliche Gedanke an eine Flucht, über den ich immerwährend nachdachte; die Flucht von diesem mir unbekannten Ort.

Als ich am späteren Nachmittag die Schlossbibliothek aufsuchte, griff ich sogleich nach einem Buch und machte es mir in einem der hinteren Räume auf einer Ottomane gemütlich. Während ich zu lesen versuchte und in Gedanken doch ganz woanders war, wälzte ich unzählige Fragen in meinem Kopf: *Wo bin ich? Wie kam ich hierher? Warum bin ich hier?* Vor allem aber ließ mir eine Frage keine Ruhe: *Wer bin ich?* Auf unerklärliche Weise befand ich mich eines Tages auf diesem Schloss und wurde von den Rittern und Wachen in die Hierarchie eingegliedert. Ich wusste weder meinen Namen noch verfügte ich über irgendwelche Erinnerungen. Niemand konnte mir eine schlüssige Antwort geben und niemand wollte mir helfen. Es fühlte sich an, als wäre mein Erinnerungsvermögen komplett gelöscht worden. Unaufhörlich quälte mich die Frage nach meiner Vergangenheit und ich fantasierte immer wieder neue Möglichkeiten einer Flucht; die Flucht von diesem mir unbekannten Ort. Zu fliehen war mir bisher unmöglich. Die Wachen und Ritter kontrollierten alles und jeden. Strenge Sanktionen wurden bei Fluchtversuchen verhängt, manch einer verschwand für immer im Verlies. Ein für mich unerträglicher Gedanke. Und doch musste es mir irgendwie gelingen, diesen beklemmenden Ort zu verlassen, kostete es, was es wolle! Unter keinen Umständen wollte ich hier bleiben! Die hitzigen Gedanken ließen mich müde werden. Und wie mich die weich gepolsterte Ottomane mit ihren gerundeten und geschwungenen Armlehnen samtig umgarnte, begann ich mir die Erleichterung und das neue Leben nach erfolgreichem Entkommen herbei zu träumen; dabei beruhigte ich mich allmählich, vertiefte mich in das Buch und wurde schläfrig.

Als ich meine Augen wieder öffnete, war ich von Dunkelheit und Stille umgeben. Es war tiefe Nacht. Das Schloss glich einem gespenstischen Labyrinth. Ich war eingenickt. Das hätte unter keinen Umständen passieren dürfen! Ich musste schleunigst auf mein Zimmer zurück und konnte nur hoffen, dass meine Abwesenheit noch niemandem aufgefallen war. Um diese Uhrzeit den Rückweg zu finden, war äußerst schwierig. Die Gänge, Treppen und Korridore bildeten ein unüberschaubares Wirrwarr an Räumen, in denen sich allzu schnell die Orientierung verlieren ließ. Die Nacht hier in der Bibliothek zu verbringen, war ebenfalls riskant. Meine Augen hatten sich bereits an das Dunkel gewöhnt und auf einem der Tische erkannte ich den Umriss einer Petroleumlampe. Ich entzündete sie. In dem schwachen Licht wandelte ich in den verwinkelten Regalschluchten umher, die vollgestopft waren mit Büchern aller Größen und Formen. An den Wänden ragten Folianten auf mit Schnittverzierungen, die golden und silbern glänzten; und immer wieder türmten sich zu Mauern aufgeschichtete Wälzer vor mir auf, die mir den Weg versperrten. Über Umwege gelangte ich schließlich in den Lesesaal. Ich schwenkte das Petroleumlicht und suchte nach der Ausgangstür. Unter einem Stoß Bücher fiel mir ein Glanz in die Augen. Was mochte das sein? Wie ich beim Näherkommen erkannte, war es eine Schneekugel. Vorsichtig zog ich sie unter dem Bücherhaufen hervor. Ich schüttelte sie und betrachtete ihre Miniatur.

Es sah fast so aus, als würden sich die kleinen Schiffe und Segelboote, die nur als weiße Punkte zu erkennen waren, im Hafenbecken wiegen. Am Ende des Sees weitete sich ein Alpenpanorama. Das hinter ihm aufgehende Morgenrot konnte den sternenbestückten Schneekugelhimmel noch nicht erhellen. Ein herbstfarbener Park mit winzigen Bäumen, die kaum von den noch kleineren Büschen zu unterscheiden waren, verlief entlang des Ufers. Seine Seepromenade führte zu einer Anlegestelle, an der auf einem hohen Sockel eine Steinskulptur thronte, die nur als grauer Fleck zu erkennen war. Ich stellte mir einen Löwen vor, der majestätisch in die Ferne blickte. Der morgendliche Stadtverkehr verzweigte sich um den verlassenen Park, in dem eine einzige Person auf einer Sitzbank hockte, wenn ich mich nicht täuschte. Um die Person deutlicher erkennen zu können, drehte ich die Kugel; dann schüttelte ich sie. Ein Schneetreiben entfachte. In Kürze waren die Gebäude und der Park eingeschneit. Im ruhigen Halten des Sockels schwebten noch die letzten Flocken. Zu sehen war eine weiße Fläche, in der die Gipfel vereinzelter Alpen, sowie die Spitzen der Uhren- und Kirchtürme hervorstachen. Deren kaum erkennbare Zeiger schätzte ich auf 09:09.

Erschrocken sah ich auf. Der Sturm hatte ein Fenster aufgerissen, das an die Innenwand der Bibliothek schlug und den Raum mit einer beißenden Kälte füllte. Ich eilte zum Fenster und machte es zu. Die Schneekugel legte ich behutsam in eine Regalablage. Mein Blick fiel auf die Bodenstanduhr. Ihr Uhrwerk war kaputt, auf ihrem Zifferblatt war immer dieselbe Zeit, die zehnte Stunde, abzulesen. Tatsächlich musste es schon Mitternacht sein, das Mondlicht fiel senkrecht durch das Rundbogenfenster und zeichnete kurze Schatten. Ich drehte den Docht runter und ging zum Ausgang. Die Türklinke in der Hand haltend, hörte ich ein dumpfes Grollen von draußen. Da kam mir ein leichtsinniger Gedanke. Mir war bewusst, dass ich dies nicht tun sollte, es war gefährlich und zudem strengstens verboten, aber ich konnte diesem Nervenkitzel nicht widerstehen. Aus einer Zinnschale nahm ich mehrere Glasmurmeln. Nervös öffnete ich das Rundbogenfenster und betrat einen Balkon.

Ein eisiger Wind ging durch die Zweige und raschelte in den Ästen, die in seltsamer Umarmung ineinander verflochten waren. Die Tannen zitterten in unheilvollen Lauten, und vom Mondlicht hinterleuchtet erstreckten sich gestaltähnliche Schatten auf eine verdächtig stille Winterlandschaft, über der sich ein Sternengewimmel wölbte. Gezielt warf ich eine Glasmurmel auf die vereiste Seefläche hinab, deren Ufer unterhalb des Balkons, nahe der Schlossmauer, verlief. Klack, klack, klack machte es; dann war das Geräusch auch schon wieder weg. Nur der Wind ächzte in den Mauerritzen, wie ein klägliches Flüstern, das mehr und mehr zu einem Heulen anschwoll. Bei genauerem Hinhören vernahm ich einen Schrei aus dem Wald, das sich weder einem Menschen noch einem Tier zuordnen ließ. Ein Schaudern überkam mich, es ging mir durch Mark und Bein. Abermals warf ich eine Glasmurmel ... und dann noch eine ... und noch eine ... und noch eine ... aber es geschah nichts. Enttäuscht wandte ich mich ab; das Klacken der Glasmurmeln war wohl zu leise gewesen; als es bedrohlich hinter mir zu knacken begann. Aufgeregt spähte ich in die Dunkelheit hinein. Ich drehte den Docht auf und beugte mich vorsichtig übers Geländer. Der Lichtradius weitete sich bis an die Uferlinie und ließ mich ein Loch in der Eisfläche erkennen. Ein vom Himmel fallender Vogel schlug mir die Petroleumlampe aus der Hand. Erschrocken schaute ich vom Balkon hinunter und erkannte einen reglos im Schnee liegenden Raben. Wie eigenartig. Wo kam der denn her? Unmittelbar vor mir erschallte ein bebendes Grollen und ich konnte kaum glauben, was ich da sah! Die Finsternis zog sich zu einem tentakelartigen Schattenriss zusammen. Wie ein pechschwarzer Nebel aus immer kleiner werdenden Spiralschleifen kräuselte sich die Dunkelheit vor mir auf. Und wie ein Krake mit langen Tentakeln versuchte die Düsternis jetzt nach mir zu greifen, drohte mich zu umschlingen und in sich hineinzuziehen! Eine Kälte, die ich so noch nie zuvor gespürt hatte, wollte Besitz von mir ergreifen und die Landschaft mitsamt dem Balkon, auf dem ich stand, verdehnte und verzerrte sich plötzlich. Alles drehte sich nur noch um mich herum, wie ein heimtückischer Wirbelwind. Rücklings fiel ich hin. Benommen rappelte ich mich auf und so schnell ich nur konnte, rannte ich aus der Bibliothek.

Ich hastete durch schummrige Gänge, bog nach links, dann nach rechts ab und nochmals nach rechts, dann nach links und wieder nach rechts und eilte eine Wendeltreppe hinauf, die kein Ende nehmen wollte. Wo war ich? Hatte ich mich verlaufen? Immer noch begleitete mich ein eiskalter Schauer und Schwindelgefühle umfingen mich; und so irrte ich weiter im Halbdunkel der Korridore und lief schneller und immer schneller. Außer Atem erreichte ich schließlich mein Zimmer und war unendlich froh, es bis hierhin geschafft zu haben. Zitternd verkroch ich mich unter die Bettdecke und fühlte eine schützende Wärme. War das vielleicht knapp gewesen! Was hatte ich mir bloß dabei gedacht? Wie konnte ich nur so leichtsinnig sein! Ich schwor mir, das Ungeheuer nie mehr hervorzulocken. Erschöpft schlief ich ein.

Der silberne Klang eines Glockenspiels holte mich aus einem tiefen Schlaf. Eilig zog ich mich an und öffnete das Fenster. Ein eisiger Wind strömte mir entgegen und blähte die Vorhänge auf. Mein Zimmer befand sich im obersten Stockwerk. Das Schloss thronte am Rande einer kleinen Insel. Ständiger Schneefall türmte sich zu Hügelkuppen auf und formte die eigentümliche Landschaft, die soeben in der Morgendämmerung erwachte.

Der Wald, obschon verlassen und in sich ruhend, war reichlich belebt und wurde von Tieren bewohnt. Weitere Waldbewohner stellten die Gruppen der Zwerge, Kobolde und Gnome dar. Diese Fabelwesen wohnten allesamt, aber getrennt voneinander, zwischen Felsspalten, in Höhlen und in sonstigen Löchern, und betraten für gewöhnlich, und dies mit allergrößter Vorsicht, nur in der Nacht den Wald – in diesem verwunschenen Wald blieb man nie unbeobachtet. Dann gab es noch die seltene Spezies der Einhörner, die sich so gut wie nie blicken ließen, scheu, wie sie nun mal waren. Selten kam es vor, dass ich von meinem Fenster aus ein Einhorn beobachten konnte – sein Fell tarnte sich in der Winterlandschaft geradezu perfekt und war kaum von dem Schneeweiß zu unterscheiden.

Das Schloss, im Vergleich zum Wald, wirkte alles andere als in sich ruhend und wurde von unentwegter Hektik und ständigem Unbehagen beherrscht. Seine Bewohner waren in eine strikte Hierarchie gegliedert: Die Obrigkeit bestand aus dem König und den Rittern; die Mittelschicht bildeten die Wachen und Hofdamen; und die Unterschicht – zu der auch ich mich zählen musste – setzte sich aus den Untertanen zusammen.

Wie eine Zange umschloss der gefrorene See die Insel und hielt die Tiere, Fabelwesen und Schlossbewohner gefangen. Unter der Eisfläche lauerte das Ungeheuer; jenes Ungeheuer, dem ich gestrige Nacht auf dem Bibliotheksbalkon mit Todesangst gegenüberstand. Wie ein höchst empfindlicher Seismograph registrierte es jede noch so kleinste Vibration auf der Eisfläche und um das Seeufer herum; und bewegte sich ein Tier, Fabelwesen oder Schlossbewohner in der Absicht einer Flucht in diese Todeszone, so konnte das Ungeheuer in kürzester Zeit diese Absicht wittern, den genauen Standpunkt orten, sich in wenigen Sekunden dorthin begeben, aus der Eisfläche hervorbrechen und den Fluchtversuch vereiteln, indem es das Tier, das Fabelwesen oder den Schlossbewohner in sich aufsog. Der Begriff ›Ungeheuer‹, ging mir durch den Kopf, war eigentlich ein unpassender; und obwohl alle Schlossbewohner diesen Begriff nutzten, war er im eigentlichen Sinn doch falsch konnotiert. Das Ungeheuer war kein massiges, körperhaftes Untier. Alle, die ihm je begegnet waren, beschrieben es als eine dunkle, neblige Konsistenz, eine körperlose Düsternis, die nur schwer in Worte zu fassen war. Das Ungeheuer, so möchte auch ich es der Einfachheit halber nennen, hielt die Schlossbewohner in Atem und verbreitete tagtäglich Angst und Schrecken.

Versonnen blickte ich auf die gefrorene Seefläche vor meinem Fenster, die sich in der scheinbaren Leere verlor. Ein Blick auf die andere Uferseite war unmöglich und ebenso undenkbar war es, dass sich der Nebelschleier jemals zu einem Weitblick lichten würde. Wolkenwände ummauerten die Insel und riegelten sie von der Außenwelt ab. Den See zu betrachten, war ein Blick ins Ungewisse; es war ungewiss, wie weit das Festland entfernt war, oder ob es überhaupt ein Festland gab. Letzte Gewissheit, dass ein Festland wirklich existierte, ließ sich nur aus den Schriften alter Bücher entnehmen und war reine Spekulation.

Über den Baumkronen und Wipfeln des Waldes bemerkte ich eigenartigen Qualm aufsteigen, ein kugelförmiger Rauch, der die Züge trauriger Gesichter in den Himmel zeichnete. Einmal mehr rief mir das in Erinnerung, dass es neben dem Ungeheuer noch eine weitere, sehr ernsthafte Bedrohung gab, und wie ich darüber nachdachte, klopfte es an der Tür.

»Dürfen wir hereinkommen?«, fragte eine gedämpfte Stimme. Ich setzte mich auf einen Stuhl und antwortete: »Ihr könnt hereinkommen.« Zwei großstämmige Wachen und ein kleiner Ritter betraten mein Zimmer. »Guten Morgen«, sagte er und fragte mich besorgt: »Wie geht es Ihnen heute?« Ich überlegte kurz und antwortete: »Sehr gut. Und wie geht es Ihnen?« Ohne auf meine Frage einzugehen, erkundigte sich der Ritter, wann ich zu Bett gegangen war und ob ich einen erholsamen Schlaf gehabt habe. Unbedingt wollte ich es vermeiden, vom gestrigen Vorfall auf dem Bibliotheksbalkon zu erzählen. Ich durfte mich um diese Zeit gar nicht mehr außerhalb meines Zimmers aufhalten; und tat ich es doch,

kassierte ich dafür eine Strafe – die Vorschriften des Schlosses verlangten
es so. Also antwortete ich euphorisch: »Alles bestens. Ich ging früh ins
Bett und fand einen tiefen Schlaf.« Die Wachen, argwöhnisch, besorgt
und misstrauisch wie immer, musterten jeden Winkel meines Zimmers
sorgfältig, blickten unter mein Bett und sahen in meine Schränke. »Was
haben Sie heute vor?«, fragte mich die eine Wache, während sie das Fenster zumachte und die vom Wind zerfalteten Vorhänge wieder glattstrich;
und die andere Wache bemerkte misstrauisch: »Es macht den Anschein,
dass Sie, trotz Ihres tiefen Schlafs, wie Sie sagten, immer noch müde und
unausgeruht sind. Es wäre ratsam, den heutigen Tag auf Ihrem Zimmer
zu verbringen.« Verneinend schüttelte ich den Kopf. Ich stand auf, ging
zur Tür und sagte entschlossen: »Ich möchte in die Lichtwerkstatt, jetzt
gleich!« Der Ritter nickte und gab den Wachen ein flüchtiges Zeichen,
worauf wir mein Zimmer verließen.

Verwinkelte Gänge und Treppen passierend – wir gingen rauf und runter
und links und rechts sowie rechts und links und runter und rauf – drosselten
sich unsere Schritte in einem prunkvollen Saal. Vielarmige Kronleuchter
ließen diesen goldverzierten Raum erstrahlen, dunkle Vorhänge milderten
das allseitige Glänzen und Glitzern. Meine immer noch auf schummrige
Lichtverhältnisse eingestellten Pupillen schrumpften auf Stecknadelgröße.
Geblendet tastete ich mich durch eine unruhig gewordene Menschenmenge. Ursache der Aufregung war, wie ich dem Stimmengewirr entnehmen
konnte, das Verschwinden mehrerer Untertanen, die das Ungeheuer am
frühen Morgen verschlungen hatte – um ein Haar wäre mir das vergangene Nacht auch passiert. Allmählich konnte ich die Konturen des Saals
klarer sehen und erkannte Wandteppiche mit kunstvollen Stickmustern.
Ich drängte mich durch die Leute, um vier der schmucken Stoffgemälde
aus nächster Nähe betrachten zu können:

Der erste Wandteppich zeigte einen Ritter, der auf einem aufbäumenden
Pferd saß. Furchtlos richtete er seine Lanze gegen das Ungeheuer, wobei das
Ungeheuer das Pferd bereits mit seinen dunklen spiralförmigen Schwaden
umschlossen hatte und dem Ritter der sichere Tod unmittelbar bevorstand.

Der zweite Wandteppich veranschaulichte den vergeblichen Versuch
mutiger Zwerge, Kobolde und Gnome, das Ungeheuer mit einem Netz
einzufangen. Seine Schwaden flossen wie die Tentakel eines Kraken durch

das Netz hindurch und hatten viele der Fabelwesen umschlungen; und wie dem Ritter stand auch ihnen das unvermeidliche Ende bevor.

Der dritte Wandteppich thematisierte das Aufbegehren der Einhörner und Tiere. Bären, Hirsche, Rehe, Biber, Marder, Dachse, Hasen, Eichhörnchen, Igel und Mäuse, allesamt protestierend und ihre Mäuler weit aufgerissen, gruppierten sie sich hinter einer Front aus Einhörnern, die sich dem Ungeheuer unerschrocken entgegenstellten. Wie ein pechschwarzer Wirbelwind umringte es die Schar und zog seine todbringende Nebelschlinge im festgehaltenen Moment zu.

Der vierte Wandteppich zeigte einen weißbärtigen Zauberer mit violettgoldenem Mantel und Spitzhut. Bei starkem Gegenwind richtete er seinen Zauberstab auf das Ungeheuer. Die aus der Stabspitze sprühenden Blitzstränge wurden von dem pechschwarzen Nebel aus immer kleiner werdenden Spiralschleifen absorbiert. Mir schien dieser vierte Wandteppich der hoffnungsvollste von allen zu sein, auch machte der Zauberer einen sympathischen Eindruck auf mich.

Das Bildmotiv des Ungeheuers zierte die Wandteppiche vieler Schlossräume und wirkte wie ein omnipräsentes Warnsignal: Niemals auch nur im Entferntesten daran zu denken, die schützenden Schlossmauern zu verlassen; denn absolut niemand ist in der Lage, gegen das Ungeheuer etwas auszurichten. Ein anderes, prominent ausstaffiertes Bildmotiv, das sich immer mal wieder auf Wandteppichen finden ließ, zeigte eine bucklige, in sich gekrümmte Gestalt, die im Wald ihr Unwesen trieb. Und wie ich über diese weitere, sehr ernsthafte Bedrohung nachdachte, packten mich die Wachen am Arm und wiesen mich an, endlich weiter zu gehen.

Eine steile Treppe hochsteigend, dann nach links und nach rechts abbiegend, erreichten wir am Ende eines längeren Korridors eine Tür, über der in messingfarbenen Lettern ›Lichtwerkstatt‹ zu lesen war. Eine freundliche Wache mit stählernem Helm nahm mich in Empfang und begleitete mich zu meinem Labor.

Meine im Labor verrichtete Arbeit war für das Schloss von höchster Bedeutung. Meine Aufgabe bestand in der Entwicklung immer leistungsfähigerer Glühlampen, die das lichtempfindliche Ungeheuer, auch bei Nacht, vom Schloss fernhielten. Aus welchem Grund das Ungeheuer das Licht mied, war rätselhaft, bis heute konnte niemand eine schlüssige Erklärung dafür finden. Die schützende Außenbeleuchtung war das Ergebnis meiner unermüdlichen Forschungsarbeit; und diese Tätigkeit war das einzige, das mir halbwegs noch Freude bereitete auf diesem Schloss. Mein allseitig mit Fenstern versehenes Labor befand sich inmitten der Werkstatt. Gewissermaßen war das Labor ein Raum im Raum, von dem aus sich mir ein Rundblick auf sämtliche Produktionsvorgänge bot: Auf die Schmelzöfen und die Glasbläserei, in denen Glaskolben geformt wurden; auf die Werkbänke, auf denen Lampensockel mit Schraubgewinden, Entladungsröhren, Zuleitungsdrähten und Isolierplatten gefertigt wurden; auf die Tische, auf denen alle Einzelteile zu Glühlampen zusammengesetzt und abschließend die Glaskolben mit einem Vakuum abgedichtet wurden. Meine besondere Aufmerksamkeit galt aber dem Glühfaden; von diesem hing die Strahlkraft ab, die sich proportional zu ihrer Schutzfunktion verhielt. Meine Forschung bestand vorwiegend darin, das Strahlungsmaximum und die Nutzungsdauer des Glühfadens zu erhöhen; dies führte mich zu zahlreichen Experimenten mit unterschiedlichsten Materialien. Schließlich fokussierte sich meine Forschung auf Glühfäden aus Wolfram. Sie waren leistungsfähiger als alle bisher verwendeten Materialien. Ihre Stabilität ermöglichte es, die Wolframfäden zu kleinen Wendeln und diese zu Doppelwendeln zu drehen. Dadurch erhöhte sich die Leistungsdichte um ein Vielfaches, zudem verringerte sich das Kugelvolumen der Glühbirnen bei gleicher Lichtabgabe wesentlich. Mein Labor war vollgestopft mit Materialien dieser zahlreichen Arbeitsschritte: Herumliegende Skizzenrollen, an die Wand geheftete Baupläne, Miniaturmodelle, von der Decke hängende Drähte und Glühlampen, Werkzeuge und Apparate. Sie ließen mich jeden Tag auf diese forschungsintensive Wegstrecke zurückblicken und gaben mir das seltene Gefühl von Zufriedenheit und Stolz.

Nachdenklich betrachtete ich meine Pläne am Zeichentisch. Sie skizzierten das Wunderwerk einer überdimensionierten Glühbirne, welche die Nacht zum Tag erhellen sollte – die Vision einer künstlichen Sonne, die nach Belieben ein- und ausgeschaltet werden konnte. Diese Glühlampe würde eine maximale Sicherheit vor dem Ungeheuer gewährleisten, deutlich weniger Strom verbrauchen und vor allem einfacher zu warten sein. Da die Glühbirnen innerhalb und außerhalb des Schlosses regelmäßig ausgewechselt werden mussten, ging der Vorrat zum Bau neuer Leuchtmittel zur Neige. Und sollten nicht mehr genügend vorhanden sein, um eine das Schloss umfassende Lichtmauer bilden zu können, wären wir alle dem Ungeheuer schutzlos ausgeliefert. Das wäre das Ende! Die Riesenglühbirne würde auf dem Bergfried (dem höchsten Turm des Schlosses) montiert werden. Von dort aus wäre der Gebäudekomplex in eine maximal schützende Lichtflut getaucht und könnte das Ungeheuer auf eine viel weitere Distanz halten. Optimistisch betrachtete ich meine Pläne und war zuversichtlich, die mir gesetzten Ziele zu erreichen. Insbesondere erhoffte ich mir, um nicht mehr der Gruppe der Untertanen anzugehören, einen Aufstieg in der Schlosshierarchie. Obwohl ich diese überaus wichtige Werkstatt leitete, gehörte ich immer noch dem Status der Untertanen an; eine Zumutung, wie ich fand!

Eine kalte Hand berührte meine rechte Schulter und eine tiefe Stimme machte eigenartige Knacklaute. Erschrocken drehte ich mich um. »Was ist bloß los mit dir, Aron! Deine Späßchen kosten mich noch den letzten Nerv!« Aron lächelte scheinheilig. Dann kramte er in den Schubladen herum und fragte mich beiläufig, ob alles mit mir in Ordnung sei. Ich überlegte und wollte ihn etwas fragen. Aron aber hatte das Labor bereits wieder verlassen und war dabei, die Fenster in der Werkstatt zu schließen. Ich rief ihm nach, dass die Fenster offenbleiben müssten und zeigte auf tausende Glühbirnen, die in treppenförmig gestufte Podeste eingeschraubt waren. Fragend schüttelte er den Kopf. »Bald wird es hier sehr heiß werden«, erklärte ich ihm. »Heute ist ein Glühbirnen-Test-Tag. Um der Hitze entgegenzuwirken, wurden die Fenster vorab geöffnet.« Aron schien verstanden zu haben und nickte mir zu.

Er war einer meiner beiden Assistenten. Jeden Morgen verstaute er Material und holte Bauteile her, die gerade gebraucht wurden. Er war eine eigenwillige Person, die aufbrausend sein konnte, erfüllte aber die Aufgaben, um die ich ihn bat, meist zuverlässig. Elektrotechnik gehörte nicht zu seinen Wissensgebieten, meinen Ideen konnte er daher kaum folgen. Mit dem Besprechen meiner Skizzen und Pläne musste ich bis zum Nachmittag warten. Dann stand mir meine zweite Assistenz zur Seite, die genau so scharfsinnig war wie ich. Aron konnte sie nicht leiden und ging ihr aus dem Weg. Das war arbeitstechnisch auch besser so, es wäre für drei Personen ohnehin zu eng im Labor gewesen.

Hinter mir rumpelte es. Aron trug mehrere Kisten mit Drähten herein. Es war vorgesehen, diese zu einem dicken, schweren Glühfaden zu drehen und in die überdimensionierte Glühbirne einzusetzen, die bis jetzt nur im Entwurfsstadium grober Skizzen existierte. Aron stellte polternd eine Kiste ab, ich zuckte bei dem Krach zusammen. Dann aber packte mich die Neugier und ich fragte wissbegierig drauf los: »Was ist passiert? Wer ist alles verschwunden? Wurde etwas beobachtet? Wie immer weißt du mehr als ich, Aron. Ich möchte alles wissen!«

Aron sah mich ernst an, stellte eine weitere Kiste ab und antwortete mit geheimnisvoller Stimme: »Das Ungeheuer hat diesmal acht Untertanen verschlungen.«

»Acht? Woher weißt du das so genau?«

Aron schmunzelte.

»Sag schon!«

Aron, der immer über alles und jeden Bescheid wusste – seine Informationsquellen waren mir schleierhaft – setzte sich vor mich hin. Seine grauen Augen funkelten durch seinen wolligen dunklen Haarschopf und er begann, wie er es gerne tat, in theatralischer Manier zu erzählen:

»Es war Mitternacht und ich beobachtete, wie an der Schlossmauer sich eine Tür öffnete und acht Personen, die eine Petroleumlampe bei sich trugen, herauskamen. Mir war sofort klar, dass es sich hierbei um einen Fluchtversuch handeln musste. Wie ich die letzten Tage beobachten konnte, wuchs die Anzahl unzufriedener Untertanen, welche die strikten Vorschriften nicht mehr befolgen wollten. Die Umstände, das Schloss wegen des Ungeheuers nie mehr verlassen zu können, waren zur hoffnungslosen Qual geworden. Die vergangenen Tage sorgte zudem die Geschichte eines Geheimgangs, der unter dem See hindurch führt und den Inselwald mit dem Festland verbindet, für zündenden Gesprächsstoff. Da der Wald nicht allzu groß ist, sollte es auch nicht allzu schwer sein, diesen Geheimgang zu finden, spekulierten einige Untertanen und schmiedeten heimlich Fluchtpläne. Die Ausreißer, die ich gestern an der Schlossmauer sah, waren wohl auf der Suche nach diesem Geheimgang. Sie entfernten sich in Richtung Wald und passierten die Lichtmauer. Als sie den Waldrand schon fast erreicht hatten, begann die Lichtmauer plötzlich zu flackern und erlosch. Der Boden vibrierte und in Ufernähe brach die Eisfläche auf. Eine pechschwarze, neblige Masse aus Spiralschleifen erhob sich wie ein Wirbelwind aus dem See. Das Ungeheuer hatte die Menschen geortet und diese wiederum hatten bemerkt, dass sie entdeckt worden waren und ohne die intakte Lichtmauer schutzlos waren. Sie eilten zum Schloss zurück. Doch das Ungeheuer hatte sie bald eingeholt und ihre Petroleumlichter erloschen, eines nach dem anderen. Dann war es totenstill.«

»Es gibt also einen Geheimgang«, bemerkte ich erstaunt, und wie ich dies sagte, erstrahlte vor dem Laborfenster ein grelles Licht. Die Podeste mit den tausenden von Glühbirnen waren soeben eingeschaltet worden und die Tests begannen. Um unser Gespräch fortzusetzen, begaben wir uns in eine weniger bestrahlte Laborecke. »Von einem Geheimgang höre ich jetzt das erste Mal. Was denkst du, Aron, gibt es diesen Geheimgang wirklich?«

Aron lächelte arglistig. »Ich war es gewesen, der die verheißungsvolle Geschichte eines Geheimgangs, der den Inselwald mit dem Festland verbindet, erfunden und glaubhaft unter die Leute gebracht hat.« Laut lachte er auf und konnte sich kaum mehr einkriegen.

»Wie perfide von dir!« Verständnislos schüttelte ich den Kopf. »Warum hast du das getan? Ein wirklich übler Streich. Schäm dich!«

»Na hör mal!« Aron gestikulierte temperamentvoll mit seinen Händen. »Die Geschichte war nur gut gemeint gewesen und sollte mehr Spannung in den langweiligen und langwierigen Alltag bringen. Was die Leute hier brauchen ist Hoffnung. Wie hätte ich denn ahnen können, was passiert ...«

»Moment!«, unterbrach ich ihn, eine brisante Frage schoss mir durch den Kopf. »Wie war es dir überhaupt möglich, den Fluchtversuch so genau zu beobachten? Deiner Schilderung zufolge müsstest du dich ebenfalls am Waldrand aufgehalten haben.«

Aron lächelte wieder. »Das habe ich ja auch, ich stand tatsächlich am Waldrand.«

»Und wie war es dir möglich, das Schloss zu verlassen? Die Ausgänge werden streng bewacht. Bestimmt ist auch diese Geschichte frei von dir erfunden und wieder einmal ein Produkt deiner überbordenden Fantasie! Ich sollte dir wirklich nicht länger zuhören, Aron.« Ich drehte mich um und wollte das Labor verlassen, aber Aron packte mich an der Schulter und rief: »Es gibt für alles eine schlüssige Erklärung. Hör mir gut zu! Es gab einen ganz bestimmten Grund, warum ich das Risiko auf mich nahm und das Schloss vergangene Nacht verließ. Willst du ihn hören? Ja?« Ich überlegte scharf, setzte mich wieder hin und sagte: »In Ordnung. Du hast meine volle Aufmerksamkeit. Ich will aber nur die Wahrheit von dir hören. Klar?« Aron lächelte und erzählte mit ruhiger, gefasster Stimme weiter:

»Es war kurz vor Mitternacht und ich war schon beinahe eingeschlafen, als ich einen Schrei aus dem Wald vernahm, das ich weder einem Tier noch einem Menschen zuordnen konnte. Mir war sofort klar, dass das klägliche Gejammer nur von einem Einhorn stammen konnte. Selten kommt es vor, dass ein Einhorn unbeabsichtigt sein Horn tief in einen Baumstamm rammt. Es schreit dann und versucht mit aller Kraft sein Horn heraus- zuziehen. Für gewöhnlich bricht das Horn ab, die Magie entzweit und das Einhorn verwandelt sich in ein Pferd, wobei sich die Zauberkraft im Horn sammelt. Und wer dieses Horn findet und aus dem Stamm zieht, der kann sich damit einen Wunsch erfüllen.«

»Einen Wunsch«, wiederholte ich erstaunt und wollte wissen, ob man sich mit dem Horn von der Insel wegwünschen könne.

Aron schüttelte den Kopf. »Die Magie ist nur geringfügig. Dennoch erschien es mir erstrebenswert, einen solchen Wunsch zu besitzen – man weiß schließlich nie, wofür so was gut sein kann. Deshalb wollte ich das Horn unbedingt haben und ging das Risiko ein, es zu suchen. Doch als ich im Wald war, konnte ich es nicht finden. Zunehmend wurde ich nervös, das Ungeheuer konnte überall auf mich lauern. Zwischen den Bäumen und Felsen funkelten bedrohlich die Augen der Kobolde und Gnome, die mir weitere Sorgen bereiteten. Am Waldrand stehend beobachtete ich dann den fehlgegangenen Fluchtversuch. Und nachdem die acht Untertanen verschlungen worden waren, wurde es auch für mich brenzlig; das Ungeheuer hatte mich bemerkt! So schnell ich nur konnte, stapfte ich durch den Schnee in den Wald hinein. Die Orientierung hatte ich bald verloren; doch plötzlich, ich hatte schon gar nicht mehr daran gedacht, entdeckte ich das abgebrochene Horn. Ich zerrte und riss an ihm. Beinahe hatte ich es aus dem Baumstamm gezogen, da umschloss mich pechschwarze Dunkelheit. Eisige Kälte umgab mich und ich fühlte alle Hoffnung aus mir hinausströmen. Mit letzter Kraft zerschlug ich meine Petroleumlampe an einem Stamm. Die Tanne fing Feuer. Das flammende Licht ließ das Ungeheuer zurückweichen und ich konnte mich aus dem eisigen Sog befreien. Ich floh tiefer in den Wald hinein und erreichte eine Lichtung, auf der sich mehrere Wege kreuzten. Und wie ich verzweifelt in der Dunkelheit nach einem bestimmten Felsen suchte, der sich einfach nicht finden lassen wollte, holte mich das Ungeheuer wieder ein und umschloss mich eiskalt. Erstarrt fiel ich zu Boden. Der Wald verzerrte und verdehnte sich und alles drehte sich nur noch um mich herum. Dann aber sah ich ein gleißendes Licht aufsprühen und war von Wärme umgeben. Der Waldgeist kam mir zu Hilfe und rettete mich in letzter Sekunde. Mit seiner Lichtintensität hielt er das Ungeheuer von mir fern. Ich folgte der Richtung, in die er zeigte, und gelangte zu dem Felsen, den ich so verzweifelt gesucht hatte. Hinter mir fand ein Kampf aus Licht und Dunkelheit statt und es blitzte und brutzelte wie bei einer Teslaspule. Als ich mich ein letztes Mal umdrehte, sah ich, wie das Ungeheuer die lichtartige Konsistenz des Waldgeistes zu drei Sphären formte und diese als übereinander aufgetürmte Schneeballen erstarren ließ. Der Waldgeist hatte bei dem Kampf verloren und das Ungeheuer hatte ihn in einen Schneemann verwandelt. Schnell schloss ich die Steintür des Felsens auf und rettete mich in den Geheimgang. Überglücklich, mit dem Leben davongekommen zu sein, eilte ich zurück zum Schloss und ...«

»Moment!«, unterbrach ich Aron, und der Begriff ›Deus ex Machina‹ schoss mir durch den Kopf. Prüfend sah ich ihn an und meinte: »Eine wahrhaft abenteuerliche Geschichte ist das, die du mir da erzählst. Ich dachte, die Sache mit dem Geheimgang sei frei von dir erfunden. Gibt es ihn nun doch?«

Aron nickte. »Die Geschichte von einem Geheimgang, der den Inselwald mit dem Festland verbindet, ist frei von mir erfunden. Aber tatsächlich gibt es einen Geheimgang, der das Schloss mit dem Inselwald verbindet.«

»Wirklich?« Erstaunt blickte ich Aron an und wollte wissen, wo genau sich der Eingang zu diesem Geheimgang denn befände, als die Wache mit dem stählernen Helm plötzlich in der Tür vom Labor stand und uns aufforderte, unverzüglich mitzukommen. Aron und ich warfen uns flüchtige Blicke zu und gaben uns ein Zeichen, Stillschweigen über diese brisante Information zu wahren. Unverrichteter Dinge verließen wir das Labor und folgten der Wache.

Die Lichtwerkstatt war mittlerweile von Untertanen belebt, die offiziell als Werkstattarbeiter bezeichnet wurden und eifrig ihrer Arbeit nachgingen. Ich fasste mich an die Stirn, es war heiß geworden. Die abertausend zu testenden Glühbirnen in den Podesten verströmten eine sengende Hitze, zudem lag ein Quecksilberdunst in der Luft. In einer Ecke liegend bemerkte ich einen Vogel. Erschrocken fiel mein Blick auf eine kleine, geöffnete Tür am Ende der Lichtwerkstatt. »Oh nein!«, rief ich entsetzt. Die Voliere stand offen. Viele Vögel befanden sich darin; und würden sie sich in die Lichtwerkstatt verfliegen, so wäre der Quecksilberdunst für sie tödlich! Aron eilte zur Voliere. Ich kniete mich neben den Vogel hin und legte ihn behutsam in meinen Schoß. Glücklicherweise war er am Leben und schien nur etwas benommen zu sein. Die Haltung der Vögel hatte die Wache mit dem stählernen Helm zu verantworten. Sie hatte ihre Obhutpflicht gerade grob verletzt. Mit einem zornigen Blick rügte ich sie. Den Vogel brachte ich in die Voliere zurück.

4

An der Eingangstür zur Lichtwerkstatt erwartete uns ein Ritter. Er befahl mir, die kaputten Glühbirnen in den Stehlaternen vor dem Schloss nach der Ursache ihres Defekts zu untersuchen. Eine Front aus hell strahlenden Stehlaternen wurde immer vor Einbruch der Dunkelheit aktiviert und bildete die sogenannte Lichtmauer. Sie sollte die Fabelwesen, insbesondere aber das Ungeheuer, vom Schloss fernhalten. Da sich das Schloss gefährlich nahe am Seeufer befand, musste sich die Lichtmauer, um einen vollständigen, schützenden Ring um das Schlossgelände bilden zu können, auch durch die Eisfläche des Sees ziehen. Die defekten Glühbirnen befanden sich im vorderen Drittel der Lichtmauer, die dem Wald zugewandt war. Sich außerhalb des Schlosses zu begeben, was mir soeben befohlen wurde, war ein Risiko, insbesondere in der Nacht, aber auch am Tag.

Begleitet von einem Trupp Wachen passierten Aron und ich mehrere massive Türen, gingen unter dem Torbogen hindurch – dabei verspürten wir einen warmen intensiven Luftzug – und befanden uns schließlich vor dem Eingangstor. Nervös blickten wir in eine scheinbare Leere aus dichtem Flockengeriesel. Die Wachen bildeten eine schützende Kreisformation um uns und wir entfernten uns aus der noch sicheren Zone. Kleiner und immer kleiner wurde das Schloss. Seine zahlreichen Türme, Mauern und Fenster waren mit leuchtenden Glühbirnen verhangen; und wie es so schneeverwoben und ruhend dastand, wirkte es märchenhaft. Durch seine gekrümmte, in sich verschlungene Architektur glich es einem Wollknäuel, der wie traumverloren im Schneegestöber aus unserer Sichtweite verschwand.

Die Wachen öffneten ihre Kreisformation, wir standen vor einer Laterne. Ich stieg eine Leiter hoch und untersuchte die Glühbirnen. Sie schienen unversehrt. Ihre Glühfäden waren weder durchgeschmolzen noch beschädigt. Beim manuellen Ein- und Ausschalten funktionierten sie einwandfrei. Auch die Inspektion weiterer Laternen ließ mich keine Defekte finden. Aron rief plötzlich ganz aufgeregt und zeigte auf eine rötliche Tropfspur, die sich durch den Schnee zog und hinter einem Hügel verschwand. Es war

Blut. Schnell, und doch vorsichtig genug – ich war nicht schwindelfrei –, stieg ich die Leiter hinab.

Wir folgten der Blutspur. Sie führte uns über mehrere Hügel, was uns gefährlich nahe an den Waldrand brachte, und endete vor einer Wölbung im Schnee. Eine Wache hatte eine Hand entdeckt und schaufelte mit dem Schutzschild den Schnee weg. Zum Vorschein kam ein leichenblasses Gesicht. Die regungslos im Schnee Liegende war Hannah, eine Ausreißerin, die das Ungeheuer offenbar nicht verschlungen hatte. Ihre Arme waren zerkratzt, sie blutete aus den Pulsadern und war ganz übel zugerichtet. Alle warfen sich schnelle, flüchtige Blicke zu, ein mulmiges Gefühl überkam uns. So schnell wie nur möglich wollten wir zurück ins Schloss. Auch wenn niemand den Mut hatte, es auszusprechen, so war uns längst klar geworden, dass diese Verletzungen nur von der Hexe zugefügt sein konnten. Die Art und Weise, wie Hannah im Schnee so da lag, passte exakt zu der grausamen Art, wie sie ihre Opfer zurichtete. Naheliegend wäre dann auch, dass der Stehlaternendefekt ihr Hexenwerk gewesen sein musste. Allem Anschein nach hatte sie die Lichtmauer mit ihrer Magie sabotiert.

Die weitere, sehr ernsthafte Bedrohung, über die ich heute Morgen beim Blick aus dem Fenster und beim Betrachten eines Wandteppichs nachgedacht hatte, war eben diese Hexe gewesen. Diese böse, bucklige und in sich gekrümmte Gestalt wohnte im Wald. Wo genau, wusste niemand. Wer das Waldhaus der Hexe fand, kehrte von dort nie mehr zurück. Ihr Schornstein stieß eigenartigen Rauch mit kugelförmigen Gesichtern aus, die mal fröhlicher und mal trauriger in den Himmel aufstiegen. Und dann war es so, dass die Hexe auch noch ein gefährliches Biest besaß, und zwar einen Drachen, der Feuer speien konnte. Tagsüber schlief er im Wald, flog aber, wenn die Hexe ihn rief, zu jeder Zeit blitzschnell zu ihr. Die Möglichkeit, der Hexe oder dem Drachen hier am Waldrand zu begegnen, ließ uns erschaudern.

Aron hatte Hannahs reglosen Körper über die Schultern gepackt und eilte mit den Wachen zurück zum Schloss. Ich folgte ihnen. Plötzlich bemerkte ich, wie aus Hannahs Kleid ein kunstvoll verzierter Holzstab glitt und in den Schnee fiel. Niemand außer mir schien es gesehen zu haben. Schnell griff ich mir den Stab und versteckte ihn unter meiner Kleidung. Dann rannte ich los. Zu meiner Erleichterung sah ich schon bald den kugelförmigen Umriss des Schlosses im Schneegestöber vor mir aufragen. Schließlich erreichten wir das Eingangstor, passierten den Torbogen, liefen unter seinem warmen intensiven Luftzug hindurch, und konnten uns in Sicherheit wähnen. Hannah wurde in den Nordflügel gebracht. Ich nahm den Umweg über die Bibliothek, um dort unauffällig den kunstvoll verzierten Holzstab zu verstecken. Anschließend begab ich mich in den Nordflügel zum Genesungsraum, dem Ort für Kranke und Verletzte.

Hannah war die erste Schreiberin des Schlosses und hatte viele meiner Notizen in Reinschrift verfasst. Sie war meist fröhlich und sang beim Kritzeln ihrer Texte mit Schreibfeder auf Pergament. Wer hätte gedacht, dass jemand so fröhliches wie sie einen Fluchtversuch wagen würde? Bleich und ausgeblutet lag sie nun vor mir auf dem Bett, starr und stumm, ihr Mund hing eigenartig schief und formte ein angstverzerrtes, leichenblasses Gesicht. Büschelweise fehlten ihr Haare am Hinterkopf – als ob ein wildes Tier über sie hergefallen wäre. Wie entsetzlich! Die Hexe konnte so grausam sein, niemand war vor ihrer unbändigen Wut gefeit. Obschon Hannah mehr tot als lebendig war, würde sie überleben, wie mir ein Ritter versicherte und mich damit beruhigte. Aus dem Schallplattenspieler eines Grammophons knisterte die fröhlich beschwingte Musik des dritten Satzes, Menuett al roverso, aus Joseph Haydns Symphonie Nummer 47 in G-Dur. Die Klänge machten mich nervös, ich lief auf und ab und ab und auf.

Anna war gerade hereingekommen und begab sich ans Fenster. Sie stützte sich am Rahmen ab und blickte ausdruckslos in die scheinbare Leere. Auch ihr Schicksal war mit den grausamen Machenschaften der Hexe verflochten. Vor einiger Zeit wollte Anna ihre Bettlaken zum Auslüften über ihren Balkon hängen. Als sie sich etwas zu weit über den Balkon lehnte, trat plötzlich die Hexe hinter einer Tanne hervor. Der Blitzschlag aus ihrem Zauberstab hatte Anna getroffen und sie verlor augenblicklich die Hälfte ihres Körpergewichts. Seither bestand sie nur noch aus Haut und Knochen. Aber damit nicht genug! Andere Schlossbewohner wurden in menschengroße Porzellanfiguren verwandelt, als sie nichts ahnend ein Fenster öffneten. Sie wurden vom Blitz getroffen und verglasten augenblicklich. Ihre porzellanerstarrten Körper wurden im Saal abgestellt, und immer mal wieder umplatziert, wohl damit es den Porzellanfiguren, in denen immer noch eine menschliche Seele steckte, nicht langweilig werden würde. Es war schwer abzuschätzen, wie viel ihre Sinne von der Umgebung noch wahrnehmen konnten und was sie fühlten. Vielleicht konnten die Porzellanfiguren sehen und hören; riechen und schmecken wohl eher nicht.

Horchte man aber an ihren glänzend-glasigen Porzellangesichtern, so konnte man sie atmen hören. Also lebten sie irgendwie noch. Es schauderte mich bei dem Gedanken, selbst eine Porzellanfigur zu werden. Größte Vorsicht war geboten, immer und überall. Bei geschlossenem Fenster drohte einem keine Gefahr, die Hexe konnte nicht durch hartes Material wie Glas oder Stein zaubern; und die eisengefertigten Rüstungen der Ritter und Wachen boten einen gewissen, wenn auch nicht restlosen, Schutz.

Natan kam herein. Sein Anblick war noch schwerer zu ertragen als der von Anna. Als sein Kind zur Welt kam, wollte er, dass es mit reinem Wasser getauft werden würde. Ein solches Wasser gab es aber nur beim Ziehbrunnen am Waldrand. Entgegen dem strickten Ausgehverbot verließ er bei Einbruch der Dunkelheit heimlich das Schloss. Am Ziehbrunnen lauerte ihm dann die Hexe auf. Geistesgegenwärtig griff er nach ihrem Zauberstab und es gab ein Gerangel, bei dem die Hexe in den Brunnen fiel. Unglücklicherweise befand sich ihr Drache in unmittelbarer Nähe. Das Biest verfügte über ein sensibles Gehör und vernahm ihre Schreie noch vom Grund des Brunnens. Als der Drache Natan fliehen sah, flog er ihm nach und spie Feuer. Natan ging in Flammen auf. Brennend rannte er in Richtung des Schlosses. Die Wachen eilten ihm zu Hilfe. Mit Müh und Not konnten sie das Feuer eindämmen. Doch Natan trug schwerste Verbrennungen davon und seine Erscheinung war fortan entstellt.

Viele Schlossbewohner waren durch die Hexe und ihren Drachen geschädigt worden und litten an Entstellungen und Verstümmlungen. Die Hexe war einfallsreich und sadistisch. Sie erfand eine Bandbreite an Leiden, mit denen sie die Schlossbewohner quälen konnte. Auf dieser Insel war es äußerst gefährlich. Doch die Flucht von diesem verwunschenen Ort, oder treffender formuliert: die Flucht von diesem fluchbeladenen Ort, war undenkbar. Und auch wenn viele Untertanen, Wachen und Ritter sich insgeheim eine Flucht ersehnten, so mussten sie sich eingestehen, dass es letztlich unmöglich war. Zu viele Hindernisse mit unterschiedlichsten Gefahren hätten überwunden werden müssen. Auch in mir keimte unentwegt der heimliche Gedanke an eine Flucht auf. Der Wunsch nach Freiheit ließ sich einfach nicht abschütteln. Ich sehnte mich nach der Flucht von diesem mir unbekannten Ort und konnte unter keinen Umständen von diesem Gedanken ablassen.

Aron stand plötzlich neben mir und zeigte nervös auf die Uhr über Hannahs Bett. »Es ist jetzt ›13:31‹, die Mittagspause ist seit einer Minute um.« Ich sagte ihm, dass ich mich sowieso gerade auf den Weg machen wollte. Und wie ich dies sagte, dachte ich, dass es mir eigentlich ganz und gar nicht recht war, dass er mich abholte. Meine Gedanken kreisten verbissen um eine einzige, bestimmte Sache in der Bibliothek, um die ich mich baldmöglichst kümmern musste.

Gemeinsam verließen wir den Nordflügel und begaben uns zur Lichtwerkstatt im Ostflügel. Auf halbem Weg, als wir an der Bibliothek vorbeikamen, zügelte ich meine Schritte und sagte: »Aron, geh du schon mal vor. Ich hab' noch etwas in der Bibliothek zu erledigen.« Ein wenig enttäuscht, wie es mir schien, setzte er seinen Gang fort. Um ganz sicherzugehen, dass er auch wirklich wegging, schaute ich ihm eine Weile nach, dann betrat ich leise die Bibliothek.

Wie so oft war sie leer. Nervös schaute ich auf die Bodenstanduhr und atmete tief durch. In ihren mechanischen Eingeweiden hatte ich den kunstvoll verzierten Holzstab versteckt. Unauffällig wollte ich ihn jetzt umplatzieren. Geheimnisvoll knirschte, knackte und klickte es im Inneren des länglichen Gehäuses. Langsam näherte ich mich der Bodenstanduhr.

Eine Wache kam hinter einem der Bücherregale hervor und sah mich misstrauisch an. Was um Himmels willen machte diese Wache in der Bibliothek, schoss es mir durch den Kopf. Ich wich mehrere Schritte zurück. Die Wache kam auf mich zu und wollten wissen: »Warum bist du nicht bei der Arbeit? Hast du etwa eine Sondererlaubnis, um dich in der Bibliothek aufzuhalten?« Die Frage war in gehässigem Tonfall gestellt, mit einem Anflug von Zynismus. Mir stockte der Atem, ich wusste nicht, was ich sagen sollte. Die Wache wandte ihren Blick von mir ab und sah skeptisch zur Bodenstanduhr auf. »Eine kunstvoll gefertigte Uhr von gediegener Eleganz«, bemerkte ich schnell. »Immer wenn ich sie mir ansehe, wie jetzt gerade, vergesse ich doch glatt die Zeit. Irgendwie seltsam, oder?« Mit misstrauischem Blick sah mich die Wache an und äußerte mit spitzer Stimme: »Wer die Zeit vergisst und dadurch seine Arbeit vernachlässigt, der missachtet die Vorschriften des Schlosses, was unentschuldbar ist!« Ein von Angst getriebenes Fluchtgefühl überkam mich mit einem Mal, und es hätte nicht viel gefehlt und ich wäre auf und davon gerannt. Doch konnte es schlimme Folgen haben, wenn Untertanen den Anordnungen der Wachen nicht Folge leisteten. Und so versuchte ich mich zu erklären: »Ich komme gerade vom Nordflügel. Genauer gesagt, aus dem Genesungsraum. Dort habe ich jemanden besucht, der mir sehr wichtig ist. Nun bin ich auf dem Weg in den Ostflügel, ich arbeite in der Lichtwerkstatt. Bei meinem Besuch habe ich die Zeit vergessen und zu spät bemerkt, dass die Mittagspause vorüber war. Da ich wissen wollte, um wie viele Minuten ich mich verspätete, begab ich mich in die Bibliothek, um nach der Zeit zu schauen.« Die Wache schüttelte zornig den Kopf und zeigte mit der Lanze auf das Ziffernblatt. »Wie jeder im Schloss doch weiß, ist die Bodenstanduhr schon seit geraumer Zeit kaputt und ihre Zeiger stehen auf der zehnten Stunde still.« Ich wollte wissen, warum eigentlich die Bodenstanduhr kaputt sei. Die Frage interessierte mich schon seit längerem. Dem Gesichtsausdruck der Wache konnte ich ablesen, dass auch sie die Antwort nicht kannte. Als ich noch eine Frage stellen wollte, richtete sie ihre Lanze auf mich und sagte: »Jetzt reicht's aber. Vorwärts! Sofort!«

Auf dem Korridor milderte sich dann der Tonfall und die Wache meinte: »Du bist unvorsichtig. Wenn ich dir einen gut gemeinten Ratschlag geben darf, dann halte dich vom Identitätslosen fern.« Diesen Namen hatte ich noch nie zuvor gehört und ich wollte wissen, wer der Identitätslose ist. Ohne auf meine Frage einzugehen, eskortierte mich die Wache in die Lichtwerkstatt. Mit Schreibfeder auf Pergament protokollierte sie unsere Begegnung und verlangte meine Unterschrift. Nach der Ermahnung, es in Zukunft zu vermeiden, die Mittagspause zu überziehen, verschwand sie.

Das Dokument, das ich zu unterzeichnen hatte, kam in den sogenannten Zählraum zum Zählmeister. Er hieß Kaspar und war für die vollständige Überwachung des Schlosses verantwortlich. Alle Vergehen und Versäumnisse wurden dort protokolliert und ausgewertet. Kaspar führte von fast allen Schlossbewohnern eine Kartei und zählte akribisch. Je nach Anzahl und Schwere der Vergehen erging eine entsprechende Strafe. Wo genau sich der Zählraum befand, wusste niemand. Es wurde gemunkelt, er sei irgendwo im Westflügel zu finden. Sich dorthin zu begeben, traute sich aber niemand, da es in diesem Teil des Schlosses angeblich spukte.

Der Nachmittag war von einer zermürbenden Wartezeit begleitet. Meine Gedanken kreisten unentwegt um die Bibliothek. Die permanente Wärme der Glühbirnen sorgte für zusätzliche Anspannung und meine hitzigen Gedanken kochten über. Die Werkstattarbeiter begaben sich immer wieder zu den offenen Fenstern, um sich an der hereinströmenden Schneeluft abzukühlen. Bei dem Quecksilberdunst warf ich ständig besorgte Blicke auf die kleine Tür am Ende der Lichtwerkstatt. Immer wieder musste ich mich vergegenwärtigen, dass die Voliere auch wirklich geschlossen war und den Vögeln, die ich über alles liebte, keine Gefahr drohte.

Am frühen Abend war es dann endlich soweit und ich konnte mich ungesehen in die Bibliothek schleichen. Langsam näherte ich mich der Bodenstanduhr. Mein Herz hämmerte vor Aufregung. Vorsichtig öffnete ich die längliche Tür des Uhrwerk-Kastens und betrachtete das knackende, knirschende und klickende mechanische Innenleben dieser tausendteiligen Konstruktion. Ich überlegte und bekam Zweifel. Mein Vorhaben, den kunstvoll verzierten Holzstab, der in Wahrheit ein Zauberstab war, herauszunehmen, um ihn mit auf mein Zimmer zu nehmen, schien mir riskant und voreilig zu sein. Und jetzt, wo ich darüber nachdachte, wollte ich die Sache nochmals im Kopf durchgehen. Das Uhrwerk schien mir vorübergehend ein passables Versteck zu sein. Ich konnte einfach nicht genau sagen, in welchem Versteck der Zauberstab am sichersten wäre und so schloss ich den Uhrwerk-Kasten wieder und verließ die Bibliothek.

Auf direktem Weg begab ich mich auf mein Zimmer und legte mich ins Bett. Es wäre sicherer, ein paar Tage abzuwarten und zu beobachten, was geschehen würde. Den Zauberstab bei mir auf meinem Zimmer zu haben, wäre ein zu großes Risiko. Unter keinen Umständen durfte mir jetzt ein Fehler passieren. Jeder Untertan war unter dauerhafter Beobachtung; und jeder auch noch so kleinste Fehler, wenn er entdeckt wurde – und Fehler wurden so gut wie fast immer entdeckt –, bedeutete ein weiteres Dokument in der Personenkartei des Zählraums. Im schlimmsten Fall drohte einem eine Kerkerstrafe und man kam ins Verlies; und das war nun wirklich ein Ort, den ich unbedingt meiden wollte. Während meine Gedanken zirkulierten – um die Lichtmauer und die Hexe, Hannah, Anna und Natan, den ominösen Identitätslosen sowie den Zählraum, insbesondere aber die Bodenstanduhr mit dem darin versteckten Zauberstab – schlief ich ein.

6.

Die folgenden Tage geschah nichts Ungewöhnliches auf dem Schloss, was mir dann schon wieder recht ungewöhnlich vorkam und glauben machte, irgendwas stimme hier ganz und gar nicht. Inmitten der Lichtwerkstatt wurde eine Rampe zum Bau der Riesenglühbirne errichtet. Die Konstruktion ging nur langsam voran: Der Sockel, bestehend aus einer Kontakt- und Isolierplatte und einem darüber sich befindenden Schraubgewinde, war fast fertig, während der Guss eines Glaskolbens immer noch ein Hindernis darstellte. Insbesondere musste eine Pumpe konstruiert werden, die in einer Glühbirne dieser Größe ein Vakuum erzeugen konnte. Kein einfaches Unterfangen für mich und meine Werkstattarbeiter, die emsig an diesem tollkühnen Konstrukt arbeiteten. Ich skizzierte, zeichnete, berechnete, änderte meine Überlegungen ab und zog neue Schlüsse daraus. Das Material zur Glühbirnenproduktion ging allmählich zur Neige und die baldige Fertigstellung der Riesenglühbirne war dringend notwendig. Die Hexe wurde schon seit Längerem nicht mehr gesehen und die Landschaft schien in sich ruhend und friedlich zu sein. Doch der Schein trog. Denn beim Hinausblicken ließ sich ein ständiges Aufhellen und Abdunkeln der Schneewolken beobachten – als ob das Ungeheuer die zunehmende Knappheit an Leuchtmittel ahnen und auf die Gunst seiner Stunde warten würde. Es war wohl nur noch eine Frage der Zeit, bis etwas wirklich Schlimmes passieren würde.

Während ich mir dieses Schreckensszenario ausmalte, ging ich nervös vor dem Rundbogenfenster der Bibliothek auf und ab. Mein Blick verlor sich im Schneegestöber der Abenddämmerung und folgte der kringelnden Flugbahn einer Flocke. Sie blieb an der Fensterscheibe kleben, ihre kristalline Form aus verzweigten Strukturen schmolz und glitt als Tropfen hinab. Eine weiche Hand berührte meine linke Schulter und strich über meinen Rücken. Ich erinnerte mich an Arons Schultergriff und doch war diese Berührung sanfter. Es hätte Aron sein können, aber in einer anderen Stimmung, als ich ihn kannte. Ich drehte mich um und sagte mit zufriedener Stimme: »Endlich, da bist du ja.«

Es war Nora, meine zweite Assistenz. Ich konnte von Glück reden, sie an meiner Seite zu haben und war froh, dass sie jetzt vor mir stand. Sie verfügte über einen ausgeprägten Scharfsinn. Öfter gab sie mir Denkanstöße, die mich die richtige Lösung finden ließen, auch bestärkte sie mich in all meinen Vorhaben. Um regelmäßige Recherchen für das Glühbirnenprojekt in der Bibliothek betreiben zu dürfen, hatte ich einen Antrag auf ›Erweiterte Bewegungsfreiheit‹ stellen müssen. Nachdem diesem stattgegeben wurde, bekam ich einen verkupferten Armring. Dieser signalisierte den Wachen die ›Unterste Stufe der erweiterten Bewegungsfreiheit‹ für Untertanen. Mit diesem Armring war es mir möglich, mich an Orten wie der Bibliothek regelmäßig aufhalten zu können. Deutlich mehr Bewegungsfreiheit gewährte ein versilberter Armring; nahezu uneingeschränkte Bewegungsfreiheit verlieh ein vergoldeter Armring. Ich war aber noch nie einem Untertan begegnet, der Silber oder Gold trug. Die angeblichen Buchrecherchen für das Glühbirnenprojekt waren nur ein Vorwand. Tatsächlich suchte ich in der Bibliothek nach einem bestimmten Werk, das ganz anderen Zwecken diente als der Elektrotechnik. Trotz meines intensiven, täglichen Suchens ließ sich das Buch beim besten Willen nicht finden und das machte mich ganz närrisch! Aus einer gewissen Verzweiflung heraus wollte ich Nora in meine Suche miteinbeziehen und sie vielleicht in mein Geheimnis einweihen.

»Du lässt dich immer seltener in der Lichtwerkstatt blicken«, bemerkte Nora. »Die Bücher könntest du doch auch mit in dein Labor nehmen, dort lesen und auswerten. Was genau tust du die ganze Zeit in der Bibliothek?«

»Die Sache ist die«, begann ich mich zu erklären und zeigte auf die hohen Regale, die mit Folianten und Büchern aller Größen und Formen vollgestopft waren. »Ich suche nach einem bestimmten Buch, das sich hier einfach nicht finden lässt. Es handelt sich um das Buch mit der Nummer 908'809. Aus dem Bibliotheksverzeichnis geht nicht hervor, dass es ausgeliehen wurde oder verschollen ist; also müsste es eigentlich hier sein; und doch ist es unauffindbar. Das macht mich halb wahnsinnig! Wo kann es nur sein?« Ich zeigte auf ein Regal, das mit Büchern sichtlich überquoll. »Die Regale sind derart chaotisch eingeräumt, dass kaum noch eine chronologische Ordnung vorhanden ist. Das Buch könnte also überall sein. Bisher konnte ich in allen unteren und mittleren Regalen stöbern. In den oberen Regalen zu suchen, war mir zu riskant, da ich niemanden hatte, der mir die Leiter festhielt. Und wie du ja weißt, bin ich nicht schwindelfrei.«

Ein hilfsbereites Lächeln umspielte Noras Lippen. Wie immer wusste sie gleich, was ich von ihr wollte und wie sie mir am besten assistieren konnte. Wir holten die längste Leiter, die in der Bibliothek rumstand. Nora hielt sie fest und ich stieg hinauf. Beängstigend hoch waren die obersten Regale, sie reichten bis fast unter die Decke. Von dort oben wirkte alles schwindend klein. Ich klammerte mich an der Leiter fest, Schweiß brach mir aus, ich schloss die Augen, dann fasste ich mich wieder. Ich vermied es nach unten zu sehen und begann mit Suchen. Ich wälzte Buch um Buch und wühlte wie irre in den Regalablagen herum. Ohne Pause verbrachte ich damit mehrere Stunden während Nora geduldig die Leiter hielt. Schließlich ließen wir uns erschöpft in eine Ottomane fallen. Die ganze Mühe war umsonst gewesen, das Werk blieb unauffindbar.

»Wo versteckt es sich nur?« Ich war ganz durcheinander.

»Warum möchtest du unbedingt das Zauberbuch finden? Was versprichst du dir davon?« Nora sah mich geheimnisvoll an.

Mit Erstaunen blickte ich sie an. »Woher weißt du, dass es sich bei dem Werk mit der Nummer 908'809 um das Zauberbuch handelt?«

Nora schmunzelte. »Bereits viele vor dir haben nach diesem Folianten gesucht. Das Zauberbuch ist bekannt, und auch wenn niemand davon spricht, so wissen alle hier, dass ein solches existiert. Man könnte sagen, die Bücher in den Regalen sind nur aus dem einen einzigen Grund so wirr durcheinander gewühlt, weil schon so oft nach dem Zauberbuch gesucht wurde. Und wenn sich jemand in die Bibliothek begibt, dann nur deshalb, weil er oder sie hofft, das Zauberbuch zu finden.« Nora lächelte. »Eigentlich ist die Suche sinnlos; ohne einen Zauberstab ist das Werk nutzlos.«

»Und was wäre«, entgegnete ich aufgeregt, »wenn ich einen Zauberstab hätte? Was dann?«

»Woher solltest du einen Zauberstab haben? So viel ich weiß, gibt es nur einen einzigen auf dieser Insel, und der ist im Besitz der Hexe.«

Ich überlegte. Konnte Nora Stillschweigen bewahren? Sollte ich sie in mein Geheimnis einweihen? Ich entschied mich, es zu tun. Dann stand ich auf, nahm ihre Hand und wir gingen zur Bodenstanduhr hinüber. Ich öffnete die längliche Tür des Uhrwerk-Kastens. Räder, Spulen und

Federn klickten, knackten und knirschten in verquerem Taktmaß. Das Hemmungsrad war verklemmt und das Pendel stand still. Vorsichtig zog ich eine Dose mit Stecknadeln aus meiner Hosentasche. Drei davon setzte ich an bestimmte Stellen zwischen die Zahnräder. Augenblicklich stand die Mechanik still und ich konnte in einen der Zwischenräume, tief in die mechanischen Eingeweide des Uhrwerks, hineingreifen und den kunstvoll verzierten Holzstab hervorholen. Nora machte große Augen, sie konnte kaum glauben, was sie da sah. Nervös begaben wir uns in den hintersten Raum der Bibliothek. Dort setzten wir uns auf eine Ottomane und betrachteten das magische Artefakt. Der Holzstab war kunstvoll gefertigt: Drei Äste in den Farben Schwarz, Weiß und Braun waren zu einem Stab gezwirnt und umschlossen einen blauen und einen roten Edelstein.

»Der Zauberstab der Hexe«, sagte ich feierlich und schwang ihn spielerisch in der Luft.

»Woher hast du ihn?« Nora war ganz aufgeregt. Fasziniert versuchte sie ihn mir aus der Hand zu nehmen, was ich natürlich nicht zuließ.

»Kannst du dich noch an den Tag erinnern, an dem acht Untertanen vom Ungeheuer verschlungen worden waren? Mit einer Gruppe von Wachen wurde ich an diesem Morgen beordert, die Glühbirnen der Lichtmauer zu untersuchen und zu reparieren. Dabei fanden wir Hannah bewusstlos und verletzt im Schnee liegend. Auf dem Rückweg zum Schloss fiel plötzlich der Zauberstab aus ihrem Kleid. Da es niemandem außer mir aufgefallen war, konnte ich den Zauberstab unbemerkt an mich nehmen.«

»Und was nun? Was wollen wir mit einem Zauberstab anfangen, den wir nicht benutzen können? Dir ist doch bestimmt klar, dass uns das in allergrößte Schwierigkeiten bringen kann, wenn die Obrigkeit davon Wind bekommt. Ich mag gar nicht daran denken, was dann passiert!«

»Niemand wird von diesem Zauberstab erfahren.«

Nora schüttelte den Kopf. »Wir sollten es einem der Ritter oder noch besser direkt dem König melden.«

»Auf keinen Fall, das gäbe doch nur eine Kerkerstrafe!«

»Und wenn wir es vertuschen und es doch rauskommt, geschieht noch viel Schlimmeres!«

»Hör mir jetzt gut zu!« Ich atmete tief durch und erklärte: »Wer Untertan auf diesem Schloss ist, hat drei unerbittliche Gegenspieler: Zum einen das Ungeheuer im See, das einem daran hindert, die Insel zu verlassen; dann die Hexe mit ihrem Drachen im Wald, die einen daran hindern, die Landschaft zu durchqueren; und zu guter Letzt die Ritter und Wachen im Schloss, die verhindern, dass man die einem zugeteilten Räume verlässt. Ich halte es hier kaum noch aus! Es ist höchste Zeit, an einen Ausbruch zu denken. Jetzt oder nie! Der Zauberstab kann uns zur Flucht verhelfen. Wenn wir nur das Zauberbuch finden würden! Verstehst du das denn nicht?«

Nora hörte angespannt zu, schüttelte aber wieder und wieder den Kopf. »Ich weiß ja, was du meinst. Aber wenn man alle Regeln beachtet und sich etwas anpasst, kann der Alltag durchaus erträglich sein.«

»Ich möchte mich damit aber nicht abfinden müssen! Auf gar keinen Fall!«

»Dann sieh es doch mal von der positiven Seite und ...« Nora stockte und hielt sich die Hand vors Gesicht. »Die Glühbirnen müssten dringend ersetzt werden.« Sie zeigte auf den flackernden Kronleuchter über uns.

Wackelkontakte an Kronleuchtern waren keine Seltenheit im Schloss. Wie jeder wusste, konnte durch leichtes Anschlagen das Flackern behoben werden. Nora stieg auf die Ottomane. Ihre Körpergröße reichte aber nicht aus, um den Kronleuchter zu erreichen – und meine auch nicht. »Könntest du mir etwas geben«, bat sie mich, »damit ich den Kronleuchter anstoßen kann?« Ich zog ein Buch aus einem der Regale und reichte es ihr hoch. »Zu klein«, sagte sie. »Damit komm ich nicht ran. Gib mir was Längeres.« Ich reichte ihr ein deutlich größeres Buch. »Immer noch zu klein«, sagte sie. Und so reichte ich ihr den Zauberstab, der lang genug war. Als sie damit den Kronleuchter anschlug, machte es puff! Es hatte einen Kurzschluss gegeben und um uns herum war es stockdunkel.

Ich tastete mich zum Fenster vor. Im Nordflügel war das Licht ausgegangen. Aus dem Zauberstab, den Nora immer noch in der Hand hielt, zischte es und ein Funke entzündete sich an seiner Spitze. An der Zimmerdecke glimmte ein Licht auf, das immer heller wurde und schließlich den ganzen Raum überstrahlte. Ich kniff mir die Augen zu, das unnatürlich grelle Strahlen blendete schmerzlich. »Und was jetzt?« Ich tastete orientierungslos in der Lichtflut umher, erspürte eine Ottomane und setzte mich hin – ich wusste kaum noch, wo oben und unten war.

»Wir sollten irgendwie versuchen, das Licht einzudämmen, aber bloß nicht mit dem Zauberstab, das würde nur noch mehr Unheil anrichten.« Nora, die sich beschattend zwei Bücher vors Gesicht hielt, warf eines ins Licht. Zu unserer Überraschung bewegte es sich langsam aus dem Raum. Da kam Nora eine weitere Idee, nämlich das Licht in den Lesesaal zu treiben, ein Fenster aufzumachen und es rauszulassen. Und so warfen wir weitere Bücher ins Licht und trieben es in den Lesesaal. Schließlich öffnete ich das Rundbogenfenster und es schwebte nach draußen. Wir sahen ihm nach, wie es im Schneegestöber verschwand und allmählich erlosch.

Der Zauber war zu Ende und die Bibliotheksbeleuchtung setzte wieder ein, als wäre nichts geschehen; auch die Lichter im Nordflügel waren wieder angegangen. Das war aber kein Grund zum Aufatmen. Auf dem Gang hörten wir sich nähernde schwere Schritte, ein weiteres Problem war im Anmarsch. Kaum waren wir aus dem Lesesaal geflohen, stürmte ein Trupp bewaffneter Wachen herein. Nora und ich rannten durch die verwinkelten labyrinthartigen Bibliotheksräume. Bald schon hatten wir uns aus den Augen verloren, jeder war auf sich allein gestellt. Im letzten Moment – ich wollte gerade zur Hintertür raus – kam es mir noch in den Sinn. Ich holte den neben der Ottomane liegenden Zauberstab und warf ihn auf die Oberseite eines Bücherregals. Dann, so schnell ich nur konnte, verließ ich die Bibliothek, hastete durch schummrige Gänge, eilte eine lange Wendeltreppe hinauf und rettete mich in mein Zimmer, wo ich mich zitternd unter die Bettdecke verkroch. Ich schwor mir, den Zauberstab nie mehr anzufassen. Erleichtert, in der Bibliothek von den Wachen nicht gesehen und erkannt worden zu sein, und somit auch keine Strafe erwarten zu müssen, schlief ich erschöpft, aber beruhigt ein.

Nicht der feine Klang eines Glockenspiels holte mich aus meinem tiefen Schlaf, sondern ein heftiges Gepolter. Mit voller Wucht wurde gegen meine Tür geschlagen und eine Stimme brüllte: »Zimmerdurchsuchung! Wir kommen jetzt rein!« Und ehe ich realisierte, was überhaupt los war, hatten Wachen mein Bett umstellt. Die Vorhänge wurden aufgerissen, Tageslicht stach mir grell in die vom gestrigen Tag immer noch empfindlichen Augen. Mir wurde klar, ich hatte verschlafen. »Warum bist du nicht bei der Arbeit?«, hörte ich eine schroffe Stimme sagen. Immer noch schlaftrunken – mir war es, als schlugen die Wachen mit ihren vielen Fragen regelrecht auf mich ein – wollte ich eine Antwort geben, bemerkte aber, wie immer mehr von ihnen in mein Zimmer drängten und sich Platznot breitmachte. Während einige der Wachen mein Bett umzingelten, durchwühlten andere meine Schränke und Schubladen. Der Teppich wurde aufgerollt, die Vorhänge durchgeschüttelt, die Wände mit einem Holzhammer abgeklopft – wahrscheinlich um Hohlräume auszumachen. In meinem bloßen Nachthemd fühlte ich mich den Wachen in ihren eisernen Rüstungen gegenüber ausgeliefert und verletzlich. Hätte ich jetzt den Zauberstab bei mir gehabt und würde ich die Magie beherrschen, so könnten alle hier ordentlich was erleben und die überfallsartige Drangsalierung – eine Zumutung sondergleichen war das – fände ihr jähes Ende. Und als ob eine der Wachen meine Gedanken lesen konnte, brüllte sie mich an: »Wo ist der Zauberstab?« Eiskalt lief es mir den Rücken hinab, ein gedanklicher Strick legte sich mir um den Hals, zog sich zu und drückte mir die Luft ab. Ich schwieg. Aber die Furcht war mir wohl anzumerken. Die Wache wandte sich von meinem Bett ab und sprach mit anderen Wachen, die eifrig mit der Zimmerdurchsuchung beschäftigt waren. Sie schüttelten verneinend ihre Köpfe. Die Wache kam zurück, legte ihren eisernen Handschuh auf meine Schulter und befahl mir mitzukommen.

Noch im Nachthemd wurde ich abgeführt. Die Eskortierung erfolgte mit einer gewissen Rücksichtnahme auf meine Müdigkeit, vorerst galt offenbar die Unschuldsvermutung. Steile Treppen führten in die dunkelsten

Tiefen des Schlosses hinab, in das allseits gefürchtete Verlies. Ausgerechnet wurde ich zu jenem Ort gebracht, den ich die ganze Zeit über so sehr zu meiden versucht hatte. Die zerklüfteten Höhlengewölbe konnten nicht mittels Elektrizität erhellt werden, sondern flackerten im schummrigen Fackellicht. Nachdem wir einen schmalen Gang mit vergitterten Kerkerzellen passiert hatten, wurde ich zwei anderen Wachen übergeben. Sie packten mich an den Oberarmen und führten mich in einen Raum, der einer Gruft glich. Dort wurde ich angewiesen, auf einem gusseisernen Stuhl Platz zu nehmen. Ich leistete Widerstand, zwar nur geringen, und auch nur deshalb, weil ich Panik hatte. Sofort wurde ich in Ketten gelegt. Das Metall war kalt und schwer. Nun war ich hellwach. Ich fühlte den Puls in den Schläfen pochen und mein Herz hämmerte wie wild.

Mir gegenüber hinter einem langen Tisch saßen drei Ritter: Der in der Mitte sitzende schien die bevorstehende Prozedur zu leiten, der auf der rechten Seite sitzende kritzelte mit einer Feder auf einem Stück Pergament und der zur linken Seite sitzende beobachtete mich mit scharfen Augen. Seitlich postierten Wachen. Eine Konstellation wie in einem Gericht. Wie bin ich in diese Sache hineingeraten? Konnte es sein, dass ich gestern in der Bibliothek von einer der Wachen gesehen worden war? Das war unmöglich. Es gab nur diese eine schlüssige Erklärung: Nora musste mich verraten haben. Sie war von der Idee eines Fluchtversuchs nicht sonderlich angetan, vielmehr noch, sie war vehement dagegen. Da sich unsere Wege in der Bibliothek beim Fliehen vor den Wachen getrennt hatten, konnte sie nicht sehen, dass ich den Zauberstab auf ein Bücherregal geworfen hatte. Folglich ging sie davon aus, dass ich den Zauberstab auf mein Zimmer mitgenommen haben musste; folglich hatte sie den Wachen, als sie von diesen in der Bibliothek gefasst wurde, mitgeteilt, dass der Zauberstaub in meinem Zimmer zu finden sein müsste.

Der in der Mitte sitzende Ritter schlug mit einem eisernen Hämmerchen auf den Tisch. »Das Verhör ist eröffnet«, sprach er. Dann richtete er mit finsterer Miene das Wort an mich: »In deinem Zimmer ist er offenbar nicht. Wo also könnte der Zauberstab jetzt sein?«

»Ich weiß nicht, wovon Sie reden. Niemals war ich im Besitz eines Zauberstabs.« Ich stellte mich ahnungslos.

»Pass auf«, sagte der Ritter streng und mahnte mich mit erhobenem Zeigefinger: »Überlege dir gut, wie du auf unsere Fragen antworten willst, das Urteil wird maßgeblich davon abhängen. Wo also könnte der Zauberstab jetzt sein? Wo hast du ihn zuletzt gesehen? Und wo fandest du ihn?«

»Ich habe wirklich keine Ahnung«, erwiderte ich ratlos und stellte, um meine Ahnungslosigkeit zu untermauern, die naiven Gegenfragen: »Wie erkenne ich einen Zauberstab denn überhaupt? Wie groß sollte der sein?« Ich lächelte. »Oder ist der Zauberstab vielleicht mit ›Zauberstab‹ beschriftet?«

Der zur linken Seite sitzende Ritter schlug mit seiner eisernen Faust auf den Tisch. »So kommen wir nicht weiter!«

Meine Augen hatten sich zwischenzeitlich an die dunklen Lichtverhältnisse gewöhnt. In der hinteren Ecke erkannte ich Folterinstrumente. Bauchweh breitete sich in meinem flauen Magen aus, und wieder legte sich mir ein gedanklicher Strick um den Hals, der sich zuzog, diesmal besonders fest.

Die Tür ging auf und eine weibliche Gestalt wurde von zwei Wachen hereingeführt. Seitlich hinter mir nahm sie Platz. Vorsichtig versuchte ich mich umzudrehen, um einen flüchtigen Blick zu erhaschen. Einer der Ritter forderte die Hereingeführte auf, über den Zauberstab zu berichten. »Acht Untertanen waren wir ...«, begann sie stotternd zu erzählen. Aber das war nicht Nora, die da sprach, sondern Hannah, die erste Schreiberin des Schlosses. Wieder drehte ich mich zu ihr um. An ihrem Arm konnte ich deutlich die entzündeten, noch nicht verheilten Schnittspuren, und an ihrem Kopf, die löchrig-glänzenden Stellen ihrer herausgerissenen Haarpartien, erkennen.

Hannah schilderte, wie eine Gruppe von acht Untertanen, der auch sie angehörte, einen Fluchtversuch unternahm. Dieser fand nach Mitternacht statt und mündete in einem Desaster: Die Lichtmauer erlosch, das Ungeheuer tauchte aus dem Nichts auf, umringte die Gruppe und sog sie in seine eiskalte Dunkelheit hinein. Hannah führte weiter aus, wie es ihr dennoch gelang zu fliehen. Immer tiefer und tiefer geriet sie in den Wald. Schließlich kam sie zu einem kunstvoll verzierten, einladenden Häuschen. In diesem brannte Licht und aus dem Schornstein rauchten gesichtähnliche Wolken. Eine wohltuende Wärme kam ihr beim Öffnen der Tür entgegen. Das Häuschen schien leer zu sein. Sogleich setzte sie sich vor den lodernden Kamin, um sich aufzuwärmen. Die Stube war einladend hergerichtet. Überall standen Schüsseln mit süßlichem Gebäck, Äpfel, Birnen, Nüsse, Schokolade, Marzipan und Lebkuchen. Aus der Küche duftete es besonders fein. Diese war geradezu überladen mit herrlichen Süßspeisen. Hannah nahm sich eine noch warme Zimtschnecke mit Zuckerguss und biss ab. Die Küchentür schlug zu. Die Hexe stand hinter ihr. Dann ging alles ganz schnell. Die Hexe richtete ihren Zauberstab auf Hannah. Diese packte ihren Arm. Es folgte ein Gerangel. Die Hexe, obschon alt und bucklig, war kräftig und ihre langen Fingernägel – sie glichen Raubtierkrallen – verursachten schmerzvolle Schnittwunden an Hannahs Handgelenk. Beide zerrten am Zauberstab. Dieser versprühte Blitze und verwüstete das Häuschen. Bei dem Gerangel riss ihr die Hexe mehrere Haarbüschel aus. Schließlich gelang es Hannah, aus Notwehr, die Hexe in den Ofen zu stoßen und das Ofengitter zu schließen. Mit dem Zauberstab rannte sie aus dem Haus. Der Blutverlust an ihrem zerkratzten Handgelenk war jedoch so erheblich, dass sie aus eigener Kraft das Schloss nicht mehr erreichen konnte und am Waldrand ohnmächtig zusammenbrach.

»Und wo war der Zauberstab?«, fragte der zur rechten Seite sitzende Ritter.

Hannah überlegte. »Ich bin mir ziemlich sicher, dass ich ihn nicht im Waldhaus der Hexe zurückgelassen habe. Ich hatte den Zauberstab, als ich ohnmächtig wurde, immer noch bei mir. Als ich das Hexenhaus verließ, setzte schon die Morgendämmerung ein und wäre mir der Zauberstab hinuntergefallen, wäre mir das bestimmt nicht entgangen.«

»Und hier sind wir auch schon beim Kernpunkt der Sache angelangt«, sprach der in der Mitte sitzende Ritter. »Hannah wurde von Aron im Beisein der hier anwesenden Wachen aufgefunden. Die Wachen wurden als erste verhört und hatten mit ihrem Leben beteuert, keinen Zauberstab gefunden, gesehen oder heimlich an sich genommen zu haben. Laut deren Aussagen hatte Aron Hannah sofort aus dem Schnee gehoben und zum Schloss getragen. Er war also unter ständiger Beobachtung der Wachen und scheidet somit als Dieb des Zauberstabs aus. Da bleibst nur noch du übrig!« Der Ritter stand auf und zeigte auf mich. »Du hättest den Zauberstab im Schnee liegen sehen und heimlich an dich nehmen können! War es denn nicht genau so?«

Eine Totenstille lag über der Gruft und alle Blicke waren auf mich gerichtet. Dies war der Moment, an dem ich mich frei reden oder in Widersprüche verstricken konnte. »Wie Sie selber sagten, hätte es so sein können«, entgegnete ich aufrichtig. »Aber auch ich kann beteuern, genauso wie die hier anwesenden Wachen, dass ich dort keinen Zauberstab gefunden habe. Und wenn einer da gewesen wäre, dann hätte ich ihn übersehen haben müssen. Ansonsten hätte ich ihn mitgenommen und noch am Torbogen einer Wache mit der eindringlichen Bitte, den Zauberstab unverzüglich dem König zu überbringen, abgegeben. Sollte der Zauberstab auf der Wegstrecke vom Waldrand zum Schloss im Nachhinein gefunden werden, so bin ich bereit, die Schuld, dieses magische Artefakt übersehen zu haben, auf mich zu nehmen und bekenne mich schuldig, nicht achtsam genug gewesen zu sein, weil die Umstände und Bedrohung durch die Hexe meine Konzentration irritierten.«

»Deine Aussage scheint wenig plausibel«, stellte der in der Mitte sitzende Ritter fest. »Die Wachen hatten heute Morgen die Wegstrecke vom Schlosseingang bis zum Waldrand gründlich abgesucht; der Zauberstab war unauffindbar. Die zu stellende Frage hierbei ist: Wer sonst, außer dir, hätte den Zauberstab an sich nehmen können? Die Gnome, Kobolde und Zwerge vielleicht, die niemals bis an den Waldrand kommen? Oder die Tiere, die mit einem Zauberstab überhaupt nichts anzufangen wüssten? Oder das Ungeheuer, das aufgrund seiner nebligen Konsistenz unmöglich in der Lage wäre, den Zauberstab zu berühren? Oder der Waldgeist, dessen lichtartige Gestalt es ihm unmöglich macht, feste Gegenstände aufzuheben? Einzig die Hexe wäre im Stande, den Waldrand zu betreten und den Zauberstab an sich zu nehmen. Aber diese wurde, wie uns Hannah soeben glaubhaft geschildert hatte, im Ofen verbrannt, und scheidet somit aus. Und so bleibst nur noch du übrig!« Abermals stand der in der Mitte sitzende Ritter auf und zeigte demonstrativ auf mich. »Du hast den Zauberstab heimlich an dich genommen! Du hast den Zauberstab versteckt und leugnest nun wider Willen diese Tatsache, die doch mehr als eindeutig zu sein scheint!«

Wieder waren alle Blicke auf mich gerichtet. Mir war speiübel. Diese Aussage, auch wenn sie nicht mehr als eine lose Verdachtserhebung war, kam schon fast einem Schuldspruch gleich. Aus der Sicht des Gerichts, war die auf mir lastende Beweislage erdrückend. Und wieder verspürte ich, wie ein gedanklicher Strick sich um meinen Hals wand.

»Jetzt, wo die Hexe tot ist«, bemerkte der zur rechten Seite sitzende Ritter, »könnten wir das Risiko eingehen und uns auf die Suche nach ihrem Waldhaus machen. Die Fabelwesen stellen ein geringes Risiko dar und der Drache schläft tagsüber für gewöhnlich. Bestimmt lassen sich im Hexenhaus Dinge finden, die uns im Schloss von großem Nutzen sein werden.« Die Wachen stampften ihre Lanzen zustimmend in den Boden.

»Vielleicht ...«, stotterte Hannah plötzlich, »... vielleicht habe ich mir auch nur eingebildet, den Zauberstab noch bei mir gehabt zu haben, als ich am Waldrand zusammengebrochen war. Im Hexenhaus passierte alles sehr schnell und ich war voller Panik fortgerannt. Anschließend bin ich mühselig durch den hohen Schnee gestapft, bis ich am Waldrand bewusstlos zusammengebrochen war. Wenn ich genau darüber nachdenke, meine ich mich jetzt zu erinnern, wie ich den Zauberstab im hohen Schnee verloren hatte.«

»Bist du dir da ganz sicher«, fragte der in der Mitte sitzende Ritter streng und sah Hannah prüfend an.

»Ja«, sagte Hannah und ihre Stimme klang selbstsicher, klar und entschlossen. »Ich bin mir sogar ziemlich sicher. Meine Erinnerung wurde in Folge dieser Befragung klarer und ich weiß jetzt, dass ich kurz bevor ich am Waldrand mein Bewusstsein verloren hatte, mich wunderte, warum ich den Zauberstab nicht mehr in meiner Hand hielt. Folglich musste ich ihn auf dem Weg vom Hexenhaus zum Waldrand verloren haben.«

Eine Totenstille lag über der Gruft. Nur das Kritzeln der Schreibfeder, mit der jedes gesprochene Wort auf Pergament protokolliert wurde, waren zu hören.

»Wenn das so ist«, sprach der Ritter mit gedämpfter Stimme, und er senkte dabei tief betrübt seinen Kopf, »dann wäre das Risiko zu groß, innerhalb des Waldes nach dem Zauberstab zu suchen. Dann müssen wir den Zauberstab als verloren betrachten, mit hoher Wahrscheinlichkeit wurde er von den Gnomen, Kobolden oder Zwergen gefunden; und diese können, wenn sie im Besitz des Zauberstabs sind, gefährlich werden. Somit stellt der Wald weiterhin eine erhebliche Gefahrenzone für uns dar und wir können das Risiko nicht eingehen, das Waldhaus der Hexe zu suchen.«

Noch ein letztes Mal wurde Hannah befragt, ob sie einhellig beteuern könne, den Zauberstab im Wald verloren zu haben und mit Bestimmtheit schwor sie auf ihre Aussage.

Die drei Ritter erhoben sich. Der in der Mitte sitzende schlug mit dem eisernen Hämmerchen auf den Tisch und sprach: »Das Verhör ist hiermit beendet und es ergeht folgendes Urteil: »Du!« – er zeigte auf mich – »begibst dich unverzüglich an deinen Arbeitsplatz und du!« – damit war Hannah gemeint – »wirst zurück auf die Krankenstation gebracht. Im Anschluss an deine Genesung erfolgt eine Kerkerstrafe wegen Fluchtversuchs. Das Zeitmaß dieser Strafe wird in einem gesonderten Verfahren festgelegt, auch dieser Sachverhalt muss im Detail geklärt werden. Die Sitzung ist hiermit beendet.«

Hannah sank unter den Worten dieses Urteils zusammen und wurde abgeführt. Mir wurden die Ketten abgenommen. Endlich war ich vom gusseisernen Stuhl befreit. Ich fühlte mich mit einem Mal luftigleicht, es war zum Davonschweben schön. Soeben war ich freigesprochen worden! Einer der Ritter lobte meine Arbeit in der Lichtwerkstatt, die, wie er zu erkennen glaubte, sichtbare Fortschritte machte. Zur Stärkung ließ er mir von einer Hofdame ein goldenes Kügelchen bringen. Da ich das Kügelchen nicht schlucken mochte – ich hatte Angst, daran ersticken zu können – wurde mir von einer anderen Hofdame ein Elixier mit derselben Wirkung gebracht. Es schmeckte vorzüglich und wirkte wohltuend. Das Elixier, so erklärte mir der Ritter, sollte mir helfen, mich noch besser auf meine Arbeit konzentrieren zu können, weswegen ich es fortwährend zum Tagesbeginn bekommen sollte. In Begleitung zweier Wachen durfte ich das Verlies dann endlich verlassen.

Als ich die Tür zur Lichtwerkstatt öffnete und mich ein warmes Strahlen an der Nase kitzelte, war es mir, als betrete ich eine paradiesische Pforte, so erleichtert war ich. Überglücklich ging ich durch den glühbirnenerhellten Raum und verteilte Komplimente an die Werkstattarbeiter. Am Zeichentisch meines Labors vertiefte ich mich sogleich in meine Pläne. Das Verhör war glimpflich für mich ausgegangen, ich konnte aufatmen. Keinen einzigen Gedanken mehr wollte ich an einen, ohnehin nicht durchführbaren Fluchtversuch oder dergleichen verschwenden. Den Zauberstab wollte ich dort lassen, wo er ist. Jemand anderes sollte ihn irgendwann einmal finden. Das Ganze ging mich nichts mehr an, ich distanzierte mich von all meinen Fluchtgedanken.

»Kannst du diesen Schlüssel ein paar Wochen sicher für mich aufbewahren?«

Erstaunt schaute ich auf den kleinen Schlüssel, den mir Aron soeben auf meine Pläne geworfen hatte. »Was soll ich damit?«

Aron schmunzelte und sah mich erwartungsvoll an.

Ich nahm den Schlüssel in meine Hand und betrachtete ihn von allen Seiten. »Für welche Tür ist der?«

»Er passt zu gar keiner Tür.« Aron lächelte geheimnisvoll.

Wie so oft sprach er in Rätseln und das machte mich wieder einmal neugierig. »Erzähl mir doch einfach, wie und wo dieser Schlüssel benutzt werden kann!«

Während Aron sich hinsetzte, schloss ich vorsichtshalber, damit niemand unsere Unterhaltung mithören konnte, die Tür zum Labor und Aron begann leise zu erzählen:

»Ich vertraue dir. Deshalb will ich dir alles erklären. Im obersten Stockwerk des Westflügels hängt am Ende des Korridors ein großer Wandspiegel. In seinem Rahmen befindet sich ein Schlüsselloch. Mit dem Schlüssel lässt sich dieser magische Spiegel aufschließen, sodass man in ihn hineingehen kann. Bestimmt erinnerst du dich noch an unsere Unterhaltung, in der ich dir von einem Geheimgang erzählt hatte, der vom Schloss in den

Wald führt? Wenn du dich also in den Wandspiegel hineinbegibst, so kommst du bei einem anderen Wandspiegel, der am Beginn eines langen unterirdischen Gangs hängt, wieder heraus. Dies ist der Geheimgang der das Schloss mit dem Inselwald verbindet; und der Schlüssel zu diesem Spiegel gehört nun dir!«

Um mich zu vergewissern, dass auch wirklich niemand unser Gespräch mithörte, prüfte ich, ob die Labortür auch wirklich geschlossen war. Dann setzte ich mich wieder zu Aron hin und flüsterte: »Und warum willst du jetzt ausgerechnet mir diesen Schlüssel anvertrauen?«

»Bei dir weiß ich, dass ich ihn zurückbekomme. Die Wachen hatten die vergangenen Tage mehrfach mein Zimmer durchsucht; und beinahe hätten sie diesen wertvollen Schlüssel gefunden. Ich denke, dass er bei dir sicherer aufgehoben ist, weil du einen höheren Untertanen-Status hast als ich. Du bist nicht so abenteuerlustig wie ich und wirst ihn nicht nutzen und dich filzen sie nicht bei jeder Gelegenheit. Sobald sich alles beruhigt hat, möchte ich ihn wiederhaben. Du gibst ihn mir doch zurück, oder?«

Fasziniert nahm ich den kleinen Schlüssel in die Hand und schaute ihn von allen Seiten an. Doch besann ich mich schnell wieder und legte ihn hin. »Aron. Es ist sehr lieb von dir, dass du ausgerechnet mir diesen Schlüssel anvertraust. Doch du täuschst dich. Mich kontrollieren sie auch und ich spiele oft mit Fluchtgedanken. Ich habe keine weiße Weste mehr. Deshalb kann ich ihn unmöglich annehmen und für dich verwahren. Es ist zu gefährlich. Gerade eben bin ich nur knapp einer Kerkerstrafe und Amtsenthebung entgangen und möchte wirklich kein weiteres Risiko mehr eingehen; abgesehen davon ...«

Die Tür des Labors ging ruckartig auf – schon dachte ich, die Wachen würden das Labor stürmen –, aber es war nur ein Werkstattarbeiter, der mich um mehrere Dutzend Wolfram-Glühfäden zur Herstellung der Doppelwendel bat, die in die Riesenglühbirne eingesetzt werden musste. Um mich des aktuellen Fortschritts zu vergegenwärtigen, brachte ich die Glühfäden kurzerhand selber auf die Rampe.

Imposant ragten die Bauteile des in die Lampenfassung eingedrehten Schraubgewindes in die Höhe: Über ihm erhob sich der Quetschfuß mit gasdichter Drahtdurchführung. Beidseitig bildeten Zuleitungsdrähte für den Fuß- und Sockelkontakt eine V-Formation. Dazwischen das Traggerüst in kleinerer V-Formation, um mit den Zuleitungsdrähten den Glühfaden zu halten. Wie eine Blüte aus Metall, Kupfer und Aluminium spross diese unglaubliche Konstruktion, inmitten der Lichtwerkstatt, in die Höhe.

Als ich ins Labor zurückgekehrt war, hatte Aron, ohne den Schlüssel wieder mitzunehmen, dieses verlassen. Lange schaute ich mir den kleinen Schlüssel an. Wie er so glänzend auf dem Schreibtisch lag, zog er mich in seinen Bann. Hoch und heilig hatte ich mir geschworen, keine Risiken mehr einzugehen. Andererseits war ich im Besitz eines Schlüssels, der womöglich die Tür zur Freiheit sein konnte. Geheimnisvoll zwinkerte er mich an. Wenn Aron etwas erzählte, war nie klar, ob es auch wirklich stimmte. Meistens entsprach es nicht oder nur teilweise den Tatsachen. Schon aus reiner Neugier, um zu überprüfen, ob es diesen magischen Wandspiegel auch wirklich gab, wollte ich mich in den Westflügel begeben und nach ihm suchen. Und sollte ich den Zauberspiegel tatsächlich finden, so würde ich ihn keineswegs aufschließen. Andererseits wäre es aber doch schade, würde ich diesen Spiegel finden, ihn nicht auch aufzuschließen, nur um zu sehen, wie er funktionierte. Wie darf man sich so etwas überhaupt vorstellen? Verflüssigte sich beim Öffnen die Spiegelmembran und formte sie sich zu einem Portal? Keineswegs wollte ich in den Spiegel hineinsteigen. Oder vielleicht doch? Lange wälzte ich meine Gedanken hin und her. Dann steckte ich den kleinen Schlüssel in meine Hosentasche und ging zur Ausgangstür. Nervös war ich. Der dort postierten Wache mit dem stählernen Helm zeigte ich meinen verkupferten Armring. Unter dem Vorwand, weitere Bücher für meine Forschungsarbeit zu benötigen, ließ mich die Wache, wenn auch widerwillig, passieren. Spannungsgeladen verließ ich die Lichtwerkstatt.

Den Westflügel zu erreichen, war nicht sonderlich schwer. Seit geraumer Zeit stand er leer und wurde kaum bewacht, da es in diesem Teil des Schlosses angeblich spukte und sich ohnehin niemand traute, dorthin zu gehen. Der Westflügel war marode und unbeheizt und wurde auch der Kalte Flügel genannt. Aufgrund des fehlenden elektrischen Lichts hatte ich Streichhölzer und einen Kerzenständer mitgenommen.

Über eine steil gewundene Wendeltreppe gelangte ich in das besagte Stockwerk, wo laut Arons Geschichte angeblich dieser besondere Spiegel zu finden sein sollte. Da stand ich also. Und wo war er jetzt? Wie vermutet, konnte ich am Ende des Korridors keinen Wandspiegel entdecken; da war rein gar nichts, was einem Spiegel hätte ähneln können. Um letzte Gewissheit zu haben, begab ich mich auch ans andere Ende des Korridors. Jeder meiner Schritte knackte auf dem morschen Holzboden. Leises Auf- und Zuschlagen verriet, dass in den Zimmern die Fenster offen standen und Kälte eindrang. Luftzüge heulten durch Türspalten und drohten, mein flackerndes Kerzenlicht auszublasen; die Flämmchen tänzelten nervös hin und her, sodass ich immer wieder stehenbleiben musste, damit sie nicht vom Luftzug niedergedrückt und ausgelöscht werden würden. Beinahe ließ ich den Kerzenständer fallen, als etwas Seidiges hauchzart meinen Rücken streifte. Ich drehte mich um und stand einem bleichen Gespenst gegenüber, das verspielt vor mir hin und her flatterte. Erschrocken wich ich zurück und versuchte mit leiser, zittriger Stimme, ihm eine Frage zu stellen. Dann erkannte ich einen im Wind wehenden Seidenvorhang – durch eine Mauerritze einfallendes Tageslicht projizierte eine Gestalt auf den Stoff. Erleichtert stellte ich den Kerzenständer ab, atmete tief durch und wärmte meine Hände über den Flämmchen.

»Wer dort? Bleiben Sie stehen, wo Sie sind!« Eine autoritäre Stimme drang aus der Dunkelheit. Vom anderen Ende des Korridors näherten sich schwere Schritte. Ich hörte einen Trupp Wachen im Karacho auf mich zustürmen, und in Gedanken sah ich mich wieder im Verhörraum des Verlieses angekettet und anschließend zu einer Kerkerstrafe verurteilt. Ich tastete mich der Wand entlang in der Dunkelheit vor und kam weit weniger schnell voran, als mir lieb war. Die Wachen trugen Petroleumlampen bei sich und konnten schneller gehen. Als sie mich schon fast eingeholt hatten, gelang es mir gerade noch in letzter Sekunde, mich hinter einem Vorhang zu retten, worauf sie an mir vorbei hasteten. Das war knapp!

Ich eilte in die entgegengesetzte Richtung und stieß mir das Bein an einem Tisch. Ein Krug fiel hinunter, ich versuchte ihn noch zu halten, vergebens. Es klirrte verräterisch. Sogleich drehten die Wachen um. So schnell ich nur konnte, rannte ich den Korridor entlang. An dessen Ende stieß ich die letzte Tür auf und befand mich am Anfang eines neuen Korridors. Hastig durchquerte ich diesen und öffnete wieder eine Tür, wobei ich erneut am Beginn eines Korridors stand. Auch diesen durchquerte ich rasant – die Wachen waren dicht hinter mir – und abermals, am Ende eines Korridors angelangt, schon außer Atem und irritiert von der mich verschlingenden Dunkelheit, durch die ich getrieben wurde, schienen mir die Korridore immer länger und länger und noch viel länger zu werden und kaum mehr enden zu wollen. Irgendwo stieß ich dann eine Tür auf und befand mich in einem fensterlosen Raum. Ich saß in der Falle und keuchte atemlos.

Der Schlüssel steckte im Schloss, schnell drehte ich ihn um. Zumindest war der Raum jetzt abgeschlossen und konnte nicht ohne weiteres gestürmt werden. Vor der Tür sammelte sich der Trupp Wachen und ihre Rüstungen schepperten und quietschten. »Aufmachen!«, brüllten sie immer und immer wieder und machten sich daran, die Tür aufzubrechen. Um im Dunkeln nicht gleich überrannt zu werden, entzündete ich ein Streichholz. Es zischte und in seinem aufflammenden Schein zeigte sich mir eine ganz nah vor mir stehende Gestalt mit leichenblassem Gesicht. Ein Schaudern überkam mich und ich ließ das Streichholz fallen. Wieder war es dunkel. Es spukte also doch im Westflügel! Ängstlich klaubte ich ein zweites Streichholz aus der Schachtel, und ich fragte mich, was ich wohl mehr zu fürchten hätte, die Wachen oder diese gespenstische Gestalt. Als das Streichholz aufflammte, stand die Gestalt immer noch vor mir. Reflexartig wich ich einige Schritte zurück, die Gestalt ebenfalls. Starr und stumm stand sie vor mir und hielt ein Streichholz hoch. Dann erst erkannte ich, dass ich in einen Spiegel blickte. Es handelte sich um einen großen Wandspiegel im Hochkantformat. Das Streichholz ging aus. Ich griff nach dem kleinen Schlüssel in meiner Hosentasche und entzündete ein weiteres Streichholz. Hinter mir krachte es, die Wachen schlugen wie wild auf die Tür ein. Ein Teil davon war schon nach innen eingebrochen und es dürfte wohl nicht mehr lange dauern, dann würde das morsche Holz nachgeben. In der rechten Mitte vom Spiegelrahmen fand ich das Schlüsselloch. Ich steckte den kleinen Schlüssel ein, drehte ihn um und der Spiegel – ich konnte es kaum glauben – öffnete sich. Ohne zu zögern, begab ich mich in ihn hinein. Das Letzte, was ich noch sehen konnte, war, wie die Tür aufgebrochen wurde und die Wachen hereinstürmten. Dann schloss sich der Spiegel und der scheppernde, quietschende und brüllende Lärm verstummte.

Das Spiegelinnere war ein recht wundersamer Raum, in dem ich mich von allen Seiten betrachten konnte; zudem war mein Empfinden von der Schwerkraft irritiert – ich fühlte mich ein wenig leichter. Als sich der Spiegel wieder öffnete, stand ich am Beginn eines schier endlosen Ganges. Aron hatte also doch Recht. Ich folgte dem Gang. Nach einiger Zeit gelangte ich zu einer schmalen Treppe. Diese stieg ich hoch und öffnete eine kleine, aber sehr schwere Tür aus massivem Stein. Ich befand mich im Wald.

Es war ein befreiendes Gefühl hier zu sein. Eine wohltuende Eisluft umgab mich. Wie friedlich hier alles schien. Es war mucksmäuschenstill. Doch der Schein trog. Im Wald drohte Gefahr, wie ich wusste; im Schloss war es aber auch bedrohlich. Wahrscheinlich würden die Wachen noch eine lange Zeit vor dem Spiegel auf mich warten, weswegen an eine sofortige Rückkehr ins Schloss ohnehin nicht zu denken war. Vorsichtig trat ich aus der steinernen Tür, die Teil eines mit Moos und Baumwurzeln überwachsenen Felsens war. Der Pulverschnee knisterte unter meinen Schuhen und ich verspürte eine Wanderlust. Ich atmete tief durch, inhalierte die frische Eisluft und begann zu laufen. Ich folgte einem zugeschneiten Pfad.

Bei einer Waldlichtung, auf der sich mehrere Wege kreuzten, erblickte ich einen Schneemann. Er schien zu schlafen, aus seinem halboffenen Mund stiebte feinster Pulverschnee, und sein mittlerer Schneeballen (sein ganzer Körper bestand aus drei Schneeballen unterschiedlicher Größen: Kopf, Brust und Unterleib) blähte sich durch das Ein- und Ausatmen leicht auf und ab. Eiszapfen, Steine und Tannenzapfen bildeten sein Gesicht, seitlich eingesteckte Äste waren seine Arme und ein farbiger Schal war um seinen Hals gebunden. Sein Zylinder lag im Schnee, diesen setzte ich ihm wieder auf.

Der Schneemann öffnete langsam seine Augen, hustete Schneeflocken und raunte schlaftrunken mit tiefer Stimme: »Hab' tausend Dank. Ich selbst hätte mir den Zylinder nicht wieder aufsetzen können; und der Zylinder gehört zu dem wenigen, was ich noch habe. Ihn zu tragen ist mir sehr wichtig, stattlich, wie er mich erscheinen lässt. Ach ja.« Der Schneemann seufzte und hustete wieder Schneeflocken aus seinem traurigen Mund.

Besorgt sah ich ihn an und sagte: »Mir ist zu Ohren gekommen, dass du früher ein Waldgeist warst und das Ungeheuer dich zu dem gemacht hat, was du nun bist. Ein herber Schicksalsschlag, wie es mir scheint, wenn ich dich so ansehe.«

Der Schneemann seufzte und verdrehte seine steinernen Augen zu einer noch viel traurigeren Miene. »Es gibt Tage, da fühlt es sich so einsam an auf der Waldlichtung. Das kannst du dir kaum vorstellen. Die meiste Zeit über schlafe ich. Zwar besuchen mich immer mal wieder Tiere und Zwerge aus Dankbarkeit, weil ich ihnen Schutz gab, doch ist ihnen längst klar geworden, dass ich meine magischen Kräfte verloren habe. Das Ungeheuer hat mein flirrendes Licht in eine statische Schneemasse umgewandelt; brüchig und verletzlich stehe ich nun hier und betrachte Tagein Tagaus den Sonnenbogen. Aus Dankbarkeit und Mitleid brachten mir die Tiere Äste und Steine und die Zwerge einen Schal und Zylinder. In der Gestalt des Schneemanns bin ich für sie keine bloße Schneemasse mehr, sondern eine Persönlichkeit; und manchmal fühle ich mich fast wieder wie der gute alte Waldgeist, der ich einst war.«

»Gibt es denn gar keine Möglichkeit, deine frühere Gestalt wiederzuerlangen?«

Der Schneemann schüttelte versonnen den Kopf. Das Ungeheuer hat mir das Licht für immer entzogen.«

»Warum kann der Zauber nicht rückgängig gemacht werden?«

Der Schneemann hustete Schneeflocken, überlegte eine Weile und begann zu erklären: »Das liegt in der Natur des Status Materiae Magicum. Damit sind die Magischen Aggregatzustände gemeint, die Lehre, wie sich Materie durch Magie verändern lässt. Es gibt zwar viele Möglichkeiten mit Magie Materie umzuwandeln, doch sind einem Grenzen gesetzt, nicht jeder Stoff lässt sich beliebig in einen anderen Soff verwandeln. Um ein Beispiel zu geben: Man könnte ein lebloses Objekt wie einen Besen in einen Fisch verwandeln, und einen Fisch in einen Besen. Doch wie sinnvoll wäre das? Ein Fisch in der Gestalt eines Besens würde sich dennoch wie ein Fisch verhalten. Er würde schwimmen wollen und wie verrückt rumzappeln, wenn er in der Ecke stünde; während ein Besen in der Gestalt eines Fisches im Wasser putzen würde. Aber grundsätzlich ist der Status Materiae Magicum von Fischfleisch und Holz unbedenklich. Anders schaut es bei Licht und

51

Wasser aus: Eine Verwandlung ist dort nur von Licht zu Wasser möglich. Wasser ist eine Masse und weist die physikalischen Aggregatzustände fest, flüssig und gasförmig auf, wogegen sich Licht in elektromagnetischen Wellen ausbreitet. Dessen Photonen haben eine Ruhemasse von Null und bewegen sich mit Lichtgeschwindigkeit. Licht und Wasser sind folglich zwei sehr unterschiedliche Materien. Wenn wir Dampf, Wasser oder Eis betrachten, können wir das Wasser nur deshalb sehen, weil es durch das Licht sichtbar gemacht wird. Licht ist die Voraussetzung, um überhaupt etwas sehen zu können. Licht durchdringt Wasser, wogegen Wasser Licht nicht durchdringen kann. Das Ungeheuer besteht aus einer dunklen Materie, die das Licht absorbiert. Es hat meine elektromagnetischen Wellen in seine Photonen zergliedert und diese in die sternförmigen Eiskristalle (auch Dendriten genannt) eingeschlossen; anschließend die Schneemasse zu einem Kugelvolumen geformt.«

Um den Schneemann genauer betrachten zu können, lief ich einmal um ihn herum, ließ meine Handinnenflächen sanft über den Schneeballen seiner Brust gleiten und fragte beiläufig: »Warum gerade ein Kugelvolumen?«

»Weil bei einer Kugel die Oberfläche am geringsten ist. Die Form eines Würfels, einer Pyramide oder irgendeine andere Form hätten bei gleicher Masse eine größere Oberfläche. Je kleiner die Oberfläche eines Volumens ist, umso schwächer ist die darin eingeschlossene magische Energie. Das Ungeheuer hat die Form der Kugel ganz bewusst gewählt, um meine mir noch verbleibende Restenergie, die in einem Kugelvolumen wie in einem Kerker eingeschlossen ist, maximal zu schwächen.

»Und was genau bist du jetzt?«

»Was vor dir steht, in der Gestalt eines Schneemanns, ist mein Restselbst, bestehend aus den Fähigkeiten zu fühlen, zu denken und zu sprechen. Den Zwergen ist es zu verdanken, dass sie mit ihren minimalen Fähigkeiten an Zauberei es fertig gebracht haben, mir eine Stimme, Augen und Nase zu geben. Ansonsten wäre ich jetzt blind, stumm und taub und würde nichts mehr von der Welt mitbekommen. So ist es mir immerhin möglich, den Wald zu sehen, seinen Duft zu riechen, seine Geräusche zu hören und meine Gedanken auszusprechen.«

Aufmerksam hörte ich dem Schneemann zu. Der Gedanke, den Rest meines Lebens nahezu unbeweglich an ein und demselben Ort, und dazu noch stehend, verbringen zu müssen, war für mich unvorstellbar! »Als Waldgeist hattest du eine wichtige Funktion in diesem Wald«, stellte ich fest. »Jetzt, wo du im Körper eines Schneemanns eingefroren bist, was sind da noch deine Herausforderungen?«

Der Schneemann stieß einen grummelnden Seufzer aus und hustete wieder Schneeflocken. »In meiner früheren Gestalt als Waldgeist hatte ich viel erlebt und gesehen«, erklärte er tieftraurig, »ich weiß so gut wie alles über diesen Ort. In gewisser Weise bin ich jetzt zu einer Informationseinheit dieses Waldes geworden. Wer Fragen hat und Ratschläge braucht, wendet sich an mich. Jedoch kann ich nicht mehr selbst aktiv werden und stehe den Fabelwesen und Tieren nur noch beratend zur Seite.« Der Schneemann musterte mich aus seinen steinernen Augen: »Was hat dich eigentlich bewogen, diesen nicht gerade ungefährlichen Wald aufzusuchen?«

»Es ist der heimliche Gedanke an eine Flucht, über den ich immerwährend nachdenken muss. Ich suche nach einer Möglichkeit, diesem mir unbekannten Ort zu entfliehen. Im Schloss steht man unter permanenter Beobachtung und hat sich einem durchorganisierten Tagesablauf unterzuordnen. Eine weitere Einschränkung ist, dass man im Schloss wie hermetisch abgeschirmt ist und die Außenwelt nur durch die Fenster beobachten kann. Die Bedrohungen dunkler Mächte bedrücken die Stimmung aller Schlossbewohner und versetzen sie in Angst und Schrecken.«

»Das Schloss muss ein beklemmend bizarrer Ort sein«, meinte der Schneemann nachdenklich und hustete Flocken. »Schon mehrere Schlossbewohner konnte ich bei ihren Fluchtversuchen beobachten. Alle blieben sie erfolglos, da sie entweder von wilden Tieren, Gnomen, Kobolden, der Hexe, dem Drachen oder dem Ungeheuer attackiert wurden. Was aber niemand weiß, ist, dass die idyllische Winterlandschaft das wohl größte Hindernis darstellt. Selbst ich konnte diese Umgebung, in meiner früheren Gestalt als Waldgeist, nie verlassen. Die Landschaft scheint wie in sich abgeschlossen zu sein; als ob sie, wie eine Möbiusschleife, in sich gekrümmt ist. Es ist zum Verrücktwerden! In welche Richtung man auch geht oder schwebt, so sehr man sich auch abmüht, der Wald lässt sich niemals durchqueren. Das ist höchst eigenartig. Die Wege und Pfade führen einen immer wieder in die Mitte der Landschaft und somit zum Schloss zurück. Und geht man abseits der Waldwege, so wird man im Kreis wandern und sich für immer verirren. Und so fressen einen am Ende die wilden Tiere.« Der Schneemann hielt inne und sah mich ernst an. »Ich rate dir daher dringend, dich wieder zum Schloss zurückzubegeben, solange du noch kannst!«

»Das werde ich auch. Aber vorerst möchte ich mich im Wald umsehen, jetzt, wo ich schon mal hier bin. Vielleicht entdecke ich Hinweise, die mir später von Nutzen sein werden, diesem Ort zu entfliehen.« Hinter meinem Rücken knackte es. Ich drehte mich um und erblickte Tiere, die eine Warteschlange gebildet hatten.

»Das sind die Tiere, von denen ich dir erzählt hatte, die mich hin und wieder um Rat aufsuchen – meine Sprechstunde hat ja bereits vor einer halben Stunde begonnen.«

Ich drehte mich wieder dem Schneemann zu: »Dann fasse ich mich kurz und stelle dir eine allerletzte Frage: Wo finde ich das Hexenhaus?«

»Das Waldhaus der Hexe«, raunte der Schneemann und bekam einen Hustenanfall. »Das Waldhaus der Hexe kannst du nicht finden. Niemand kann es finden. Es taucht dann und wann auf und verschwindet wieder, immer zu einem anderen Ort des Waldes. Wenn du nur lange genug danach suchst, wird die Wahrscheinlichkeit aber größer, dass das Hexenhaus dich findet. Ich an deiner Stelle würde mich von dem Haus fernhalten. Vor allem aber lass eines nie außer Acht: Solltest du vor Einbruch der Dunkelheit nicht wieder beim Felsen mit der Tür sein, beim Geheimgang, der Wald und Schloss verbindet, bist du größter Gefahr ausgesetzt! Und auch wenn du bei Tag durch den Wald läufst, der verlassen und in sich ruhend scheint, dann musst du immer darauf achten, so leise wie nur möglich zu gehen, damit du den Drachen der Hexe nicht aufweckst, der tagsüber irgendwo im Wald ruht und einen empfindlichen Schlaf hat. Verhalte dich so unscheinbar, wie du nur kannst, das rate ich dir dringend.«

Die Tiere hinter meinem Rücken wurden allmählich unruhig – sie scharrten, fauchten, knurrten und stampften – und so verabschiedeten wir uns im gegenseitigen Versprechen, unsere Unterhaltung ein andermal fortzusetzen. Vorbeigehend an der Warteschlange, in der Mäuse, Igel, Eichhörnchen, Hasen, Dachse, Marder, Biber, Rehe, Hirsche und sogar ein Bär ungeduldig und dichtgedrängt anstanden, verließ ich die Waldlichtung.

10

Verschlungene Wege führten mich durch den verschneiten Wald. Befremdlich erschienen die versteinerten Eulen, die überall herumlagen. In einer von Felsen umgebenen Absenkung, konnte ich eine besonders große, zornig dreinblickende Eule entdecken, die, inmitten eines vereisten Weihers, auf einem Felsen hockte. Ihr versteinertes Monument ragte grimmig und furchteinflößend in der Landschaft auf. Der Weg führte mich an der Absenkung entlang, sodass ich der großen Eule sehr nahe kam. Ein Schaudern überkam mich und eine Trostlosigkeit sondergleichen schien von diesem gefrorenen Weiher auszugehen und Besitz von mir ergreifen zu wollen. Hier durfte ich keinesfalls bleiben! Froh darüber, dass die große Eule versteinert war und keine Gefahr von ihr ausgehen konnte, ging ich zügig weiter, schneller und immer schneller, ohne mich umzudrehen.

Gelegentlich entdeckte ich ein Einhorn, das mich hinter einer Tanne flüchtig beobachtete und lautlos wieder verschwand. Der Anblick der Einhörner ließ mich ruhiger werden und ich zügelte nach und nach meine schnellen, von Furcht getriebenen Schritte. Schließlich erreichte ich den Waldrand, von dem ich das Schloss sehen konnte: Entgegen meiner Erinnerung schien es mir nun, dass sich seine gekrümmte und in sich verschlungene Architektur zerlegt hatte und seine wollknäuelartige Form im Begriff war sich zu entwirren. Seine Mauern und Türme tendierten zu einer waagrechten und senkrechten Ausrichtung. Auch schien es mir, als ob das Schloss weniger traumverloren, im Schnee versunken dastünde und das Märchenhafte am Vergehen sei. Ich sah in alle Richtungen. Ich glaubte, etwas gehört zu haben. Ein leises Knacken vielleicht? War das der Drache gewesen? Ich wandte mich vom Ausblick ab und kehrte waldeinwärts. Die mahnenden Worte des Schneemanns flößten mir immer noch Angst ein, und ich wollte vor Einbruch der Dunkelheit zurück bei der Felsentür sein.

Kugelförmiger Rauch, der die Züge trauriger Gesichter in den Himmel zeichnete, machte mich nervös. Schließlich erblickte ich zwischen zwei Hügeln versteckt das Waldhaus der Hexe. Sein im rechten Winkel zum Schrägdach stehender Schornstein qualmte und folgte der geometrischen

Logik einer Kinderzeichnung, was ich dann wieder als liebreizend empfand. In dem reichverzierten, einladenden Haus mit seinem zugespitzten Dachgiebel schien niemand da zu sein, es brannte kein Licht.

Als ich die Haustür vorsichtig öffnete – insgeheim hoffte ich, ein feiner Duft von Gebäck, Süßigkeiten und Früchten würde mir entgegenströmen –, stieg mir ein übler Geruch in die Nase. Und wie ekelhaft der war! Die Stube war ordentlich und aufgeräumt, jedes Detail schien hier seinen Platz zu haben. Ich betrat die Küche. Sogleich kam mir der intensive Gestank von verbranntem Fleisch entgegen. Dann sah ich einen verkohlten Körper im Ofen liegen. Ich hielt mir den Ärmel vor den Mund, um den Geruch abzumildern und den Brechreiz zu unterdrücken. Wie Hannah im Verhör geschildert hatte, kam es mit der Hexe zu einem tumultartigen Kampf auf Leben und Tod, wobei Hannah die Hexe aus Notwehr, wie sie sagte, in den Ofen gestoßen hatte. Außerdem erinnerte ich mich, wie Hannah erzählte, dass sie und die Hexe am Zauberstab rissen, dieser Blitze ausschlug und dadurch erhebliche Schäden im Haus entstanden. Doch merkwürdigerweise ließen sich weder Spuren eines Kampfes noch Verwüstungen erkennen. Mich überkam das Gefühl, dass hier etwas nicht stimmte. Beim Blick durchs Ofengitter beschlich mich dann auch ein schrecklicher Verdacht.

Mit einem Besen, der in der Ecke stand, öffnete ich das Ofengitter, an dem der verkohlte Leichnam anlehnte. Ich stieß und drückte die Leiche mit dem Besenstil, um sie umzudrehen; ich wollte das Gesicht der Hexe sehen. Der verkohlte schlanke Körper schien einfach nicht zum Korpus einer Hexe passen zu wollen. Als sich der Körper schließlich wendete, stockte mir der Atem. Was da verkohlt aus dem Ofen ragte, war Hannahs Körper! Obschon die Verbrennungen erheblich waren, konnte ich Hannahs Gesichtszüge identifizieren. Ein Kampf zwischen Hannah und der Hexe, so mutmaßte ich, hatte niemals stattgefunden. Wohl eher trug es sich so zu, dass Hannah, nachdem sie dem Ungeheuer hatte entfliehen können, Zuflucht in diesem Waldhaus suchte, in das sie von der Hexe freundlich eingeladen und dann hinterrücks in den Ofen gestoßen wurde.

Ich hielt mir die Hand vor den Mund, wendete mich von diesem grässlichen Anblick ab und eilte aus dem Haus. Ich musste mich übergeben. Aus dem Schornstein rauchten immer noch traurige Gesichter. Lange sah ich die Gesichter an und entdeckte plötzlich Hannah darin wieder: Hannah als Kind, Hannah als Jugendliche, Hannah als junge Erwachsene. Ich rieb mir die Augen, doch Hannahs Gesichter sahen mich weiter weinend an und zergingen in der Luft, eines nach dem anderen. Es war ein furchtbarer Anblick. Mir war so, als würde Hannah dort oben ein letztes Mal im Rauch zu mir sprechen, als würde ein Teil von ihr in der aufsteigenden Asche gefangen sein und durch die grausame Tat keine Ruhe mehr finden.

Benommen setzte ich mich auf einen Baumstumpf und überlegte. Wenn Hannah in diesem Haus verbrannt worden war, wer mochte dann die andere Hannah im Schloss sein? Natürlich war es niemand anderes als die listige Hexe, die Hannahs Aussehen angenommen hatte und sich auf diese Weise – quasi wie ein Trojaner – ins Schloss eingeschleust hatte! Aber ihr Plan war nicht restlos aufgegangen. Denn nachdem wir sie am Waldrand, angeblich bewusstlos, im Schnee liegend gefunden hatten, wurde sie von Aron ins Schloss getragen. Dabei fiel ihr der Zauberstab aus dem Kleid. Diesen hatte ich heimlich an mich genommen. Ohne den Zauberstab war die Hexe machtlos. Sie konnte weder etwas anrichten, noch konnte sie ihre ursprüngliche Gestalt wieder annehmen. In ihrer gegenwärtigen Präsenz als Hannah saß sie nun im Verlies. Sie würde alles daran setzen, nach Beendigung ihrer Kerkerstrafe, den Zauberstab wiederzubekommen, die Art und Weise, wie sie sich bei der Befragung im Verlies verhielt, zeigte das mehr als deutlich: Ich wurde ja nur deshalb verhört, weil die als Hannah verwandelte Hexe im Vorfeld von einem Zauberstab berichtet hatte, den sie angeblich beim Zusammenbrechen am Waldrand noch bei sich gehabt haben wollte. Wahrscheinlich aber war sie, als sie von Aron ins Schloss getragen wurde, bei vollem Bewusstsein, hatte sich nur scheinbar bewusstlos gestellt und hatte mitbekommen, wie ihr der Zauberstab in den Schnee fiel und wie ich diesen heimlich an mich genommen hatte. Zu Beginn der Befragung war die Hexe in Hannahs Gestalt sich sicher, den Zauberstab nicht im Wald verloren zu haben. Sie wusste, dass ihrer Aussage mehr Glauben geschenkt werden würde als meiner und hoffte durch das Verhör, Kenntnis darüber zu bekommen, wo sich der Zauberstab gegenwärtig befand. Als einer der Wachen auf die Idee kam, man könne, jetzt wo die Hexe tot sei, das Hexenhaus durchsuchen, musste sie ihre Aussage revidieren. Denn würden die Wachen das Hexenhaus aufsuchen, so würden sie dort – wie jetzt ich gerade – den verkohlten Körper von Hannah vorfinden, was die Schlussfolgerung zulassen würde, dass die Hexe Hannahs Aussehen angenommen hatte. Um das zu verhindern, musste sie ihre Aussage im Verhör revidieren und war sich plötzlich sicher gewesen, den Zauberstab im Wald verloren zu haben. Denn wenn dies der Fall war, und so mutmaßte ja auch der in der Mitte sitzende Ritter, so ist es höchst wahrscheinlich, dass der Zauberstab von den Gnomen, Kobolden oder Zwergen gefunden worden war. Somit wäre der Wald weiterhin eine Gefahrenzone, was die Wachen davon abhielt, das Hexenhaus zu suchen. Somit bliebe unentdeckt, dass Hannah und nicht die Hexe verbrannt im Ofen lag.

So schnell wie möglich musste ich den Zauberstab aus der Bibliothek holen und an einen sichereren Ort bringen. Denn sobald die Hexe ihre Kerkerstrafe verbüßt hatte, würde sie wie besessen nach dem Zauberstab suchen und diesen in absehbarer Zeit auch finden. Mit ihrem Zauberstab würde sie das Schloss verhexen und ich käme nie mehr von diesem bizarren, irreführenden Ort weg. Dies galt es zu verhindern! Und wie ich über all dies nachdachte und mutmaßte, blieb mir die hereinbrechende Abenddämmerung unbemerkt, die sich finster über den Wald legte und bedrohliche Schatten riss. Ich horchte auf und hörte den Wind durch die Zweige rascheln und im Geäst knarren; die Tannen zitterten in unheilvollen Lauten. Ich hatte die Zeit völlig vergessen, es war wohl bereits zu spät.

Eilig entfernte ich mich. Doch welchen Weg ich auch einschlug, immer führte er mich zurück zum Waldhaus – als ob mich dieser verwunschene Ort nicht mehr loslassen wollte. Die Augen der Gnome, Kobolde und Zwerge glänzten in der Dunkelheit; und von überall her, hinter Büschen und aus Erdlöchern, beobachten sie jeden Schritt, den ich tat. Doch es sollte noch schlimmer kommen: Ein riesiger Frosch, so groß wie ein Wolf, verfolgte mich. Sein schweres Schnaufen wie auch seine schleimig-zähflüssige glitschige Gangart ließen mich immer schneller gehen, keinesfalls wollte ich von diesem ekelhaften Ungetier eingeholt werden – bis anhin hatte ich nie etwas Ekelerregenderes als diesen riesigen Frosch gesehen! Das durch die Baumkronen leuchtende Mondlicht ließ die Tannen wie aus schmerzverzerrten Gesichtern auf mich herabblicken; und ihre im Wind rauschenden Äste, die in seltsamer Umarmung ineinander verflochten waren, versuchten gierig nach mir zu greifen. Und jedes Mal, wenn ich orientierungslos stehen blieb, um meine Situation neu zu überdenken, näherte sich mir ein schweres Schnaufen und ein glitschig-schleimig-zähflüssiges Platschen, und der riesige Frosch hatte mich schon fast wieder eingeholt. Und so hetzte und irrte ich immer schneller und aufgeregter und rastloser in der schummrigen Mondnacht umher, die mich zu verschlingen drohte; und lief ständig nur im Kreis. Schließlich musste ich mir die Ausweglosigkeit meiner Situation eingestehen und mir blieb nichts anderes übrig, als zum Waldhaus zurückzukehren, in dem sich dieser fürchterlich-abartige Leichengestank festgesetzt hatte. Die Eiseskälte schmerzte in meinen Ohren und ich wünschte mir nichts sehnlicher, als jetzt in meinem warmen, gemütlichen Bett zu liegen.

Im Waldhaus war es inzwischen stockdunkel. Dennoch fiel ein matter Lichtstrahl von der Küche ins Wohnzimmer. Schon beim ersten Anblick wurde mir warm und ich ging in die Küche, um zu schauen, woher das Licht kam. Vorsichtig betrat ich die alten Dielen. Sie knarrten bei jedem Schritt. Der Leichengestank kam mir diesmal weniger intensiv vor. Ich sah auf Hannah. Ihr Kleid war schmutzig und an einigen Stellen verbrannt. Aus der Herzgegend von Hannahs verkohltem Körper strahlte es hell. Und mir wurde immer wärmer. Wie aus der Ferne hörte ich Hannahs zufriedenes Gekicher und erinnerte mich an sie und die schönen Momente mit ihr. Es kam nicht von der Leiche, es kam mehr aus mir selbst oder vielleicht aus dem Licht. Ich nahm den Besenstil und stocherte, worauf sich das strahlende Etwas aus ihrem Kleid löste und auf den Boden fiel. Es war ein funkelnder Kristall. Sein Licht war grell und unglaublich schön. Ich stand ein paar Minuten nur so da. Dann hob ich ihn behutsam auf und mich durchfluteten eine Wärme und ein Gefühl von Zufriedenheit. Er konnte mir helfen, den richtigen Weg zu finden, leuchtend und hell wir er war. Und ermutigt durch die Wirkung des Kristalls ging ich das Risiko ein, mich ein zweites Mal in den finsteren Wald zu begeben.

Der riesige Frosch verfolgte mich wieder. Mit dem leuchtenden Kristall kam ich diesmal aber schnell vorwärts und konnte dieses ekelhafte Ungetier abschütteln. Als ich endlich die Waldlichtung fand, suchte ich nach dem Felsen mit der Geheimtür, konnte sie aber nicht finden. Hilfesuchend wandte ich mich an den Schneemann, der tief und fest schlief.

»Hey, aufwachen. Kannst du mich hören?«, flüsterte ich ihm in sein tannenzapfenartiges Ohr.

Keuchend und Schnee hustend öffnete er seine steinernen Augen. Vorerst noch schlaftrunken, doch gleich als er mich bemerkte, wurde er hellwach und flüsterte erschrocken mit seiner tiefen Stimme: »Wie jetzt? Du bist immer noch hier? Hast du eine Ahnung, wie gefährlich es um diese Zeit im Wald ist? Der Drache könnte dich längst gewittert haben!«

»Ich kann den Eingang zum Geheimgang nicht mehr finden«, flüsterte ich verzweifelt. »Es war ohnehin schwierig, überhaupt die Waldlichtung mit der Wegkreuzung wiederzufinden.« Gerade wollte ich ihm von meiner Entdeckung im Hexenhaus berichten, da hob er seine aus Ästen seitlich eingesteckten Arme und formte ein Licht. Er wies mich an, ihm zu folgen. Fasziniert betrachtete ich das vor meinem Gesicht schwebende Licht und sagte erstaunt: »Du besitzt also doch noch Zauberkraft.«

»Ja, das tue ich«, raunte der Schneemann. »Sie ist aber nur noch ganz schwach und speist sich aus dem allerletzten Rest an Magie, die im Mittelpunkt meiner Kugelvolumen verblieben ist.«

Erleichtert atmete ich auf. Zum Dank gab ich ihm den leuchtenden Kristall, den ich ohnehin nicht aufs Schloss hätte mitnehmen können, er wäre den Wachen sofort aufgefallen und sie hätten ihn konfisziert.

Vor dem Felsen mit der Steintür verglimmte das Licht. Ich drehte mich um und sah ein letztes Mal prüfend in die Finsternis. Dann stieg ich in den Geheimgang und schloss die Felsentür hinter mir.

Als ich auf meinem Rückweg am Ende des Geheimgangs wieder in den Spiegel stieg, war ich nervös. Ich wusste nicht, ob die Wachen im anderen Raum noch auf mich warteten. Zu meiner Überraschung öffnete sich der Spiegel aber an einem ganz anderen Ort. Offenbar gab es mehrere Spiegel im Schloss, die wie Portale miteinander vernetzt waren. Ich befand mich im Ostflügel, wie ich bald feststellte, und zwar im fünften Stock. Ungesehen konnte ich mich über eine eng gewundene Wendeltreppe in den achten Stock schleichen, wo sich mein Zimmer befand. Von Müdigkeit übermannt verkroch ich mich unter die Bettdecke. Ich war überglücklich, wieder im Schloss zu sein. Erleichtert schlief ich ein.

11

Das Glockenspiel auf meinem Nachttisch weckte mich. Ich öffnete das Fenster und setzte mich an einen kleinen Tisch, auf dem ein ovaler Handspiegel lag. Lange schaute ich hinein. Eigentlich betrachtete ich nicht mein Spiegelbild, sondern die zerkratzte Glasoberfläche und die dahinter sich befindende Aluminiumfolie. Meine Gedanken kreisten unentwegt um den Zauberspiegel, der nicht wie ein gewöhnlicher Spiegel aus Glas und Aluminium bestand, sondern eine magische inhärente räumliche Dimension hatte. Die Vermutung, dass es mehrere dieser Spiegel im Schloss gäbe, schien mir plausibel zu sein; auch wäre es denkbar, dass einer dieser Spiegel ein Portal sein könnte, das mich von der Insel fortbringen würde. Das wäre die Lösung für all meine Probleme. Diese und weitere Gedanken begleiteten mich den ganzen Morgen, sodass ich mich im Labor kaum noch auf meine Skizzenpläne konzentrieren konnte. Ich musste herausfinden, ob es noch weitere Zauberspiegel im Schloss gab und wohin sie führten.

Nora leitete am Nachmittag in Stellvertretung die Lichtwerkstatt, während ich, unter dem Vorwand Buchrecherche betreiben zu müssen, in die Bibliothek gehen durfte. Durch die Hintertür der Bibliothek begab ich mich in einen weniger belebten Abschnitt des Schlosses. Mir entgegenkommenden Wachen und Rittern zeigte ich meinen verkupferten Armring, worauf mich diese passieren ließen. Am Ende eines verwinkelten Korridors fand ich schließlich einen weiteren großen Wandspiegel im Hochkantformat, in dessen Rahmen sich ein Schlüsselloch befand. Ich schloss ihn auf, begab mich hinein und kam beim Zauberspiegel eines anderen Korridors wieder heraus.

An den folgenden Tagen unternahm ich mehrere Spiegelreisen, die mich an entlegene und mir unbekannte Orte im Schloss brachten. Einige Spiegel führten in die Tiefe, andere in die Höhe; und so entdeckte ich Kellergewölbe und Türme. Die Spiegelreisen waren mit viel Nervenkitzel verbunden. Es war immer wieder aufs Neue eine Überraschung, wo ich herauskommen würde und wem oder was ich begegnete. Einige Male geschah es dann auch, dass ich beinahe von Wachen entdeckt worden wäre; doch gelang mir die Flucht gerade noch rechtzeitig.

An einem späteren Nachmittag, als meine Konzentration schon ziemlich nachgelassen hatte, beschloss ich, noch eine letzte Spiegelreise zu unternehmen. Diese brachte mich an den trostlosesten Ort des Schlosses, ins Verlies. Ein mulmiges Gefühl umfing mich, als ich aus dem Spiegel trat, ich musste an das Verhör mit den fürchterlichen Befragungen denken. Obschon ich gleich wieder umkehren wollte, musste ich wissen, ob es hier unten weitere Spiegel gab – bisher hatte ich keinen finden können, der mir eine Flucht von der Insel ermöglichte.

Das Verlies glich einem unterirdischen Labyrinth aus zerklüfteten Höhlengewölben. In diesem waren vorwiegend unbrauchbar gewordene Folterinstrumente abgestellt, die verrostet und kaputt aufeinandergetürmt in unterschiedlichen Räumen abgestellt waren. In einem Raum, der einem Gebeinsaal glich, schauten mich unzählige Schädel durch ihre leeren Augenhöhlen an. In einer der Kerkerzellen entdeckte ich einen bis auf die Knochen abgemagerten Gefangenen, der eine schmutzige Kleidung trug, die in Fetzen an ihm herunterhing. Doch so angestrengt ich auch suchte, ich konnte nirgendwo einen Spiegel entdecken. Desorientiert lehnte ich mich an eine Kerkerzelle.

Von hinten packte mich eine Hand und versuchte mich zu würgen. Ich riss mich los. Schemenhaft konnte ich Hannah im Dunkeln erkennen. Sie war angekettet. Vorsichtig näherte ich mich dem Gitter und flüsterte ihr zu: »Ich habe Hannahs verkohlten Leichnam in deinem Waldhaus gefunden. Ich weiß, wer du bist.«

Die in Hannahs Körper verwandelte Hexe lächelte bösartig: »Dann warne doch die anderen alle. Aber dazu müsstest du Beweise erbringen und verraten, wo du ihre Leiche gefunden hast. Somit wäre dann aber auch klar, dass du das Schloss unbefugt verlassen hast, worauf du selber in den Kerker kämst!«

»Gut möglich«, sagte ich nachdenklich und betrachtete die vielen leeren Kerkerzellen, die einen langen Korridor bildeten, und von Fackeln schwach erleuchtet, verlassen und trostlos im Halbdunkeln dastanden. Auf gar keinen Fall wollte ich an so einem Ort enden. Wieder schaute ich in Hannahs Zelle und flüsterte ihr zu: »Du wirst eine sehr lange Zeit im Kerker schmachten. Hier unten kannst du niemandem ein Haar krümmen. Abgesehen davon bist du ohne deinen Zauberstab machtlos.«

»Meine Kerkerstrafe wird wegen guter Führung vorzeitig verbüßt sein; und dann werde ich meinen Zauberstab holen. Ihn zu finden, dürfte nicht allzu schwer sein. Denn wenn ich ihn rufe, gibt er mir Antwort. Und sobald ich ihn wieder habe, werde ich das Schloss in einen Schlachthof verwandeln. Dann bricht hier die Hölle aus!«

»Der Zauberstab befindet sich an einem sicheren Ort, du wirst ihn niemals bekommen«, sagte ich selbstsicher und wusste genau, dass es allerhöchste Zeit war, ein sicheres Versteck dafür zu finden.

Die Hexe lächelte mich böse an. »Sei dir da bloß nicht so sicher. Du wirst dich noch wundern! Alle hier werden sich noch wundern!«

Ich hörte Schritte näher kommen. Schnell schlich ich mich davon. Die Schritte schienen mir zu folgen und so begann ich zu rennen. Unglücklicherweise stolperte ich und fiel hin. Schnell rappelte ich mich wieder auf und da standen auch schon zwei Wachen vor mir. »Was tust du hier?«, fragte mich der eine. »Wie bist du hier hergekommen?«, wollte der andere wissen. Nur eine gerissene Antwort würde mich jetzt aus dieser brenzligen Lage befreien.

»Vor einiger Zeit nahm ich hier unten an einer Befragung teil«, begann ich mich zu erklären, »und ...«

»Das wissen wir«, schnitten sie mir das Wort ab. »Wir waren auch anwesend.« Abermals fragten sie, was ich hier unten zu suchen habe.

»Wenn ihr anwesend wart«, entgegnete ich, »dann wisst ihr bestimmt, dass ich die Lichtwerkstatt leite. Unglücklicherweise hatte ich hier unten etwas Wichtiges aus der Werkstatt liegen gelassen. Danach suche ich jetzt.«

Misstrauisch beäugten mich die Wachen, und mir wurde klar, dass ich das unter keinen Umständen hätte sagen sollen. Es war ein Vergehen, Objekte eines bestimmten Orts, wie etwa der Lichtwerkstatt, in andere Räume, wie etwa die des Verlieses, mitzunehmen und liegen zu lassen.

»Was genau hast du hier unten verloren?«, fragte der eine, und wie nicht anders erwartet, nahm die andere Wache Schreibfeder und Pergament hervor, um meine Antwort zu protokollieren. Es war wieder einmal ein Protokoll, das ich am Schluss zu unterzeichnen hatte und das im Zählraum bei Kaspar, dem Zählmeister, abgelegt wurde. »Und? Was war es?«, fragte mich die Wache ein zweites Mal in besonders herrischem Tonfall.

Meine umgehende Antwort war: »Das Elektrolytkolbendrehumkehrungslichtwellenkaliumhybrid.«

Die Wachen machten ein konsterniertes Gesicht und wollten wissen, was genau das sei und was es damit auf sich habe.

»Ein Elektrolytkolbendrehumkehrungslichtwellenkaliumhybrid wird zur äquivalenzdynamischen Strahlungsdifferenzausgleichung benötigt. Hierbei wird ein Zyklotronenstrahlensatz mikrotronisiert, um eine Fraktaldynatronionenstrahlungschwankung zu vermeiden.«

Die Wache schüttelte verwirrt den Kopf. Sie war mit dem Aufschreiben dieser frei von mir erfundenen, komplizierten Begriffe, genau wie ich es erwartet hatte, überfordert.

»Wo könnte dein verlorenes Teil, oder was immer es auch ist, jetzt sein?«, wollten die Wachen wissen.

»Mein Elektrolytkolbendrehumkehrungslichtwellenkaliumhybrid ist ziemlich klein«, erklärte ich. »In feuchten Räumen wie dem Verlies, kann es passieren, dass seine Konsistenz von einem festen in einen gasförmigen Zustand übergeht, was die Sublimation, also eine Verdunstung, zur Folge hätte. Das würde erklären, warum ich das Teil nicht mehr finden konnte.«

Die Wachen warfen sich ratlose Blicke zu und wiesen mich an, in einer der Kerkerzellen Platz zu nehmen. Sie schoben den Riegel vor und gingen sich im Nebenraum einer Gruft besprechen. Währenddessen überlegte ich mir weitere extralange, knifflige Begriffe, die ich den Wachen an den Kopf werfen wollte, und zwar solche, die es wirklich gab, und die grammatikalisch korrekt waren. Hierbei kamen mir Begriffe in den Sinn wie die Grundstücksverkehrsgenehmigungszuständigkeitsübertragungsverordnung oder das Rindfleischetikettierungsüberwachungsaufgabenübertragungsgesetz oder eine Verkehrsinfrastrukturfinanzierungsgesellschaft.

Bald darauf kamen sie zurück, schlossen meine Kerkerzelle auf und baten mich herauszukommen. »Wir können dir den Ärger und uns die Mühe ersparen«, sagten sie. »Da dein verlorenes Teil sich höchstwahrscheinlich längst in Luft aufgelöst hat, und somit gar nicht mehr auffindbar ist, kann dir auch nichts nachgewiesen werden. Daher schlagen wir dir vor, dass wir unsere Begegnung hier unten vergessen, und auch das mit dem Protokoll lassen wir bleiben.«

Ich tat so, als überlegte ich, nickte dann und stimmte den beiden zu. Die Begründung der Wachen, die Sache auf sich beruhen zu lassen, weil mir nichts nachgewiesen werden konnte, war natürlich ein Vorwand. Schon allein die Tatsache, dass ich mich in dem Verlies aufhielt, war ein Vergehen. In Wahrheit war es den Wachen zu mühsam, meine langen komplizierten Technik-Fantasiebegriffe zu protokollieren. Gerade wollte ich mich verabschieden, da sagten sie: »Du machst uns einen müden und erschöpften Eindruck. Wir werden dich in den Hortus Conclusus bringen. Dort kannst du dich ausruhen, du siehst ziemlich mitgenommen aus.« Zwar wollte ich nicht in den Hortus Conclusus, aber es wäre unklug gewesen, jetzt, wo die Wachen mir das Protokoll für den Zählraum erlassen hatten, ihnen zu widersprechen; und so willigte ich ein.

Als die Tür vom Hortus Conclusus hinter mir zuging, war ich dann doch froh, hier zu sein, hier, an diesem stillen, umfriedeten Ort. Der Hortus Conclusus war ein sehr kleiner, geschlossener Garten innerhalb des Schlosses. Eine beinahe spirituelle Ruhe ging von diesem leeren Ort aus. Wohin man auch sah, nach unten, nach oben oder seitlich, alles war mit einer dicken Schneeschicht überzogen und weich wie Federkissen. An diesem Ort zu sein, empfand ich als Privileg. Zufrieden setzte ich mich in eine Ecke und nahm die Stille in mich auf. Allmählich wurde ich ruhiger ...

Die Tür vom Hortus Conclusus ging auf. Ich war wohl eingenickt und blinzelte gähnend die Wachen an, die nun vor mir standen und bereit waren, mir beim Aufstehen zu helfen. Sie brachten mich auf mein Zimmer. Wir verabschiedeten uns und ich versicherte ihnen nochmals, kein Wort über unsere Begegnung im Verlies zu verlieren. Als sie unter der Tür standen, gaben sie mir noch einen letzten, wohlgemeinten Ratschlag, wie sie sagten, nämlich jenen, dass ich mich dringend vom Identitätslosen fernhalten solle. Dann waren sie weg. Nachdenklich legte ich mich ins Bett und grübelte darüber, wer der Identitätslose wohl sein könnte, von dem ich jetzt schon das zweite Mal hörte. Ratlos schlief ich ein.

12

Das Glockenspiel weckte mich. Angespannt stand ich auf. Es war aller-höchste Zeit, den Zauberstab aus der Bibliothek zu holen und an einen sichereren Ort zu bringen. Die Kerkerstrafe der Hexe konnte zu jeder Zeit vorzeitig aufgehoben werden, und dann würde es nicht mehr lange dauern und sie könnte den Zauberstab auf dem Bücherregal finden. Das durfte auf keinen Fall passieren! Zwei Wachen holten mich in meinem Zimmer ab und brachten mich in die Lichtwerkstatt. Meine Nervosität konnte ich kaum verbergen, worauf eine der Wachen sich nach meinem Befinden erkundigte. Unter dem Vorwand, dringend wichtige Informationen für das Glühbirnenprojekt zu recherchieren, gewährte man mir schon am Vormittag den Zutritt zur Bibliothek.

Eilig holte ich die Leiter und stieg zu dem Regal hoch, auf dem der Zauberstab lag. Er war nicht mehr da. Wahrscheinlich hatte ich mich im Regal geirrt. Es musste ein anderes Bücherregal gewesen sein, auf das ich den Zauberstab geworfen hatte. Als die Wachen damals die Bibliothek gestürmt hatten, mussten Nora und ich fliehen und alles ging sehr schnell. Ich legte die Leiter bei einem anderen Regal an und wollte gerade hochsteigen, da keifte eine böse Stimme hinter mir: »Gib dir keine Mühe, das war schon das richtige Regal.« Ich drehte mich um und blickte in Hannahs gefährlich funkelnde Augen. Sie kam auf mich zu, den Zauberstab drohend in ihrer Hand schwenkend. »Hatte ich dir nicht gesagt, dass ich ihn finden werde.« Mit dem Zauberstab berührte sie ihren Kopf und nahm ihre frühere Gestalt wieder an: Ihre Hände mutierten zu Krallen, ihre Nase krümmte sich zu einem Haken, ihre Haut legte sich in fleckige Falten, ihr Haar dünnte aus und wurde aschgrau und ihr schlanker, hochgewachsener Körper fiel zu einer buckligen Gestalt in sich zusammen. Wie angewurzelt stand ich da. Dann ging alles ganz schnell. Die Hexe richtete den Zauberstab auf mich und krächzte eine Zauberformel. Mir war als konnte ich das Wort »Pyro« heraushören, da spürte ich schon, wie mein Körper in Flammen aufging. Meine Haare brannten lichterloh. Wild schlug ich um mich, während die Hexe laut krächzend lachte. An meinen Armen und Beinen empfand ich bald keinen Schmerz mehr, das Feuer hatte bereits die Nerven und Empfindungszellen der Haut durchschmort. Panisch rannte ich aus der Bibliothek und fiel über das Wendeltreppengeländer in die Tiefe hinab. Im freien Fall schoss mir noch der Gedanke durch den Kopf, dass es sinnvoller gewesen wäre, aus dem Fenster in den kühlen Schnee zu springen; dann schlug ich hart auf dem steinharten Boden auf.

Schweißgebadet schreckte ich hoch. Ein Albtraum! Mein Herz raste. Ich hatte Furchtbares geträumt und war aus dem Bett gefallen. Aber nichts Schlimmes war passiert. Ich atmete tief durch. Zitternd stand ich auf. Ich sah in Richtung der Tür, dann zum Fenster hinaus und wieder auf mein zerwühltes Bett. Erleichtert ging ich im Kreis. Immer noch war ich ganz wackelig auf den Beinen. Ich setzte mich aufs Bett, zog meine Kleider an und wartete.

Das Glockenspiel, das mich jeden Morgen mit seinem silbernen Klang weckte, setzte ein. Es war jetzt ›08:08 Uhr‹. Ich zog die Vorhänge auf und betrachtete die über Nacht gewachsenen Eisblumen am Fensterglas. Es klopfte an der Tür. Eine Hofdame kam herein, sie begrüßte mich und gab mir wie jeden Tag ein Elixier. Anschließend brachten mich zwei Wachen in die Lichtwerkstatt.

Der Bau an der Riesenglühbirne ließ weitere Fortschritte erkennen: Die Glühfäden, die provisorisch an einer Stahlstruktur fixiert waren, waren zu Doppelwendeln gedreht worden und an den beiden Zuleitungsdrähten sowie dem Traggerüst fixiert. Hinter der Rampe bauten Werkstattarbeiter eine Vakuumpumpe auf, um in einem abschließenden Schritt dem Glaskolben die Luft zu extrahieren. Zuversichtlich, dass dieses Wunderwerk einer Glühlampe, das mehr als eine Million Watt Strahldichte haben sollte, rechtzeitig vollendet sein würde, ging ich in mein Labor.

Aron räumte gerade die Regale neu ein, um Platz für weitere Bauteile zu schaffen. Er stellte mir flüchtige Fragen, die ich überhörte. Meine Gedanken kreisten unentwegt um den Zauberstab. Ich packte mehrere Bücher unter den Arm. Streng von der Wache mit dem stählernen Helm gemustert – mir schien es, als billige sie meine ständigen Bibliotheksgänge ganz und gar nicht – verließ ich die Lichtwerkstatt.

Vor der Bibliothekstür blieb ich stehen. Ein merkwürdiges Gefühl umfing mich. Für die Wegstrecke von der Lichtwerkstatt bis zur Bibliothek hatte ich deutlich weniger Zeit als sonst benötigt. Die Korridore und Räume schienen kürzer geworden zu sein – als ob sie wie eine Ziehharmonika zusammengedrückt worden wären. Eigenartig. Woher kam das?

In der Bibliothek nahm ich die Leiter und stieg zum Regal hoch, auf dem ich den Zauberstab vermutete. Mit Herzklopfen tastete ich die Oberseite des Bücherregals ab und griff mit großer Erleichterung nach dem Zauberstab. Ich versteckte ihn in einer Zinkröhre, die ich aus dem Labor mitgenommen hatte, und verschloss sie. Durch die Hintertür verließ ich die Bibliothek und verschwand im magischen Wandspiegel am Ende des Flurs. Ich war auf dem Weg zu einem entlegenen Turmzimmer, das ich neulich entdeckt hatte. Dieser Ort schien mir das sicherste Versteck für den Zauberstab zu sein. Der Weg dorthin führte über mehrere Spiegelportale und letztlich über eine fast endlose, eng gewundene Wendeltreppe.

13

Als ich durch die schmale, ungewöhnlich hohe Tür des Turmzimmers trat, begab ich mich zu dem einzigen, kleinen Fenster – es wies eine eigenartige Schräglage auf, als ob es in der Wand gedreht worden wäre – und öffnete es. Allmählich zog der stickige Geruch ab und das Atmen fiel mir leichter. Zahlreiche Objekte waren hier abgestellt und von einer dicken Staubschicht überzogen. Uhren aller Größen und Formen, einige sogar rückwärts laufend, zeigten unterschiedliche Zeiten an. Das tausendfältige Ticken und Klingen und Schnurren und Schnalzen vermengte sich zu einer mechanischen Atmosphäre. Mir kam es vor, als wäre das Turmzimmer selbst ein riesiges Uhrwerk. Ein Spinett lag feinsäuberlich zerlegt und auseinandergebaut am Boden. Seine Einzelteile waren von vorne nach hinten und von hinten nach vorne aufgereiht. Daneben lag ein Notenheft mit der Aufschrift ›Johann Sebastian Bach. Krebskanon. Musikalisches Opfer‹.

Auf einem Lagerregal waren zahlreiche Objekte abgestellt: Nachgebildete Tiere wie ein Legovogel oder ausgestopfte Tiere wie ein Uhu und ein Ara. Schauderhaft empfand ich ein Regalbrett mit der Aufschrift ›Gewebe weg‹, auf dem eine Gläsersammlung mit in Formaldehyd eingelegter Fabelwesen stand. Ihre Körper waren in Gläser gequetscht und ihre Gesichtsausdrücke schmerzverzerrt. In einem Behältnis mit der Aufschrift ›Falada‹ entdeckte ich einen abgetrennten Pferdekopf, daneben eine hässlich aussehende Ente und in weiteren Gläsern waren zahlreiche Rüben eingelegt. Reagenzgläser bewahrten ein Tartrat auf, eine chemische Substanz in festem Aggregatzustand. Vorsichtig nahm ich das Ulu, ein Inuit-Messer mit halbkreisförmiger Schneide und einem kunstvoll gefertigten Griff vom Regalbrett. Ich betrachtete es von allen Seiten und stellte es wieder zurück. Hinter dem Lagerregal stand eine Udu, ein afrikanisches Schlagidiophon aus gebranntem Ton. Ich probierte ein paar Trommelschläge aus – ein tiefer Klang erschallte. In einer Sammelkiste mit Kleidungsstücken lagen obenauf ein goldener Pantoffel und eine rote Kappe. Die rote Kappe, ging mir durch den Kopf, wäre nützlich, wenn ich mich das nächste Mal in den kalten, schneeverwobenen Wald begeben würde; kurzerhand steckte ich sie ein. Beinahe hätte ich mich an der spitzen Spindel eines Spinnrades gestochen, das quer im Raum stand. Auch wäre ich fast über eine am Boden liegende alte Öllampe gestolpert; gerade noch konnte ich mich an einem Lagerregal mit der Beschriftung ›1001‹ festhalten, in dem eine Schneekugelsammlung abgestellt war. Glücklicherweise fiel keine der Schneekugeln aus dem Regal und die Sammlung nahm keinen Schaden. In einer Ecke des Turmzimmers zwischen einem Regallager und einem defekten Radar stand ein ausgestopftes Reittier, das mich grimmig aus seinen gläsernen Augen anstarrte. In der schräg gegenüberliegenden Ecke war ein Drehherd aufgebaut. Über mir weit oben an der Decke hingen ein Rotor, ein Kajak und ein Rotator, ein aus einem Dauermagneten bestehendes Gerät, das die Polarisation von elektromagnetischen Wellen wie Licht oder Mikrowellen ändern konnte. Ich betrachtete eine alte Karte von Akasaka, einem Ort in Tokyo, die in einen vergoldeten Bilderrahmen eingefasst war. Furchteinflößend empfand ich den Kasak, eine Kleidung, die von Mitarbeitern im medizinischen Bereich getragen wurde. Neben einem Reliefpfeiler war er an die Wand genagelt und sah im Halblicht wie ein gekreuzigtes Gespenst aus. Vor einer Wandtafel blieb ich stehen, sie war mit mathematischen Formeln zugeschrieben. Ich versuchte, das Gewirr aus Zahlen, Buchstaben und Klammern zu entziffern. Schließlich erkannte ich darin ein algebraisches Monom, ein Polynom, das nur aus einem Glied bestand.

Gesättigt vom Anblick dieser sonderbaren und tausendschönen Objekte ließ ich mich in ein englisches Sofa fallen. »Wow!« Dieses Turmzimmer war ein faszinierendes Kuriositätenkabinett, mit einer Informationsdichte, wie sie wohl nirgendwo sonst im Schloss zu finden war. Hier, so war ich mir sicher, ließ sich der Zauberstab bestens verstecken und er würde in den Unmengen an Dingen untergehen, sodass er kaum mehr zu finden wäre. Und wie ich mich an den unzähligen Dingen kaum mehr satt sehen konnte, fiel mir der gelblich-silberhelle Glanz einer aus Nickel gefertigten Ziffer ins Auge. Es war die Zahl ›608’806‹. Sie zierte den Rücken eines verkehrt im Regal eingeordneten, auf der Kopfseite stehenden Folianten. In Gedanken drehte ich ihn um 180 Grad, und wie elektrisiert sprang ich auf und ging zum Bücherregal hinüber. Ich zog den Folianten mit der Nummer ›908’809‹ heraus und hielt tatsächlich das Zauberbuch mit der in goldenen Lettern verfassten Aufschrift ›Status Materiae Magicum‹ in meinen Händen. Ich hatte es tatsächlich gefunden, das verschollen geglaubte Werk, nachdem so viele suchten. Aufgeregt ging ich mit dem schweren Folianten zum Schreibtisch hinüber, auf den das Fensterlicht fiel.

Ein ›Inhaltsverzeichnis‹ informierte über die Zaubersprüche. Obschon ich nur aus dem einen einzigen Grund hierher gekommen war, den Zauberstab zu verstecken, packte mich die Neugier und ich spielte mit dem Gedanken den Zauberstab auszuprobieren. Ich wollte mich an einer harmlosen Formel versuchen. So schwer konnte das doch nicht sein.

›Feuer- und Eismagie‹ schienen mir zu gefährlich. Wer ein Anfänger und der Zauberei nicht mächtig war, konnte, wie mehrere Anmerkungen ausdrücklich warnten, sich leicht selbst entzünden und verbrennen oder sich ungewollt in eine Kältestarre versetzen und erfrieren. Beim Lesen lief es mir heiß und kalt den Rücken hinab, so ein Risiko wollte ich keinesfalls eingehen. ›Schwebezaubersprüche‹ schienen mir ebenfalls risikoreich zu sein. Auch hier gaben Anmerkungen Auskunft über die verheerenden Folgen, welche die Manipulation der Gravitation mit sich bringen konnte. Denkbar war, dass bei zu wenig Erdanziehungskraft Gegenstände und Personen, einmal losgelassen, davonschwebten und bei einer bestimmten Höhe unerreichbar wurden, die Lebewesen irgendwann erfrieren und ihre Körper weiter aufwärts ins Weltall treiben würden. Auch könnte ein misslungener Schwebezauber bei zu viel Erdanziehungskraft den Zauberer auf den Boden drücken, sodass er sich nicht mehr von alleine befreien könnte und auch ihm Gefahr drohte zu ersticken, da innere Organe wie Lunge und Herz versagten. Ein Kapitel, das schließlich meine Aufmerksamkeit gewann, war jenes vom ›Lebenszauber‹. Keine Anmerkung informierte hier über mögliche, lebensbedrohliche Folgen. Ich blätterte in den Seiten, um mich zu vergewissern – doch nichts, keine kritischen Anmerkungen oder Fußnoten. Dieser Zauber schien mir geeignet, den wollte ich ausprobieren. Schnell begriff ich, dass es vier Varianten gab, etwas Leblosem Leben einzuhauchen:

Die erste Variante: ›Einen verstorbenen Organismus als lebendigen Organismus wieder zum Leben erwecken.‹ Mit dieser Formel konnte beispielsweise ein verstorbener Mensch wieder zum Leben erweckt werden, als ob er niemals tot gewesen wäre.

Die zweite Variante: ›Einen verstorbenen Organismus als leblose Materie zum Leben erwecken.‹ Mit dieser Formel konnte der Leiche eines verstorbenen Menschen Leben eingehaucht werden, sodass der Verstorbene quasi als Lebender-Toter, wie ein Zombie, auferstand.

Die dritte Variante: ›Leblose Materie als lebendigen Organismus zum Leben erwecken.‹ Mit dieser Formel konnte beispielsweise eine hölzerne Marionette in einen Menschen aus Fleisch und Blut verwandelt werden.

Die vierte Variante: ›Leblose Materie als leblose Materie zum Leben erwecken.‹ Mit dieser Formel konnte einer hölzernen Marionette Leben eingehaucht werden, wobei die Marionette auch nach dem Lebenszauber aus Holz bestand.

Ich schaute mich nach etwas um, das sich eignen könnte, um zum Leben erweckt zu werden. Viele der Tiere und Fabelwesen waren mir unheimlich. Die ausgestopften Raben in ihrem rabenschwarzen Federkleid starrten mich argwöhnisch aus ihren gläsernen Augen an und es war schwer abzuschätzen, wie sie sich im lebendigen Zustand mir gegenüber verhielten. Der Ara wirkte zwar heiter in seinem regenbogenbunten Gefieder, aber sein krummer, großer Schnabel flößte mir gehörigen Respekt ein. Harmlos schien mir dagegen ein ausgestopfter Kater zu sein, der neben einem Paar schwarzer Stiefel in einem der oberen Regale eingeordnet war. Schließlich entschied ich mich für ein Schaukeleinhorn. Es hatte kaum Ähnlichkeit mit der Anatomie eines richtigen Einhorns; durch seinen flächigen, aus einem Brett gesägten Körper glich es mehr einer Kinderzeichnung von einem Einhorn, das löste in mir vertraute Gefühle aus.

Um diesem Fabrikat Leben einzuhauchen, gab es zwei Möglichkeiten: Entweder das Schaukeleinhorn in ein reales Einhorn zu verwandeln – hier würde ich seine Materiale aus Holz, Schrauben und Muttern in Fleisch, Haut und Knochen transformieren – oder aber das Schaukeleinhorn in seinem gegenwärtigen Material zu belassen und nur dem Holz, den Schrauben und den Muttern Leben einzuhauchen. Ich entschied mich für Letzteres, und somit für die vierte Variante des Lebenszaubers.

Dieser Spruch war mit ›Exzitatio Vivum‹ auszuführen. Die magische Formel allein vollzog den Zauber noch nicht. Es brauchte zusätzlich eine bestimmte Abfolge an Bewegungen, die genau choreographiert sein wollten. Um ganz sicher zu gehen, dass ich auch alles richtig machte, ging ich die

Bewegungen mehrere Male durch. Dann begab ich mich mit Herzklopfen in die Mitte des Turmzimmers. Ich richtete den Zauberstab auf das Schaukeleinhorn, schwang ihn in großem Bogen virtuos durch die Luft und sprach laut und deutlich: »Exzitatio Vivum!« Es donnerte und ein heftiges Blitzgewitter entfachte der Stabspitze, mit voller Wucht wurde ich an das Bücherregal hinter mir geschmettert. Es kippte ab und begrub mich unter seinen Wälzern.

Erschrocken kroch ich unter dem Regal hervor. »Wow!« War das vielleicht ein heftiger Rückstoß gewesen. Ich hätte mir alle Knochen dabei brechen können. Doch ich blieb unversehrt und hatte kaum einen Kratzer abgekriegt. Das Schaukeleinhorn war unbeweglich wie zuvor, still und starr stand es da und gab keinen Mucks von sich. Offenbar hatte der Spruch nicht mehr bewirkt, als mir einen gehörigen Schub zu versetzen; und ich konnte heilfroh sein, dass nichts Schlimmeres passiert war bei dem Experiment. Mich in der Magie zu versuchen, war dann wohl doch ein paar Nummern zu groß für mich. Davon ließ ich lieber die Finger, bevor ich mich selbst noch in irgendein kurioses Objekt verwandelte und an diesem entlegenen Ort nie mehr gefunden werden würde. Ich steckte den Zauberstab in die Zinkröhre und klemmte sie hinter den Drehherd. Ohnehin war ich ja nur hierher gekommen, um den Zauberstab sicher zu verstecken. Verwirrt und benommen – ich schwankte in Schlangenlinien auf meinen Beinen – verließ ich das Turmzimmer.

Als ich die Tür hinter mir geschlossen hatte, hörte ich eine eigenartig hölzerne Stimme sprechen und ein leises Wiehern. Was war das? Ich horchte an der Tür und hörte die hölzerne Stimme sagen: »Warum gehst du? Komm zurück. Bist du noch da?« Mein Zauberspruch hatte also doch funktioniert und das Schaukeleinhorn war zum Leben erwacht.

Ich öffnete einen Spalt weit die Tür und lugte vorsichtig ins Turmzimmer. »Ich dachte, mein magisches Experiment wäre fehlgeschlagen«, antwortete ich und fasste mir in den Nacken, der immer noch gehörig schmerzte.

»Wie du siehst«, sagte das Schaukeleinhorn, »hat die Zauberformel funktioniert, wofür ich dir dankbar bin.« Angestrengt versuchte es seinen Kopf in meine Richtung zu drehen. Doch zu mehr als einem leichten

Hin- und Herwippen reichte seine Anstrengung nicht aus, und so wollte es wissen, welchen Lebenszauber ich bei ihm angewendet habe.

Ich näherte mich dem Schaukeleinhorn und erklärte: »Das war die vierte Variante gewesen: ›Leblose Materie als leblose Materie zum Leben erwecken‹.«

Es seufzte und verdrehte seine Augen. »Das erklärt auch, warum ich mich kaum bewegen kann. Der Zauber hat zwar mein Bewusstsein wiederbelebt und mir eine Stimme verliehen, doch bin ich immer noch in einem hölzernen Körper gefangen.«

Es machte auf mich einen freundlichen, empathischen und irgendwie auch witzigen Eindruck. Bedauerlicherweise aber war es nach wie vor kein richtiges Einhorn, sondern eine Mechanik aus Metall und Holz. Es konnte gerade mal seine Augen rollen, seinen Mund auf und zu machen und von selber auf seinen Kufen hin- und her wippen. Ein beschränktes und trauriges Dasein war das, wie mir durch den Kopf ging; und so wollte ich von ihm wissen, ob es früher einmal ein richtiges Einhorn gewesen war.

»Das war ich, damals, als ich auf dem Festland gelebt hatte. Das waren vielleicht Zeiten gewesen!« Seine Stimme klang mit einem Mal schwärmerisch und voller Wehmut, wie es von seinen früheren Tagen zu erzählen begann.

Dem Schaukeleinhorn musste unbedingt geholfen werden, so viel war klar. Ich blätterte im Zauberbuch, bis ich den Absatz fand, den ich suchte. »Wenn du möchtest, kann ich die dritte Variante des Lebenszaubers: ›Leblose Materie als lebendiger Organismus zum Leben erwecken‹ bei dir anwenden. Dann würde sich dein hölzerner Körper mit seinen Schrauben, Muttern, Drähten und Nägeln wieder in deinen ursprünglichen Körper aus Fleisch, Haut, Gewebe und Knochen transformieren.«

»Auf gar keinen Fall!« Das Schaukeleinhorn wieherte. »Die dritte Variante ist weitaus schwieriger herbeizuzaubern als die vierte. Glaub mir! Abgesehen davon hat nicht mal die vierte Variante richtig funktioniert; ich müsste mich trotz meines hölzernen Körpers eigenständiger bewegen können, was nicht der Fall ist. Bestimmt hast du nur wenig Erfahrung im Zaubern, eine hohe Kunst, bei der man Jahre braucht, um sie zu lernen und Jahrzehnte, um sie zu vervollkommnen.«

Verstohlen schaute ich auf das Zauberbuch und sagte verlegen: »Da könntest du wohl recht haben.« Doch wie sollte ich die Magie je beherrschen, wenn nicht durch Übung? Ich konnte bei niemandem in die Lehre gehen und musste mir das Handwerk eben autodidaktisch aneignen, ich experimentierfreudiger Zauberlehrling. Übung macht den Meister, so hieß es doch. Ich erinnerte mich plötzlich an eine Ballade, bei der das auch der Fall war; und Gedichte, die eine Geschichte erzählten, hatten immer einen Wahrheitsgehalt. Also holte ich den Zauberstab aus der Zinkröhre, suchte im Zauberbuch die zu sprechende Formel der dritten Variante und merkte mir die dabei auszuführenden Bewegungen. Das Schaukeleinhorn wurde nervös; und während ich die Choreographie einstudierte, sang ich vergnügt die Ballade vor mich hin. »Walle, walle manche Strecke, dass zum Zwecke Wasser fließe und mit reichem, vollem Schwalle zu dem Bade sich ergieße ...« Jetzt Johann Wolfgang von Goethe zu singen, ging dann aber doch zu weit, wie ich fand. Die Sache war ernst, sehr ernst. Also konzentrierte ich mich auf die magische Formel. Das Schaukeleinhorn wippte nervös auf seinen Kufen und beschwor mich inständig, den Zauberspruch nicht aufzusagen.

Entgegen jeden Bittens stellte ich mich in die Mitte des Raums, schwang rigoros den Zauberstab hin und her, zog kreisende Schleifen in der Luft und sprach laut und deutlich die Formel. Mit heftigem Zunder und wie ein Wirbelwind ging der Zauber los! Ein Blitz entfachte aus der Spitze des Stabs und ich spürte einen leichten Rückstoß. Das aus dem Zauberstab strömende Licht umwickelte das Schaukeleinhorn wie leuchtende Schnüre und sein Körper begann sich zu verformen. Seine schmerzhaften Schreie klangen wie auseinander spaltendes Holz und sein strahlender Körper war wie in flüssiges Gold getaucht. Dann ließ ich den Zauberstab fallen und sank erschöpft zu Boden, der Zauberspruch hatte mich meine ganze Kraft gekostet.

»Die Schmerzen sind unerträglich! Lass es sein! Bitte!« Das Schaukeleinhorn flehte mit schreiender Stimme, wie am Spieß schrie es und wieherte vor Entsetzen. Ich musste mir eingestehen, dass meine magischen Kräfte nicht ausreichend waren, um den Zauber zu vollführen. Dennoch, als ich aufsah, hatte sich seine Erscheinung sichtlich verändert: Sein flächiges, naiv anmutendes Design hatte die stattliche Anatomie eines richtigen Einhorns angenommen, die Muskeln und Sehnen erkennen ließ. Und auch wenn es immer noch aus Holz und Metall bestand, so war die Verwandlung doch eine deutliche Verbesserung. Auch das Schaukeleinhorn war überrascht, als ich ihm sein neues Aussehen in einem Spiegel vorführte. Es wieherte zufrieden. Trotzdem musste ich ihm versprechen, keine weitere Zauberei an ihm auszuprobieren.

Das Schaukeleinhorn hatte das Festland erwähnt. Es war das allererste Mal, dass ich von jemandem (oder etwas) hörte, auf dem Festland gewesen zu sein. Und so wollte ich mehr darüber erfahren und bat das Schaukeleinhorn, mir vom Festland zu erzählen. Ich setzte mich zu ihm hin in einen Ohrensessel, sodass es mich gut in seinem Blick hatte. Und wie wir so gemütlich beisammen saßen, begann es mir zu erzählen von früher, als die Tage noch warm waren und sich eine blühende Vegetation über die farbenfrohen Wälder und Felder erstreckte.

»Damals brach wie aus dem heiterem Nichts eine dunkle Macht über das Festland herein«, sagte es. »Anfänglich war es nur vereinzelter Nebel. Bald aber verdunkelten vom Westwind herangetriebene Wolkenwände den klaren Himmel und überzogen das Firmament mit einem milchigen Schleier. Schneestürme brachen aus und die Landschaft verblich in eisiger Kälte. Die Ritter und Bauern sowie Tiere und Fabelwesen sahen sich gezwungen, Zuflucht auf dieser Insel zu finden, die bis anhin verschont geblieben war. Während die Bauern in Kürze ein Dorf auf der Insel errichtet hatten, kamen die Ritter mit dem Bau ihres Schlosses kaum voran. Da Bauern und Ritter auf dem Festland verfeindet gewesen waren, wollten sie auch auf der Insel Distanz wahren. Bald kühlte das Wetter auch auf der Insel ab und das schneller als gedacht. In der Ferne zogen Nebelschleier auf und der Westwind trieb auch hier die Wolkenwände heran. Den Bauern war klar, dass ihr Dorf nicht genügend Schutz vor der dunklen Macht bieten konnte; und den Rittern war klar, dass ihr Schloss, auch wenn es den nötigen Schutz bieten konnte, nicht rechtzeitig fertig werden würde. Aus diesem Notstand heraus schlossen Bauern und Ritter einen Pakt und errichteten gemeinsam das Schloss.

Bald fand man heraus, dass die dunkle Macht das Licht mied. Genügend Helligkeit zu erzeugen, erforderte eine komplexe Infrastruktur. Zum Bau der bis dahin effizientesten Lichtquelle, der Glühbirne, wurde eine

Produktionsstätte eingerichtet: die Lichtwerkstatt. Sie war in pausenlosen Betrieb und produzierte Unmengen an Leuchtmittel. Von da an lauerte die dunkle Macht, die von den Schlossbewohnern fortan als ›Ungeheuer‹ bezeichnet wurde, im See und wartet bis heute auf die Gunst seiner Stunde, das Schloss zu erobern. Und weil das Kälte verströmende Ungeheuer auf dem Grund des Sees sich eingenistet hatte, fror er nach und nach zu.

Damit das Zusammenleben aller Schlossbewohner auf Dauer funktionieren konnte, wurden Regeln und Sanktionen ausgearbeitet; insbesondere aber musste eine Hierarchie bestimmt werden: Einer der Ritter wurde zum König ernannt. Dieser befehligte mehreren ihm untergebenen Rittern, welche die Obrigkeit repräsentierten. Die Mittelschicht bildeten zu Wachen degradierte Ritter. Diese kontrollierten die arbeitende Unterschicht, die Bauern, welche sich von nun an als Untertanen bezeichnen lassen mussten.

Was bisher niemand wusste, war, dass auf dieser Insel schon seit geraumer Zeit eine Hexe und ihr Drache ihren ewigen Frühlingsschlaf hielten. Nachdem Winter eingekehrt war, erwachten beide aus ihrem Tiefschlaf. Die Hexe verwandelte die Tiere und Fabelwesen, die zu diesem Zeitpunkt alle friedvoll waren, zu bösartigen Kreaturen, worauf der Wald zu gefährlichem Leben erwachte. Danach begann sie die Schlossbewohner immer wieder aufs Neue zu plagen. Schließlich wurde die Hexe zur weitaus größeren Bedrohung als das Ungeheuer. Eulen, denen vorab ein Elixier verabreicht wurde, um ihnen anschließend das Sprechen beizubringen, wurden vom Schloss ausgesandt, um den mächtigsten Zauberer des Landes um Hilfe zu bitten. Doch keine der Eulen konnte den See überqueren, die Hexe verwandelte sie während ihres Flugs zu Stein. Sie stürzten ab und fielen in den Wald. Die wenigen Eulen, die sie nicht mit ihrem Versteinerungszauber abfangen konnte, wurden vom Drachen gefressen.

Da keiner im Schloss mehr Rat wusste, wie dieses Problem bewältigt werden konnte, entschied die Obrigkeit, sämtliche noch vorhandene Eulen in eine einzige, große allwissende Eule zu verwandeln. Das geschah mittels eines selbstgebrauten magischen Tranks; dessen Zutaten standen im Zauberbuch, das damals noch im Besitz des Königs war. Eulen sind weise und intelligente Lebewesen. In dem eine Vielzahl an Eulen zu einer einzigen Eule kombiniert wurde, konnte deren Intelligenz um ein Vielfaches gesteigert werden. Aus dieser waghalsigen Idee wurde die allwissende große

Eule geboren. Und es war dann auch die allwissende große Eule, die den zündenden Vorschlag einbrachte, vom Luftweg abzusehen, stattdessen den Bodenweg zu erwägen und ein Eichhörnchen auszusenden – die Pfoten eines Eichhörnchens waren derart leise, dass das Ungeheuer seine Vibration über dem vereisten See kaum mehr wahrnehmen konnte. Letztendlich gelang es dann auch einem flinken Eichhörnchen, dem vorab ein Elixier verabreicht und anschließend das Sprechen beigebracht wurde, den Wald zu durchqueren und die gefrorene Seefläche vom Ungeheuer unbemerkt zu überwinden. Das Eichhörnchen konnte den Zauberer auf dem Festland ausfindig machen, ihn um Hilfe bitten, worauf sich dieser sofort auf den Weg zur Insel machte. Unterdessen hatte die Hexe die Gestalt eines Ritters angenommen und gelangte unbehelligt ins Schloss. Sie verwandelte alle Bewohner in menschengroße Porzellanfiguren. Die allwissende große Eule, die sich in einer felsigen Region des Waldes eingenistet hatte, wurde von der Hexe mit einem Versteinerungszauber gebannt. Mit dem Zauberbuch, das die Hexe unglücklicherweise in der Schlossbibliothek fand, wurde es für sie möglich, sogar die Zeit zu beherrschen und sie erstarren zu lassen: Die Schneeflocken blieben in der Luft hängen, alles, auch die Tiere und Fabelwesen, ausgenommen davon war natürlich ihr Drache, standen still; selbst das Ungeheuer und der Waldgeist verfielen der Zeitstarre. Anschließend, auf nie geklärte Weise, verschwand das Zauberbuch spurlos; und das war ein großes Glück. Die Hexe konnte den komplizierten Zauber einer Zeitstarre ohne die Zuhilfenahme des Zauberbuches nie mehr wiederholen. Offenbar hatte damals irgendjemand das Zauberbuch aus der Bibliothek mitgenommen und es hier ins Turmzimmer gebracht, wo es unauffindbar war, bis zum heutigen Tag, wo du es wieder gefunden hast.« Und als das Schaukeleinhorn dies sagte, lächelte es mich anerkennend an und wieherte.

Vom gebannten Zuhören war mein Rücken ganz steif geworden. Ich setzte mich aufrecht im Ohrensessel hin und sagte nachdenklich: »Ein Zeitstillstand also, interessant, interessant.« Und wie ich versuchte mir die in der Luft festhängenden Schneeflocken sowie die erstarrten Tiere und Fabelwesen und alles sonstige vorzustellen, fuhr das Schaukeleinhorn munter mit Erzählen fort und lüftete das Geheimnis der Bodenstanduhr: Wie es sich noch sehr genau erinnern konnte, blieb die Zeit bei dem Ereignis um exakt zehn Uhr stehen; und von da an war die Bodenstanduhr kaputt und ließ sich auch nicht mehr reparieren. Als der Zauberer die Insel erreicht hatte, löste er als erstes die Zeitstarre auf und hauchte den zu Porzellanfiguren verwandelten Schlossbewohnern neues Leben ein. Anschließend verließ er das Schloss und ging in den Wald, um den Versteinerungszauber der abgestürzten Eulen rückgängig zu machen. Von da an wurde er nie mehr gesehen.

»Moment mal«, unterbrach ich das Schaukeleinhorn, mir war eine gehörige Ungereimtheit aufgefallen und ich wollte wissen: »Wie konnten der Zauberer oder die Hexe überhaupt noch etwas sehen? Ist es nicht ein Ding der Unmöglichkeit, wenn die Zeit still steht, dass es noch hell sein kann? Bei einer Zeitstarre entsteht doch ein Totalstillstand, absolut nichts kann sich mehr bewegen. Licht breitet sich in elektromagnetischen Wellen aus und zwar mit einer Lichtgeschwindigkeit (c) von 299'792'458 Meter in der Sekunde. Logischerweise kann sich bei einer Zeitstarre auch Licht nicht mehr fortbewegen. Wie war es dem Zauberer also möglich, in dieser zeiterstarrten Dunkelheit den Weg zum Schloss zu finden? Wie konnte sich die Hexe in dieser zeiterstarrten Dunkelheit auf dem Schlossgelände fortbewegen? Und wie konnte irgendjemand in dieser zeiterstarrten Dunkelheit das Zauberbuch aus der Bibliothek mitnehmen und ins Turmzimmer bringen?« Fragen über Fragen. Ratlos schaute mich das Schaukeleinhorn an und mir war klar, dass es mit dieser Physikfrage überfordert war. Es überlegte und überlegte, konnte aber keine plausible Antwort finden. Diese Frage hätte mir wohl am ehesten, wenn überhaupt, der Schneemann beantworten können. Damit sich das Schaukeleinhorn nicht länger den Kopf darüber zerbrechen musste, kniete ich mich zu ihm hinab, streichelte es und fragte: »Wie kam es, dass du als Spielzeugfabrikat in diesem Turmzimmer abgestellt worden bist?« Zudem wollte ich von ihm wissen, ob etwas über den Verbleib des Zauberers bekannt geworden war.

Das Schaukeleinhorn überlegte und meinte schließlich: »Das Letzte, an das ich mich noch vage erinnern kann, ist, dass ich, nachdem die Zeitstarre vom Zauberer aufgelöst worden war, am Waldrand stand und zum Schloss hinüber sah. Als ich mich umdrehte, stand plötzlich die Hexe vor mir. Kaum dass mir Zeit geblieben wäre um fortzugaloppieren, traf mich ein greller Blitz aus ihrem Zauberstab und mein Bewusstsein setzte aus; bis zum heutigen Tage, an dem du mich als Spielzeugfabrikat wieder zum Leben erweckt hast. Wie und warum ich in diesem Turm abgestellt worden bin, weiß ich nicht; auch ist es mir schleierhaft, warum ich plötzlich ein Spielzeugfabrikat bin. Wenn du mehr über den Verbleib des Zauberers herausfinden möchtest, müsstest du die hier versammelten Tiere und Fabelwesen befragen. Jedes von ihnen ist zu einer anderen Zeit an einem anderen Ort verwandelt worden; bestimmt hat einer von ihnen etwas beobachtet.«

»Eine tolle Idee!« Ich stand auf und überlegte, hatte dann aber Einwände. Wenn ich jedes Tier und jedes Fabelwesen in diesem Turmzimmer der Reihe nach zum Leben erwecken würde, um sie zu befragen, bräuchte ich Tage wenn nicht Wochen dafür.

»Dann wäre es sinnvoll«, riet das Schaukeleinhorn, »einen Zauberspruch anzuwenden, der alle hier versammelten Tiere und Fabelwesen zum Leben erweckt.«

»Ich soll also eine weitere magische Formel aufsagen? Na das kann ja heiter werden. Aber ich mach's. Die Zauberei ist meine Passion.«

Ich blätterte im Zauberbuch und wurde schnell fündig. Da war er also, der Spruch, der ein ganzes Kollektiv zum Leben erwecken konnte, eine ganz und gar nicht einfache Formel mit komplizierten Bewegungen. Obwohl ich Bedenken hatte, diesen unterschiedlichen, teils sehr bizarren Kreaturen gleichzeitig Leben einzuhauchen, begab ich mich zum dritten Mal in die Mitte des Raums. Tief atmete ich durch und vollführte die im Buch vorgeschriebenen Bewegungen. Ich schwang meinen Zauberstab hin und her und her und hin, zog kleinere wie größere Kreise um mich herum, die ich durch spiralförmige Bewegungen miteinander verband, drehte mich einmal um meine eigene Achse und sprach laut und deutlich: »Exzitatio Vivum Universalis!« Ein ultragrelles Blitzlicht sprühte wie ein Feuerwerk aus der Stabspitze und tauchte den Raum in ein gleißendes Licht aus Funken und Schleifen; die Intensität war dermaßen hoch, dass ich mir die Augen zukneifen musste.

Als der Lichtschauer abgeklungen war, umgab mich ein tausendstimmiger Lärm: Das englische Sofa öffnete sein riesiges Maul und brüllte irgendwas auf Englisch; eine daneben stehende chinesische Vase rief in Mandarin um Hilfe, worauf eine Matrjoschka-Puppe, die Russisch sprach, sie zu beruhigen versuchte. Die in Formaldehyd eingelegten Fabelwesen blubberten unverständlich in ihren Gläsern und es fauchte, zischelte und krächzte aus allen Ecken und Enden des Turmzimmers. Dem Ohrensessel mit seinen großen Ohren war der Lärm schier unerträglich und er hüpfte genervt auf seinen vier Stuhlbeinen auf und ab. Mit der Bitte für Ruhe zu sorgen, wandte ich mich an das englische Sofa. Es riss sein abnormgroßes Maul weit auf, holte tief Luft und brüllte so laut wie eine Horde Löwen. Ein Beben ging durch den Raum. Augenblicklich war Ruhe.

Dankend nickte ich dem englischen Sofa zu und richtete mich an die kuriose mucksmäuschenstill gewordene Versammlung, die nun gespannt zu mir hinsah – ich hatte ihre volle Aufmerksamkeit. »Ich suche nach dem Zauberer, der hier einst um Hilfe gerufen worden war. Als er die in Porzellanfiguren verwandelten Schlossbewohner von ihrem Bann befreit hatte, begab er sich in den Wald und verschwand spurlos. Hat jemand von euch etwas beobachtet? Denkt scharf nach! Jedes noch so kleinste Detail kann wichtig sein.«

Alle grübelten, wälzten ihre Erinnerungen und tauschten sich gegenseitig aus. Ein Tuscheln, Zischeln und Grummeln tönte aus allen Enden und Ecken. Von einem Regalbrett, auf dem mehrere Raben mit der Beschriftung ›Die sieben Raben‹ standen, machte der erste Rabe mit einem Klopfen auf sich aufmerksam und begann zu erzählen: »Als ich den Zauberer zum letzten Mal sah, war er damit beschäftigt, die im Wald herumliegenden, versteinerten Eulen wieder zum Leben zu erwecken!«

Der zweite Rabe krächzte und erzählte weiter: »Dann aber entdeckte er die auf einem Felsen in einem Weiher hockende allwissende große Eule, welche die Hexe ebenfalls zu Stein verwandelt hatte und ging zu ihr hin!«

»Der Zauberer«, sagte der dritte Rabe, »richtete seinen Zauberstab auf die allwissende große Eule und er war derart konzentriert, dass ihm unbemerkt blieb, wie sich der Drache an ihn heranpirschte!«

Der vierte Rabe schüttelte den Kopf und sprach: »Mein warnendes Zurufen hörte der Zauberer nicht!«

»Als er den Drachen bemerkte«, schilderte der fünfte Rabe und krächzte laut, »war es schon zu spät und der Drache packte ihn mit seinen Klauen; unglücklicherweise ließ er seinen Zauberstab fallen, den der Drache zwischen seine Zähne nahm!«

Der sechste Rabe räusperte sich und erzählte: »Er flog mit dem Zauberer und dessen Zauberstab an den westlichen Waldrand, wo der Turm der Hexe steht. Und was dann geschah, kann dir nur der siebente Rabe sagen!«

Doch der siebente Rabe befand sich nicht auf dem Regalbrett und konnte auch nirgendwo sonst im Kuriositätenkabinett gefunden werden, was mich wirklich ärgerte, nur zu gern hätte ich gewusst, was mit dem Zauberer und seinem Zauberstab im Hexenturm geschehen war.

Nach weiterem Rumfragen meldete sich schließlich der Kater zu Wort, der neben einem Paar schwarzer Stiefel in einem der oberen Regale eingeordnet war. Der Kater wollte einst, als er in schwarzen Stiefeln im verwunschenen Wald umhergelaufen war, beim Blick durchs Fenster des Hexenhauses gesehen haben, wie die Hexe zwei Zauberstäbe miteinander verzwirnt hätte: nämlich ihren eigenen mit einem roten Edelstein bestückten Zauberstab aus schwarzem Ast, und den Zauberstab des Zauberers, der aus weißem Ast und einem blauen Edelstein bestand. Beide Zauberstäbe zwirnte die Hexe mittels eines braunen Asts zusammen und erschuf damit ein viel größeres Magiepotenzial. Der heimlich durch das Fenster spähende gestiefelte Kater blieb der Hexe aber nicht unbemerkt. Plötzlich stand sie hinter ihm. Augenblicklich wollte er fliehen, doch wurde er vom Blitzschlag ihres Zauberstabs getroffen und verlor sein Bewusstsein.

Die wirren Krächzstimmen der sechs Raben, die das bereits Gesagte ständig wiederholten – mir kam es vor, als steckten sie in einer Endlosschleife fest –, wurden allmählich langsamer und tiefer, wie ein Schallplattenspieler, der abwürgt; schließlich verstummten sie. Ich wollte vom Schaukeleinhorn wissen, was da geschehen war. »Dein Zauber lässt nach«, antwortete es mit immer langsamer und tiefer werdender Stimme und versuchte einen noch allerletzten Satz aus sich herauszubröckeln, indem es sagte: »Da du der Zauberei nicht mächtig bist, ist die Wirkung deiner Formel nur ... von ... geringfügiger ... Dauer ... und ...« Mit diesen Worten brach sein Satz ab und über dem Turmzimmer lag wieder die anfängliche Stille, die vom tausendfältigen Schnalzen und Schnurren und Klingen und Ticken der Uhren bestimmt wurde.

Ich überlegte, ob es sinnvoll sein könnte, die Versammlung nochmals lebendig zu zaubern, um die Befragung fortzuführen. Andererseits hatte ich genügend hilfreiche Informationen erhalten. Es musste schon spät am

Abend sein, ich war müde und dachte nur noch ans Schlafen. Ich hob die Zinkröhre vom Boden auf, steckte den Zauberstab hinein und klemmte sie wieder hinter den Drehherd. Mit gemischten Gefühlen verließ ich das Turmzimmer.

Durch die magischen Wandspiegel gehend begab ich mich in den vierten Stock des Ostflügels. Von dort aus stieg ich eine kurze, gerade Treppe hinauf. Vergebens suchte ich nach der langen, eng gewundenen Wendeltreppe, über die ich das letzte Mal in den achten Stock gelangte. So sehr ich auch suchte, sie blieb unauffindbar. Ich konnte überhaupt keine Wendeltreppe mehr sehen! Zudem, was mich noch mehr irritierte, waren es weniger Stockwerke geworden. Wohin waren die denn so plötzlich verschwunden? Die Etagen hatten sich wie von Geisterhand dezimiert und der oberste Stock war nun der fünfte. Wie eigenartig! Wie geht so was?

Vor meiner Zimmertür blieb ich stehen und blickte mit befremdlichem Gefühl auf den soeben entlang gegangenen Korridor. Schon wieder schien es mir, als wären sämtliche Räume und Gänge zusammengeschrumpft; und noch weitere Veränderungen konnte ich ausmachen: Türen, die vorher da waren, fehlten plötzlich, die Decke hatte sich abgesenkt, die Kronleuchter sich zu kugelförmigen und länglichen Lampen geformt und die nostalgische Atmosphäre schien im Begriff vom Verschwinden zu sein. Das Schloss machte mir den Eindruck eines ständig sich verändernden Organismus. Was ging hier bloß vor sich? Verwirrt und mit vielen offenen Fragen legte ich mich ins Bett. Die Decke zog ich mir bis unter die Nasenspitze. Eine Angst, die ich so nicht kannte, stieg in mir auf. Meine tausend Gedanken wühlten sich umtriebig durch meinen Verstand. Immer und immer wieder suchte ich nach einer schlüssigen Erklärung für die merkwürdigen Umstände, die mich umgaben und ständig in die Irre führten. Nach längerem Hin- und Herwälzen schlief ich ein.

14

Ein Gepolter riss mich aus dem Schlaf. Was ist denn jetzt wieder los, schoss mir durch den Kopf, die Bettdecke noch immer bis unter die Nasenspitze gezogen. Ich richtete mich auf und rief: »Was ist los?« Etwas Schlimmes sei passiert, sagte eine aufgebrachte Stimme von der anderen Seite der Zimmertür. Ich solle sofort in die Lichtwerkstatt kommen. Das war unverkennbar Arons Stimme. Während ich mich anzog, überlegte ich, ob ich heute die Befragung im Turmzimmer fortsetzen sollte, es gab noch viele offene Fragen. Wahrscheinlich aber wäre es sinnvoller, nur den Zauberstab zu holen und so bald wie möglich den Hexenturm im Wald zu finden, in dem höchstwahrscheinlich der Zauberer gefangen gehalten wurde.

Es klopfte wieder an der Tür. »Dürfen wir hereinkommen?«, fragte eine Stimme und ohne meine Antwort abzuwarten, betraten ein kleiner Ritter, zwei große Wachen und eine Hofdame mein Zimmer. Die Hofdame gab mir ein Elixier. Anschließend begleiteten mich der Ritter und die Wachen, ohne sich nach meinem Befinden zu erkundigen, in die Lichtwerkstatt. Erstaunt sah ich die drei an. »Warum tragt ihr plötzlich keine Rüstung mehr?« Sämtliche Wachen und Ritter, die ich in den Korridoren sehen konnte, trugen jetzt einen Kasak. Die Wände waren weiß wie Schnee geworden über Nacht und unsere Schritte hallten eigenartig auf einem glänzenden Bodenbelag. Was geschah hier? Meine Fragen, mit denen ich energisch auf die Wachen einredete, blieben unbeantwortet. So sehr ich mich auch anstrengte, mehr zu erfahren, über all das, was ich hier sah und nicht verstand, die Wachen konnten mir keine schlüssigen Erklärungen geben, erzählten stattdessen komisches Zeugs, das mich nur noch mehr verwirrte.

In der Lichtwerkstatt sah ich dann das Ausmaß der Katastrophe: Der Glaskolben der Riesenglühbirne, der in den vergangenen Tagen im Schmelzofen gefertigt worden war, wurde mit einer zu geringen Dicke gegossen. Als der Glaskolben auf dem Schraubgewinde aufmontiert und abgedichtet worden war, war er beim Absaugen der Luft durch die Vakuumpumpe implodiert. Die Glasscherben zerstörten den Quetschfuß sowie die fragilen

Zuleitungsdrähte, an denen der Glühfaden montiert war. Es roch verdächtig nach Quecksilberdunst. Mein Blick schweifte besorgt ans Ende der Lichtwerkstatt, wo ich die kleine Tür zur Voliere fest verschlossen sah. Die Vögel waren in Sicherheit, wie ich mich vergewissern konnte. Immerhin, den Vögeln, die ich so sehr liebte und die mir alles bedeuteten, ging es gut!

Aron, der bemerkte wie nah ich den Tränen war, klopfte mir tröstend auf die Schulter und nahm mich verständnisvoll in den Arm. »Diese wunderbare Glühlampe ...«, stammelte ich schweren Herzens und seufzte tief; dann liefen mir Tränen über die Wangen und ich schluchzte in mich hinein, aber nur ganz leise, sodass es niemand mitbekam. Als ich mich wieder gefasst hatte, drehte ich mich zu Aron um und sagte: »Das Glühbirnenprojekt wäre die Lösung auf alle Probleme hier im Schloss gewesen. Und nun? Was jetzt?« Resigniert wandte ich mich von dem Wunderwerk meiner Forschungsarbeit ab, das mehr als eine Million Watt Strahldichte gehabt hätte, einen maximalen Schutz geboten und das Problem der Materialknappheit für immer gelöst hätte. Nun lag es in Trümmern; und auch mein Befinden fühlte sich wie ein Scherbenhaufen an. Ich war am Ende. Wie konnte das nur passieren? Wie konnte es überhaupt so weit kommen? Wer hatte versagt? War es meine Schuld oder die der Werkstattarbeiter? War es Sabotage? Desillusioniert zogen sich Aron und ich in die Bibliothek zurück. Mit leerem Blick und flauem Magen sahen wir uns an. Wie mir klar geworden war, würden bald Konsequenzen aus dem Betriebsunfall gezogen werden. Und mit aller Wahrscheinlichkeit müsste ich meinen Platz im Labor räumen. Ich allein trug die volle Verantwortung für das fehlgeschlagene Glühbirnenprojekt.

Wie es nun weitergehen soll, wollte Aron von mir wissen. Eine gute Frage. Wie ging es denn nun weiter? Benommen setzte ich mich auf eine Ottomane und dachte nach. Ich überlegte und schüttelte wieder und wieder den Kopf. Dann fuhr ich energisch fort: »Ich hab' das Leben hier endgültig satt. Mir reicht's! Schon seit Langem beschäftigt mich der heimliche Gedanke an eine Flucht; die Flucht von diesem mir unbekannten Ort. Was ist das überhaupt für ein eigenartiges Schloss? Ich möchte unbedingt von dieser Insel fliehen!« Aron nickte bekräftigend, und wie ich seinen funkelnden Augen ablesen konnte, hatte ich seine vollste Aufmerksamkeit geweckt. »Aron«, sagte ich und stand auf. »Du hattest mir doch einen kleinen

Schlüssel gegeben, mit dem sich magische Wandspiegel aufschließen lassen. Ich hatte dir ja gesagt, dass ich nicht so brav bin, wie du glaubst.« Aron lächelte verschmitzt. Und ich erzählte ihm, wie ich mehrere Wandspiegel im Schloss ausfindig gemacht hatte und an unterschiedlichste Orte gelangt war. Ich beschrieb ihm das kuriose Turmzimmer mit seinen bizarren Tieren, Fabelwesen und Objekten. Schließlich erzählte ich ihm vom Zauberstab, den ich heimlich an mich genommen hatte, von meiner Exkursion in den Wald, bei der ich im Hexenhaus Hannahs verbrannte Leiche vorfand und dem Zauberer, der irgendwo am Waldrand in westlicher Richtung in einem Turm gefangen gehalten wurde. Aron und ich waren uns schnell einig, dass wir so bald wie möglich den Zauberer finden mussten; und Aron meinte auch schon zu wissen, wo in etwa sich dieser Turm im westlichen Teil des Waldes finden lassen würde. Und so sputete ich mich, den Zauberstab aus dem Turmzimmer zu holen, den der Zauberer bestimmt brauchen würde, um gegen die dunklen Mächte hier anzukämpfen.

Als ich den Zauberstab geholt hatte und auf dem Rückweg in die Bibliothek war, schien es mir wieder, als seien die Korridore und Räume geschrumpft. Diesmal waren sie sogar erheblich kleiner und enger geworden und ich benötigte nur noch ein Drittel der Zeit. Zudem war über jeder Tür, an der ich vorbeiging, ein Nummernschild angebracht, und ich war mir ganz sicher, dass keine einzige der vielen Türen im Schloss je nummeriert gewesen war. Wie gruselig, es spukte wohl überall mittlerweile. Es war höchste Zeit zu fliehen!

Als ich die Bibliothek betrat – auch sie war kleiner und enger geworden und hatte sichtlich an Charme eingebüßt –, war Aron verschwunden. Ich konnte ihn nicht finden. Da spürte ich einen groben Schultergriff. Es war die Hexe. Auch das noch! Offenbar wurde sie frühzeitig aus ihrer Kerkerhaft entlassen. Sofort bemerkte sie die Zinkröhre in meiner Hand und erspürte den Zauberstab darin. Sie versuchte nach ihm zu greifen und wir rissen und stießen uns gegenseitig. Die Hexe war stärker, sie hatte mehr Kraft und drückte mich zu Boden. Sie entriss mir die Zinkröhre und zog den Zauberstab heraus. Diesen richtete sie auf mich und war gerade dabei eine magische Formel auszusprechen, als im selben Moment Aron hinter einem Regal auftauchte, die Hexe beidhändig packte, sie hochhob und aus dem Fenster warf. Es klirrte und scherbelte!

Zittrig stand ich auf und ging sofort ans Fenster. Die Hexe war bereits wieder aufgestanden – der Schnee hatte ihren Sturz gepolstert. Wütend schaute sie zu mir hoch und drohte mir mit geballter Faust. Dann eilte sie hinkend in Richtung Wald. Erleichtert drehte ich mich Aron zu. »Hab' vielen Dank, du hast mir das Leben gerettet!« Aron nickte mit ernster Miene und meinte, wir dürfen jetzt keine Zeit mehr verlieren und sollten uns auf die Suche nach dem Zauberer machen. Das sah ich genauso. Ich nahm die Zinkröhre vom Boden auf und zeigte ihm den leeren Inhalt. »Wir haben den Zauberstab nicht mehr«, sagte ich besorgt. »Die Hexe hat ihn wieder! Wir müssen uns sputen und den Turm finden, noch bevor ihn die Hexe erreicht hat. Der unterirdische Geheimgang dürfte uns einen Vorsprung verschaffen.« Aron nickte und blitzgeschwind eilten wir zum Zauberspiegel.

15

Als wir aus der Steintür des Felsens traten, tobte ein grässlicher Schneesturm. Aron hatte zum Schutz vor den Waldbewohnern eine Keule mitgenommen und ich hatte zum Schutz vor der eisigen Kälte die rote Kappe aus dem Turmzimmer tief in meine Stirn gezogen. Je näher wir dem Hexenturm kamen, umso stärker blies der Wind. Es stiebte aus allen Himmelsrichtungen, die Flocken hagelten in steilem Winkel und preschten auf uns ein. Kaum konnten wir was sehen – als ob dunkle Kräfte uns daran hindern wollten, den Turm zu erreichen. Die Hexe musste einen Bann ausgesprochen haben und uns wurde klar, wie mächtig sie wirklich war. Doch Aron nahm mich mutig bei der Hand und wir erreichten unser Ziel.

Der Turm war von heftigem Schneegestöber umwoben, wir konnten seine Spitze fast nicht erkennen von hier unten. Eine schmale, steile Treppe führte uns zu einer verschlossenen Tür. Aron schlug sie mit der Keule auf. Wir standen in einem leeren, kleinen Raum, der, wie es uns schien, nie bewohnt gewesen war. Ich sah mich im Kellergewölbe um und Aron stieg in die oberen Stockwerke hinauf. Kurz darauf rief er mich zu sich hoch. Auf dem Dachboden der Turmspitze hatte er eine Truhe gefunden. Darin befand sich ein mit Porzellanscherben gefüllter Sack. Einige Scherben ließen die Gesichtszüge eines älteren, weißbärtigen Mannes erahnen. »Oh nein!« Ich war ganz außer mir. »Die Hexe hat den Zauberer in eine Porzellanfigur verwandelt und in tausend Teile zerschlagen!« Ohnmächtig schüttelte ich den Kopf. »Vielleicht lässt er sich wieder zusammenkleben? Hätte ich doch bloß den Zauberstab noch, dann könnte ich den Zauberer wieder zum Leben erwecken. Ich weiß wirklich nicht, was wir jetzt noch tun könnten. Was meinst du, Aron?« Aron stand in einer Ecke und murmelte ununterbrochen vor sich hin. Er benahm sich plötzlich ganz eigenartig und schlug immer wieder mit dem Kopf gegen die Wand. Dann sah er mich böse an und meinte, ich solle jetzt gehen. »Es wäre sicherer«, entgegnete ich, »wenn wir gemeinsam zum Schloss zurückkehren würden.« Ratlos sah ich ihn an. Plötzlich brüllte er mich an und meinte dann in freundlichem Ton einer hohen weiblichen Stimme, ich solle warten. Kurz darauf änderte er seine Meinung und brüllte mich wieder mit tiefer Stimme an, um anschließend mich mit freundlicher, hoher Stimme zu bitten, doch bei ihm zu bleiben. Es kam mir vor, als ob ein Dämon Besitz von ihm ergriffen hätte und nun zwei Persönlichkeiten aus ihm sprachen. Anfänglich mahnte ich ihn noch zur Ruhe. Aber als er begann, mit der Keule die morschen Holzwände zu zerschlagen, bekam ich es dann doch mit der Angst zu tun und verließ den Dachboden. Ich eilte die Treppen hinab und verließ konsterniert den Turm. Bestimmt hatte die Hexe diesen Ort mit einem Fluch belegt, mutmaßte ich, das Wetter hatte sie schließlich auch verhext. Anders konnte ich mir Arons seltsames Verhalten nicht erklären. Das Gescheiteste, was ich jetzt tun konnte, war, so schnell wie möglich zum Schloss zurückzukehren. Und danach? Keine Ahnung.

Es war dunkel geworden. Der Wald war totenstill. Weder die aufblitzenden Augen der Fabelwesen waren zu sehen noch das Rascheln und Knacken irgendeines Tiers war zu hören – als ob der Wald komplett leergeräumt worden wäre. Die Landschaft war ebenfalls zusammengeschrumpft. Schon bald lichtete sich die Vegetation und ich stand am Waldrand. Von hier aus bot sich mir ein erschreckender Anblick: Die Gnome und Kobolde warfen Steine gegen die Glühbirnen in den Stehlaternen und hatten die Lichtmauer zerstört. Sie kletterten die Schlossmauern hoch und rissen die dort angebrachten Glühbirnen herunter. Und dann das! Wie eine Krake hatte sich das Ungeheuer am Schloss festgesaugt und seine unendlich vielen spiralförmigen Tentakel griffen durch die Fenster ins Innere. Zwerge, Einhörner, Rehe, Bären, Wölfe und sonstige Tiere blickten vom Waldrand aus auf das tragische Spektakel. Das Schloss war erobert und die Bewohner verloren! Zumindest, und dieser Gedanke beruhigte mich irgendwie, war es im Wald, wo ich mich gerade befand, sicherer als im Schloss.

Mir fiel auf, dass das Schloss seit dem ersten Mal, als ich es von außerhalb betrachtet hatte, sich wieder gehörig verändert hatte: Glich seine Architektur anfänglich noch einem Wollknäuel, so hatte sich diese Form, als ich das Schloss das zweite Mal vom Waldrand aus erblickte, schon deutlich aufgelöst; und jetzt, wo ich mir das Bauwerk zum dritten Mal ansah, hatte es sich zu einem schlichten Klotzbau gewandelt, der kaum mehr das kugelförmige Schloss von einst erkennen ließ. Alles Traumverlorene und Märchenhafte war mit einem Mal weggetilgt. Wie auch immer, ich hatte gerade ganz andere Sorgen. Nun, wo das Ungeheuer nicht mehr im See lauerte, wollte ich die Gelegenheit nutzen und die Insel unauffällig über die Eisfläche verlassen. Aber war es wirklich eine gute Idee über einen gefrorenen See zu gehen? Was, wenn das Eis an irgendeiner Stelle einbrechen würde? Und wenn schon. Koste es, was es wolle! Ich musste hier schleunigst verschwinden.

Gerade als ich mich umdrehen wollte, um zügig in Richtung Seeufer zu laufen, streifte ein warmer Luftzug meinen Nacken. Ich drehte mich um. Der Drache stand vor mir! Erschrocken wich ich zurück. Er stand wohl schon eine ganze Weile hinter mir und spähte mit seinen giftgrünen Augen zornig und wutschnaubend auf mich herab. Warum hatte ich ihn nicht kommen gehört? Nun war es zu spät. Wie angewurzelt stand ich da. Los jetzt, schrie eine bebende Stimme in mir. Jetzt oder nie! Ich rannte los, so schnell ich nur konnte. Der Drache fauchte und stieß einen Feuerstrahl aus. Immer wieder versuchte er mich zu versengen. Ich lief im Zickzack und versuchte ständig meine Richtung zu ändern, sodass die Flammen mich um Haaresbreite verfehlten. Fast hätte er mich erwischt, da sprang ich zur Seite, rollte einen Hügel hinab und floh in den Wald hinein, wo ich mich zwischen Tannen und Felsen zu verstecken hoffte. So sehr ich auch versuchte, dem Drachen zu entkommen, es gelang mir nicht. Zu flink war dieses garstige Biest, das sich nicht abschütteln lassen wollte und alles daran setzte, mich bei lebendigem Leib zu verbrennen. Ich rannte über Stock und Stein, tiefer und immer tiefer in den Wald hinein – der Drache war dicht hinter mir. Dann fiel ich über eine herumliegende versteinerte Eule.

Ich rappelte mich hoch. Mein Bein war verstaucht, ich konnte nur noch humpeln. Der Drache hatte mich eingeholt. Sein Blick war von boshafter Schadenfreude und er ließ mich keine Sekunde mehr aus den Augen. Sein Gebiss aus messerscharfen Zähnen schlug krachend zusammen. Es gab kein Entrinnen. Und wie ich mit meinem Leben bereits abgeschlossen hatte, erblickte ich ein abgetrenntes, in einem Baumstamm steckendes Horn. Es war das Horn, von dem Aron mir einst erzählt hatte. Einen Wunsch würde es demjenigen erfüllen, der es aus dem Stamm zog, hatte er mir damals erzählt. Ich hoffte, Arons Geschichte war wahr. Und so bezwang ich alle Angst in mir und griff mit beiden Händen nach dem Horn. Währenddessen hatte sich der Drache auf die Hinterbeine gestellt und holte tief Luft, um zu einem letzten, mich verbrennenden Feuerstrahl auszuholen. Ich zerrte und riss an dem Horn, es steckte tiefer im Stamm als angenommen; dann endlich zog ich es heraus, richtete das Horn gegen den Drachen und rief: »Ich wünsche mir den Drachen zu Stein!«

Augenblicklich erlosch das Glühen in seinen Augen. Ein schauderhaftes Ächzen, das mir durch Mark und Bein fuhr, das brechende Geräusch eines sich auseinanderspaltenden Felsens, drang aus seinem Inneren. Seine grünlich, schuppige Haut wurde grau und porös; das Ächzen verstummte und der Drache war mit weit aufgerissenem Maul zu Stein erstarrt. Sprachlos stand ich da. Ich konnte es kaum glauben. Ich hatte den Drachen besiegt! Eine unbeschreibliche Erleichterung überkam mich und ich atmete tief durch. Noch immer konnte ich kaum fassen, was da soeben geschehen war.

Auf schnellem Weg begab ich mich an das nahe gelegene Seeufer. Ich stapfte durch hohen, unberührten Schnee. An der Mauer unterhalb vom Bibliotheksbalkon entdeckte ich meine Petroleumlampe, die mir einst ein herabfallender Rabe aus der Hand geschlagen hatte. Wie ich nun erkennen konnte, war dieser Vogel der fehlende siebente Rabe aus dem Turmzimmer gewesen; und jetzt, wo ich ihn nicht mehr zu fragen brauchte, hatte ich ihn gefunden. Nur zu gern hätte ich gewusst, von wem und warum dieses ausgestopfte Tier aus dem Turmzimmerfenster geworfen worden war.

Die Stehlaternen der Lichtmauer, die das Seeufer entlang verliefen, waren noch vollständig intakt; in ihrem Schein fühlte ich mich sicher. Hier wollte ich kurz verweilen und zu neuen Kräften kommen, bevor ich mich an die nicht ungefährliche Überquerung des Sees machte. Ich schaute über die Eisfläche. Sie verlor sich in den Schneewolken und verschwand in einer Stille aus milchigem Dunst. Prüfend blickte ich in die Ferne und dann wieder auf die Eisfläche, die mir dick genug schien, um das Wagnis einzugehen. So kompliziert mein bisheriger Weg auch war, so bizarre Hindernisse ich auch überqueren musste, nun stand ich am Seeufer und meiner Flucht, über die ich immerwährend nachgedacht hatte, die Flucht von diesem mir unbekannten Ort, stand nichts mehr im Weg.

Versonnen blickte ich in die Schneewolken und fantasierte über die Erleichterung und das neue Leben nach erfolgreichem Entkommen; als sich mir Schritte näherten. Behände drehte ich mich um. Im Gegenlicht der Laternen konnte ich kaum was erkennen. Aus welcher Richtung kamen die Schritte? Beschattend hielt ich die Hand vors Gesicht und wollte eine Frage stellen, als ich grob von hinten gepackt wurde und einen Einstich in den Oberarm verspürte. »Nun hast du mich also doch noch erwischt, du elendige Hexe!« Das waren meine letzten Worte; dann wurde mir schwindlig und schwarz vor Augen.

ZWEITER TEIL

2 MONOTONIE

16

Der elektronische Klingelton eines digitalen Weckers holt mich aus einem tiefen Schlaf. Die Leuchtziffern zeigen ›08:08 Uhr‹ an. Das karg eingerichtete Zimmer, in dem ich soeben erwacht bin, ist einheitlich weiß gestrichen. Im Vergleich zu seinem kleinflächigen Boden ist der Raum außergewöhnlich hoch. Langsam stehe ich auf und öffne das Fenster. Ein eisiger Wind strömt mir entgegen und bläht die Vorhänge auf. Während die Schneeflocken leicht und luftig an meinem Fenster vorbeitänzeln, fühlt sich mein Körper wie in Blei gegossen an. Beim Anziehen meiner Kleider bemerke ich ein Pflaster an meinem Oberarm kleben. Auf dem Fenstersims steht eine Schneekugel mit der im Sockel eingravierten Zahl Hunderteins. Ihre Miniatur zeigt eine Wüstenlandschaft. Vorsichtig nehme ich die Schneekugel in meine Hand und schüttle sie. Ein Gestöber entfacht sich über den Sanddünen und Pyramiden. Der Wirbel beruhigt sich allmählich, ihre Partikel senken sich im Wasser ab und decken die Wüste wieder zu.

Es ist jetzt ›09:09 Uhr‹. An der Tür klopft es. »Dürfen wir hereinkommen?«, fragt eine gedämpfte Stimme. Ich setze mich auf einen Stuhl und antworte: »Ihr könnt hereinkommen.« Die Tür öffnet sich. Ein kleiner und zwei große Herren in weißem Kasak betreten das Zimmer. »Guten Morgen«, sagt der kleinere, in der Mitte stehende und fragt besorgt: »Wie geht es Ihnen heute?« Misstrauisch schüttle ich den Kopf und sage gar nichts. »Konnten Sie gut schlafen?«, möchte er weiter von mir wissen. Mit einem Gefühl großer Befremdung sehe ich ihn an und frage: »Wer seid ihr überhaupt?« Die drei Herren werfen sich flüchtige Blicke zu, worauf der kleinere erklärt: »Dies hier sind die Pfleger Herr Stecher und Herr Fangmann. Regelmäßig wurden Sie von ihnen auf Ihrem Zimmer abgeholt und wieder auf Ihr Zimmer zurückgebracht. Ich bin Dr. Schreiber. Auch wir sind uns schon mehrmals begegnet. Können Sie sich daran erinnern?«

Ratlos schaue ich die drei Herren an, die ich noch nie zuvor gesehen habe und schüttle verneinend den Kopf.

»Wie fühlen Sie sich?«, möchte Dr. Schreiber wissen.

»Ich fühle mich orientierungslos.«

»Beschreiben Sie uns bitte Ihre Orientierungslosigkeit.«

Angestrengt überlege ich und sehe mich in dem kargen Raum um. Zu meinem Erstaunen scheint sich die Zimmerdecke abgesenkt zu haben. So sehr ich mich auch umschaue, ich kann beim besten Willen nichts finden, das mich an irgendetwas erinnert. Nicht einmal die geheimnisvolle Schneekugel, die auf dem Fenstersims glänzt, lässt in mir eine Erinnerung wach werden. Wie ich sie mir jetzt aber so ansehe, flackert ein vages Bild von einem kugelförmigen Schloss vor mir auf, das gleich wieder verschwimmt. Ich wende mich Dr. Schreiber zu. »Wie bin ich hierher gekommen? Ich kann mich an nichts erinnern. An rein gar nichts!«

»Wissen Sie, was für ein Ort das ist, an dem Sie sich befinden?«

»Ich dachte, ich sei auf einem Schloss. Auf mir unerklärliche Weise hatte sich dieses aber andauernd wieder verändert – als ob es ein lebendiger Organismus wäre und eine Metamorphose vollziehen würde. Seine Räume wurden von Mal zu Mal kleiner und schlichter. Sie zerlegten sich regelrecht, Türen und Treppen waren plötzlich verschwunden und die Korridore und Gänge fingen an, sich wie eine Ziehharmonika zusammenzudrücken.«

»Wie eine Ziehharmonika?«, vergewissert sich Dr. Schreiber und sieht mich prüfend an.

Ich fuchtle verneinend mit den Händen und suche nach einem treffenderen Vergleichsbeispiel. »Nicht wie eine Ziehharmonika. Es ist ähnlich wie bei ...«, ich überlege, »... wie bei ... wie bei einem Vertigo-Effekt im Film.«

»Was für ein Effekt soll das sein?«, fragt Stecher.

»Bewegt sich die Kamera auf ein Objekt zu«, erkläre ich, »zoomt sie aus und die Brennweite wird gegenläufig angepasst; je nachdem, in welcher Richtung der Vertigo-Effekt ausgeführt wird, scheint sich der Raum im Filmbild zu dehnen oder zusammenzuziehen. Eine solche Art von Verzerrung kommt den von mir beobachteten Veränderungen der Schlossräume am nächsten. Aber so genau weiß ich es auch nicht mehr.«

»Interessant«, bemerkt Fangmann.

»Und was konnten Sie sonst noch beobachten?«, möchte Dr. Schreiber wissen.

Lange sage ich nichts. Angestrengt versuche ich mich zu erinnern. Währenddessen haben sich Stecher und Fangmann dem Fenster zugewendet, um den Schneefall zu betrachten. Nur Dr. Schreiber blickt mich unablässig an. »Von außerhalb betrachtet«, sage ich schließlich, »hatte das Schloss anfänglich eine Kugelform, seine Mauern waren wie Wollknäuelfäden aufgewickelt. Die Architektur hatte sich dann stufenweise zu einem Klotzbau gewandelt. Was aus dem Schloss geworden ist – ich hab' keine Ahnung, es ist mir ein Rätsel!«

Dr. Schreiber notiert meine Aussagen. Dann schaut er zu mir auf. »Gefällt Ihnen der jetzige Zustand des Schlosses?«

»Nein«, sage ich entschieden, schüttle den Kopf und schaue mich im Raum um, wobei mir wieder auffällt, dass sich die Zimmerdecke abgesenkt hat. »Der jetzige Zustand des Schlosses gefällt mir ganz und gar nicht. Mein Zimmer ist steril und leer. Ich fühle mich hier überhaupt nicht wohl und würde diesen Ort gern verlassen.« Ich atme tief durch und sage unmissverständlich: »Ich möchte diesen Ort verlassen. Und zwar heute noch. Jetzt gleich!«

»Dies scheint zur gegebenen Zeit unmöglich zu sein«, erwidert Dr. Schreiber in sanftem, aber bestimmtem Ton.

Ein Anflug von Panik überkommt mich und ich stehe von meinem Stuhl auf. »Warum ist es unmöglich? Warum?«

Augenblicklich wenden sich Stecher und Fangmann von ihrem Fensterblick ab und bringen sich seitlich von mir in Stellung. Dr. Schreiber schüttelt verneinend den Kopf und erklärt sanftmütig: »Es macht keinen Sinn, Ihnen Einzelheiten in aller Ausführlichkeit darzulegen, das würde Sie nur noch mehr verwirren. Lassen Sie es ruhig angehen. Sie brauchen Zeit, viel Zeit, um Ihren Weg wiederzufinden. Vor allem aber müssen Sie erst einmal zu sich selbst finden.«

Ratlos schaue ich zur Zimmerdecke auf und bemerke, wie sie sich immer weiter absenkt; und wie bei einem Vertigo-Effekt zieht sich der Raum in seiner senkrechten Achse auf beängstigende Weise zusammen. Dass die Zimmerdecke immer näher kommt und dieser Raum zu einer

Presse werden könnte, versetzt mich in Angst und Schrecken! »Seht ihr das denn nicht?«, frage ich aufgeregt und zeige immer wieder auf die Zimmerdecke. »Warum verzerrt sich der Raum?«

Die drei Herren wenden ihre Blicke nicht von mir ab. Wieder schüttelt Dr. Schreiber verneinend den Kopf. »Nicht der Raum verzerrt sich, sondern Ihre Wahrnehmung. Genauer gesagt entzerrt sich Ihre Wahrnehmung und Sie sind auf dem Weg der Besserung.«

Ich stampfe auf den Boden. »Erklären Sie mir das bitte genauer! Ansonsten gebe ich keine Ruhe!«

»Wie Sie wünschen.« Dr. Schreiber mustert mich mit genauem Blick. »Als Sie auf unsere Station verlegt wurden, hielten wir es für das Beste, Sie vorerst nur zu beobachten, um Ihre Verhaltensweisen eingehender studieren zu können. Nach einiger Zeit – wir führten in Ihrer Anwesenheit eine längere Gesprächssitzung durch – entschlossen wir uns, Ihnen *Neuroleptika* zu verabreichen. Da Sie dieses Medikament nicht als Tablette schlucken wollten – Sie befürchteten, daran zu ersticken – wurde es Ihnen in flüssiger Form verabreicht.«

Neuroleptika. Ich überlege …

… und vage erinnere ich mich an ein goldenes Kügelchen, das ich nicht schlucken wollte und stattdessen ein Elixier zum Trinken vorzog. Das Elixier war von wohltuender Wirkung und wurde mir fortan regelmäßig am Morgen verabreicht …

… und ziemlich ratlos schaue ich Dr. Schreiber an und will wissen, warum ich dieses Medikament brauche.

»Neuroleptika gleicht Ihre Wahrnehmungsverzerrung aus«, erklärt er. »Anfänglich verabreichten wir Ihnen eine geringe Dosis und steigerten nach und nach die Medikation. Dies bewirkte eine allmähliche Veränderung Ihrer Wahrnehmung. Das von Ihnen imaginierte Schloss veränderte sich nach und nach zu dem, was es eigentlich ist: eine *psychiatrische Klinik*. Um Ihnen eine vollständige Wahrnehmung der Realität zu ermöglichen, müssen wir Ihnen regelmäßig eine hohe Dosis Neuroleptika verabreichen.«

Erschrocken schaue ich Dr. Schreiber an. »Ich bin in einer Psychiatrie? Das kann ich mir beim besten Willen nicht vorstellen. Nein!«

Dr. Schreiber blickt ernst zurück. »Doch. Es ist so.«

Angestrengt versuche ich in meinen Erinnerungen zu graben, um Erklärungen zu finden ...

... und so erinnere ich mich an das Schloss, wie es vom Ungeheuer und von Fabelwesen erobert wurde. Wie ein Krake aus schwarzem Nebel hat sich das Ungeheuer an der Architektur festgesaugt. Am Seeufer, im Schein einer Stehlaterne, suchte ich schließlich Schutz. Schritte näherten sich mir. Im Gegenlicht konnte ich nichts erkennen. Dann verspürte ich einen Einstich. Es fühlte sich wie eine Spritze an und ich verlor mein Bewusstsein. Obwohl ich die mich stechende Person nicht erkennen konnte, war ich mir ziemlich sicher, dass es die Hexe (und nicht etwa ein Pfleger oder Arzt) gewesen sein musste, die mich von hinten gepackt hatte. Dabei stach sie mir mit ihrer Kralle in den Oberarm ...

... aber womöglich, so schlussfolgerte ich, hatte mich die Hexe in Porzellan verwandelt. In Tat und Wahrheit schlafe ich und durchlebe den Albtraum, in einer Psychiatrie interniert zu sein.

Misstrauisch beäuge ich die drei Herren im Kasak. »Was ist der eigentliche Grund, warum ich hier bin? Seit wann bin ich hier? Wo genau ist hier? Und wie bin ich hierher gekommen?« Und eine weitere Frage lässt mir keine Ruhe: Wer bin ich? Doch diese Frage traue ich mich nicht zu stellen.

Wieder schüttelt Dr. Schreiber verneinend den Kopf und erklärt mit sanftmütiger Stimme: »Es macht keinen Sinn, sich in Ihrem jetzigen Stadium mit Fragen dieser Art auseinanderzusetzen. Sie müssen erst einmal zu sich selbst finden. Sie haben nun Ihre Scheinwelt hinter sich gelassen und sind in der Realität erwacht.«

»Aber ... warum ... wie denn nur ...« Ich bin völlig perplex.

»Machen wir es so«, unterbricht mich Dr. Schreiber, »Sie sind erst seit ein paar Stunden in der Realität erwacht. Wir führen Sie durch Ihr Schloss und zeigen Ihnen, wie Ihr angebliches Schloss in Wirklichkeit ausschaut. Einiges wird Ihnen bekannt vorkommen, während anderes Ihnen völlig fremd erscheinen wird. Wir machen jetzt einen Rundgang durch die Realität. Auf diese Weise machen Sie erste Gehschritte und können sich der Wirklichkeit annähern.«

Der Arzt und die zwei Pfleger, so meine Vermutung, scheinen etwas zu verbergen. Aber wenn das Schloss tatsächlich mit einem Fluch belegt sein sollte, von dem stark auszugehen ist, dann wäre es das Beste, auf das bizarre Spiel der drei Herren einzugehen. So kann ich in Ruhe nachdenken und beobachten, die gesammelten Eindrücke und Informationen besser einordnen und Schlüsse daraus ziehen, wie weiter vorzugehen ist. Eines steht fest: Ich möchte hier keineswegs bleiben und eine Flucht von diesem mir unbekannten Ort ist unvermeidlich!

»Und wie entscheiden Sie sich?« Dr. Schreiber sieht mich erwartungsvoll an.

»Wir machen einen Rundgang durch das Gebäude.«

17

Zu viert begeben wir uns auf den Rundgang. Dr. Schreiber läuft neben mir, Fangmann und Stecher befinden sich hinter uns. Unsere Schritte hallen eigenartig auf dem glänzenden Boden – klack, klack, klack. Die Korridore sind im Vergleich zu den endlos langen Gängen des Schlosses kurz und schon bald machen wir vor einer Tür halt. »Das ist der Gemeinschaftsraum«. Dr. Schreiber öffnet die Tür und bittet mich einzutreten. »Die meisten Patienten«, erklärt er, »wenn sie nicht therapeutisch behandelt werden oder in einem ärztlichen Gespräch sind, halten sich hier auf.«

Der Gemeinschaftsraum, wie mir auffällt, hat das Ausmaß eines Saals. Konzentriert schaue ich mir die Patienten an und suche nach mir vertrauten Personen. Viele von ihnen gebrauchen Gegenstände entgegen ihrer gedachten Verwendung: Einer beißt auf einem Buch herum, ein anderer zweckentfremdet eines, indem er mit dem Buchdeckel rumflattert, als wäre es ein Vogel. Andere Patienten spielen ein Fangspiel, in dem ein Ladekabel als Schlange dient, das versucht, sich an eine umgedrehte, halbrunde Teetasse heranzuschleichen, die in der Vorstellung der Patienten wohl eine Maus ist. Ein anderer hält einen Wischmopp, der eine Mähne wie ein Löwe hat, hoch und brüllt wie ein wildes Tier. Wie ein Fischschwarm laufen Patienten mit leichten Schwimmbewegungen durch den Raum – hin und her und her und hin, sie ziehen kleinere wie größere Kreise, machen dabei spiralförmige Bewegungen und drehen sich immer wieder um die eigene Achse. Mit Befremden sehe ich den Vorgängen dieses seltsamen Tierreichs zu, das wie versunken in einem riesigen Aquarium, dem Gemeinschaftsraum, zu sein scheint. Dr. Schreiber dreht sich zu mir um. »Kommt Ihnen dieser Raum bekannt vor?« Ich schaue in alle Richtungen. Dann fallen mir die *Wandteppiche* auf, die von der Decke herabhängen …

… und vage erinnere ich mich an einen prunkvollen Saal, der mit Wandteppichen ausgeschmückt war, auf deren kunstvollen Stoffgemälden Ritter, Fabelwesen und Tiere sowie ein Zauberer abgebildet waren, die vergebens gegen ein Ungeheuer aus dunklen spiralförmigen Schwaden kämpften …

... aber im Vergleich zu den fotorealistischen Wandteppichen des Schlosses zeigen die Wandteppiche des Gemeinschaftsraums abstrakte Bildkompositionen aus Formen und Linien, deren gemeinsames Motiv eine schwarze Spirale ist, die in den Proportionen des Goldenen Schnitts abgebildet ist und gemeinhin auch als ›Fibonacci-Spirale‹ bezeichnet wird.

Dr. Schreiber zeigt in den Raum und sieht mich dabei gespannt an. »Kommt Ihnen hier irgendjemand bekannt vor?« Ich wage mich in den Gemeinschaftsraum vor. Einige Patienten spielen Tiere, andere Brettspiele. Ein besonders stämmiger Patient, auf dessen T-Shirt ›!MAX!‹ geschrieben steht, hat sich fast vollständig in einen großen Haufen aus Spielzeugen eingegraben. Im hintersten Bereich des Gemeinschaftsraums entdecke ich schließlich – ich kann kaum glauben, was ich da sehe – einige der mir vertrauten Schlossbewohner. Nervös drehe ich mich zu Dr. Schreiber um. »Dieser Patient dort!«, rufe ich aufgeregt und zeige immer wieder nach ganz hinten, »der mit den schweren Verbrennungen, der kommt mir bekannt vor! Er wurde vom Drachen der Hexe versengt, als er Wasser aus einem Ziehbrunnen holen wollte. Und diese Patientin mit den Schnittwunden an den Armen kommt mir auch bekannt vor! Ihre Schnittwunden wurden ihr bei einem Gerangel mit der Hexe von deren Krallen zugeführt und ihre herausgerissenen Haare zeigen weitere Spuren dieses Kampfs. Und die Frau dort« – ich zeige auf eine knochige Person, die mehr einem Skelett gleicht und sich an einem Fensterrahmen abstützt. »Diese Patientin leidet an Magersucht«, unterbricht mich Dr. Schreiber und erklärt weiter: »Die andere Patientin mit den Schnittwunden an den Armen leidet an autoaggressivem Verhalten, das heißt, sie hat sich diese Schnittwunden selbst zugefügt; zudem leidet sie an einer Störung der Impulskontrolle, die sich Trichotillomanie nennt und ein zwanghaftes, häufiges Ziehen, Zupfen und Drehen der Haare auslöst. Die Folgen davon sind, wie einem sofort auffällt, kahle Stellen am Kopf.«

Mit Befremden sehe ich auf die vor mir am Boden kniende Patientin hinab, die sich gerade ein Haar auszupft und es wie Zahnseide benutzt. »Alle Patienten mit solchen Schnittwunden«, sagt Dr. Schreiber, »haben sich Verletzungen dieser Art selbst zugefügt.« Ich zeige auf einen weiteren Patienten, wobei Dr. Schreiber meine Frage gar nicht erst abwartet und erklärt: »Dieser Patient hatte einen Autounfall. Sein Fahrzeug ging in Flammen auf, dabei kamen Frau und Kind ums Leben. Er selbst überlebte mit schwersten Verbrennungen dritten und vierten Grades und lebt seither in einer dauerhaften Angststarre.« Ich deute auf drei Patienten im Rollstuhl, die dem Fenster zugewandt sind. »Warum sind diese Menschen zu Porzellanfiguren erstarrt?« Dr. Schreiber schüttelt verneinend den Kopf. »Diese Patienten leiden an Katatonie, einem psychomotorischen Syndrom, das eine Bewegungsstarre zur Folge haben kann und sie wie erstarrte Figuren wirken lässt. Um ihnen den Alltag so abwechslungsreich wie nur möglich zu machen, werden sie von Zeit zu Zeit im Gemeinschaftsraum umplatziert.«

Fangmann schiebt einen weiteren dieser Patienten im Rollstuhl ans Fenster und ich betrachte mir sein starres, gleichmäßig atmendes Gesicht von Nahem. Seine schweißtriefende Haut assoziiere ich mit der glänzend-glasigen Oberfläche einer Porzellanfigur. Als Dr. Schreiber eine kugelschreibergroße Taschenlampe anknipst, folgt der Blick des in Katatonie verfallenen Patienten dem Lichtpunkt. »Sie sehen also«, folgert Dr. Schreiber, »weder eine Hexe noch ein Drache noch sonst ein fantastisches Wesen aus irgendeiner Märchenwelt hat einem Patienten dieser psychiatrischen Klinik Schaden zugefügt. Ursache ihrer Leiden und Verletzungen sind ihre Krankheiten und Schicksalsschläge.«

»Vorsicht!«, ruft Fangmann und zieht mich vom Spielzeughaufen weg. »Sie sind gerade gefährlich nahe an Max herangekommen.« Max starrt mich böse an. Dann lächelt er und wühlt sich wieder im Spielzeughaufen ein. »Sie müssen besser aufpassen«, sagt Stecher. »Am besten machen Sie einen weiten Bogen um den Spielzeughaufen, die Spielzeuge sind Max' Privateigentum, vergessen Sie das nicht.«

»Und was für eine Krankheit hat Max?«

»BPS und BAS«, erklärt Fangmann. »Eine Borderline-Persönlichkeitsstörung und eine Bipolare Störung.

»Ein weiterer Grund«, mahnt mich Stecher, »Max, der so kräftig wie ein Bär ist, unbedingt aus dem Weg zu gehen.«

Dr. Schreiber hüstelt. »Ich möchte ja nur ungern stören, aber wir sollten unseren Rundgang jetzt fortsetzen.«

Ich überlege. »Gibt es hier eine Bibliothek? Und wenn ja, könnten wir sie uns ansehen? Jetzt gleich? Bitte!«

Dr. Schreiber nickt verständnisvoll. »Schauen wir uns die Bibliothek an.«

Wir verlassen den Gemeinschaftsraum. Das eigenartige Klackgeräusch ist beim Gehen wieder zu hören. Am Ende des Korridors machen wir unerwartet vor einem Wandspiegel halt. Dr. Schreiber klopft ans Glas und sieht mich dabei an. »Kommt Ihnen dieser Spiegel bekannt vor?« Er kramt einen kleinen Schlüssel aus der Tasche. »Das ist einer der *magischen Wandspiegel*, die sich mit einem Schlüssel aufschließen lassen!«, sage ich aufgeregt und ein Anflug von Verzauberung überkommt mich. Stecher und Fangmann lachen. Dr. Schreiber lächelt, steckt den kleinen Schlüssel mittig der rechten Rahmenseite ein und dreht ihn um. Der Spiegel öffnet sich. »Es ist ein Lift«, erklärt Dr. Schreiber, »ein Lift mit einer verspiegelten Tür, nichts Magisches oder dergleichen. Uns würde aber interessieren, wie Sie in den Besitz eines Liftschlüssels gekommen sind. Damit sind Sie überall im Gebäude in den Liften herumgefahren und sind immer wieder unserem Personal entwischt. Sie haben die Bediensteten ganz schön auf Trab gehalten. Können Sie sich daran noch erinnern?« Ich überlege ...

... und wie mir einfällt, ist es Aron gewesen, der mir den kleinen Schlüssel zum Aufschließen der magischen Wandspiegel gegeben hat ...

... aber diese Information will ich aus taktischen Gründen für mich behalten und stelle mich ahnungslos.

Wir steigen in den Lift, der auch in seinem Inneren verspiegelt ist und ein Betrachten der eigenen Person von allen Seiten möglich macht. Ruckartig setzt sich der Lift in Gang und irritiert mein Schwerkraftempfinden, ich fühle mich für einen kurzen Moment ein wenig schwerer, weil der Lift aufwärts fährt und während der kurzen Beschleunigungsphase gegen die Schwerkraft anzieht.

Die Bibliothek (*... in meiner Erinnerung blüht sie in nostalgischer Schönheit auf ...*) erkenne ich kaum wieder: Vereinzelt stehen hier Sofas mit zerschlissenen und zerbissenen Stoffbezügen herum. Im Leseraum liegen abgenutzte Plastikstühle kreuz und quer und auch die standardproduzierten Tische wirken wenig einladend. Die Bücherregale sind aus abgewetztem Sperrholz gezimmert und durch Trennwände aus vergilbtem Glas alphabetisch abgegrenzt. Der Boden ist mit einem gräulichen, fleckigen Filzteppich bespannt, der einen modrigen Geruch absondert. Und überall strahlen grelle Neonröhren von der Decke, die der Haut eine leblose Blässe geben. Bloß schnell weg hier, schreit eine Stimme in mir auf. Zumindest, wie mir jetzt erst auffällt, hat die Bibliothek einen reichen Bestand an Büchern, die feinsäuberlich in den Regalen eingeordnet sind. Dennoch, einen liebloseren Ort als diesen habe ich selten gesehen.

Dr. Schreiber macht ein nachdenkliches Gesicht. »Geht jetzt meine Armbanduhr zehn Minuten nach oder die Bodenstanduhr zehn Minuten vor?«

»Ihre Armbanduhr zeigt die richtige Zeit an«, sagt Stecher. »Es ist jetzt 10:10 Uhr.«

Dr. Schreiber lächelt. »Jetzt erinnere ich mich wieder. Die Bodenstanduhr ist seit einer Ewigkeit kaputt. Als ich vor Jahrzehnten als Assistenzarzt hier anfing, war sie schon nicht funktionsfähig und stand auf der zehnten Stunde still.«

Stecher wirft einen skeptischen Blick auf das Ziffernblatt und bemerkt: »Dennoch ist es eigenartig, dass ihr Uhrwerk, obwohl es niemals aufgezogen wird, in ständiger Bewegung ist – wie ein Perpetuum Mobile. Ununterbrochen ist ein Klicken, Knacken und Knirschen aus dem Uhrwerk-Kasten zu hören.«

»Eigenartig, eigenartig«, bemerkt Dr. Schreiber versonnen.

Ich nähere mich dem Rundbogenfenster, hinter dem sich ein Balkon befindet. »Können wir bitte nach draußen gehen?«, dränge ich ungeduldig, und meine Frage ist viel mehr ein Befehl.

»Das können wir gerne machen«, antwortet Dr. Schreiber verständnisvoll.

Eine kurze, gerade Treppe führt uns zu einer massiven Tür. Über die Tastatur eines Zahlenschlosses gibt Fangmann einen Code ein. Ich schiele auf seine Hand. Er gibt den Code derart schnell ein, dass ich ihm kaum folgen kann. Einzig die Länge kann ich feststellen: der Code besteht aus acht Ziffern. Mit einem lauten Surren und Knacken entriegelt sich die Tür. Stecher dreht sich zu mir um und erklärt: »Ab hier beginnt die Sperrzone. Diesen Bereich dürfen Patienten nur in Begleitung von Bediensteten betreten.«

Auf dem Weg nach draußen passieren wir weitere, durch Zahlenschlösser verriegelte Türen, auch Schleusen genannt, wie mir Fangmann erklärt. In der Eingangshalle begrüßt uns eine freundliche Dame an der Rezeption. Mehrere Lautsprecher spielen die Musik von Anton Weberns Sinfonie

Opus 21. Zügig gehen wir an Getränke- und Süßwarenautomaten vorbei, passieren einen Türluftschleier, eine automatische Schiebetür öffnet sich, und wir stehen im Freien.

Ein LED-Display neben der Eingangstür zeigt ›- 10 °C‹ an. Dr. Schreiber reibt sich die Hände. »Wollen wir ein wenig im Park spazieren?« Zufrieden nicke ich ihm zu, nehme die rote Kappe aus meiner Kleidertasche, ziehe sie mir tief in die Stirn und folge ihm.

Der Gehweg führt uns von der Psychiatrie weg. Es knistert leise unter meinen Schuhsolen – Pulverschnee, wohin man sieht und Stille, wohin man hört. Auf dem Gelände sind Stehlaternen aufgestellt, mal dicht aneinandergereiht, dann wieder vereinzelt platziert. Hier fühle ich mich wohl, ein behagliches Gefühl überkommt mich. In den Schneewolken erkenne ich die Umrisse eines Ufers und möchte wissen, wie groß der See eigentlich ist und ob hier jemand schon mal ertrunken sei. Dr. Schreiber schüttelt den Kopf. »Das ist kein See, sondern ein Weiher: eine Wasserfläche, die kaum bis zu den Kniekehlen reicht. Ertrinken kann darin niemand.« Die Tannen verdichten sich und ich bemerke, dass hier der Wald beginnt; also frage ich Dr. Schreiber über die Vegetation aus. Dieser aber erklärt: »Hier gibt es keinen Wald. Die psychiatrische Klinik ist von einem Park umgeben, der dicht mit Tannen bepflanzt ist, was dem Erscheinungsbild einer Waldvegetation, wie Sie richtig erkannt haben, nahe kommt.«

Auf einer Wegkreuzung, an der ein Schneemann steht, bleibe ich stehen und zeige auf ein Absperrband an der rechten Weggabelung. »Warum ist dieser Weg versiegelt?«

»Das braucht Sie nicht zu kümmern«, meint Dr. Schreiber und fordert mich auf weiterzugehen.

»Ich möchte es aber wissen!«

»Es hat Sie nicht zu interessieren und wir setzen unseren Rundgang auf dem linken Weg fort. Bitte folgen Sie mir.«

»Und was wäre, wenn ich unter dem Absperrband einfach hindurch gehe? Rennen Sie mir dann hinterher, um mich einzufangen?«

»Das werde ich nicht. Aber andere werden es tun.« Dr. Schreiber deutet auf schemenhafte Umrisse im Schneegestöber hinter uns.

»Sind das Stecher und Fangmann?«

Dr. Schreiber nickt. »Und zur Sicherheit noch zwei weitere Bedienstete. Oder glauben Sie allen Ernstes, ich begebe mich mit jemandem wie Ihnen allein in den Park?«

Ich schaue zum Absperrband hinüber und dann wieder zu den vier Personen, die wie hölzerne Figuren im Schnee stehen. Nur allzu gerne wüsste ich, was es mit dem versiegelten Weg auf sich hat. Es war eine Frage des Abwägens: Würden die Pfleger mich einfangen können oder wäre ich flinker als sie? Womöglich führt mich der versiegelte Gehweg auf direktem Weg zur Märchenwelt zurück. Würde ich jetzt, ohne zu zögern, losrennen, so könnte ich es schaffen, das Absperrband zu überwinden und diesem Weg bis an sein geheimnisvolles Ende zu folgen. Doch ich zögere und schaue in Richtung der vier Pfleger, die immer noch wie hölzerne Figuren im Schnee stehen. Ich schaue zum Absperrband hinüber und dann wieder zu Dr. Schreiber. Er schüttelt den Kopf. »Das ist keine gute Idee. Seien Sie vernünftig. Lassen Sie uns den Rundgang ohne Zwischenfälle fortsetzen. Sie haben viele Fragen, deren Antworten Sie in für Sie erträglicher Dosis erhalten werden. Sie müssen aber geduldig mit sich selbst sein.« Ich zögere. Schaue wieder zum Absperrband hinüber. Dann beäuge ich misstrauisch Dr. Schreiber. Mein Blick fällt wieder auf das Absperrband. Ich überlege. Schließlich gebe ich meinen inneren Widerstand auf. Ich folge Dr. Schreiber.

Verschlungene Wege führen uns durch eine dicht verschneite hügelige Parkanlage, die teils mit felsenartigen Steinen ausgeschmückt ist. Vor einer hohen Mauer bleiben wir stehen. Sie ist nach innen eingebogen, sodass ein Hochklettern selbst mit einer langen Leiter unmöglich wäre. Dr. Schreiber klopft dagegen. »Das ist die Grenze unserer Anlage.« Beeindruckt stehe ich vor dieser wuchtigen Mauer aus massivem Beton, die sich unüberwindbar vor mir erhebt und die Parkanlage von der Außenwelt abschottet. Was sich wohl dahinter befindet? Nur allzu gern würde ich jetzt einen Blick über die Mauer erhaschen. Ich wende mich Dr. Schreiber zu und sage in sarkastischem Tonfall:

»Wie ich mir schon denken kann, verhält es sich mit der Mauer genauso wie mit dem Absperrband: Beides sind Tabuzonen, die mich nicht zu interessieren haben. So ist es doch. Oder etwa nicht?«

Dr. Schreiber sieht mich ratlos an. »Wie kommen Sie denn zu dieser Schlussfolgerung? Natürlich dürfen Sie wissen, was sich hinter der Mauer befindet. Das ist kein Geheimnis. Alle wissen, was sich dahinter befindet. Es ist das, wovor sich die meisten Patienten fürchten.«

»Das Ungeheuer!«, rufe ich und ein Schaudern überkommt mich.

»Folgen Sie mir und ich werde Ihnen das Ungeheuer zeigen.«

Vor einem schmiedeeisernen Tor endet der Weg. Dr. Schreiber geht beiseite und winkt mich zu sich. »Bitte, schauen Sie hindurch.« Vorsichtig, mit Anspannung und Herzklopfen, nähere ich mich dem schmiedeeisernen Tor. Dann blicke ich durch die Gitterstäbe und erkenne schemenhaft die Umrisse einer Stadt. »Es ist die Alltagsrealität, vor der sich viele Patienten fürchten wie vor einem *Ungeheuer*«, erklärt Dr. Schreiber. »Viele unserer Patienten gebrauchen das Sinnbild eines Ungeheuers als Synonym für ihre schlimmsten Ängste. Eine psychiatrische Klinik hat meist einen abgeschiedenen Standort fernab der Alltagsrealität. Das soll den Patienten helfen, Abstand von ihren ungeheuren Ängsten zu gewinnen, um wieder zu sich selbst finden zu können. Und wenn Patienten verschwinden, wurden sie nicht, wie viele von ihnen glauben, von einem Ungeheuer verschlungen, sondern wurden entweder wieder in den Alltag entlassen oder in eine andere psychiatrische Einrichtung verlegt.«

Desillusioniert schaue ich in die Ferne und es drängen sich mir die Fragen auf: Habe ich mich derart geirrt und ist die Märchenwelt tatsächlich nur meine Einbildung, während ich in Wahrheit die ganze Zeit über in einer Psychiatrie untergebracht bin? Mit einem Mal überkommt mich ein Gefühl tiefer Traurigkeit. Die Hochhäuser der Stadt zeichnen feine Linien in die Schneewolken. Von hier aus gesehen wirkt alles fern und scheint unerreichbar. Eine Ruhe liegt über dem Gelände. Es ist windstill. Ich wende mich vom Gitter ab. Meine Wangen sind von Tränen überströmt. »Warum bin ich hier? Seit wann bin ich hier? Wie bin ich hierher gekommen? Und wo genau ist hier?«

Dr. Schreiber schüttelt verneinend den Kopf, wie er es so oft schon getan hat. »Sie stellen zu viele Fragen. Die Antworten darauf kann ich Ihnen jetzt nicht geben. Und bemühen Sie sich nicht, die Bediensteten zu fragen, auch sie werden Ihnen keine Antworten geben.« Empört und mit Widerwillen blicke ich ihn an, ringe verzweifelt nach Worten, denn ich will das soeben Gesagte nicht unwidersprochen hinnehmen. »So fügen Sie sich doch einfach Ihrer Situation«, sagt Dr. Schreiber, der mein Hadern mit mir selbst aufmerksam beobachtet. »Lernen Sie zu akzeptieren. Sie tun uns, aber vor allem tun Sie sich selbst, einen großen Gefallen damit. Ich kann Ihnen versichern, Sie sind hier in besten Händen.« Wut und Trauer mischen sich in mir. Dann fühle ich nur noch Verzweiflung. Ich bin verzweifelt darüber, uneins mit mir zu sein, ob ich mich überhaupt noch auf meinen Verstand verlassen kann oder ob ich längst schon unmündig geworden bin und nun andere für mich entscheiden müssen. »Für heute ist es genug«, stellt Dr. Schreiber fest. »Sie sind emotional überfordert. Es ist das Beste, wenn wir uns auf den Rückweg machen.«

Auf der Wegkreuzung schaut mich der Schneemann ausdruckslos durch seine steinernen Augen an. Seine aus einem Eiszapfen gebildete Nase ist abgebrochen, die Farben seines Schals verblichen und sein Zylinder zerschlissen. Sein Gesichtsausdruck zeichnet das Bild einer jämmerlichen, längst in Lethargie versunkenen Seele. So möchte ich hier auf gar keinen Fall enden, schießt es mir durch den Kopf, und ein Adrenalinschub überkommt mich plötzlich! Ich renne auf das Absperrband zu und springe darüber hinweg. Ich bin drüber gesprungen. Ich kann es kaum glauben! Das wäre also geschafft. Ich befinde mich auf dem verbotenen Weg; jener geheimnisvolle Weg, der mich angeblich nicht zu interessieren hat und der mich wohl auf direktem Weg zurück in die Märchenwelt bringt. Hinter mir höre ich eilige Schritte und die Pfleger laut rufen. Ich renne. Eine Euphorie treibt meine Flucht an und ich renne schneller, so schnell ich nur kann. Aber der mit dickem Eis überzogene Weg bringt mich zu Fall. Mein Knöchel schmerzt. Ich rapple mich auf und humple weiter. In der Ferne sehe ich ein Leuchten aus rotem und blauem Licht, das im Schneenebel flackert. Was ist das? Zwei kräftige Hände packen mich von hinten. Ich versuche mich zu wehren und strample mit Armen und Beinen. Fangmann drückt mich zu Boden. Verzweifelt leiste ich Widerstand und schreie wie wild. Ich sehe, wie Stecher eine Spritze hervornimmt und mir damit in den Oberarm einsticht. Sogleich wird mir schwindlig und schwarz vor Augen.

18

Als ich wieder zu mir komme, befinde ich mich in einem leeren, weich gepolsterten Raum. Wie ich gleich erkenne, sitze ich in einer, wie es umgangssprachlich so schön heißt, Gummizelle. Eine Kamera an der Decke beobachtet mich. Mittels Zeichen gebe ich der Kamera zu verstehen, dass es mir gut geht und ich den Raum verlassen möchte. Aber nichts geschieht. Ich gehe im Kreis und setze mich. Bittend schaue ich zur Überwachungskamera hoch und gebe ihr immer wieder Zeichen. Dann stehe ich auf und drehe Runde um Runde. Aber nichts geschieht. Durch das ständige Gehen im Kreis scheint sich der Raum wie von allein zu drehen. Mir wird schwindlig und schlecht. Wütend trommle ich gegen die schneeweißen, federweichen Wände und ...

... *erinnere mich an einen sehr kleinen, geschlossenen Garten innerhalb des Schlosses. Eine beinahe spirituelle Ruhe ging von diesem stillen, umfriedeten Ort aus, der mit einer dicken Schneeschicht überzogen war. Der Garten, so schien es mir damals, war wie von Federkissen ausgepolstert. Nun wird mir restlos klar, dass ich mich im Hortus Conclusus befinde ...*

... und ich habe längst eingesehen, dass es keinen Sinn macht, zu warten, bis die Tür aufgeht. Also versuche ich eine Tür in mir selbst zu öffnen. Ich setze mich hin und atme tief durch. Dann schließe ich meine Augen und versuche an etwas Schönes zu denken. Als ich vor einem Jahr eine Urlaubsreise nach Japan unternahm, besichtigte ich einen Zen-Garten. Vor meinem inneren Auge sehe ich noch klar umrissen den kargen Steingarten, ein Ort der Ruhe und Stille. Ein Mönch hockte auf den Stufen einer Treppe und malte mit Pinsel und schwarzer Tusche einen Kreis auf Pergament. Er malte einen Ensō: ein Symbol der japanischen Kalligraphie, das in Verbindung mit Erleuchtung, Stärke, dem Universum und der Leere steht. Im Zen-Buddhismus bedeutet das Malen des Ensō das Erzeugen eines Moments, in dem der Bewusstseinszustand frei ist. Inmitten des Zen-Gartens hörte ich in die Stille hinein und fühlte mich frei. Frei von Ängsten und Sorgen, die an diesem Ort in fernste Ferne gerückt sind. Von weit her vernehme ich eine Stimme. Sie ruft mir zu und wird von Mal zu Mal lauter.

Ich öffne die Augen und höre die Stimme sagen: »Können Sie mich hören? Hallo? Wachen Sie auf!« Fangmann und Stecher stehen vor mir. »Versuchen Sie jetzt langsam aufzustehen.« Die beiden greifen mir unter die Arme und helfen mir beim Aufstehen. Die Neonröhren blenden mich. Ich kneife die Augen zu und überlege, wie der Ort hieß, an dem sich der Zen-Garten befand. Es war ein moderner, dicht besiedelter Stadtteil in Tokyo gewesen. An dem Maitag, ich sehe es noch genau vor mir, leuchtete das Firmament tiefblau und die Sonne glänzte wie gelblich-silberheller Nickel. Das Hanami, die Zeit der Kirschblüte, hatte gerade begonnen und viele Quartiere waren von blühenden Bäumen umsäumt. Ich ging durch ein Einkaufsviertel mit zahlreichen Spielhallen, Bars, Restaurants und Uhrengeschäften. Es war das reinste Kuriositätenkabinett! Ein tausendfältiges Ticken und Klingen und Schnurren und Schnalzen ging durch alle Straßen und Gassen. In den Schaufenstern waren die kuriosesten Dinge zu sehen. Da gab es Läden mit ausgestopften Enten, Raben, Uhus und Aras, sogar einen abgetrennten Pferdekopf gab es da zu kaufen, er lag irgendwo zwischen einem Bücherregal und einem Schreibtisch auf einem Stapel Folianten, ich weiß es nicht mehr so genau. Ein Schaufenster war komplett mit Legovögeln ausgeschmückt. Das ließ mein Herz höher schlagen, als Kind spielte ich oft mit Legosteinchen. Ein Antiquitätengeschäft verkaufte allerlei Krimskrams wie alte Öllampen, chinesische Vasen, vergoldete Bilderrahmen, Gläsersammlungen, Matrjoschka-Puppen, Ulus, goldene Pantoffeln und schwarze Stiefel in Sammelkisten mit Kleidungsstücken, Spinnrädern, Wandtafeln und Kajaks. An einem Stand kaufte ich mir für 1001 Yen eingelegte Rüben in einem Glas, sie schmeckten süß-sauer und herrlich exotisch. Ich mochte nicht alle essen und versuchte den Rest an einen Kater zu verfüttern; dem aber schmeckten sie nicht und er huschte weg. Dann ging ich in ein antikes Möbelgeschäft und probierte englische Sofas und Ohrensessel aus – seit langem schon möchte ich so was in meiner Wohnung stehen haben. Doch die Möbel waren nicht gerade billig, wie ich feststellen musste. Ein englisches Sofa, das mir gefiel, kostete stattliche 908'809 Yen und ein Ohrensessel 608'806 Yen. An einem Spezialgeschäft vorbeigehend, in dem Rotoren, Radars, Rotatoren sowie Formaldehyd und Tartrat in Reagenzgläsern verkauft wurden, sagte ich immer wieder »Wow!« vor mich hin. Ich konnte mich an den Objekten, die da um mich

111

herum waren, kaum sattsehen. Tokyo war echt irre! Ein Musikgeschäft mit unzähligen Notenheften hatte Spinette und Udus im Schaufenster stehen. Von irgendwoher hörte ich eine Melodie von Johann Sebastian Bach – ich liebe barocke Musik. Es gab hier nichts, was es nicht gab. Eine Gruppe unbeaufsichtigter Kinder hatten sich als Einhörner verkleidet und tobten wild herum. Sogar ein Reittier lief herrenlos durch die schmalen Straßen. Ein Reliefpfeiler versperrte in einer noch viel engeren Gasse Touristen den Weg, niemand wusste, warum das so war. Und aus einer baufälligen Fabrik fiel ein Drehherd aus dem ersten Stock in den Innenhof – es donnerte. In dem Innenhof lagen auch unzählige Lagerregale querbeet; im zweiten Stock befand sich ein Regallager, das ausgeräumt wurde. An einer Hausmauer hatte jemand ein Monom hingesprayt – das war wohl ein lausbübischer Mathematikstudent gewesen, der das Gewirr aus Zahlen, Buchstaben und Klammern da hingeschmiert hatte. Ein reges Menschengewimmel überall. Leute knipsten Fotos und machten Selfies, lachten und kreischten. Das gleißendbunte Strahlen der Leuchtreklametafeln und die ultragrellen Blitzgewitter der Neonlichter tauchten die Wolkenkratzerschluchten Tokyos am Abend in eine cyberspaceartige Atmosphäre und mir kam es so vor, als befände ich mich inmitten einer Computerspielwelt. Es war einfach nur magisch! Wie hieß denn jetzt bloß dieser Stadtteil? Dann fällt mir der Name plötzlich wieder ein: Akasaka. Und wie mir dieser Urlaubstag in Bruchteil weniger Sekunden durch den Kopf geht, lassen Fangmann und Stecher meine Arme wieder los. Ich bin aufgestanden. Und da stehe ich nun.

Fangmann schnippt mit seinen Fingern vor meinem Gesicht. »Und? Konnten Sie sich gut von Ihrem exzessiven Gefühlsausbruch erholen?«

Stecher schaut mich ernst an. »Sie sind ja ganz schön ausgerastet im Park und haben heftigen Widerstand geleistet. Sie ließen uns keine andere Wahl, als Ihnen eine Beruhigungsspritze zu setzen und Sie zur Beobachtung im Kriseninterventionsraum – damit ist diese Gummizelle hier gemeint – vorübergehend unterzubringen.«

»Was wir auch jeder Zeit wieder tun werden«, merkt Fangmann an, »wenn es die Situation erfordert!«

»Über eines sollten Sie sich aber im Klaren sein«, sagt Stecher in autoritärem Tonfall. »Sie können von diesem Ort nicht fliehen. Sämtliche Türen bestehen aus massivem Material. In diesem Gebäude gibt es zahlreiche

Sicherheitsschleusen mit unterschiedlichen Zahlencodes. Kontrollgänge werden regelmäßig durchgeführt. Überwachungskameras mit Weitwinkelobjektiv und hoher Zoomfunktion erfassen jede Ecke und jede Ritze in hoher Pixelauflösung. Die Mauer um den Park ist unüberwindbar und zudem allenthalben mit Bewegungsmeldern versehen. Auch innerhalb des Gebäudes gibt es vielerorts Sensoren. Wenn Sie also erwägen, eine Flucht zu planen, so vergessen Sie das lieber ganz schnell! Der Gebäudekomplex wurde als panoptische Anlage konzipiert und ist absolut ausbruchssicher! Und noch eines sei Ihnen dringend gesagt ...«

»Ich glaube, es reicht jetzt«, unterbricht ihn Fangmann und wendet sich wieder mir zu. »Wir bringen Sie jetzt auf Ihr Zimmer. Sie haben ein Einzelzimmer und können sich dort in aller Ruhe weiter erholen. Niemand wird Sie stören.«

Ich schüttle vehement den Kopf. »Bitte bringen Sie mich nicht schon wieder in einen geschlossenen Raum! Dann doch lieber irgendwohin, wo es andere Leute gibt. Bringen Sie mich bitte in den Gemeinschaftsraum. Ginge das?«

»Nein, das geht nicht«, sagt Stecher streng. »Wenn schon dann könnten wir Sie in die Bastelwerkstatt bringen, dort haben Sie einen Arbeitstisch. Wäre das für Sie okay?«

»Ja. Damit wäre mir schon sehr geholfen.«

19

Vor einer Tür, über der in hölzernen Buchstaben ›Bastelwerkstatt‹ steht, nimmt mich Herr Stahlhut, der Betreuer dieser Werkstatt, in Empfang. »Wen haben wir den hier«, sagt er mit wohlwollender Stimme und mustert mich eindringlich. »Ich bin hocherfreut, Sie wieder hier zu haben. Sie haben sich in dieser Werkstatt sehr wohl gefühlt und große Motivation gezeigt. Folgen Sie mir, ich bringe Sie zu Ihrem Platz.«

Wir betreten einen Raum, in dem sich Werkbänke befinden, an denen Patienten sitzen und konzentriert basteln. »Alle besetzt«, sagt Herr Stahlhut, als er bemerkt, wie ich mich an eine setzen wollte. Er zeigt auf einen kleinen, allseitig mit Fenstern versehenen Raum, der inmitten der Werkstatt steht. »Das ist der Materialraum. Dort drin befindet sich Ihr Arbeitstisch. Bisher haben Sie es vorgezogen, sich dorthin zurückziehen zu dürfen, um ungestört für sich allein zu arbeiten und das Geschehen aus sicherer Distanz durch die Fensterscheiben beobachten zu können. Natürlich dürfen Sie das auch weiterhin tun.«

Vorsichtig öffne ich die Tür dieses beengten Raums, der wie ein Würfel inmitten der Werkstatt steht. Kartonagen, Malmittel, Klebstoff, Buntstifte, Lineale, Schablonen, Zirkel, Styropor und eine Menge weiterer Bastelmaterialien bersten in den Regalen und hängen von der Decke herunter. Auf meinem Arbeitstisch liegen Zeichnungen mit geometrischen Kritzeleien herum. Darauf zu sehen sind Kreissegmente, Bögen und Linien. Doch machen die bauplanartigen Skizzen inhaltlich kaum Sinn. Sie sind abstrus, wie selbst ein Laie auf den ersten Blick erkennen würde. Ich sehe mich konzentriert um in dem Raum. Fasse mir an die Stirn und nicke. Dieses Materiallager, inmitten der Bastelwerkstatt, ist also ...

... wie ich mich erinnere, jenes Labor, mein Labor, in der Lichtwerkstatt, in dem ich viele Tage des Forschens und Tüftelns zubrachte und in dem mir bahnbrechende Pionierleistungen der Lichterzeugung geglückt sind ...

... und je mehr ich darüber nachdenke, umso mehr mag ich es kaum glauben und mir dreht sich der Magen um vor Enttäuschung. Wie konnte ich mich nur derart in allem geirrt haben? Offenbar hatte ich die Realität völlig verkannt!

Ich setze mich hin und beobachte die Patienten, wie sie sich motiviert ihren Ideen und Spielereien hingeben. Viele von ihnen wirken orientierungslos. Ihren Gesichtern ist eine Hilflosigkeit abzulesen. Eine Hilflosigkeit, die es ihnen kaum mehr möglich macht, autonom zu sein. Und auch ich bin einer von ihnen, wie mir auf bitterste Weise klar wird. Dennoch wurden mir bei keinem einzigen Mal die Gründe genannt, warum ich in diese Psychiatrie eingewiesen wurde, wie ich hierher gekommen bin, seit wann ich hier bin und wo ich mich hier überhaupt befinde. Alles offene Fragen, die mir niemand beantworten will. Weder habe ich das Verlangen noch sehe ich einen Sinn – nicht den geringsten Sinn –, in dieser Bastelwerkstatt zu sein. Was soll das Ganze überhaupt?

Herr Stahlhut steht plötzlich in der Tür vom Materialraum. »Und? Wie läuft es bei Ihnen? Finden Sie sich zurecht?«

»Alles in Ordnung«, antworte ich und nicke bekräftigend. Ich möchte, dass er schnell wieder geht und mich in Ruhe lässt.

»Wenn Sie möchten, können Sie an unserem Kreativprogramm teilnehmen.«

»Danke, dass Sie mich darauf hinweisen, Herr Stahlhut, aber ich bin nicht interessiert.«

»Wir basteln gerade Papierlampen. Ein ideales Thema für einen dunklen Wintermonat. Finden Sie nicht?«

Um den Anschein zu erwecken, dass ich Interesse haben könnte, spiele ich ein nachdenkliches Gesicht und bemerke: »Ich überlege es mir. Vielleicht entscheide ich mich auch dagegen, ich weiß es noch nicht.«

»Wichtig ist, dass Sie überhaupt etwas machen. Denken Sie sich eine Beschäftigung aus. Bis zum Nachmittag möchte ich von Ihnen den Vorschlag für ein Bastelprojekt haben oder Sie müssen am Lampenbasteln, wie alle anderen auch, teilnehmen.«

Ich überlege. »Welches war denn mein vorheriges Bastelprojekt?«

Herr Stahlhut zeigt auf einen Gerümpelhaufen aus Wellkarton, Papier, Plastikteilen, Sperrholz, Draht und Schnüren, der sich in einer Ecke bis fast an die Decke auftürmt. »Sie hatten es sich in den Kopf gesetzt, eine riesige Glühlampe zu basteln. Davon konnte ich Sie nicht abbringen. Aber wie Sie vielleicht noch wissen, ist Ihre Riesenglühbirne kaputt gegangen.« Herr Stahlhut erhebt mahnend den Zeigefinger. »Damit wir uns richtig verstehen, Ihr Material verschleißendes Rumgebastle ist ab jetzt tabu! Sie suchen sich ein neues, vernünftiges Thema aus.«

»Warum?« Innerer Widerstand keimt in mir auf.

»Ihr Bastelthema ist tabu, weil Sie mit Ihrer absurden Idee die anderen Patienten fast in den Wahnsinn getrieben haben. Plötzlich wollten alle nur noch an Ihrem Projekt mitarbeiten. Da durch Ihre Idee, eine riesengroße Glühbirne zu basteln, eine rigorose Euphorie aufkam, hatte ich Ihr Vorhaben anfangs auch gutgeheißen. So entstand ein kugeliges Objekt aus Papier, Karton, Holz, Plastik und vielem mehr, das größer und immer massiger wurde. Dieses unförmige Ding, das mit der Zeit nicht das Geringste mit einer Lampe mehr zu tun hatte, schwoll zu einem riesigen, Material verzehrenden Haufen an und brach schließlich unter seinem Gewicht in sich zusammen. Daraufhin sind viele der Patienten, die an dieser lächerlichen Glühlampe gearbeitet hatten, vor Enttäuschung und Frustration durchgedreht. Eine Hysterie brach aus. Und so ein Szenario möchte ich nicht noch einmal erleben müssen!«

Herr Stahlhut verlässt den Materialraum. Ich schüttle den Kopf. Es ist geradezu erniedrigend für mich, in jener Werkstatt, die ich in meiner Imagination als Lichtwerkstatt auf hohem Niveau geleitet habe, nun betreut und angeleitet zu werden. Ich betrachte die vor mir auf dem Tisch ausgebreiteten Zeichnungen. Sie tragen zweifelsohne meine Handschrift und lassen ein Gebilde erahnen, das mit viel Fantasie einer Glühbirne ähneln könnte. In wahnhaftem Zustand habe ich eine Fülle an Skizzen und Zeichnungen geschaffen, die bestimmt als abstrakte Kunst Anerkennung finden würden, aber mit Elektrotechnik nicht im Geringsten etwas zu tun haben.

Missmutig verlasse ich den Materialraum und gehe vorsichtig durch die Bastelwerkstatt. Zahlreiche Papierlampen, teilweise originell gestaltet, teilweise lieblos zusammengequetscht, befinden sich auf den Tischen und in den Regalen. Doch es sind nicht die Basteleien, die mich interessieren, sondern die Patienten. Ich suche nach zwei Personen, von denen ich mir sicher bin, sinnvolle Antworten zu bekommen: Aron und Nora. Einer der beiden sollte doch hier zu finden sein, irgendwo. Doch so sehr ich mich in der Werkstatt auch umschaue, beide bleiben unauffindbar.

Gerade als ich die Bastelwerkstatt verlassen möchte, um in der Bibliothek weiterzusuchen, stellt sich mir Herr Stahlhut breitbeinig in den Weg.
»Was bitte soll das werden? Wo wollen Sie denn hin?«

»Ich gehe nur kurz in die Bibliothek«, sage ich mit gefasster Stimme.
Herr Stahlhut schüttelt den Kopf. »Das geht nicht. Heute sind Sie
in der Bastelwerkstatt eingeteilt. Ich habe strikte Anweisung, Sie hier zu
beaufsichtigen.«

»Wie Sie mich doch angewiesen haben«, begann ich mich zu erklären,
»sollte ich mir bis zum Nachmittag ein neues Bastelprojekt ausdenken.
Ich hätte da eine vage Idee. Und um meine Idee konkreter auszuarbeiten,
benötige ich ein Bastelbuch. In der Werkstatt konnte ich keines finden. Bestimmt hat die Bibliothek welche. Ohne Bastelbuch kein Projektvorschlag.«

Herr Stahlhut beäugt mich misstrauisch. Dann aber nickt er. »Na gut.
Das leuchtet mir ein. Sie haben eine Viertelstunde Zeit. Mehr nicht.« Über
sein Funkgerät beordert er einen Pfleger, der mich begleitet.

In der Bibliothek angekommen, bleiben mir weniger als fünfzehn
Minuten, um mich nach Aron und Nora umzusehen. Dann brauche ich
noch ein paar Minuten, um irgendein Bastelbuch zu finden, das ich dem
pedantisch-peniblen Werkstattbetreuer vorzeigen kann. Viele Patienten
halten sich in der Bibliothek auf. Meine Suche nach Aron und Nora bleibt
vergebens. Wo sind die beiden bloß? Ich befrage mehrere Patienten. Niemand scheint die beiden zu kennen. »Sie haben jetzt noch eine Minute
Zeit!«, ruft der Pfleger ungeduldig. Schnell gehe ich zum Regal mit dem
Buchstaben ›B‹ und suche unter ›Bastelei‹ nach einem Buch. Das Erstbeste
ziehe ich heraus. Dann ist meine Aufenthaltszeit in der Bibliothek auch
schon abgelaufen und der Pfleger drängt mich zur Rückkehr.

Wieder in der Bastelwerkstatt kommt Herr Stahlhut auf mich zu. »Und?
Was haben Sie für ein Buch aus der Bibliothek mitgebracht? Lassen Sie
mal sehen.«

Ich gebe ihm das Buch.

»Waren Sie schon mal in Japan?«

»Woher wissen Sie das?«

»Sie haben ein Buch über die Kunst des Origamifaltens ausgeliehen.«

Er gibt mir das Buch zurück und jetzt erst sehe ich, dass ein Origami-Kranich auf dem Cover abgebildet ist.

Herr Stahlhut beäugt mich nachdenklich. »Nun gut«, meint er schließlich und nickt, »wie Sie wollen. Die japanische Faltkunst zu erlernen, benötigt viel Zeit. Monate, wenn nicht Jahre. Die Zeit haben Sie hier ja zur Genüge. Sie werden noch auf lange, unbestimmbare Zeit hier bleiben.«

»Sagt wer?« Erschrocken sehe ich ihn an und ein Gefühl, als schnüre mir der Hals zu, überkommt mich.

»Die Leitung dieser psychiatrischen Klinik, wer denn sonst.« Herr Stahlhut deutet auf das Buch. »Mit dem Origamifalten sind Sie zwar auf sich allein gestellt, weil niemand sonst hier Origami faltet, aber ich denke, das kommt Ihnen entgegen, Sie arbeiten ja gerne für sich allein.«

»Meines Wissens braucht man zum Falten von Origami ganz besonderes Papier.«

Herr Stahlhut lacht spöttisch. »Mit Ihrem abstrusen Versuch eine Riesenglühbirne zu basteln, haben Sie schon mehr als genug Papier verschwendet. Zum Origamifalten kann ich Ihnen nur Aluminiumfolie geben. Von diesem Material können Sie so viel nehmen, wie Sie nur wollen.«

»Wie bitte?«

»Keine Widerrede! Entweder Sie nehmen die Aluminiumfolie oder lassen es bleiben und falten keine Origami. Die Entscheidung liegt bei Ihnen.«

Weiter mit ihm zu diskutieren, scheint mir aussichtslos und so ziehe ich mich mit einer Aluminiumfolien-Rolle in den Materialraum an meinen Arbeitstisch zurück.

Ich betrachte das schwere Buch mit der Aufschrift ›Origami – Die Japanische Papierfaltkunst‹. Verärgert blicke ich auf die Rolle von Aluminiumfolie, die ganz und gar nicht zum Falten von Origami geeignet ist. Zudem besteht immer auch die Gefahr, sich am Aluminium zu schneiden. Wie schon der Klappentext des Buches verrät, ›werden Origami-Figuren mit lichtdurchlässigem Japanpapier, auch Wagami genannt, gefaltet.‹ Mir ist überhaupt nicht zum Aluminiumfalten zumute und doch ringe ich mich durch, die bekannteste Origami-Figur, den Kranich, zu falten: In dreizehn Teilschritten nimmt eine quadratische Fläche mittels Vorfalten, Entfalten, Festdrücken, Knicken, Ziehen und Zusammenschieben nach und nach Form an, wird kleiner und kleiner bis im letzten Teilschritt mittels innerem Gegenbruch, der Kopf entsteht und die Flügel werden zu den Seiten hin gebogen, nicht gefaltet. Hierfür benötige ich mehrere Stunden.

Zum einen erschwert die Aluminiumfolie das Falten erheblich und zum anderen umfängt mich eine erdrückende Monotonie.

Angsterfüllt sitze ich am Tisch. Immer wieder geht mir der Satz des Werkstattbetreuers durch den Kopf: ›Sie werden noch auf lange, unbestimmbare Zeit hier bleiben‹. Das Gefühl, einer übergeordneten Instanz ausgeliefert zu sein, nicht mehr über sein eigenes Selbst bestimmen zu können und womöglich ewig an einem mir unbekannten Ort wie diesem gefangen sein zu müssen, lähmt meine Sinne und meine Motorik. Ein euphorisches Fluchtgefühl keimt für kurze Zeit in mir auf und wird wieder unter einem Schwall von Angst begraben. Eine ungeheure Angst *(... so furchteinflößend wie ein Ungeheuer ...)*.

Als ich zur Werkstattuhr aufsehe, zeigt sie ›17:17‹ an. Meine Präsenzzeit ist schon seit 17 Minuten vorbei. Mit einem Gefühl innerer Leere verlasse ich den Materialraum *(... mein einstiges Laboratorium ...)*, verabschiede mich von Herrn Stahlhut *(... der Wache mit dem stählernen Helm ...)* und gehe in Richtung der Ausgangstür. Lange betrachte ich mir den hölzernen Schriftzug ›Bastelwerkstatt‹ *(... und vergleiche ihn mit dem in messingfarbenen Lettern verfassten Schriftzug ›Lichtwerkstatt‹ ...)*. Und ich wäre in meiner Betrachtung wohl noch viel länger verharrt, wären nicht eine Krankenschwester *(... eine Hofdame ...)* und ein Pfleger *(... eine Wache ...)* gekommen, die mich auf mein Zimmer gebracht hätten.

Im Bett liegend, wälze ich stundenlang den erschreckenden Satz: ›Sie werden noch auf lange, unbestimmbare Zeit hier bleiben‹, in meinem Kopf. Gleich morgen, sobald sich die Gelegenheit dazu ergibt, möchte ich Dr. Schreiber *(... dem Ritter ...)* nach dem Grund und der Dauer meines Aufenthalts fragen. Ich versuche einzuschlafen. Aber immer und immer wieder höre ich diesen erschreckenden Satz: ›Sie werden noch auf lange, unbestimmbare Zeit hier bleiben‹ und er rotiert immer schneller und schneller in meinem Kopf, so, dass er sich tief in mich hinein bohrt, bis auf den Grund größter Verzweiflung. Erst am frühen Morgen gelingt es mir einzuschlafen.

›08:08 Uhr‹. Der elektronische Klingelton des Weckers beendet meinen Schlaf. Ich habe Kopfweh und fühle mich höchst unwohl. Langsam versuche ich aufzustehen, doch Schwindelgefühle zwingen mich wieder zum Sitzen. Dann schaue ich starr auf den Boden.

›09:09 Uhr‹. Desillusioniert gehe ich im Zimmer auf und ab. Es ist klein, karg und seine Zimmerdecke erdrückend niedrig. Ich setze mich hin und betrachte mich in einem Spiegel, der auf dem Tisch steht.

›10:10 Uhr‹. Langsam ziehe ich meine Kleider an. Es kommt mir vor, als wären sie aus Blei gegossen. Hinter dem vergilbten Vorhang glimmt allmählich die Morgendämmerung auf.

›11:11 Uhr‹. Das Außenlicht hat eine hohe Intensität erreicht und strahlt durch das quadratische Fenster. Wie hypnotisiert blicke ich in das leuchtende Quadrat, das auf dem Vorhang glüht.

›12:12 Uhr‹. Es klopft an der Tür. Eine Krankenschwester betritt mein Zimmer und bringt mir meine tägliche Dosis Neuroleptika. Sie stellt mich vor die Wahl, das Medikament entweder in flüssiger Form oder als Tablette einzunehmen. Beides lehne ich dankend ab. Sie gibt mir ausdrücklich zu verstehen, dass ich das Medikament der ärztlichen Verordnung wegen einnehmen müsse; ansonsten wird weiteres Pflegepersonal gerufen, um mit Nachdruck meine Einnahme zu erzwingen. Ich entscheide mich für die Tablette. Unter ihrer Beobachtung schlucke ich das Neuroleptika mit einem Glas Wasser hinunter. Hilflos sehe ich ihr in die Augen und versuche ihr die Antworten auf meine Fragen abzuringen, warum ich hier bin und wie lange ich voraussichtlich hier noch bleiben müsse. Doch die Krankenschwester antwortet mir nicht und verlässt teilnahmslos das Zimmer.

›13:13 Uhr‹. Mein Blick verliert sich wieder im leuchtenden Quadrat, das eine hypnotische Wirkung auf mich ausübt.

›14:14 Uhr‹. Es klopft an der Tür. Dr. Schreiber, Stecher und Fangmann betreten mein Zimmer. Dr. Schreiber bittet mich, Platz zu nehmen, knipst seine kugelschreibergroße Taschenlampe an und leuchtet in die Pupillen meiner Augen. Wie es mir heute gehe, möchte er wissen. Seine

Frage beantworte ich mit einer zynischen Gegenfrage: »Wie würde es Ihnen denn gehen, Herr Dr. Schreiber, wenn Sie gefangen wären? Mir werden hier ja nicht einmal grundlegende Fragen beantwortet, die meine Existenz betreffen! Damit meine ich Fragen nach dem Grund und der Dauer meines Aufenthalts. Fragen nach ...« Fangmann unterbricht mich und meint, dass die Antwort auf diese Frage doch längst geklärt wäre. Ich werde auf längere, unbestimmte Zeit hier bleiben müssen, sagt Stecher in autoritärem Tonfall. Und wieder bohrt sich mir dieser vernichtende Satz tief in mein Angstzentrum ein. Dr. Schreiber, der gar nicht auf meine Fragen eingeht, möchte von mir wissen, ob ich auf meinem Zimmer bleiben oder dieses verlassen möchte. Ich überlege und komme zum Schluss, dass der Nachmittag für mich wohl weniger monoton sein wird, wenn ich dieses Zimmer verlassen würde.

Zügig werde ich zur Bastelwerkstatt gebracht, vor der mich Herr Stahlhut in Empfang nimmt und zu meinem Tisch im Materialraum bringt; vorab drückt er mir mehrere Rollen aus Aluminiumfolie in die Hand.

›15:15 Uhr‹. Vor mir auf dem Tisch liegt das Buch der Origamifaltkunst. Bis ich einen Blick hineinwerfe, vergeht eine weitere Stunde.

›16:16 Uhr‹. Herr Stahlhut ermahnt mich, jeden Tag mindestens ein Origami zu falten und sein Tonfall ist derart streng, dass ich seinem Befehl unverzüglich Folge leisten möchte. Es gelingt mir nicht. Im Laufe des Nachmittags hat sich in mir eine ungeheure Furcht aufgestaut, die mich vollständig lähmt. Meine Gedanken zirkulieren nur noch um die Vorstellung, dass ich an diesem mir unbekannten Ort auf längere und unbestimmte Zeit bleiben muss und diesen Ort womöglich niemals mehr verlassen darf! Ist das überhaupt eine richtige Psychiatrie? Mir kommt dieser Ort unwirklich vor. Alles hier fühlt sich unecht und falsch an. Auch wurden mir bis anhin keine Fragen beantwortet. Die Märchenwelt mit dem Schloss und ihren Fabelwesen erschien mir dagegen viel lebendiger und realer als die Psychiatrie. So gefährlich die Märchenwelt auch gewesen sein mochte, sie war um vieles erträglicher, interessanter und schöner. Die Monotonie dieser Einrichtung will ich nicht länger hinnehmen und fasse den Entschluss, die Bastelwerkstatt zu verlassen, um mit Dr. Schreiber eine Aussprache zu haben.

Beim Hinausgehen stellt sich mir Herr Stahlhut in den Weg. »Wo wollen Sie denn so plötzlich hin?«

»Ich habe einen Termin bei Herrn Dr. Schreiber.«

»Das wäre mir bekannt. Darf ich Sie also höflich bitten, sich wieder an Ihren Arbeitstisch zu begeben!«

»Gehen Sie bitte zur Seite!«

»Nein! Sie kommen an mir nicht vorbei.«

»Gehen Sie mir sofort aus dem Weg!«

Herr Stahlhut krempelt seine Ärmel hoch. »Wenn Sie es wirklich drauf ankommen lassen wollen!«

Ich steige auf einen der Werkbänke, springe von Tisch zu Tisch und zerstampfe die Bastelarbeiten. Über Funk beordert Herr Stahlhut Verstärkung an. Die Patienten sind außer sich vor Wut. Es entfacht sich ein Tumult. Stühle und Tische fallen um. Klebstoff läuft aus. Dann werden Bastelmaterialien durch die Luft geschmissen. Ein Schreien, Brüllen und Kreischen. In diesem Chaos gelingt es mir, die Werkstatt zu verlassen.

Vier kräftige Arme packen mich beim Hinausgehen. Die Verstärkung ist schneller herbeigeeilt, als ich angenommen habe. Stecher und Fangmann halten mich fest. Ich versuche, mich loszureißen und schreie: »Ich habe einen Termin bei Herrn Dr. Schreiber! Lasst mich sofort los!« Ich gehöre umgehend in den Kriseninterventionsraum gesperrt, höre ich Stecher sagen. Ich will aber nicht in die Gummizelle gesteckt werden, schießt es mir panisch durch den Kopf! Von allen Orten dieser Einrichtung fürchte ich diesen am meisten – die Zeit dehnt sich in dem Raum, wie bei einem Gummiband, ins schier Unendliche! »Hinter euch!«, schreie ich. »Ein dreiköpfiger Affe!« Fangmann und Stecher drehen sich reflexartig um und ich kann mich losreißen. Lange werde ich ihnen aber nicht davonlaufen können, vom vielen Sitzen und Liegen hat sich meine Kondition abgebaut. In letzter Not und außer Atem erreiche ich Dr. Schreibers Büro und flüchte mich hinein.

Das Büro ist leer. Mit einem Stuhl blockiere ich die Tür. Das Zimmer ist fensterlos und hat keine weitere Tür. Ich stecke in einer Sackgasse! Die Tür schlägt auf. Stecher hat schon eine Spritze in der Hand, während Fangmann eine Zwangsjacke bereithält. »Ich gebe auf und komme freiwillig mit!«, sage ich laut, und um auch wirklich glaubhaft zu sein, halte ich meine Hände hoch und gehe auf die Knie. Fangmann fixiert mich mit einem Klammer-griff und Stecher will gerade zum Einstich mit der Spritze ansetzen, als Dr. Schreiber zur Tür hereinkommt. Stecher und Fangmann lassen von mir ab und Dr. Schreiber stellt sich schützend vor mich hin. »Was geht denn hier vor?« Die Frage ist an Stecher und Fangmann gerichtet und Dr. Schreiber scheint erbost zu sein. Stecher zeigt auf mich und sagt ein wenig außer Atem, dass ich aus der Werkstatt ausgebrochen sei, obendrein ein riesiges Chaos dort angerichtet habe und dazu noch behaupte, jetzt einen Termin hier zu haben. Dann ist es still. Nur noch mein hyperventilierendes Atmen ist zu hören. Angstvoll habe ich mich in eine Ecke verkrochen. »Stecher und Fangmann«, sagt Dr. Schreiber. »Darf ich Sie bitten, mein Büro jetzt zu verlassen. Bitte! Ihre Dienste werden hier nicht mehr benötigt.«

Erleichtert nehme ich auf dem Patientenstuhl Platz, während Dr. Schreiber sich an seinen Schreibtisch voller Stifte und Papier setzt und mehrmals den Kopf schüttelt. »Ihr Verhalten kann mich unmöglich dazu veranlassen, Ihnen eine positive Genesungsprognose zu attestieren. Was ist bloß in Sie gefahren?«

»Mir ist diese Psychiatrie suspekt. Die Leute, die Räume, einfach alles hier wirkt auf mich erdrückend. Erst kürzlich befand ich mich auf einem fantastischen Schloss, auf dem ich eine sinnvolle Aufgabe, Freundschaften und einen interessanten Tagesablauf hatte. Ich führte ein weitgehend er-trägliches Leben. Und nun?« Ich mache eine Pause und überlege, wie ich es am besten sagen soll. »Und nun bin ich in einer Struktur gefangen, die mich tagtäglich kränker und kaputter macht.«

Dr. Schreiber holt eine Akte aus einem Schrank und blättert darin. »Ich verstehe«, sagt er nach einer Weile. »Sie können die Realität immer noch nicht akzeptieren und trauern ihrer imaginierten Scheinwelt nach.«

»Ist das meine Krankenakte?«

Dr. Schreiber nickt, faltet sie wieder zusammen und legt sie in den Schrank zurück.

»Kann ich einen Blick hineinwerfen?«

»Es wäre ganz und gar nicht gut, wenn Sie Einsicht in Ihre Akte bekämen. Glauben Sie mir.« Dr. Schreiber bittet mich, mit meinen Aus-führungen fortzufahren. Er nimmt ein leeres Notizblatt hervor und spitzt einen Bleistift.

»Die Psychiatrie wirkt auf mich unwirklich, als ob ich mich in einem Traum« – ich korrigiere mich – »als ob ich mich in einem Albtraum befände. Alles hier entpuppt sich als unglaublich seltsam und irreal. Damit meine ich die Verzerrungen der Räume und die Dehnung der Zeit. Die Räume und Korridore ziehen sich zusammen und vermitteln ein Gefühl von Klaustrophobie, während sich die Zeit ausdehnt und ein Gefühl der Monotonie schafft. Klaustrophobie und Monotonie wirken wie eine den Lebenssinn zerstückelnde Schreddermaschine!«

»Ich verstehe«, meint Dr. Schreiber und macht eine mitfühlende Miene. »Doch dürfen Sie nicht außer Acht lassen, dass Sie eine erhebliche Wahrnehmungsverzerrung haben, die sich nur dank der täglichen Medikation von Neuroleptika allmählich wieder normalisiert und Ihnen die Realität zurückbringt.«

»Was genau meinen Sie mit ›Wahrnehmungsverzerrung‹? Dauernd wenden Sie diesen Begriff bei mir an.«

»Wie soll ich Ihnen das nur veranschaulichen?« Dr. Schreiber überlegt und klopft spielerisch mit einem Stift auf seine Schreibtischablage. Dann steht er auf, öffnet einen Schrank und holt eine Schneekugel hervor. »Ich glaube, eine Schneekugel ist ein geeignetes Objekt, um eine Wahrnehmungsverzerrung zu veranschaulichen. Sehen Sie her:

Die Miniatur dieser Schneekugel zeigt die Häuserreihe einer Stadt, was nichts Außergewöhnliches oder Fantastisches ist. Man könnte sogar sagen, die Häuserreihe wirke derart gewöhnlich, dass man sie als langweilig bezeichnen könnte. Wenn wir uns die Häuserreihe genauer betrachten, dann fällt auf, dass sie kugelförmig gekrümmt ist. Wenn wir die Schneekugel drehen und ihr Inneres aus unterschiedlichen Blickpunkten anschauen, verzerrt sich das Kugelbild zusätzlich. Weiter können wir beobachten, dass die Häuserreihe in einem falschen Verhältnis abgebildet ist. Durch die optische Dichte des Wassers, also durch seinen Brechungsindex, wirkt das Kugelbild größer, als es eigentlich ist. Zudem vermuten wir die Häuserreihe woanders im Wasser, als sie eigentlich platziert ist. So viel zur Verzerrung der räumlichen Wahrnehmung.

Wenden wir uns nun dem Faktor Zeit zu. Wenn wir uns die schneeüberdeckte Häuserreihe eine Minute lang konzentriert betrachten, kommt sie uns recht langweilig oder monoton vor.« Dr. Schreiber schüttelt die

Schneekugel. »Wenn wir die Häuserreihe hingegen durch ein Schneegestöber betrachten, erscheint sie uns deutlich interessanter. Der Schneewirbel mit seinen unvorhergesehenen Flugbahnen wirkt aufregend und lässt uns die Zeit ein wenig vergessen und eine Minute löst sich im bezaubernden Moment dieses Schneegestöbers einfach auf.«

Dr. Schreiber dreht seine Schreibtischlampe gegen die Schneekugel. »Ich schätze diese Schneekugel, weil mich die Häuserreihe ihrer Miniatur an meine Kindheit erinnert. In so einem Haus bin ich aufgewachsen. Zudem entspricht die im Sockel der Schneekugel eingravierte Nummer ›hundertzehn‹ auch unserer damaligen Hausnummer. Das Gebäude am Ende der Häuserreihe erinnert mich zudem an das Museum, das sich in unserem Wohnquartier befand. Lustige Zufälle gibt es, finden Sie nicht auch? Wenn ich die Schneekugel heute betrachte, blicke ich gewissermaßen in meine Vergangenheit. Und doch ist es nur eine verzerrte Abbildung meiner Vergangenheit. In dieser Häuserreihe hat es weder geschneit, noch ist die Architektur der Gebäude verzerrt. Und nun zu der eigentlichen Frage an Sie!« Dr. Schreiber stellt die Schneekugel vor mich hin. »Wenn eine Schneekugel also ein Sinnbild für Wahrnehmungsverzerrung ist, was müsste folglich unternommen werden, um die Wahrnehmungsverzerrung aufzuheben?«

Dr. Schreiber sieht mich erwartungsvoll an. Ich schaue mir die Schneekugel an. »Man müsste ... man könnte vielleicht ...«, sage ich unsicher und überlege; dann kommt mir ein Einfall und ich erkläre: »Um die Wahrnehmungsverzerrung aufzuheben, muss man der Schneekugel den Stöpsel rausziehen und ihr das Wasser ablassen. Dadurch verschwindet die Raumverzerrung und die Miniatur wird so abgebildet, wie sie wirklich ist. Des Weiteren können die Schneeflocken nicht mehr herumwirbeln und die Landschaft verschleiern.«

»Exakt! Das ist es.« Dr. Schreiber klatscht begeistert in die Hände. »Und was wir hier mit Ihnen machen, ist nichts anderes als das Wasser Ihrer Wahrnehmungsverzerrung abzulassen. Vielleicht gelingt es mir ja, weitere Ihrer verzerrten Erinnerungen zu entschlüsseln. Sie hatten mehrmals von einem Schloss gesprochen, auf dem magische Dinge passiert sind. Können Sie mir ein bestimmtes Ereignis schildern, das fantastischer Art war?«

Ich denke nach. Lange überlege ich. Es passierte viel Fantastisches auf dem Schloss. Nach intensivem Nachdenken ...

... fällt mir schließlich die Szene mit dem Zauberstab in der Bibliothek ein, bei der ich mich am Abend mit meiner Assistentin Nora aufhielt. Um den Wackelkontakt eines flackernden Kronleuchters zu beheben, schlug sie diesen mit dem Zauberstab einmal leicht an, worauf sich aus dem Zauberstab ein Licht von abnormer Strahlkraft entzündete ...

... und genau dieses magische Erlebnis schildere ich Dr. Schreiber in allen Einzelheiten.

Er steht auf, öffnet einen Schrank und nimmt eine Taschenlampe heraus. »Ich denke, ich kann Ihnen diese emotionale Erinnerung von einer ganz anderen Seite zeigen. Folgen Sie mir bitte.«

Wir verlassen Dr. Schreibers Büro und steigen in einen Lift. Als die Fahrstuhltüren auseinander geglitten sind, weht uns eine fröstelnde Kälte entgegen. Die Temperatur auf dem Korridor ist eiskalt. Meine Atemluft kon-
densiert und feine Dampfschwaden entsteigen meiner Nase und meinem
Mund. Warum es hier so kühl und dunkel sei, frage ich überrascht und
mein Blick fällt auf einen am Boden liegenden zerbrochenen Krug, den
Dr. Schreiber mit dem Lichtkegel seiner Taschenlampe soeben gestreift hat.
»Das Stockwerk wird renoviert«, erklärt er. »Die Fensterscheiben müssen
ausgetauscht werden und neue Stromleitungen werden verlegt; zudem
müssen Stahlstrukturen in den Außenwänden ersetzt werden. Aus Sicherheitsgründen sind Heizung und Strom abgestellt worden.« Er deutet mit
dem Lichtkegel auf eine Tür am Ende des Korridors. »Ausgenommen von
der Renovierung ist dieser Spezialraum dort ganz hinten, der über eine
eigene Stromversorgung verfügt; dorthin gehen wir jetzt.«

Gleich zu Beginn, als wir aus dem Lift gestiegen sind, kam mir dieses
Stockwerk bekannt vor. Hier bin ich schon einmal gewesen, so mein erster
Gedanke. Ein heulender Wind und ein leises Auf- und Zuschlagen verrät,
dass in den Zimmern die Fenster offen stehen. Und wie ich mich nun …

*… zu erinnern glaube, ist dieses renovierungsbedürftige Stockwerk jener Ort
des Schlosses, den ich als Westflügel, auch der Kalte Flügel genannt, imaginierte. Und wenn mich nicht alles täuscht, dann sind Dr. Schreiber und ich auf
direktem Weg zum Zählraum, jenem Ort, in dem sämtliche Informationen
des Schlosses gesammelt und ausgewertet wurden …*

… und Dr. Schreiber hat soeben die Tür dieses beheizten Raums geöffnet
und mir erklärt, dass hier die *Überwachungszentrale*, das allseitige Auge des
Gebäudekomplexes, sei. Von hier aus könne in so gut wie jeden Winkel
gesehen werden. Die Kameras zeichnen alles auf und die Aufnahmen
werden jeweils für genau eintausend Tage digital archiviert.

Eine hagere Person mit dicken Brillengläsern, das Gesicht verdeckt
durch eine ausufernde Mähne, sitzt an einem halbrunden Kontrollpult,
über dem sich unterschiedliche Monitore befinden. »Kaspar, ich grüße Sie«,

sagt Dr. Schreiber freundlich. »Ich hätte gerne Zugriff auf eine bestimmte Video-Datei. Eine Aufzeichnung der Bibliothek. Das ganze passierte in der Nacht vom ...« Er überlegt und nennt ein Datum.

Kaspar hackt in die Tasten und am Monitor erscheinen Verzeichnisordner mit Unterverzeichnissen, Unterunterverzeichnissen und Unterunterunterverzeichnissen. Mit der Maus scrollt er auf und ab und klickt schließlich mit dem Cursor auf den Ordner eines Unterunterunterunterverzeichnisses mit der Beschriftung ›5-21-7-12-5-14-1‹. Dann klickt Kaspar mit dem Cursor auf die Tasten ›Öffnen‹ und ›Abspielen‹. Eine Filmdatei öffnet sich und lädt ...

Gespannt schaue ich auf den Monitor. Und ich staune nicht schlecht, als ich mich in der Bibliothek der Psychiatrie wiedererkenne und sehe, wie ich mit Nora durch die Bibliotheksräume wandle. Sie steigt auf die Ottomane, die, wie ich jetzt erkenne, ein *zerschlissenes Sofa* ist, um mit einem Buch, das ich ihr gebe, die flackernde Lampe anzuschlagen. Da sie mit dem Buch die Lampe nicht erreichen kann, gebe ich ihr ein größeres Buch. Als sie auch mit diesem Buch die Lampe nicht erreicht, gebe ich ihr ... »Halten Sie die Aufzeichnung hier an!« Dr. Schreiber dreht sich zu mir um. »Sehen Sie das?« Er zeigt auf den länglichen Gegenstand am Monitor. Ich trete näher an den Bildschirm heran. »Das ist der Zauberstab«, sage ich. Dr. Schreiber schüttelt den Kopf und bittet Kaspar das angehaltene Filmbild heranzuzoomen. Nun erkenne ich es klar und deutlich, und ich bin wirklich erstaunt, was der längliche Gegenstand tatsächlich ist. »Bei Ihrem imaginierten Zauberstab«, erklärt Dr. Schreiber, »handelt es sich in Wahrheit um eine *Fernbedienung* für die gesamte Lichtregulierung der Bibliothek.« Wie ich am Monitor deutlich erkennen kann, hat die Fernbedingung ein längliches Design in den Farben Schwarz, Weiß und Braun sowie zwei glänzende Knöpfe: einen blauen ›On‹-Knopf und einen roten ›Off‹-Knopf; und beide Knöpfe sind dem blauen und dem roten Edelstein des Zauberstabs nicht unähnlich.

Dr. Schreiber bittet Kaspar, die Aufzeichnung weiterlaufen zu lassen. Am Monitor sehe ich nun, wie Nora auf die Fernbedienung drückt und sich die Bibliotheksbeleuchtung komplett ausschaltet. Das Bild wechselt in den Wärmebildkamera-Modus und ich erkenne, wie Nora auf einen weiteren Knopf drückt, worauf ein LED-Lämpchen an der Spitze der Fernbedienung kurz aufleuchtet. Anschließend dimmt einer der Lichtspots an der Decke auf und erreicht ein immer intensiveres Strahlen. Nora drückt wieder auf die Fernbedienung und aktiviert eine Lichtabfolge: der Reihe nach dimmt ein Lichtspot ab und gleichzeitig ein daneben sich befindender Lichtspot wieder auf. Das erweckt den Anschein, als ob das Licht durch die Räume der Bibliothek quasi schwebt. Verdutzt schaue ich Dr. Schreiber an. Er wendet sich Kaspar zu, klopft ihm auf die Schultern und sagt: »Kaspar, Sie können die Aufzeichnung jetzt abschalten. Besten Dank.« Dann dreht er sich wieder zu mir um und fragt: »Haben Sie jetzt erkennen können, dass es sich hierbei nicht um Magie handelt?«

Ich nicke fassungslos und bringe kein Wort aus mir heraus. Wieder starre ich auf den Monitor. Das angehaltene Filmbild zeigt just jenen Moment, in dem Nora und ich Bücher ins Licht werfen. Ich atme tief durch. Überrascht, vielmehr aber verwirrt von der gewonnenen Erkenntnis, fasse ich mich wieder und wende mich Dr. Schreiber zu: »Dennoch drängt sich mir eine wichtige Frage auf, die mir diese Aufzeichnung nicht beantworten kann.«

»Und die wäre?«

»Wo befindet sich Nora, meine damalige Assistentin, die gemeinsam mit mir auf der Aufzeichnung zu sehen ist? Und wenn wir gerade beim Thema sind, wo befindet sich mein zweiter Assistent, Aron? Ich konnte die beiden bisher nirgendwo in der Psychiatrie sehen.«

Dr. Schreiber macht ein nachdenkliches Gesicht und kratzt sich an der Stirn. »Wollen Sie das wirklich wissen?«

»Unbedingt will ich das wissen. Immerhin hatte ich die meiste Zeit mit ihnen verbracht.«

Dr. Schreiber nickt unentschlossen und scheint über etwas nachzudenken. »Dann folgen Sie mir«, sagt er schließlich. »Aber ich kann Ihnen jetzt schon versichern, dass die Antwort auf Ihre Frage alles andere als einfach für Sie sein wird.«

Wir durchqueren den kühlen Korridor und gehen an einem Seidenvorhang vorbei, der, vom einfallenden Tageslicht einer Mauerritze erhellt, gespenstisch im Luftzug weht. Dann steigen wir in den Lift.

Dr. Schreiber drückt den untersten Fahrstuhlknopf, die verspiegelte Tür schließt sich und der Lift setzt sich ruckartig in Gang. Mein Schwerkraftempfinden ist für einen kurzen Moment irritiert, ich fühle mich ein wenig leichter, weil der Lift abwärts fährt und während der kurzen Beschleunigungsphase mit der Schwerkraft gleichzieht.

Das Verlies, schießt es mir plötzlich durch den Kopf und ich wende mich nervös Dr. Schreiber zu. »In meiner Erinnerung gab es im Schloss ein schauderhaftes Verlies mit Kerkerzellen, einem Gebeinsaal und Folterinstrumenten! In einer der Kerkerzellen befand sich sogar ein bis auf die Knochen abgemagerter Gefangener! Müssten sich diese Räume nicht irgendwo hier unten befinden?«

Dr. Schreiber drückt schnell auf den Knopf des vorletzten Untergeschosses. Er sieht mich an und meint: »Dieser Ort muss bei Ihnen bestimmt einen tiefgreifenden Eindruck hinterlassen haben. Stecher und Fangmann setzten mich damals in Kenntnis, dass Sie sich in dieses Untergeschoss verirrt hatten. Sie wirkten, wie mir berichtet wurde, äußerst verwirrt. Sie sprachen Sätze mit sehr langen Wörtern und machten einen verzweifelten Eindruck.«

Die Fahrstuhltüren gleiten auseinander. »Hier also wäre das Verlies«, sagt Dr. Schreiber mit einem Hauch an Ironie und geht voraus …

… und wie ich jetzt erkenne, sind die von mir imaginierten zerklüfteten Höhlengewölbe, die von Fackellicht erhellt wurden, in Wirklichkeit mit Gips verspachtelte Gänge, in denen rote Signallichter pulsieren …

… und ich wende mich wieder Dr. Schreiber zu, der mir soeben erklärt, dass dieses Untergeschoss hauptsächlich die *Lagerräume* beherbergt.

Vor einer der Lagerräume machen wir halt und Dr. Schreiber bittet mich durch das mit Maschendraht vergitterte Türfenster zu gucken. »Hier können Sie den bis auf die Knochen abgemagerten Gefangenen sehen«, sagt er und winkt mich zu sich heran. »Kommen Sie ruhig näher, keine Angst.« Vorsichtig nähere ich mich dem Maschendrahtgitter. Im Lagerraum ist ein Skelett zu sehen, das einen zerrissenen Kasak trägt. Die Fransen hängen an ihm herunter und die einst weiße Farbe ist von dickem Staub ergraut. »Bei dem Skelett«, erklärt Dr. Schreiber, »handelt es sich um ein *Modell aus Kunststoff.*«

In einem anderen Lagerraum zeigt er mir zahlreiche Schädel und Knochen. Er lächelt und meint: »Womöglich haben Sie diesen Lagerraum als Gebeinsaal wahrgenommen?« Sorgfältig nehme ich einen Schädel vom

Regalbrett und schaue in seine leeren Augenhöhlen. Ich möchte wissen, warum im Untergeschoss der Psychiatrie derart viele Kunststoffknochen gelagert werden und welchem Zweck sie dienen. Dr. Schreiber deutet auf die silbernen Schildchen, die an allen Regalbrettern angebracht sind. »Die Skelett- und Knochenmodelle sind aus der Zeit, als die Einrichtung auch von der Medizinischen Fakultät mitbenutzt wurde. Die Objekte sind Eigentum der Universität.«

Beim Anblick *medizinischer Geräte und Instrumente* in anderen Lagerräumen erkenne ich die von mir so gefürchteten Folterinstrumente wieder: Zangen, Klemmen, Skalpelle, Obduktionstische, Schläuche, chirurgische Hämmer, Sägen und Nadeln. Ich kann kaum glauben, was mir der Verstand da für einen Streich gespielt hat. Jetzt, wo ich hier stehe, empfinde ich den Ort überhaupt nicht mehr furchteinflößend. Die Grufträume und Kerkerzellen sind in Wahrheit gewöhnliche Lagerräume und das Verlies ein harmloses Untergeschoss.

Dr. Schreiber hüstelt und deutet auf seine Armbanduhr. »Ich störe Sie ja nur ungern, aber wir sollten unseren Weg jetzt fortsetzen. Es ist höchste Zeit. Sie wollen doch eigentlich wissen, was mit Aron und Nora geschehen ist. Und noch einmal möchte ich Sie darauf hinweisen, dass Ihnen das nun Bevorstehende alles andere als leicht fallen wird.«

Wir begeben uns zum Lift zurück und fahren in das letzte Untergeschoss. Als die Fahrstuhltüren auseinander geglitten sind, stehen wir am Beginn eines schier endlosen Ganges; und mir ist sofort klar, wo wir sind. Am Ende des Ganges steigen wir eine schmale Treppe hoch und Dr. Schreiber öffnet eine kleine massive Betontür, die zu einem Bunker gehört. Der Bunker ragt aus einem mit Kiefern überwachsenen Hügel, der sich zwischen mehreren Felsen befindet. Die Betontür *(... die Steintür des Felsens, der Einstieg zum Geheimgang, der das Schloss mit dem Inselwald verbindet ...)* ist mit Moos überwachsen und als solche kaum zu erkennen. Der angebliche Geheimgang ist ein unterirdischer Gang, der die psychiatrische Klinik mit dem Park verbindet und für gewöhnlich nur vom Gärtner und Hausmeister benutzt wird, wie mir Dr. Schreiber erklärt.

Wir stehen inmitten des Parks. Er scheint, wie zuvor auch der verwunschene Wald, friedlich zu sein. Es ist mucksmäuschenstill. Ich atme tief durch, inhaliere die frische wohltuende Eisluft und folge Dr. Schreiber.

131

Wir gehen auf einem zugeschneiten Pfad. Der Pulverschnee knistert unter unseren Schuhen.

Auf der Wegkreuzung begegne ich einem alten Bekannten: dem Schneemann. Ohne Schneeflocken zu husten oder kluge Sätze zu raunen, steht er da, starr und stumm, und sagt rein gar nichts. Wie denn auch? Es ist meine Fantasie gewesen, die ihn sprechen ließ. Mein Blick fällt auf das Absperrband an der rechten Weggabelung. Vor einigen Tagen wollte ich unbedingt wissen, wohin dieser verbotene Gehweg führt. Ich bin über das Absperrband drüber gesprungen und kurz darauf von den Pflegebediensteten aufgehalten worden. Dr. Schreiber hebt jetzt das Absperrband an und bittet mich mit einem flüchtigen Handzeichen darunter hindurchzugehen. Ich zögere. Was wird mich erwarten? Er hat mich bereits vorgewarnt und gesagt, ich werde mehr in Erfahrung bringen, als mir lieb ist. Was genau meint er damit? Ich hoffe, es ist nichts Schlimmes passiert. Oder vielleicht doch? Warum nur habe ich ein so mulmiges Gefühl? Schließlich überwinde ich mich und gehe unter dem Absperrband durch.

In der Ferne erkenne ich das Leuchten von rotem und blauem Licht, das im Schneenebel flackert und auf das Dr. Schreiber und ich geradewegs zugehen. Es sind die Warnleuchten mehrerer Polizeiautos. Dr. Schreiber geht auf eine Gruppe Polizisten zu und holt sich die Erlaubnis zum Betreten der Sperrzone. Dann winkt er mich zu sich. In Begleitung zweier Polizisten gehen wir weiter. Vor einem Haus mit einem zugespitzten Dachgiebel bleiben wir stehen. Ich schaue es mir an …

… und bei näherer Betrachtung seines rechtwinklig auf dem Schrägdach platzierten Schornsteins bin ich mir restlos sicher, dass es sich hierbei um das Hexenhaus handelt …

… und gehe darauf zu. Es ist ein Allzweckgebäude, wie ich erkenne. Hier sind verschiedenste Dinge zur Instandhaltung der Parkanlage abgestellt wie Werkzeuge und Düngermittel. Eine Kehrichtverbrennungsanlage gibt es ebenfalls in dem Haus. Auf einem Hinweisschild ist zu lesen, dass das Betreten für Unbefugte verboten ist und nur der Gärtner und der Hausmeister Zutritt haben. Das leuchtet mir natürlich ein. Neugierig nähere ich mich dem Eingangsbereich, schon habe ich die Türklinke in der Hand, als Dr. Schreiber mir zuruft: »Kommen Sie wieder zurück. Sie dürfen das Haus nicht betreten. Es ist ein Tatort.« Ein Schreck durchfährt mich. Was für eine Tat wurde an diesem Ort denn begangen? Nervös gehe ich zu Dr. Schreiber hinüber und will mehr von ihm wissen.

»Ihre beiden Assistenten, Aron und Nora, waren in Wirklichkeit eine einzige Person«, erklärt Dr. Schreiber. »Dieser Patient, einer unserer schwierigsten Patienten, hat eine multiple Persönlichkeitsstörung. Das heißt, er trägt zwei Individuen in sich, die aus einem weiblichen und einem männlichen Part bestehen. Am Vormittag trat er immer in seiner männlichen, seiner Biologie entsprechenden Gestalt, mit dem Namen Aron auf, während er sich am Nachmittag als Frau verkleidete und sich Nora nannte. Beide Namen waren frei von ihm erfunden. Er selbst wusste weder, woher er kam, noch kannte er seinen Namen oder sein Alter. Seine Personalien zu recherchieren, blieb, auch nach längeren intensiven Bemühungen, erfolglos.

Seine wahre Identität konnte nie festgestellt werden. Die Bediensteten nannten ihn daher, auch wenn dieser Begriff, wie ich finde, nicht ganz passend ist, denn ein Mensch mit einer multiplen Persönlichkeitsstörung trägt gewissermaßen ja zwei Identitäten in sich, den Identitätslosen.«

Das also ist der *Identitätslose*, von dem ich mich fernhalten soll, wie mir immer mal wieder angeraten wurde. Nun hat sich auch dieses Rätsel geklärt. Bestürzt schaue ich Dr. Schreiber an und mag kaum glauben, was er mir soeben erzählt hat. Dann frage ich ihn, was das alles mit diesem Tatort hier zu tun hat.

»Eine Assistenzärztin, die vor einem Monat an dieser psychiatrischen Klinik begonnen hat zu arbeiten, verschwand nach acht Tagen spurlos«, erklärt er. »Sie war unauffindbar. Ein seltsamer Geruch lenkte die Aufmerksamkeit des Hausmeisters schließlich hierhin. Im Ofen der Kehrichtverbrennungsanlage entdeckte er eine verkohlte Leiche, die als die verschwundene Assistenzärztin identifiziert werden konnte. Die Polizei fand vorwiegend DNA-Spuren des Identitätslosen auf der Leiche. Der Hergang des Verbrechens ist Gegenstand der laufenden Ermittlungen, die hier angestellt werden und bereits mehrere Tage andauern.«

Ich kann es immer noch nicht fassen. In meiner Erinnerung taucht Aron, wenngleich er eigenwillig und extrovertiert sein mag, als umgänglicher, immer zu Späßen aufgelegter Mensch auf. Ich wende mich Dr. Schreiber zu und möchte wissen, wo er sich jetzt befindet.

»In der Hochsicherheitsverwahrung einer anderen Psychiatrie.«

Erschüttert schaue ich zu Boden und gestehe Dr. Schreiber, dass ich froh gewesen wäre, wenn er mir das hier alles erspart hätte.

»Sie fragen sich vielleicht, warum ich Ihnen das alles erzähle oder vielmehr erzählen muss. Wissen Sie, normalerweise weihen wir Patienten nicht in solche Vorfälle ein, diese haben ganz andere Sorgen. Aber die Polizei wollte, dass Sie sich diesen Tatort ansehen.« Dr. Schreiber schaut mich fragend und zugleich beunruhigt an. »Es wurde auch Ihre DNA am Tatort gefunden. Wie erklären Sie sich das Auffinden Ihrer DNA am Tatort? Diese Frage sollten sie dem Herrn beantworten, der hinter Ihnen steht.«

Ich drehe mich um und stehe einem Polizisten gegenüber, der sich mir als leitender Mordermittler vorstellt. Wie mir erst jetzt klar wird, läuft er schon eine Weile hinter uns her und hört unser Gespräch aufmerksam mit.

Im Beisein eines weiteren Mordermittlers setzen wir uns in ein beheiztes Polizeiauto. Dort werde ich gebeten, zu erklären, wie es dazu kommen konnte, dass sich am Tatort meine DNA an einem Besenstil sowie an der Türklinke des Eingangs und der Küche finden ließ. In aller Ausführlichkeit schildere ich die Geschehnisse im Hexenhaus. Dr. Schreiber unterbricht mich ab und an, um meine Aussagen zu relativieren. Dabei erklärt er den Ermittlern meine Wahrnehmungsverzerrung und meinen aktuellen Prozess der Annäherung an die Realität mittels des Medikaments Neuroleptika. Die Ermittler hören mir mit ausdrucksloser Miene zu. Ihr Gesichtsausdruck ändert sich jedoch schlagartig, als ich von einem Zauberer erzähle, der in eine Porzellanfigur verwandelt wurde und dessen zerschlagene Überreste sich in einem Sack befinden, der in einer Truhe auf dem Dachboden einer Turmspitze – dem Turm einer sehr bösen Hexe – abgestellt ist. Die Ermittler vermuten hier ein weiteres Verbrechen. Vor längerer Zeit ist hier nämlich ein Patient spurlos verschwunden. Sie mutmaßen, dass der Identitätslose ein weiteres Tötungsdelikt begangen haben könnte und der von mir beschriebene zerbrochene Porzellanzauberer in Wahrheit der zerstückelte Leichnam dieses verschwundenen Patienten sein könnte. Über Funk beordert der leitende Ermittler mehrere Personen zu sich. Dr. Schreiber scheint sichtlich nervös zu werden.

Mit einem Trupp Polizisten und im Beisein zweier Personen von der Spurensicherung begeben wir uns zum Turm. Dieser befindet sich im äußeren Bereich der Parkanlage. Und wie sich herausstellt, ist der von mir damals imaginierte Turm auch tatsächlich ein Turm.

Wir steigen schmale, steile Treppen hinauf bis ganz nach oben in die Turmspitze. Die Polizisten schwenken ihre Lichtkegel in alle Winkel des Dachbodens. In der hinteren Ecke entdecken sie schließlich die Truhe. Dr. Schreiber und ich werden angewiesen, Abstand zum Fundort zu halten. In Schutzanzügen gekleidet, treten die Leute von der Spurensicherung an die Truhe heran. Vorsichtig heben sie den Deckel an. Die Polizisten bilden einen Kreis um die Truhe. Angestrengt versuche ich etwas zu erkennen.

Schließlich wird Entwarnung gegeben. Dr. Schreiber und ich werden vorgelassen und dürfen in die Truhe blicken. In dieser befindet sich tatsächlich ein Scherbenhaufen, der die Gestalt eines Porzellanzauberers erkennen lässt. Der leitende Ermittler sieht zu Dr. Schreiber hinüber und lächelt.

»Jetzt erinnere ich mich wieder«, sagt Dr. Schreiber erleichtert. »Vor Jahren hatten drei Patienten diesen Zauberer in der Werkstatt gebastelt. Als die drei entlassen wurden, konnten sie sich aber nicht einigen, wer von ihnen den Zauberer mitnehmen durfte. Im Streit ging diese menschengroße Porzellanpuppe dann kaputt. Wie sie hierher gekommen ist, kann ich nicht sagen.« Ich zittere am ganzen Körper. Nicht vor Aufregung, sondern weil ich friere. Zudem fühle ich mich müde. Mit der Bitte, auf mein Zimmer gebracht zu werden, wende ich mich an Dr. Schreiber und auf mein weiteres Drängen hin gehen wir zum Hauptgebäude der Psychiatrie zurück.

In der Eingangshalle bleibe ich unter dem Türluftschleier stehen. Ich schließe meine Augen und wärme mich in dessen Luftzug. Und wie ich mich erinnere ...

... war es dieser Türluftschleier gewesen, der den warmen intensiven Luftzug verursachte, den ich damals unter dem Torbogen hinter dem Eingangstor des Schlosses verspürte ...

... und erschrocken öffne ich wieder meine Augen. Soeben habe ich hinter meinem Rücken die krächzende Stimme der Hexe vernommen; und wie es mir scheint, grüßte sie mich beim Vorbeigehen.

»Darf ich vorstellen, das ist Frau Dr. Waldhaus.«

Ich drehe mich um und sehe in die trüben Augen einer gebückten, an Krücken gehenden, älteren Frau mit grauem Haar, das zu einem strengen Knoten gebunden ist. Sie reicht mir zur Begrüßung ihre Hand mit langen Fingernägeln und lächelt freundlich.

»Vielleicht können Sie sich noch an sie erinnern«, sagt Dr. Schreiber. »In der Bibliothek nahm sie Ihnen die Fernbedienung aus der Hand, kurz bevor der Identitätslose Frau Waldhaus aus dem Fenster warf. Eine weitere, erschreckende Tat. Glücklicherweise ist nichts Schlimmeres passiert und Frau Waldhaus' Sturz wurde vom Schnee abgefangen.«

Freundlich lächelt sie zu mir auf und erzählt, dass ihr verstauchtes Bein bald verheilt sei und sie in Kürze auf ihre Krücken verzichten könne. Dann hinkt sie weiter. Vor der Eingangstür zündet sie sich eine Zigarette an und bläst Rauchkringel in die Luft (*... und in diesen kugelförmig aufsteigenden Rauchkringeln, so scheint es mir, kann ich vage Gesichtszüge erkennen, die in der Luft zergehen ...*).

Dr. Schreiber übergibt mich an Stecher und Fangmann, die in der Zwischenzeit gekommen sind. Die beiden bringen mich auf mein Zimmer. Sogleich gehe ich ins Bett. Ich nehme mir vor, die Realität von nun an zu akzeptieren, auch wenn es mir unsäglich schwer fällt und ich mir insgeheim die Märchenwelt herbeisehne. Waren nicht doch Gesichter im Rauch von Frau Waldhaus' Zigarette zu erkennen gewesen oder war es nur meine Krankheit, die mich diese Fantasien sehen ließ? Nein, denke ich mir. Ich muss wieder zu mir finden. Diese imaginierte Scheinwelt möchte ich fortan hinter mir lassen, sie ganz aus meinem Gedächtnis tilgen und mich der Realität stellen. Mit diesen Vorsätzen schlafe ich ein.

›08:08 Uhr‹. Ich stehe auf. Ich warte. Ich gehe im Kreis. Dann setze ich mich aufs Bett. Ich warte, stehe auf, gehe im Kreis und setze mich wieder aufs Bett.

›09:09 Uhr‹. Neuroleptika werden mir von einer Krankenschwester verabreicht. Ich setze mich aufs Bett und warte.

›10:10 Uhr‹. Stecher und Fangmann bringen mich in die Bastelwerkstatt. Für heute habe ich mir vorgenommen, ein anspruchsvolles Origami zu falten. Vielleicht einen Elefanten oder eine Giraffe oder ein Krokodil, ich weiß es nicht so genau. Doch so sehr ich mich auch anstrenge, es misslingt mir. Zudem habe ich mich an der Aluminiumfolie geschnitten und das schmerzt irrsinnig.

›16:16 Uhr‹. Da ich vom Werkstattbetreuer verpflichtet wurde, pro Tag mindestens ein Origami zu produzieren, falte ich schließlich einen Kranich.

›17:17 Uhr‹. Ein Pfleger bringt mich auf mein Zimmer.

›23:23 Uhr‹. Ich gehe schlafen.

›08:08 Uhr‹. Ich stehe auf und warte. Neuroleptika werden mir verabreicht. Ich gehe im Kreis und warte.

›11:11 Uhr‹. Stecher und Fangmann bringen mich in die Bastelwerkstatt. Auch an diesem Tag gelingt es mir nicht, ein anspruchsvolles Origami zu falten.

›16:16 Uhr‹. Ich falte einen weiteren Kranich und schneide mich mehrmals an der Aluminiumfolie.

›17:17 Uhr‹. Eine Krankenschwester bringt mich auf mein Zimmer.

›22:22 Uhr‹. Ich gehe schlafen.

›08:08 Uhr‹. Ich stehe auf und warte. Neuroleptika werden mir verabreicht. Ich warte.

›12:12 Uhr‹. Ich werde in die Bastelwerkstatt gebracht. Ich versuche einen Kranich zu falten. Da mir nicht einmal mehr das gelingen mag, zerknülle ich wütend die Aluminiumfolie und zerschneide mir beide Hände. Ich fluche und schreie.

›13:13 Uhr‹. Ich werde auf mein Zimmer gebracht.

›21:21 Uhr‹. Ich gehe schlafen.

›08:08 Uhr‹. Ich stehe auf und warte. Neuroleptika werden mir verabreicht.

›09:09 Uhr‹. Ich betrachte das warme Licht der Morgendämmerung am Fenster. Bei zugezogenem Vorhang leuchtet sie als Quadrat auf und mit der Abenddämmerung erlischt sie wieder.

›20:20 Uhr‹. Ich gehe schlafen.

›08:08 Uhr‹. Ich stehe auf und warte. Neuroleptika werden mir verabreicht. Die Krankenschwester hat den Vorhang aufgezogen und so betrachte ich mir die am Fenster vorbeitänzelnden Schneeflocken.

›19:19 Uhr‹. Ich gehe schlafen.

›08:08 Uhr‹. Ich stehe auf und warte. Neuroleptika werden mir verabreicht. Ich warte.

›18:18 Uhr‹. Ich gehe schlafen.

›08:08 Uhr‹. Ich stehe auf. Neuroleptika werden mir verabreicht. Ich warte.

›17:17 Uhr‹. Ich gehe schlafen.

›08:08 Uhr‹. Ich stehe auf. Neuroleptika werden mir verabreicht. Ich warte.

›16:16 Uhr‹. Ich gehe schlafen.

›08:08 Uhr‹. Ich bleibe im Bett liegen. Neuroleptika werden mir verabreicht. Ich schlafe weiter.

›08:08 Uhr‹. Ich bleibe im Bett liegen. Neuroleptika werden mir verabreicht. Ich schlafe weiter.

›10:10 Uhr‹. Ich werde geweckt und gegen meinen Willen, um mental nicht zu verkümmern, wie mir mitgeteilt wurde, in die Bastelwerkstatt gebracht.

›16:16 Uhr‹. Ich solle mich umgehend bei Dr. Schreiber im Büro melden, weist mich Herr Stahlhut an. Ich mache mich auf den Weg dorthin.

Dr. Schreiber sitzt hinter seinem Schreibtisch, auf dem wie immer eine Unmenge Stifte liegen. »Wie geht es Ihnen heute?«, fragt er mich besorgt, als ich sein Büro betrete.

»Elendig!«, sage ich und lasse mich in den Patientenstuhl fallen.

»Können Sie Ihr Elend beschreiben?«

»Jeder Tag scheint sich zu wiederholen. Es kommt mir vor, als sei ich in einer Zeitschleife gefangen. Meinem Tagesablauf noch irgendeinen Sinn abzugewinnen, scheint mir unmöglich geworden zu sein. Und wenn ich mein Befinden als Sinnbild formulieren darf, wie Sie es das letzte Mal mit der Schneekugel taten, dann wird der Takt meines Lebens von einer eisernen Uhrwerksmechanik bestimmt, die in einem vakuumabgedichteten Gehäuse isoliert ist und eine Zeit misst, die vom Klebstoff der Monotonie zusammengehalten wird; und je weiter die Zeit fortschreitet, desto mehr erstickt jegliche Hoffnung im Keim.«

Dr. Schreiber, der sich meine Worte aufmerksam notiert, sieht mich nachdenklich an. »Das ist ein wirklich ausdrucksvolles Sinnbild. Irgendwie gefällt es mir aber. Wegen der Isolation, die Sie gerade erwähnten.« Er stockt und liest aufmerksam in seinen Notizen. Dann sieht er mich wieder nachdenklich an und erklärt: »Es ist ja Ihr ausdrücklicher Wille, wie ich meinen Notizen entnehmen kann, sich im Alleingang zu beschäftigen. Ihrem expliziten Wunsch, im Materialraum einen Arbeitstisch haben zu wollen, ist der Werkstattbetreuer vollumfänglich nachgekommen. Wir hätten ansonsten auch andere Beschäftigungen wie Malen, Zeichnen oder Töpfern, die Sie innerhalb einer Gruppe erleben können. Hierfür müssten Sie sich aber in ein Kollektiv einfügen.«

»Mit dem Origamifalten bin ich eigentlich ganz zufrieden. Ich möchte mich weiterhin in diese Faltkunst vertiefen. Was ich mir erhoffe, ist mehr Bewegungsfreiraum.«

»Möchten Sie Sport treiben?«

»Es geht mir nicht darum, meine Kondition zu steigern. Ich möchte mich freier bewegen. Mein Zimmer ist eng und ich kann darin nur kleine Runden drehen; und der Materialraum, in dem ich mich die meiste Zeit tagsüber aufhalte, ist ebenfalls eng.«

»Ich sehe da eine Möglichkeit, wie ich Ihnen entgegenkommen kann. Mehr Bewegungsfreiraum kann ich Ihnen, wenn auch nur in bedingtem Maß, durchaus genehmigen.« Dr. Schreiber geht zu einem seiner Schränke und holt ein rotes Armband hervor, das er mir am Handgelenk festmacht. Es fühlt sich massiv an. »Das ist ein Passierschein für die ›Unterste Stufe der erweiterten Bewegungsfreiheit‹«, erklärt er. »Damit können Sie sich für eine Stunde pro Tag im Park aufhalten. Sobald Kaspar in der Überwachungszentrale eine Freigabe für den Strichcode auf Ihrem Armband programmiert hat, können Sie sich während der Zeit von 17:17 bis 18:18 Uhr im Park aufhalten. Wäre Ihnen damit geholfen?«

Ich nicke und ein Hauch von Glück überkommt mich, ein Gefühl, das von vergangenen Tagen herrührt und nun zufrieden meine Lippen umspielt. »Darf ich einen Rundgang machen? Gleich jetzt? Darf ich?«, frage ich in hoher Erwartung und in fast schon kindlicher Manier.

Dr. Schreiber lächelt verständnisvoll. »Ziehen Sie sich warm an. Unterdessen werde ich Kaspar anrufen und ihn bitten, Ihren Code für die entsprechenden Schleusen innerhalb des Zeitraums von 17:17 bis 18:18 Uhr zu programmieren. Ich bringe Sie anschließend bis an den Ausgang und erkläre Ihnen den Schließ- und Öffnungsmechanismus der Schleusen.«

Voller Freude ziehe ich mich warm an und begebe mich eilig zur ersten von fünf Schleusen, an der Dr. Schreiber mich bereits erwartet. Er zeigt auf ein Kontrolllicht. »In einer Minute ist es 17:17 Uhr«, erklärt er. »Wenn Sie jetzt den Strichcode Ihres Armbands in den Scanstrahl halten, der sich zwischen Zahlenschloss und Kartenleser befindet, leuchtet das Kontrolllicht über der Tür rot auf. Wir müssen uns noch eine halbe Minute gedulden.« Als ich Sekunden später meinen Strichcode in den Scanstrahl halte, leuchtet das Kontrolllicht grün auf und die Tür entriegelt sich mit einem Surren und Knacken.

Beim Passieren weiterer Schleusen gibt mir Dr. Schreiber letzte Anweisungen: »Von 17:17 bis 18:18 Uhr ist es Ihnen ab heute möglich, die Sicherheitsschleusen zu passieren. Sollte etwas nicht funktionieren, wird Ihnen das Personal gerne behilflich sein. Es liegt in Ihrer Verantwortung zur gegebenen Zeit, in Ihrem Fall 18:18 Uhr, wieder in der Eingangshalle zu sein und die äußerste Schleuse passiert zu haben. Sollte um spätestens 18:18 Uhr Ihr Strichcode an der äußersten Schleuse nicht registriert wor-

141

den sein, wird ein stiller Alarm in der Überwachungszentrale ausgelöst und unser Personal wird Sie im Park umgehend holen. Sollte dieser Fall eintreten, muss darüber entschieden werden, ob Sie das Armband für die ›Unterste Stufe der erweiterten Bewegungsfreiheit‹ behalten oder wieder abgeben müssen. Wie Sie bestimmt schon bemerkt haben, befindet sich an Ihrem Armband eine Digitalanzeige, die beim Einscannen an der ersten Schleuse mit Zurückzählen begonnen hat. Ich rate Ihnen dringend, während Sie sich im Park aufhalten, diesen Countdown niemals aus den Augen zu verlieren! Sollten Sie auf die absurde Idee kommen, sich im Park zu verstecken, in der Hoffnung nicht gefunden zu werden, so sollten Sie wissen, dass Ihr Armband zugleich auch einen Peilsender enthält, mit dem Sie jederzeit aufgespürt werden können. Und wie Ihnen wahrscheinlich unlängst klar geworden sein muss, können Sie Ihr Armband nicht selbstständig abnehmen, es besteht, auch wenn es sich federleicht anfühlt, aus massivem Material. Sie müssten schon, wenn Sie es wirklich loswerden wollen, sich die Hand abhacken.«

In der Eingangshalle verabschiedet mich Dr. Schreiber und wünscht mir eine wohltuende Stunde im Park. Zum ersten Mal fühle ich mich frei. So viel Freiheit wie jetzt hatte ich noch nie gehabt. Ich stehe unter dem warmen Luftzug des Türluftschleiers und schließe die Augen. Dann begebe ich mich nach draußen.

Die rote Kappe ziehe ich tief in die Stirn und rücke den Schal zurecht. Es ist kalt. Die Abenddämmerung hat bereits eingesetzt und die Stehlaternen beleuchten meinen Gehweg, der mich vom Hauptgebäude wegführt.

Auf der Wegkreuzung begegne ich dem Schneemann. Er sieht mich mit trauriger, ausdrucksloser Miene an, seine steinernen Augen blicken durch mich hindurch. Seinen im Schnee liegenden Zylinder setze ich ihm auf und suche in den Tannen nach einem Eiszapfen, um seine abgebrochene Nase zu ersetzen. »Wollen wir reden?«, frage ich ihn leise und schaue prüfend in alle Richtungen, um sicherzugehen, dass uns niemand belauscht. Auf eine Antwort warte ich vergebens, der Schneemann schweigt. Ein eisiger Wind zieht an uns vorbei. Um der Kälte zu trotzen, gehe ich mit Enttäuschung und einem Gefühl tiefen Missmuts weiter. Den Weg, der zum Haus mit der Verbrennungsanlage führt, dem Tatort eines grausamen

Verbrechens, möchte ich tunlichst meiden und schlage stattdessen einen Weg in entgegengesetzter Richtung ein.

Auf halber Strecke entdecke ich die imposante Skulptur eines Drachens, der mit weit aufgerissenem Maul auf seinen Hinterbeinen steht, als ob er tief Luft holen würde. Versonnen betrachte ich mir das steinerne Gebilde. Als ich den Gehweg fortsetze, begegne ich weiteren Skulpturen von Zwergen, Kobolden, Gnomen und einem riesigen Frosch, so groß wie ein Wolf, der zwischen den Büschen und Sträuchern hervorlugt. Hinter einer Tanne entdecke ich die Skulptur eines Einhorns; und noch weiter des Weges die Skulpturen mehrerer Tiere: eine Maus, ein Igel, ein Eichhörnchen, ein Hase, ein Dachs, ein Marder, ein Biber, ein Reh, ein Hirsch und ein Bär. Der Gehweg durch diesen Parkabschnitt gibt mir das Gefühl, ich würde durch versteinerte Erinnerungen wandeln, und mich überkommt ein Hauch des Wundersamen, worauf ich mich glücklicher fühle.

Mit Erschrecken stelle ich fest, dass der Countdown meines Armbands in wenigen Minuten ablaufen wird. Die Zeit scheint im Park viel schneller zu vergehen. Eilig begebe ich mich zum Eingang des Hauptgebäudes und passiere den Türluftschleier; flüchtig grüße ich die Dame an der Rezeption; zügig gehe ich an Süßwaren- und Getränkeautomaten vorbei und durchquere, so schnell ich nur kann die Eingangshalle, in wenigen Sekunden ist mein Countdown abgelaufen. An der äußeren Schleuse lese ich den Strichcode meines Armbandes ein, gerade noch rechtzeitig. Das war knapp!

Es ist jetzt ›18:18 Uhr‹. Ich warte und vernehme, wie schon einmal, die Klänge von Anton Weberns Sinfonie Opus 21, die aus mehreren Lautsprechern spielt. Nach kurzer Zeit werde ich abgeholt und auf mein Zimmer gebracht.

›20:20 Uhr‹. Ich liege im Bett und denke lange an die Skulpturen. Diese haben ein kurzes Zeitfenster mir lieb gewonnener Erinnerung geöffnet und mir einen nostalgischen Hauch von vergangener Zeit zurückgebracht. In wohl umfriedeten Gedanken an die Märchenwelt eingebettet – schon morgen würde ich den versteinerten Fabelwesen und Tieren im Park wieder begegnen –, schlafe ich ein.

›08:08 Uhr‹. Ich stehe auf und warte. Es klopft an der Tür. Eine Krankenschwester betritt mein Zimmer und verabreicht mir Neuroleptika.

›10:10 Uhr‹. Stecher und Fangmann holen mich auf meinem Zimmer ab und bringen mich in die Bastelwerkstatt. Meine Gedanken kreisen nur noch um das Zeitfenster am späteren Nachmittag. In Gedanken befinde ich mich schon auf den Gehwegen des Parks und betrachte mir die fabelhaften Skulpturen. Ich freue mich riesig, diese wiederzusehen! Es ist, als ob man auf alte Bekannte trifft. Da der Park recht groß ist, lassen sich bestimmt weitere Skulpturen entdecken. Durch das Zeitfenster hat mein Leben wieder einen Sinn bekommen. Ich habe jetzt etwas, worauf ich mich jeden Tag aufs Neue freuen kann! Ich bin mir sicher, dass meine Restzeit in dieser Psychiatrie kurzweiliger wird und meine Genesung dadurch deutliche Fortschritte macht.

Die Werkstattuhr zeigt ›11:11‹ an und ich habe bereits drei Kraniche gefaltet, ohne mich dabei geschnitten zu haben. Meine Motivation hat sich um ein Vielfaches gesteigert. Aufmerksam blättere ich im Buch der Origami-Faltkunst und lese in seinem Vorwort von einer japanischen Legende namens ›Senbazuru‹. Dieser Legende zufolge ›soll demjenigen, der eintausend Origami-Kraniche faltet, von den Göttern ein Wunsch erfüllt werden‹. Ich lächle, bei meinem bisherigen Tempo würde ich bestimmt keine eintausend Origami bis zu meiner Entlassung schaffen. Dennoch habe ich schon einige Kraniche gefaltet, und da der Materialraum eng und vollgestopft ist, frage ich den Werkstattbetreuer, ob ich meine Kraniche anderswo abstellen könne. Er bringt mir einen Sack aus Zellophan und weist mich an, die gefalteten Kraniche hineinzulegen. Anschließend folge ich ihm zu einer kleinen Tür am Ende der Bastelwerkstatt. »Das ist die Abstellkammer«, sagt er. »Sie können Ihre Origami-Figuren zu den anderen ins Regal stellen.« Und ich staune nicht schlecht, als ich acht volle Regale erblicke, in denen ein Schwarm Origami-Kraniche aus Aluminium sitzt.

Verwundert wende ich mich an Herrn Stahlhut. »Sie hatten mir doch gesagt, ich sei die einzige Person, die hier Origami faltet. Wer außer mir hat denn diese Unmengen an Kranichen gefaltet?«

»Das waren Sie. Wie bereits erwähnt, faltet hier niemand außer Ihnen Origami.«

»Aber das ist unmöglich!« Ich schüttle vehement den Kopf. »So viele Origami kann ich unmöglich allein gefaltet haben!«

»Warum soll das unmöglich sein? Schließlich befinden Sie sich schon seit Längerem in dieser psychiatrischen Klinik.«

Ich erschrecke. »Und wie lange bin ich denn schon hier?«

»Das kann ich Ihnen nicht sagen. Ich habe die Anstellung als Werkstattbetreuer erst vor einem Jahr angenommen.«

Fassungslos sehe ich Herrn Stahlhut an. »Vor einem Jahr! Sie wollen mir doch nicht allen Ernstes weismachen, dass ich schon ein Jahr in dieser Psychiatrie bin?«

»Meines Wissens sind Sie schon länger als nur ein Jahr hier. Erinnern Sie sich noch an meinen Vorgänger?«

Ich schüttle verneinend den Kopf.

Herr Stahlhut zeigt auf das Regal mit den Origami. »Also wenn Sie wissen wollen, wie lange Sie schon hier sind, dann sollten Sie die Kraniche in den Regalen zählen. Mein Vorgänger hat mir berichtet, dass Sie pro Tag einen Kranich gefaltet hatten. Dann gab es aber auch viele Tage, an denen Sie nicht in der Lage gewesen waren, die Bastelwerkstatt aufzusuchen. Im Übrigen haben Sie meine größte Bewunderung, dass Sie es geschafft haben, so beharrlich über einen längeren Zeitraum hinweg derart viele Kraniche zu falten. So etwas habe ich ja noch nie gesehen!«

Mit diesen Worten überlässt mich Herr Stahlhut mir selbst. Die Abstellkammer ...

... wie ich mich klar und deutlich erinnere, ist die von mir imaginierte Voliere am Ende der Lichtwerkstatt. Damals stand sie offen und ich glaubte, dass der von mir imaginierte Quecksilberdunst den Vögeln tödlich zusetzen könnte. Jener Vogel, den ich neben dem Labor in der Ecke liegend fand, musste ein Origami gewesen sein, das ich vor längerer Zeit gefaltet hatte ...

... und aufgebracht über diese bittere Erkenntnis mache ich mich ans Zusammenzählen.

Ich zähle den in den Regalen sitzenden Origami-Schwarm. Anfangs verzähle ich mich und entwickle deshalb eine sichere Methode. Ich häufe immer zehn Kraniche nacheinander auf dem Boden auf und bilde aus fünf kleineren Haufen einen noch größeren. Die fünfziger Haufen rechne ich dann zusammen. Dann sortiere ich die Kraniche im Zellophan-Sack. Auch hier zähle ich auf die gleiche Weise und addiere schließlich alle Haufen. Ich prüfe noch einmal die einzelnen Haufen. Da ich alle nacheinander aufgeschichtet habe, fällt es mir leicht, Fehler zu entdecken. Um zwei Kraniche hatte ich mich verzählt. Schließlich habe ich das Ergebnis: Ich bringe es auf die stattliche Summe von 959 Kranichen. Diese Zahl dividiert durch die 365 Tage pro Jahr, ergibt die Summe von mehr als zweieinhalb Jahren! Dazu addiere ich weitere geschätzte Monate, in denen ich nicht in der Lage gewesen war, die Bastelwerkstatt aufzusuchen, so hatte es Herr Stahlhut erwähnt. Dies ergibt die tragische Endsumme von drei bis vier Jahren! Ich beginne zu zittern und bin in höchstem Maße erregt.

Wie von Sinnen verlasse ich die Abstellkammer, renne aus der Bastelwerkstatt und eile den Korridor entlang. Ich stoße Dr. Schreibers Bürotür auf und platze unvermittelt in eines seiner Patientengespräche. »Ist es wahr!«, brülle ich, »dass ich drei, wenn nicht sogar vier Jahre in dieser Psychiatrie bin?«

»So beruhigen Sie sich erst einmal. Sie hyperventilieren ja.«

Ich schreie und kreische, stampfe auf den Boden und schlage mit voller Wucht die Bürotür zu. »Ich will mich nicht beruhigen! Beantworten Sie endlich meine Fragen! Was ist der Grund, dass ich schon so lange in dieser Psychiatrie festgehalten werde! Ich will das jetzt wissen! Sie haben doch gar kein Recht, mich hier festzuhalten!«

»Aber, aber, aber«, sagt Dr. Schreiber gefasst und faltet beschwichtigend seine Hände. »So kommen wir wirklich nicht weiter. Wie Ihnen bestimmt aufgefallen ist, bin ich inmitten eines Patientengesprächs, das Sie, gelinde gesagt, in nicht gerade angemessener Weise stören. Sie ängstigen den hier vor mir sitzenden Patienten. Nehmen Sie bitte Rücksicht.«

Wieder brülle ich; ich kann mich einfach nicht beruhigen und bin rasend, dann öffne ich die Bürotür und schlage sie laut zu. »Ich will jetzt sofort eine Antwort auf meine Frage! Sofort!« Ich gehe auf Dr. Schreiber zu. Er steht, sichtlich gereizt, von seinem Sessel auf und erhebt mahnend seinen Zeigefinger. »Sie bekommen gar keine Antwort von mir. Sie haben hier gar nichts zu melden.«

Seine Antwort macht mich erst recht wütend, ich könnte platzen. Gerade möchte ich ihn anschreien, da werde ich von hinten gepackt, in einen Klammergriff genommen und zu Boden gedrückt. Ein Knie zieht über meine Schultern. Dann spüre ich den Einstich einer Spritze in meinem Oberarm. Meine Wahrnehmung schwindet und ich falle wie durch einen dunklen Tunnel ins Schwerelose.

Als ich wieder zu mir komme, liege ich bewegungsunfähig auf meinem Bett. Meine Gliedmaßen sind festgeschnallt. Ein Gefühl von Ohnmacht und Hilflosigkeit überkommt mich. Dann sehe ich Dr. Schreiber, Fangmann und Stecher sowie Frau Dr. Waldhaus und eine Krankenschwester, die um mein Bett herum stehen und auf mich herabblicken. Mit viel Kraftaufwand versuche ich meinen am Bett fixierten Körper aufzurichten. Vergebens. »Bindet mich los! Ihr habt kein Recht, mich hier festzuhalten!«, brülle ich immer und immer wieder. »Da irren Sie sich gewaltig«, sagt Dr. Schreiber und leuchtet mit seiner kugelschreibergroßen Taschenlampe in meine Pupillen. »Besser Sie hören auf, sich unentwegt Gedanken zu machen und immer wieder die gleichen Fragen zu stellen. Seien Sie froh, hier sein zu dürfen. Wir tun unser Bestes, damit es Ihnen so gut wie möglich geht. Und auch wenn Sie den Rest Ihres Lebens hier verbringen müssen, so ist Ihr Leben doch lebenswert, wenn Sie sich aufrichtig die Mühe machen, einen Sinn dafür zu suchen. Abgesehen davon sollten Sie nicht vergessen, dass Sie schon seit Jahren hier sind und bereits viele Höhen und Tiefen hinter sich haben. Was Sie gerade erleben, ist nur eine weitere von vielen Tiefen. Es werden bessere Zeiten für Sie kommen und danach wieder schlechtere Zeiten. Dann wieder bessere Zeiten und danach wieder schlechtere Zeiten ...« Ich drehe mich zu Frau Dr. Waldhaus hin, die Dr. Schreibers Worten aufmerksam folgt und zustimmend nickt. Dann spüre ich den Einstich einer Spritze und Dr. Schreibers Stimme wird zunehmend leiser, ich ich falle wie durch einen dunklen Tunnel ins Schwerelose.

Orientierungslos öffne ich die Augen. Alles um mich herum dreht sich. Ich fühle mich wie in einer Spiralschleife gefangen und habe ungeheure Angst. Allmählich normalisiert sich mein Schwindelgefühl. Immer noch bin ich am Bett festgeschnallt und bewegungsunfähig. Ich fühle mich so schwer, als wäre mein Körper aus Blei gegossen. Die lähmende Schwere macht mich schläfrig. Ich versuche meinen Kopf zu drehen, um die Uhrzeit auf dem Wecker abzulesen. Doch der Nachttisch, auf dem der Wecker steht, befindet sich zu weit hinten, sodass ich ihn aus meinem Blickwinkel nicht sehen kann. Mir bleibt nichts anderes übrig, als die Zeit an der Lichtintensität des Fensters abzuschätzen: Wenn die Vorhänge zugezogen sind, rahmt das Fenster die einfallende Morgendämmerung zu einem aufglühenden Quadrat, das mit der Abenddämmerung wieder erlischt. Sind die Vorhänge aufgezogen, so tänzeln Schneeflocken bei Tagesanbruch aus der Dunkelheit heraus und werden bei hereinbrechender Nacht wieder von ihr verschluckt. Das unentwegte Betrachten der Zimmerdecke, in deren Mitte eine Glühlampe leuchtet, brennt sich mir ins Gedächtnis ein. Da ich nur noch diesen zentralperspektivischen Blickpunkt auf mein Zimmer habe, sehe ich bald nur noch die geometrische Struktur des Raums, deren Fluchtpunkt der glimmende Glühfaden ist. Das Raum- und Zeitgefühl löst sich fortwährend auf. Die Zeit bemisst sich nicht mehr in Stunden, Minuten und Sekunden sondern in Tag und Nacht. Gelegentlich wird dieser Zyklus von Hell und Dunkel gebrochen. Das ist immer dann der Fall, wenn bei Tag jemand mein Zimmer betritt und ohne Vorwarnung mir eine Spritze setzt, worauf mir schwarz vor Augen wird und ich in einen dunklen Tagesabschnitt ins Schwerelose falle ...

... und fortan sind die Parameter, die meine Wahrnehmung bestimmen, dunkle und helle Tagesabschnitte ... der Anblick eines leuchtenden Quadrats ... der Ausblick auf tänzelnde Schneeflocken ... der Anblick einer Glühlampe, die von der geometrischen Struktur des Raums gerahmt ist; und es folgen ...

... dunkle Tagesabschnitte ... der Anblick eines leuchtenden Quadrats ... der Ausblick auf tänzelnde Schneeflocken ... der Anblick einer Glühlampe ... helle Tagesabschnitte; und es folgen ...

... dunkle Tagesabschnitte ... der Anblick eines leuchtenden Quadrats ... der Anblick einer Glühlampe ... helle Tagesabschnitte; und es folgen ...

... dunkle Tagesabschnitte ... der Anblick einer Glühlampe ... helle Tagesabschnitte; und es folgen ...

... dunkle Tagesabschnitte ... helle Tagesabschnitte; und es folgen ...

... dunkle Tagesabschnitte; und ...

... dann, an einem hellen Tagesabschnitt, darf ich ganz unerwartet wieder aufstehen. Mir wird der Zugang zur Bastelwerkstatt, zur Bibliothek und zum Gemeinschaftsraum gewährt, während der Freigang im Park mir bis auf Weiteres untersagt ist; und wie mir jetzt erst auffällt, ist mir das rote Armband, mein Passierschein für die ›Unterste Stufe der erweiterten Bewegungsfreiheit‹, von dem mein Lebenssinn abhängt, abgenommen worden. Mein Innerstes hat sich durch die unentwegt auf mich einwirkende Monotonie verändert. Sinnfragen haben sich erübrigt. Es interessiert mich nicht mehr, warum, seit wann und wo ich hier bin. Ohnehin würde ich nie mehr von hier weg kommen, die Psychiatrie ist die letzte Station auf dem Weg meines Lebens. Die Monotonie hat meinen inneren Widerstand gebrochen, meine Resilienz ist schwach geworden und ich will nur noch, dass es aufhört. All das, was ich tagtäglich hier über mich ergehen lassen muss, soll endlich aufhören. Ich kann nicht mehr und ich will nicht mehr. Ich sehne mich nach einem Ende.

Etwas in mir ist seit diesen Tagen der Monotonie zerbrochen. Eine Hoffnung oder ein Glaube, dass sich alles richten wird, dass doch wieder alles gut wird. Ich kann die Sinnlosigkeit meines Daseins einfach nicht mehr ertragen. Es ist nicht so, dass ich dramatisch wäre. Vielmehr blicke ich mit kühlem Abstand auf mein jämmerliches Selbst, das zwischen Origami falten und an die Decke starren, gleich eines verkümmerten Kindes, doch entmündigt und vergessen, ja in gewisser Weise schon längst fortgegangen von Zuhause, verschwunden ist und mit jeder Stunde des Schmerzes immer mehr verschwindet. Ich stehe neben mir. Mein Geist wäre zu so vielem fähig gewesen, aber er hat es nicht vermocht, mich zu heilen, meinem Leben einen Sinn zu geben. Als ich meinen Entschluss fasse, bin ich still geworden. Ich will ruhig und taktisch vorgehen, um endlich dieses Leiden zu beenden. Der Schmerz in mir ist so gewachsen, dass für nichts anderes mehr Platz ist. Ich erinnere mich an fast nichts. Ich weiß nicht, wer ich bin. Wäre ich nicht wahnsinnig, so würde ich an dem Misstrauen meiner Wahrnehmung langsam verrückt werden. Ich will einfach nicht mehr und bin müde geworden. Und so plane ich still vor mich hin, mache meinen Frieden mit mir selbst aus. Frieden beginnt da, wo ich aufhöre ...

Im Gemeinschaftsraum finde ich in der Ecke liegend ein dickes Seil, das die Patienten zum Tauziehen gebrauchen. In der Abstellkammer knote ich das Seil zu einem Strick. Ich befestige es an einem Regal, das stabil genug ist, um mein Gewicht halten zu können. Dann steige ich auf einen Schemel. Das alles arrangiere ich mit einer erschreckenden Taubheit, einem Über-Ich, das auf mich selbst schaut und meint, das Beste für mich zu tun. Ich empfinde fast nichts, nur mein Herz schlägt laut und ich merke, dass meine Finger zittern. Als ich mir den Strick um den Hals gelegt habe, fällt mir als Letztes ein, dass es angebracht wäre, einen Abschiedsbrief zu verfassen. Also lege ich den Strick beiseite und mache mich an einen Abschiedsbrief, der an eine scheinbar gleichgültige Klinikleitung gerichtet ist. Aus meiner Sicht hat sie kläglich versagt ...

... und wie ich mich erinnere, ließ sich auch die Obrigkeit des Schlosses nie blicken. Der König des Schlosses blieb in gleicher Weise anonym wie der Direktor der Psychiatrie. Beide haben, meiner Meinung nach, ihre Aufsichtspflicht aufs Gröbste verletzt ...

... dieses seltsame Hybrid eines Psychiatrie-Märchenschlosses ist der reinste Seelenschredder – eine Vakuumpumpe, die alle Hoffnung aus einem herauspresst und die Resilienz zum Implodieren bringt.

Ich setze mich an den Arbeitstisch im Materialraum, nehme Papier und Bleistift und beginne mit dem Verfassen eines Abschiedsbriefs ...

»Hier ist Ihr Armband. Sie haben ab sofort wieder täglich eine Stunde Freigang im Park.« Dr. Schreiber steht plötzlich neben mir. »Dass Ihnen der Zugang zum Park bis auf Weiteres verwehrt wurde, ist eine Fehlinformation, für die ich mich entschuldigen möchte.« Dann sieht er auf seine Armbanduhr und meint: »Sie sollten sich jetzt auf den Weg machen, Ihr Zeitfenster von 17:17 bis 18:18 Uhr öffnet sich bald.«

Obwohl ich Dr. Schreiber zu verstehen gebe, dass mich der Park nicht im Geringsten mehr interessiert, legt er mir das rote Armband an und ruft über Funk Pfleger Fangmann herbei. Er hält für mich Jacke, Schal und die rote Kappe bereit und bringt mich im Eiltempo zur Schiebetür in die Eingangshalle.

Wie benommen stehe ich unter dem Türluftschleier. Die automatische Schiebetür öffnet und schließt sich immer wieder, ich stehe im Strahl der Infrarot-Sensoren. Dann gebe ich mir einen inneren Ruck und überwinde die Schiebetür. Mehrmals atme ich tief durch und meine Lungen schöpfen die Luft der frischen Winterlandschaft. Der Anblick des schönen Parks erfüllt mich wieder mit Lebenssinn und ich beginne zu laufen.

Als ich mich der Wegkreuzung nähere, fällt mir schon von Weitem ein auf- und abdimmendes Licht in der Herzgegend des Schneemanns auf – als ob er einen leuchtenden Herzschlag hätte. Mit beiden Händen grabe ich mich vorsichtig in seinen Brustkorb hinein und ziehe, zu meiner Verwunderung, ein Mobiltelefon heraus. Sein schwacher Akku hat das Standby-Licht aktiviert. Ich überlege, wer auf die absurde Idee kommen könnte, einem Schneemann sein Mobiltelefon in den Brustkorb zu stecken …

… und ich erinnere mich, wie ich im Hexenhaus bei Hannahs verkohltem Körper einen leuchtenden Kristall fand. Sein Licht verhalf mir den Weg zur Waldlichtung zurückzufinden. Den Kristall schenkte ich aus Dankbarkeit dem Schneemann …

… und wie ich jetzt erkenne, ist das kein Kristall gewesen, sondern der *Flüssigkristallbildschirm eines Mobiltelefons*, der mir damals den Weg im Dunkeln geleuchtet hat. Das Mobiltelefon gehörte der Assistenzärztin, die vom Identitätslosen getötet worden war. Na das ist vielleicht ein Ding!

Neugierig tippe und wische ich auf dem Display und stöbere in den Verzeichnissen. Neben Telefonnummern finde ich auch einen Ordner, der mit ›Codes‹ beschriftet ist. Dabei handelt es sich, wie mir sogleich klar wird, um die achtstelligen Zahlencodes für die Türen und Schleusen der Psychiatrie. Mein Puls rast vor Aufregung. Dies könnte meine Eintrittskarte in die Freiheit sein! Mit diesen Codes bietet sich mir eine echte Chance zu fliehen und …

Ich höre jemanden aus der Ferne mir zurufen. Erschrocken blicke ich auf und erkenne im Schneenebel auf mich zukommende Schatten. Nervös starre ich auf das Display meines Armbandes. Und tatsächlich, die blinkenden Leuchtziffern zeigen ›- 00:08:08‹ an. Noch rechtzeitig kann ich das Mobiltelefon in meiner Hosentasche verschwinden lassen, dann bin ich auch schon von mehreren Pflegern umstellt, die ich noch nie zuvor gesehen habe. Kommentarlos bringen sie mich zum Eingang der Psychiatrie und übergeben mich an Stecher und Fangmann. Zügig werde ich auf mein Zimmer gebracht.

Überglücklich verkrieche ich mich mit dem Mobiltelefon unter die Bettdecke, um jetzt in aller Ruhe seine Inhalte, insbesondere seine Zahlencodes, zu studieren. Meine Freude währt aber nur von kurzer Dauer. Denn ich muss feststellen, dass der Batterievorrat zur Neige gegangen ist; das Display ist soeben erloschen und ich blicke auf eine schwarze Fläche. Verärgert grüble ich darüber nach, wie ich das Mobiltelefon wieder aufladen könnte; dabei schlafe ich ein.

›08:08 Uhr‹. Ich stehe auf und warte auf die Krankenschwester, die mir Neuroleptika verabreicht.

›09:09 Uhr‹. Stecher und Fangmann holen mich auf meinem Zimmer ab und bringen mich in die Bastelwerkstatt. Mit viel Elan falte ich in der folgenden Stunde fünf Origami-Kraniche. Mein heimlicher Gedanke an eine Flucht, über den ich immerwährend nachdenke; die Flucht von diesem mir unbekannten Ort, hat sich nun auf das Mobiltelefon fokussiert. Neben den Zahlencodes für die Türen und Schleusen hätte ich, wie ich mutmaße, auch Internetzugang und könnte vor meiner Flucht noch mehr über diesen Ort in Erfahrung bringen. Online-Kartendienste würden mir Auskunft über meinen Standort geben und Routen zur Flucht aufzeigen. Wenn ich das Mobiltelefon wieder aufladen könnte, scheint mir die Chance auf eine erfolgreiche Flucht realistisch zu sein. Das Personal kann ich wohl schlecht darum bitten, mir beim Aufladen des Mobiltelefons zu helfen und so grüble ich über eine Alternative nach. Letztlich entschließe ich mich, der Lösungsfindung mehr Zeit zu geben und sie vorerst ruhen zu lassen. Ich wende mich einer anderen, für mich ebenfalls wichtigen Frage zu, nämlich jener meiner Krankheit. Von den Ärzten und Bediensteten werde ich wohl nichts Näheres über meine Krankheit in Erfahrung bringen können. Womöglich aber sind es die Bücher in der Bibliothek, die mir Aufschluss darüber geben.

›10:10 Uhr‹. Der Werkstattbetreuer gestattet mir, unter dem Vorwand ein weiteres Bastelbuch zu suchen, die Werkstatt für eine knappe Stunde zu verlassen. Die Bibliothek ist heute kaum besucht. Bei den Regalen mit dem Buchstaben ›M‹ suche ich nach einem Medizinbuch. In einem Band über Geisteskrankheiten erfahre ich mehr über das mir täglich verabreichte Medikament. ›Neuroleptika‹ sind Arzneistoffe aus der Gruppe der Psychopharmaka, die eine sedierende und antipsychotische, den Realitätsverlust bekämpfende Wirkung besitzen. Hauptsächlich werden sie zur Behandlung von Wahnvorstellungen und Halluzinationen eingesetzt, die bei psychischen Störungen wie etwa der Schizophrenie oder Manie auftreten können. Anschließend werden weitere Krankheitsbilder in Bezug zu diesem Medikament beschrieben, etwa Depressionen, Persönlichkeitsstörungen, Zwangserkrankungen, ADHS, FAS, Autismus ... Ich mag gar nicht mehr weiterlesen und will nicht wahrhaben, dass ich zu jener Gruppe von Menschen gehöre, die eine dieser Krankheiten haben soll.

In einem weiteren Absatz lese ich über die Historie von Neuroleptika. Hier finde ich eine Beschreibung über eine chemische Verbindung namens ›Reserpin‹. Ein Indolalkaloid einiger Pflanzen aus der Gruppe der ›Schlangenwurzel‹, welches vor allem über die ›Rauvolfia serpentina‹ aus der indischen Heilkunst Eingang in die westliche Medizin fand. Hier wurde Reserpin, einer jener Arzneistoffe, mit denen die Ära der modernen Psychopharmakologie begann, zuerst in der Psychiatrie als Neuroleptikum bei der Schizophrenie eingesetzt ...

Ich schlage das Buch zu, nicht weil mir seine Fakten unerträglich geworden sind, sondern weil ich einen erhellenden Geistesblitz bekommen habe! Der Begriff ›Schlangenwurzel‹ lässt mich an eine *Schlange* denken und führt mir wieder jenen Tag vor Augen, an dem ich aus meinem Delirium erwacht bin und mit Dr. Schreiber, Fangmann und Stecher im Gemeinschaftsraum stand ...

... und beobachten konnte, wie spielende Patienten Gegenstände zweckentfremdeten und diese Gegenstände als Tiere imaginierten. Unter anderem gab es dort auch – ich meine, mich deutlich erinnern zu können – eine Schlange. Und diese Schlange war ein Ladekabel und ...

... mit genau diesem Kabel könnte ich das Mobiltelefon wieder aufladen. Das wäre die Lösung!

›11:11 Uhr‹. Fleißig falte ich zehn Origami-Kraniche und überzeuge damit Herrn Stahlhut, mich für den Nachmittag im Gemeinschaftsraum einzuteilen.

›14:14 Uhr‹. Im Gemeinschaftsraum befinden sich unzählige Patienten. Konzentriert halte ich nach dem Ladekabel Ausschau. Schließlich entdecke ich es im Gewirr des großen Spielzeughaufens, der sich in einer Ecke auftürmt. Und meine Erinnerung hat mich nicht getäuscht, es handelt sich tatsächlich um ein Ladekabel für ein Mobiltelefon! Vorsichtig entwirre ich das Ladekabel – leichte Bissspuren sind daran zu erkennen. Bestimmt hatten schon viele Patienten das Ladekabel in den Mund genommen und ich kann froh sein, dass es nicht durchgebissen wurde. Als ich es unauffällig in meine Tasche stecke und gerade gehen will, werde ich zu Boden gerissen. »Das ist meine Schlange! Meine Schlange!«, brüllt der mich umklammernde Patient. Er entreißt mir das Ladekabel, hebt mich hoch und wirft mich auf den Spielzeughaufen. Dann brüllt er wieder laut: »Das ist meine Schlange!«

Vor mir steht ein hünenhafter, massiger Kerl. Wütend schaut er aus den tiefen Augenhöhlen seines kahlrasierten Gesichts auf mich herab und schnaubt aufgebracht durch seine knollige Nase. Auf seinem T-Shirt lese ich das in großen Buchstaben von Hand aufgemalte Wort ›!MAX!‹. Wer da emotional aufgelöst vor mir aufragt, wie ich mich nun erinnern kann, ist Max, ein Patient mit Borderline-Persönlichkeitsstörung und Bipolarer Störung. Stecher und Fangmann hatten mich einhellig vor ihm gewarnt und mir angeraten, einen weiten Bogen um seinen Spielzeughaufen zu machen; das Spielzeug, zu dem offenbar auch das Ladekabel gehört, ist sein Privateigentum.

Ich stehe auf und möchte sofort den Gemeinschaftsraum verlassen. Doch Max packt mich wieder und wirft mich auf den Spielzeughaufen zurück. Mit dem Ladekabel schnappt er nach mir. Zuerst kommt es mir so vor, als ob er mich damit erdrosseln will, er schlängelt das Ladekabel um meinen Hals und meinen Kopf. Doch dann begreife ich, dass Max eigentlich nur spielen will. Den anderen Patienten bleibt dieser Konflikt nicht unbemerkt und neugierig bilden sie einen Kreis um uns. Mir ist nicht nach Spielen zumute. Doch als Max bemerkt, dass ich wieder versuche, den Gemeinschaftsraum zu verlassen, verzieht sich sein Gesicht zu einer wütenden Fratze und mir wird klar, dass er mich niemals gehen lassen wird, nicht bevor ich mit ihm gespielt habe. Und so entschließe ich mich, auf sein Spiel einzugehen. Kurzerhand ziehe ich eine Plüschmaus aus dem Spielzeughaufen. Max schnappt mit seinem Ladekabel nach meiner Maus. Laut lacht er auf. »Deine Maus ist tot! Sie ist tot! Meine Giftschlange hat deine Maus totgebissen!«

Ich überlege, welches Tier wohl eine giftige Schlange besiegen könnte. Mir fällt ein Mungo ein. Doch finde ich auf die Schnelle kein Objekt auf dem Spielzeughaufen, das einem Mungo ähnelt. Also nehme ich ein herumliegendes Buch und flattere damit herum, als ob es ein Vogel wäre. Alle schauen gespannt auf das Buch, das ich auf das Ladekabel hinabstürzen lasse. »Der Adler«, sage ich laut, »hat deine Schlange nun aufgefressen«, und erkläre, dass dieser Adler gegen jegliches Gift immun ist. »Nein! Nein! Nein!«, wendet Max frustriert ein und trommelt wie wild mit seinen Fäusten gegen seinen kahl rasierten Schädel. »Das kann nicht sein! Nein! Ein Adler kann meine Giftschlange nicht fressen! Niemals! Denn sie ist doch giftig! Sehr giftig!« Mehrere Patienten widersprechen ihm und drängen Max, mir das Ladekabel zu geben, denn mein Adler ist gegen jegliches Gift immun und konnte die Schlange fressen. Schließlich gibt Max widerwillig nach und überlässt mir das Ladekabel. Lachend gräbt er sich in seinem Spielzeughaufen ein und scheint das Ladekabel bereits vergessen zu haben.

Mit großer Erleichterung betrachte ich das Ladekabel. Es ist heil und ganz geblieben und gehört nun mir! In meinem Zimmer, wie mir durch den Kopf geht, kann ich das Mobiltelefon nicht aufladen, aus Sicherheitsgründen wurden in Patientenzimmern keine Steckdosen eingebaut. Bestimmt gibt es hier irgendwo einen unbeaufsichtigten Raum, in dem sich mir die Möglichkeit bietet. Doch wo?

›15:15 Uhr‹. Ich nehme das Ladekabel in die Bastelwerkstatt mit. Herrn Stahlhut, der positiv überrascht ist, dass ich den Nachmittag nun doch nicht im Gemeinschaftsraum verbringen möchte, zeige ich meine heute eifrig gefalteten fünfzehn Kraniche. Er ist schwer beeindruckt und kommt umgehend meiner Bitte nach, meine Kraniche in der Abstellkammer bei den anderen deponieren zu dürfen. In einer Ecke ganz hinten bei den Regalen finde ich eine Steckdose, bei der ich das Mobiltelefon heimlich aufladen kann. Damit es nicht entdeckt wird, stelle ich einen Schemel davor.

›15:15 Uhr‹. Bis zum Nachmittag des folgenden Tages habe ich mit viel Eifer weitere fünfundzwanzig Kraniche gefaltet. Herr Stahlhut spricht mir seine anerkennende Bewunderung aus und öffnet mir wieder die Abstellkammer, damit ich mein Origami dort deponieren kann. Bei dieser Gelegenheit nehme ich das aufgeladene Mobiltelefon hinter dem Schemel wieder heimlich mit.

›02:02 Uhr‹. Der elektronische Klingelton meines Weckers, den ich dies-
bezüglich eingestellt habe, unterbricht meinen Schlaf. Ich greife unter die
Matratze, hole das Mobiltelefon hervor und schalte es ein. Sein Display
leuchtet grell auf und erhellt mein Zimmer. Enttäuscht stelle ich fest, dass
ich kein Mobilfunknetz und keinen WLAN-Empfang habe. Offenbar ist
dieser Ort von jeglicher Funkverbindung abgeschirmt. Das darf doch alles
nicht wahr sein! Ich tippe auf den Ordner mit den achtstelligen Zahlenkombinationen. Diese sind jeweils einer dreistelligen Zahl zugeordnet,
die ich als Raumkoordinaten X, Y, Z identifizieren kann. Folglich muss
ich mir die Psychiatrie als einen Würfel vorstellen, in dem die Türen und
Schleusen, wie in einem kartesischen Koordinatensystem, angeordnet sind.
Dies verlangt mir ein nicht geringes Maß an Abstraktionsvermögen ab. Die
erste Bewährungsprobe liegt nun darin, aus meinem eigenen Zimmer herauszukommen. Dieses verriegelt sich nach Mitternacht immer automatisch.
    Nach mehreren Versuchen finde ich den richtigen Zahlencode und die
Tür entriegelt sich. Das Öffnen einer Schleuse dauert wesentlich länger.
Eine weitere Schleuse zu öffnen, nimmt zu viel Zeit in Anspruch und
auch die Raumkoordinaten den Räumen und Gängen zuzuordnen, erweist
sich als kompliziert. Mittlerweile bin ich zu nervös, um mich weiter im
Gebäudekomplex vorzuwagen. Ich befinde mich in einem dunklen Gang,
der von einem Seitenkorridor schwach erhellt wird. Die Psychiatrie scheint
in der Nacht kaum bewacht zu sein. Dennoch ist Vorsicht geboten. Ab
und an blitzt der Lichtkegel einer Taschenlampe in den Gängen auf und
kündet einen herannahenden Pfleger an.
    Auf dem Rückweg in mein Zimmer fällt mir die nur angelehnte Tür
von Dr. Schreibers Büro auf. Vorsichtig schleiche ich mich hinein und
nutze die Gunst dieses Moments, um meine Krankenakte einzusehen. Es
dauert eine Weile. Doch dann habe ich sie gefunden. Beunruhigt darüber,
was ich in der Akte über mich lesen werde, öffne ich sie mit zittrigen
Händen. Zu meinem Erstaunen ist sie leer! Wie kann das sein? Zum Vergleich nehme ich Einsicht in andere Akten. Diese geben Auskunft über das

Einweisungsdatum, die Anamnese sowie medizinische und therapeutische Maßnahmen. Ich lege meine Akte wieder zurück.

Als ich mich umdrehe und das Büro verlassen möchte, streift der Lichtschein meines Mobiltelefons eine Gestalt mit Eselskopf. Starr vor Schreck blicke ich in die wässrig-schwarzen Eselaugen, die mich bedrohlich fixieren. So etwas habe ich noch nie zuvor gesehen! Mein Herz rast bei dem schaurigen Anblick dieses Eselskopfs und so schnell ich nur kann, fliehe ich aus dem Büro.

›03:03 Uhr‹. Ohne gesehen worden zu sein, erreiche ich mein Zimmer. Sogleich verkrieche ich mich unter die Bettdecke. Der Schock sitzt immer noch tief, mein Herz pocht. Die wässrigen, schwarzen Augen dieser Kreatur starren mich in Gedanken weiterhin an und ihr Blick lässt mich nicht mehr los. Die Begegnung mit dieser ominösen Gestalt macht mich ratlos; und noch viel ratloser meine leere Krankenakte! Das nicht Vorhandensein jeglicher Dokumente werte ich als ein klares Indiz dafür, dass ich unmöglich krank sein kann und folglich zu Unrecht in dieser Psychiatrie festgehalten werde. Jetzt bin ich erst recht motiviert, um jeden Preis meine Flucht, über die ich immerwährend nachdenke; die Flucht von diesem mir unbekannten Ort, mit allen Mitteln durchzuziehen!

Das Mobiltelefon vibriert. Zu meiner Verwunderung öffnet sich ein Chat-Fenster und ein User namens ›Ada28‹ schreibt mich an. Unter dem im Chat-Fenster bereits eingestellten Benutzernamen ›Hannah36‹ (dem Benutzernamen der ermordeten Assistenzärztin, der das Mobiltelefon gehörte) entschließe ich mich, mit ›Ada28‹ einen Chat-Dialog zu führen:

[03:30]_Ada28:	Hey! :-)
[03:30]_Hannah36:	Wer bist du?
[03:30]_Ada28:	Ada28
[03:30]_Hannah36:	Darauf wäre ich nie gekommen!
[03:30]_Ada28:	Willst du auch noch mein Alter wissen? ;-)
[03:30]_Hannah36:	Ich brauche Hilfe! Könntest du die Polizei für mich rufen?
[03:30]_Ada28:	Was ist passiert?
[03:30]_Hannah36:	Ich bin an einem mir unbekannten Ort gefangen!
[03:30]_Ada28:	Wo?

[03:30]_Hannah36:	Was weiß ich denn! Ich werde hier gegen meinen Willen festgehalten!!
[03:30]_Ada28:	Im Ernst jetzt?
[03:30]_Hannah36:	JA!!!
[03:31]_Ada28:	Was ist das für ein Ort, an dem du bist?
[03:31]_Hannah36:	Eine Psychiatrie.
[03:31]_Ada28:	Und was ist dein Problem?
[03:31]_Hannah36:	Ich bin hier gefangen! Das habe ich doch bereits erwähnt!!
[03:31]_Ada28:	Ich meinte, was hast du für ein psychisches Problem? ;-)
[03:31]_Hannah36:	Gar keins!
[03:31]_Ada28:	Du bist in einer Psychiatrie und hast kein psychisches Problem? Irgendwie seltsam. Findest du nicht auch?
[03:31]_Hannah36:	Wirst du mir jetzt helfen?
[03:31]_Ada28:	Kontaktier doch selber die Polizei!
[03:31]_Hannah36:	Hier gibt's aber kein Mobilfunknetz.
[03:31]_Ada28:	Hahaha!!!
[03:31]_Hannah36:	Warum lachst du?
[03:31]_Ada28:	Wie können wir dann miteinander chatten? ;-)
[03:32]_Hannah36:	Keine Ahnung, warum ich ohne Funkverbindung mit dir chatten kann!
[03:32]_Ada28:	Du bist echt seltsam, Hannah!
[03:32]_Hannah36:	Ich bin nicht Hannah. Ich chatte bloß mit ihrem Handy.
[03:32]_Ada28:	Hast du das Handy etwa geklaut?
[03:32]_Hannah36:	Nein. Hannah ist tot.
[03:32]_Ada28:	Was?!? Wie bitte!?!
[03:32]_Hannah36:	Es gehen hier wirklich sehr! sehr!! sehr!!! seltsame Dinge vor sich.
[03:32]_Ada28:	Und die wären?
[03:32]_Hannah36:	Gerade eben ist mir eine Gestalt mit grässlichem Eselskopf begegnet!
[03:32]_Ada28:	Ich glaube, du bist zu Recht in einer Psychiatrie ;-)

[03:33]_Hannah36:	Ich brauche dringend HILFE!!!!
[03:33]_Ada28:	Die Psychiatrie ist der beste Ort dafür ;-)
[03:33]_Hannah36:	Hilf mir BITTE!!!!!!!!!!!!
[03:33]_Ada28:	Stopp! Jetzt will ich DICH mal was fragen.
[03:33]_Hannah36:	Und was?
[03:33]_Ada28:	Ich spiele gerade eine Art mathematisches Puzzle und suche nach einem numerischen Schlüssel, der sich auf die Zahl 9 bezieht. Als ich die Ziffer deines Benutzernamens sah, dachte ich: 36 = 3 + 6. Und: 3 + 6 = 9. Kannst du mir folgen?
[03:33]_Hannah36:	F*ck y**!!!!
[03:33]_Ada28:	LOL
[03:33] _Hannah36:	Ich hab' keine Ahnung! Schreib doch eine Rundmail und nerv Andere mit deinen seltsamen Rechenaufgaben :-(
[03:33]_Ada28:	Na dann, gute N8!

Genervt klicke ich ›Ada28‹ weg und schalte das Mobiltelefon aus. Ich muss den Akku schonen. Noch einmal wird es mir bestimmt nicht gelingen, ihn so problemlos aufzuladen, ohne dabei gesehen zu werden. Das war vielleicht ein voll schräger Chat-Dialog gewesen, ging es mir durch den Kopf. Geholfen hat er mir rein gar nichts, im Gegenteil, die Batterie wurde dabei nur unnötig strapaziert. Dass mir der User nicht helfen wollte, kann ich natürlich gut verstehen. Für jemanden, der meine Situation nicht kennt, lesen sich die Textzeilen wohl ziemlich abstrus. Dieser Ort, an dem ich gefangen gehalten werde, ist aber auch so was von bizarr! Das kann sich keiner vorstellen, der es nicht selbst erlebt hat. Der heimliche Gedanke an eine Flucht; die Flucht von diesem mir unbekannten Ort, rotiert wieder und wieder in meinem Kopf, bis ich schließlich einschlafe.

›10:10 Uhr‹. Nachdem ich meine Medikation verabreicht bekommen habe, werde ich in die Bastelwerkstatt gebracht. Günstigerweise schirmt mich der Materialraum, in dem sich mein Arbeitstisch befindet, weitgehend ab, sodass ich unbeobachtet die Zahlenkombinationen auf dem Mobiltelefon studieren kann. Eine Raumkoordinate scheint weit außerhalb der anderen Koordinaten zu liegen. Ich vermute, dass dies der Zahlencode sein könnte, um das schmiedeeiserne Tor an der Außenmauer zu öffnen. Ich will die wertvolle Batterie des Mobiltelefons schonen und schalte es wieder aus.

Missmutig schaue ich auf die mir verhassten Aluminiumfolien und dann auf meine mit zahlreichen, feinen Narben übersäten Fingerkuppen. Unzählige Male habe ich mich beim Falten an der messerscharfen Folie geschnitten. Nun bin ich diese sinnlose Falterei leid! Und doch raffe ich mich noch einmal auf, ein allerletztes Mal noch ringe ich mich durch, um einen Origami-Kranich aus Aluminiumfolie zu falten; und zwar den Eintausendsten. Nun habe ich der Bedingung der japanischen Legende von ›Senbazuru‹ entsprochen. Dieser zufolge ›soll demjenigen der eintausend Origami-Kraniche faltet, von den Göttern ein Wunsch erfüllt werden‹. Das Origami-Buch hat logischerweise Unrecht; wie nicht anders zu erwarten war, geschieht nichts Außergewöhnliches, das in irgendeiner Weise als eine paranormale Wunscherfüllung gedeutet werden könnte. Meinen lang gehegten Wunsch, diesem mir unbekannten Ort zu entfliehen, über den ich immerwährend nachdenke, müsste ich mir schon selbst erfüllen.

Mein Zeitfenster von 17:17 bis 18:18 Uhr hat begonnen. Nervös stehe ich unter dem Türluftschleier und blicke auf den Countdown meines Armbandes. Seine Leuchtziffern zeigen ›+ 00:53:53‹ an. Eilig begebe ich mich ins Schneegestöber und durchquere den Park in Richtung des schmiedeeisernen Tors. In meinem Kopf dreht sich alles nur noch um die Raumkoordinate und den Zahlencode, den ich als die Kombination zum Öffnen des schmiedeeisernen Tors vermute.

Durch die Gitterstäbe spähend erkenne ich die Umrisse einer Stadt, wie schon beim letzten Mal, als ich mit Dr. Schreiber hier war. Mehrmals tippe ich den achtstelligen Zahlencode auf dem Tastatur-Code-Leser ein. Und wieder einmal muss ich feststellen, dass auf dem Gelände dieser Psychiatrie einem nichts leicht gemacht wird. Das schmiedeeiserne Tor bewegt sich keinen Millimeter und sein LED-Licht am Tastatur-Code-Leser leuchtet nach jeder meiner Zahlencodeeingaben rot auf.

Enttäuscht wende ich mich ab und gehe in Richtung der Steinskulpturen. Plötzlich vernehme ich das Surren und Knacken des Zahlenschlosses, das sich soeben entriegelt hat. Das schmiedeeiserne Tor steht jetzt offen. Es ist kaum zu glauben! Das Tor zur Freiheit hat sich mir soeben geöffnet. Ich schaue auf den Countdown meines Armbandes: ›+ 00:35:35‹. Es würde noch etwas mehr als eine halbe Stunde vergehen, bis ein stiller Alarm ausgelöst werden würde. Die Stadt scheint mir in weniger als einer halben Stunde erreichbar zu sein. Meine Fluchtprognose steht also günstig. Endlich ist der Moment gekommen, auf den ich die ganze Zeit so mühevoll hingearbeitet habe. Ein letztes Mal noch schaue ich in Richtung der Psychiatrie, die im Schneegestöber kaum mehr zu erkennen ist. Dann renne ich, so schnell ich nur kann, los.

Ich bin frei! Ich hätte nie gedacht, dass heute der Tag sein würde, an dem ich fliehen kann. Als Erstes werde ich in der Stadt zur Polizei gehen. Bestimmt werde ich seit Längerem vermisst. Zudem wird sich endlich die Frage meiner Biografie klären – wer ich bin, woher ich komme und wie ich an diesen mir unbekannten Ort geraten bin. Das Schneegestöber lichtet sich und bald schon rieseln nur noch vereinzelte Flocken herab. Zu meiner Verwunderung verflacht sich die Landschaft auf unnatürliche Weise. Dann verschwindet die Vegetation. Schließlich gehe ich auf einer leeren Ebene. Vor mir die Horizontlinie, über der sich die Umrisse der Uhren- und Kirchtürme erheben. Was geschieht hier? Und dann verschwinden auch noch alle Geräusche um mich herum. Obwohl ich nur langsam vorwärtsgehe in diesem lautlosen, beinahe ätherlosen Raum, nähere ich mich der Stadt ungewöhnlich schnell. Schließlich stehe ich vor einer unbeschreiblich großen Wand.

Was für ein Gebilde! So was Eigenartiges habe ich noch nie zuvor gesehen. Was soll das sein? Die Wand scheint irgendwie gläsern zu sein, so glaube ich zumindest. Ich versuche mit dem Lichtkegel meines Mobiltelefons durch sie hindurchzuleuchten. Doch das Glas muss derart dick sein, dass es alles Licht absorbiert. Die Stadt ist flach darauf abgebildet, ähnlich wie bei der Hintergrundfläche einer Theaterbühne, nur viel, viel, viel größer. Über der wie aufkaschierten Stadt erhebt sich die dunkle Fläche eines Nachthimmels, die sich in den Schneewolken weit oberhalb verliert. In der Hoffnung, eine Tür oder sonstige Öffnung zu finden, gehe ich diese ominöse Wand entlang. Mit großem Schreck erkenne ich plötzlich einen reglos daliegenden Körper mit *Arons* Gesichtszügen. Eilig gehe ich weiter und finde eine auf dem Bauch liegende Person. Vorsichtig drehe ich sie um und erkenne, dass es *Nora* ist. Ihr trüber, starrer Blick sieht aus glasigen Augen durch mich hindurch. Ein Schaudern überkommt mich. Ich wage mich weiter vor und bleibe vor einer eingebrochenen gläsernen Kuppel mit glaskolbenartiger Form stehen. Herumliegende Teile in Übergröße, wie ein Schraubgewinde, Entladungsröhren, Zuleitungsdrähte und Isolierplatten verraten mir schließlich, dass es sich hierbei um die *Riesenglühbirne* handelt. Ich gehe weiter und schon bald türmt sich ein mächtiger Haufen aus Personen vor mir auf, der aus *Wachen, Hofdamen, Rittern* sowie *Hannah, Anna, Natan* und weiteren *Untertanen* besteht, ganz oben aufliegend erkenne ich den *König* und weiter hinten auch noch die *Hexe* und ihren *Drachen*. Das Märchenpersonal liegt hier einfach so rum, starr und stumm, kreuz und quer, wie Spielzeugfiguren in Lebensgröße. Was hat das zu bedeuten? Wo bin ich hier? Mir kommt es vor, als wäre ich aus der Dimension gefallen und befinde mich im Nirgendwo. Und dieses Nirgendwo ist eine Art Deponie meiner Memoiren – als ob ich inmitten unbrauchbar gewordener Versatzstücke meiner Erinnerungen wandle, die mein Verstand mühevoll zu rezyklieren und neu zusammensetzen versucht. Irritiert setze ich meine Suche nach einer Tür oder Öffnung in der Wand fort. Als ich meine eigenen Spuren im Schnee entdecke, wird mir klar, dass ich einmal im Kreis gegangen bin. Abermals suche ich die Wand ab und zähle 3142 Schritte bis zu meinem Ausgangspunkt. Die Begrenzung scheint unüberwindbar. Letztlich muss ich einsehen, dass mir nichts anderes übrig bleibt, als wieder zur Psychiatrie zurückzukehren. Ich drehe mich um 90 Grad von der Wand weg und laufe zügig in diese Richtung.

Auf der Waldlichtung knie ich tränenüberströmt vor dem Schneemann nieder. Ich spüre nichts als Verzweiflung. Inständig bitte ich ihn, mir einen Ratschlag zu geben – er weiß doch sonst immer alles. Wenn es überhaupt noch jemand gibt, der mir weiterhelfen kann, dann ist es dieser Schneemann, den ich flehend ansehe. Doch so sehr ich auch auf eine Antwort hoffe und sie mir herbeiwünsche, der Schneemann bleibt erstarrt und sieht mich wie zuvor ausdruckslos aus seinen steinernen Augen an. In der Ferne erkenne ich Pfleger auf mich zueilen. Erschrocken blicke ich auf mein Armband. Mein Countdown ist schon seit über einer halben Stunde abgelaufen und die Leuchtziffern des blinkenden Displays zeigen ›- 00:35:35‹ an! Da mir keine Zeit mehr bleibt, das Mobiltelefon in meiner Kleidung zu verstecken, schalte ich es aus und drücke es dem Schneemann tief in den Brustkorb. Dann bin ich auch schon von den Pflegern umstellt und werde beidseitig gepackt. Sie bringen mich zum Eingang der Psychiatrie zurück. Dort nehmen mich Fangmann und Stecher in Empfang. Kommentarlos, aber immer wieder kopfschüttelnd und mir missmutige Blicke zuwerfend, bringen sie mich auf mein Zimmer.

›20:20 Uhr‹. Lange schaue ich zum Fenster hinaus und betrachte den vermeidlichen Nachthimmel. Ich frage mich, was ich von meiner Entdeckung halten soll. Ich befinde mich in einer Psychiatrie, die von einem Park umgeben ist. Der Park wiederum wird von einer massiven Mauer begrenzt. So weit, so gut. Aber hinter der Mauer flacht die Landschaft zu einer geraden, leeren Ebene ab und führt in eine schier ätherlose Dimension, die von einem wandartigen exorbitanten Etwas umschlossen wird. Zudem, was nun wirklich bizarr ist, sind zahlreiche, mir vertraute Personen und Objekte an dieser Wand zu einem leblosen Haufen aufgetürmt – als ob dieser Ort ein Depot meiner früheren Erlebnisse ist. Ich wende mich vom Fenster ab und lege mich ins Bett. Das war mein bisher seltsamstes Erlebnis gewesen; und das übertraf alles bisher Dagewesene. Noch lange wälze ich meine Gedanken und suche nach schlüssigen Antworten. Ratlos schlafe ich ein.

‹09:09 Uhr‹. »Was ist nur mit Ihnen los?«, fragt mich Dr. Schreiber sichtlich gereizt, als er mich in sein Büro bringen lässt. »Warum haben Sie zweimal das Zeitfenster überschritten? Ich hatte Ihnen doch dringend angeraten, ein ständiges Auge auf den Countdown zu haben!« Ich erwidere seine Frage mit einem müden Achselzucken, worauf Dr. Schreiber den auf seinem Schreibtisch stehenden Computermonitor zu mir hindreht und mit seinem Stift demonstrativ auf den Bildschirm klopft, auf dem meine beiden Zeitüberschreitungen zu sehen sind, die von der Überwachungszentrale protokolliert wurden:

```
**********************************************************

[Identifikationsnummer – Patient/Patientin: 2-4-4-5]
[Zeitüberschreitung]              [Zeitfenster]
[1.]    ›- 00:08:08‹              17:17 – 18:18 Uhr
[2.]    ›- 00:35:35‹              17:17 – 18:18 Uhr
**********************************************************
```

»Die Pfleger berichteten mir zudem«, fährt Dr. Schreiber mit seiner Rüge fort, »dass Sie im Park, auf Knien flehend, mit einem Schneemann gesprochen haben. Können Sie mir Ihr Verhalten schlüssig erklären?« Ich schüttle den Kopf und verweigere mich jeder Antwort. Dann öffnet Dr. Schreiber seine Schublade und nimmt einen Strick heraus. Fassungslos sieht er mich an. »Und was bitte soll das hier bedeuten? Der Werkstattbetreuer fand gestern Abend in der Abstellkammer dieses, zu einem Henkerstrick geknotete Seil. Wie mir Herr Stahlhut heute Morgen berichtete, war in den vergangenen Tagen niemand anderes außer Ihnen in diesem sonst abgeschlossenen Raum ein- und ausgegangen. Das legt doch die Vermutung nahe, dass der Henkerstrick von Ihnen geknotet wurde. Also wirklich!« Dr. Schreiber schüttelt schwermütig den Kopf. »Was haben Sie sich nur dabei gedacht? Ihr Verhalten macht eine Entlassung unmöglich. Es gibt keine Anzeichen einer Besserung. Ich prognostiziere Ihnen, so leid es mir auch tut, eine sichtliche Verschlechterung Ihres Zustands, der im gegenwärtigen Stadium keine Anzeichen einer Genesung erkennen lässt und ...«, Dr. Schreiber, der sich alles notiert, muss jetzt überlegen und sieht mich dabei streng an, »... und womöglich auch nie eine Verbesserung erkennen lassen wird.« Mit diesen Worten schließt er sein Aktenprotokoll.

Mit halbem Ohr höre ich Dr. Schreiber zu. Wenn ich von irgendjemandem hier noch eine vernünftige Antwort zu erhoffen habe, dann nur vom Schneemann. Dr. Schreiber steht auf und begleitet mich zur Tür, Pfleger Fangmann wartet davor. »Merken Sie sich meine Worte«, sagt Dr. Schreiber mit erhobenem Zeigefinger. »Wenn Sie noch ein einziges Mal das Zeitfenster Ihres Parkaufenthalts überschreiten, ein einziges Mal nur, dann wird Ihnen diese Möglichkeit auf längere Zeit verwehrt bleiben. Halten Sie sich an die Regeln und Ihr Leben wird sich hier einfacher gestalten.« Dann wird sein Tonfall ruhiger und deutlich sanfter, und er möchte von mir wissen, an welchem Ort ich für heute eingeteilt werden will. Zur Auswahl stehen: die Bibliothek, die Bastelwerkstatt oder der Gemeinschaftsraum. Ich überlege und bin doch recht erstaunt, vor allem aber sehr froh darüber, dass Dr. Schreiber so nachgiebig mit mir ist und, obwohl ich offensichtlich einen Suizidversuch mit einem Strick erwogen habe, nun keine Maßnahmen ergreift, um mich in Sicherungsverwahrung zu nehmen. Zum ersten Mal scheint es mir so, als wirke Dr. Schreiber übermüdet und unkonzentriert; zudem geht eine Antriebslosigkeit von ihm aus. Auch mir fehlt gewissermaßen die Motivation, ich verspüre nicht im Geringsten mehr die Lust, weitere Kraniche zu falten. Den Eintausendsten habe ich gestern gefaltet. Und damit ist für mich diese mühselig-sinnlose und mitunter schmerzvoll-blutige Aluminium-Folien-Falterei, die mir mittlerweile so verhasst ist, abgeschlossen! In der ungemütlichen Bibliothek mag ich meine Zeit auch nicht absitzen. Schließlich äußere ich den Wunsch, in den Gemeinschaftsraum gebracht zu werden.

Im Gemeinschaftsraum betrachte ich die Wandteppiche. Sie zeigen abstrakte Formenspiele, die mich an die undurchschaubaren Mechanismen dieser Psychiatrie denken lassen – als ob die akribisch ausgearbeiteten Wandteppiche ein Gleichnis sind und den Bauplan dieses schwer durchschaubaren Ortes wiedergeben. Ich bin verzweifelt und zugleich fasziniert von der Künstlichkeit dieses Ortes, der sich irgendwo im Nirgendwo befinden muss. In Gedanken versunken schlendere ich durch den Gemeinschaftsraum und verspüre, für mich völlig unerwartet, einen heftigen Schlag in den Bauch!

»Wo ist meine Schlange? Was hast du ihr angetan?« Mit erhobenen Fäusten steht plötzlich Max vor mir. Sein Schlag war derart heftig, dass ich kaum noch Luft bekomme und mich vor Schmerzen krümme. Seine Augen funkeln jähzornig und er ist unsäglich wütend. Er möchte unbedingt sein Ladekabel wiederhaben. Aber das liegt versteckt in der Abstellkammer. »Wo ist meine Schlange? Was hast du ihr angetan?«, brüllt Max noch einmal und drückt mich mit all seiner Kraft zu Boden. Mir wird rot und dann schwarz vor Augen. Ich bekomme Erstickungskrämpfe und ringe nach Luft! Dann lässt Max ganz plötzlich von mir ab. Fangmann nimmt ihn in seinen Klammergriff, während Stecher ihm eine Spritze in seinen Oberarm setzt. Augenblicklich sackt Max in sich zusammen und bleibt regungslos am Boden liegen. Es ist das erste Mal, dass ich wirklich froh bin, Stecher und Fangmann in meiner Nähe zu wissen. »Alles klar bei Ihnen«, fragt mich Fangmann besorgt, während mir Stecher sorgsam hilft aufzustehen. »Das ist ja gerade noch einmal gut ausgegangen«, sagt Stecher erleichtert. »Das hätte böse enden können!«

Nachdem sich die beiden vergewissert haben, dass ich keine Verletzungen davon getragen habe und bei mir wirklich alles in Ordnung ist, hieven sie Max auf eine Ambulanzliege und Fangmann schiebt ihn aus dem Gemeinschaftsraum. »Na so was?«, sagt Stecher. »Wer hat denn diese Tablette auf dem Boden liegen lassen? Bestimmt ist sie der neuen Krankenschwester bei der Medikamentenausgabe heute Morgen runtergefallen.« Kopfschüttelnd steckt er die Tablette in die Seitentasche seines Kasaks.

Erst jetzt wird mir klar, dass Max' Schlag derart heftig war, dass ich meine Neuroleptika-Tablette herausgewürgt habe. Ich möchte Stecher, der gerade am Hinausgehen ist, noch sagen, dass es sich um meine Tablette handelt und die neue Krankenschwester keine Schuld trifft. Doch meine heiser gewordene Stimme ist viel zu leise und Stecher hat den Gemeinschaftsraum schon verlassen.

Ängstlich verkrieche ich mich in eine Ecke. Ich beobachte die Patienten bei ihren unterschiedlichen, mal mehr und mal weniger nachvollziehbaren Tätigkeiten und lasse meine bisher gegangene Strecke Revue passieren. Wie ich so darüber nachdenke, kommt mir alles Erlebte wie ein Weg vor – ein Weg mit kuriosen Stationen. Doch wo hat er begonnen und wo wird er enden? Und wenn es tatsächlich ein Weg sein sollte, habe ich dann auch die richtigen Abzweigungen genommen? Oder befinde ich mich längst auf einem Irrweg? Anfang und Ende. Kann ein Weg überhaupt einen Anfang und ein Ende haben? Verliert sich nicht jede Strecke, gleich in welche Richtung, in der Unendlichkeit? Bei einer mathematischen Geraden ist das so. Sekunden, Minuten und Stunden ziehen an mir vorüber, wie ich über all das nachdenke, und bald schon ist es Zeit für meinen Rundgang im Park.

Der Türluftschleier überströmt mich. Ich blicke auf den Countdown: ›+ 00:44:44‹. Länger als üblich verweile ich unter dem warmen Luftzug, der mir so lieb geworden ist wie nichts sonst an diesem Ort. Wieder blicke ich auf das Display meines Armbands und nehme mir fest vor, den Countdown unter keinen Umständen zu verpassen. Durch den Vorfall im Gemeinschaftsraum von heute Morgen fühle ich mich geschwächt; zudem habe ich keine Idee, wie es jetzt weitergehen soll. Selbst wenn ich mich rund um die Uhr auf dem Gelände dieses Gebäudekomplexes frei bewegen dürfte, so würde ich nie diese allmächtige Wand überwinden können. Eine erschreckende Tatsache, die eine Flucht von diesem mir unbekannten Ort unmöglich macht.

Zum ersten Mal betrete ich den Park ohne den konkreten Gedanken einer Flucht. Die grünen Lämpchen des LED-Displays neben der Eingangstür zeigen ›- 8 °C‹ an. Ich ziehe mir die rote Kappe tiefer in die Stirn. Ruhig spaziere ich auf einem der Wege und genieße den Anblick der schneeverwobenen Landschaft.

Auf der Wegkreuzung bleibe ich stehen und überlege, welche Richtung ich als Nächstes einschlagen soll, als ich ganz unerwartet hinter mir ein vertrautes Husten höre. Ich drehe mich um und erblicke zu meiner Verwunderung den Schneemann, der sich wegen seines Hustens rüttelt und schüttelt. Wie ist das nur möglich? Ich schaue in Richtung der Psychiatrie und beobachte, wie sich die Kanten des Klotzbaus glätten und sich allmählich wieder der Kugelform des Schlosses annähern. Die Märchenwelt scheint zurückzukehren. Ich blicke erstaunt auf die Dinge, die sich vor meinen Augen abspielen. Ich überlege und vermute den Grund dafür im Vorfall, der sich heute morgen im Gemeinschaftsraum ereignete: Als mir Max einen heftigen Schlag in den Bauch verpasste, habe ich meine Tablette, die sich noch nicht in meinem Magen aufgelöst hat, wieder rausgewürgt. Auf diese Weise ist die Unterbindung meiner Wahrnehmungsverzerrung durch das Neuroleptika unterbrochen worden. Es wundert mich jetzt, dass ich nicht schon längst von selbst auf die Idee gekommen bin, das Neuroleptika heimlich abzusetzen.

Geradewegs gehe ich zum Schneemann hinüber und umarme ihn mit einem freudvollen Gefühl großer Erleichterung, einen alten Bekannten wiedergefunden zu haben, dem ich vertrauen kann und von dem ich mich verstanden fühle.

Der Schneemann hustet Schneeflocken und spricht mit seiner mir wohlvertrauten, tiefen Stimme: »Es ist schön, dich nach so langer Zeit wiederzusehen. Wie geht es dir? Ich bin überrascht, dass du noch hier bist. Wolltest du diesen Ort nicht verlassen?«

Ich rücke dem Schneemann seinen Zylinder zurecht und beginne zu erzählen: »Dies ist ein noch seltsamerer Ort, als ich angenommen habe. Zu Beginn glaubte ich auf einem Schloss inmitten einer von Magie bestimmten Welt zu sein. Doch dann entpuppte sich die Märchenwelt als eine Scheinwelt: Eine Wahrnehmungsverzerrung, die sich vollständig in meinem Kopf abgespielt haben soll. In Wahrheit befand ich mich die ganze Zeit in einer psychiatrischen Klinik. Um meine Wahrnehmungsverzerrung zu unterbinden, wurde mir täglich das Medikament Neuroleptika verabreicht. Anfänglich war ich misstrauisch und glaubte nicht an eine Verzerrung meiner Wahrnehmung. Doch überzeugten mich mit der Zeit die Ausführungen des mich behandelnden Arztes, sowie meine eigenen Beobachtungen. Als sich mir eines Tages aber die Gelegenheit bot, Einsicht in meine Krankenakte zu nehmen, änderte sich meine Meinung schlagartig. Sie war leer! Richtig bizarr wurde es dann, als ich das Gelände der Psychiatrie verlassen konnte. Die Landschaft flachte zu einer vegetationslosen Ebene ab und ich befand mich im Nirgendwo. Letztlich stieß ich auf eine endlose Wand, die eine Stadt mit Nachthimmel abbildete. An dieser Wand lief ich entlang und war nach 3142 Schritten einmal im Kreis gegangen. So sehr ich auch nach einer Ausgangstür oder Öffnung suchte, ich konnte keine finden und die Wand blieb ein unüberwindbares Kuriosum!«

»523'598'775,6 m³«, raunt der Schneemann nachdenklich und erklärt: »Deine Ausführungen haben mir soeben bestätigt, was ich schon seit Längerem vermutet habe, nämlich, dass dieser Ort in einer Schneekugel eingeschlossen ist. Dabei scheint der Kugelraum sich immer wieder aufs Neue der subjektiven Empfindung anzupassen und entwickelt Strategien, die es den darin existierenden Lebewesen unmöglich machen sollen, die Grenze der Schneekugel zu erreichen oder zu überwinden. Dank deiner genauen Beobachtung ist mir nun klar geworden, dass die Schneekugel, die uns hier umgibt, ein Volumen von 523'598'775,6 m^3 hat!«

»Wie kommst du auf diese Zahl?«

Der Schneemann lächelt. »Du musst wissen, dass ich ein talentierter Mathematiker und Kopfrechner bin. Wenn es dich interessiert, erkläre ich dir ausführlich, wie ich das Raumvolumen berechnet habe.«

»Ich bitte dich darum.«

»Ein Schritt von dir beträgt in etwa einen Meter. Für eine Umrundung musstest du, wie du sagtest, 3142 Schritte gehen. Du hast die Wand als senkrecht in die Höhe ragend beschrieben. Daraus schließe ich, dass du an der Äquatorebene der Schneekugel im Kreis liefst. Deine Umrundung entsprach folglich dem Umfang. Aus dem Umfang von 3142 Metern errechne ich den Radius (r), indem ich diesen zwei Mal durch die Kreiszahl Pi (π) dividiere, was eine Summe von 500 Metern ergibt. Der Radius dieser Schneekugel entspricht dem Abstand vom Mittelpunkt der Landschaft (also vom Schloss oder der Psychiatrie) bis zu seiner äußersten Grenze (der Wand) welche ja die Äquatorebene ist. Jetzt, wo ich die Größe des Radius kenne, kann ich die räumliche Größe der uns umgebenden Welt (welche diese Schneekugel ist) ausrechnen. Hierfür verwende ich die Formel zur Berechnung eines Kugelvolumens ($4/3 \cdot \pi \cdot r^3$). Daraus lässt sich die Summe von 523'598'775,6 m^3 berechnen.«

Gespannt höre ich den aufschlussreichen Worten des Schneemanns zu. »Du bist ein interessanter Mathematiker«, lobe ich ihn. »Du hast mir quasi das Weltbild dieser mich umschließenden Landschaft berechnet. Dank dir kann ich mir nun ein Bild davon machen, wie die Räumlichkeit dieses Orts zu verstehen ist und was es mit der Peripherie dieser unüberwindbaren Wand auf sich hat. Doch die wichtigste Frage bleibt dabei immer noch unbeantwortet, nämlich: Wie lässt sich ein Ausweg aus diesem mir unbekannten Ort finden?«

Der Schneemann verfällt ins Grübeln und hustet leise vor sich hin, Schneestaub stiebt aus dem Mund seines ratlosen Gesichts. Schließlich raunt er vor sich hin: »Diese Frage kann ich unmöglich beantworten. Ich wüsste nicht wie. Ich hab' keine Ahnung.«

»Und warum nicht? Du weißt doch sonst immer alles.«

»Das hier ist was ganz anderes. Ich selbst bin ja ein Teil dieser Welt und habe nie etwas anderes als diese Schneelandschaft gesehen. Noch nie war ich außerhalb ihrer Kugel.«

»Aber es muss doch einen Ausweg geben«, wende ich ein. »Es gibt immer einen Ausweg!«

»Bestimmt gibt es ihn. Aber ich werde dir keine Antwort darauf geben können.« Der Schneemann überlegt. »Wenn dir überhaupt jemand eine Antwort auf diese schwierige Frage geben könnte, und ich würde meinen, es ist die komplexeste Frage, die man in dieser Welt nur stellen kann, dann ist das die allwissende große Eule.«

»Wo finde ich die allwissende große Eule?«

»Sie sitzt in einer von Felsen umgebenen Absenkung, inmitten eines Weihers. Dort ruht sie versteinert auf einem Felsen.«

»Jetzt erinnere ich mich wieder. Einer der sieben Raben hatte mir von dieser Eule erzählt. Die Hexe hat sie grundlos zu Stein verwandelt.« Ich schaue auf das Display meines Armbands, das ›+ 00:13:13‹ anzeigt. Der Countdown ist bald abgelaufen. Schweren Herzens muss ich die interessante Unterhaltung mit dem Schneemann abbrechen. Zum Abschied gibt er mir für den Rückweg das Mobiltelefon zurück, das fast vollständig zu einem Kristall mutiert ist.

Als ich schon auf halbem Weg bin, höre ich ihn nochmals husten und er ruft mir zu: »Eines solltest du aber doch noch wissen: Dass die Hexe die allwissende große Eule versteinert hat, war kein Unglück. Das war die einzige gute Tat, die sie je vollbracht hat. Denn die allwissende große Eule ist abgrundtief böse und gefährlich. Zudem ist sie listig und intelligent. Nimm dich vor ihr bloß in Acht!«

Eilig begebe ich mich zum Eingang der Psychiatrie. Ihrem Klotzbau sind unterdessen nach allen Seiten hin sprießende Schlosstürme gewachsen. Und wie beim Morphing eines computergenerierten Spezialeffekts wandelt sich die rechteckige Architektur kontinuierlich zur Kugelform des Schlosses. Auf dem Weg in mein Zimmer beobachte ich, wie die Märchenwelt weiter aufblüht und wieder vollständig zum Leben erwacht: Die Räume und Korridore dehnen und ziehen sich in die Länge und die weißen sterilen Wände dunkeln sich zu Steinmauern ab. Neue Türen wachsen aus den Wänden heraus und die kugelförmigen Lampen und Neonröhren an der Decke formen und zwirbeln sich zu Kronleuchtern. Sämtliche, in den Gängen montierte Displays, LED-Lämpchen und Monitore verflüssigen sich, tropfen runter und sammeln sich zu leuchtenden Pfützen, die abdunkeln und schließlich, als matt gewordene Flüssigkeit, verdunsten. Der aus weißem Stoff gefertigte Kasak, den die Bediensteten tragen, wandelt sich zum Kettenhemd einer eisernen Rüstung. Selbst mein rotes Armband hat sich zu einem verkupferten Armring transformiert.

Als nächstes muss ich mit der allwissenden großen Eule sprechen. Und wie mich der Schneemann vorgewarnt hat, würde das nicht ungefährlich werden. Um die allwissende große Eule von ihrem Versteinerungszauber zu befreien, bräuchte ich den Zauberstab wieder. Beim besten Willen weiß ich nicht, wo dieser zu finden ist.

Als ich wenige Schritte von meiner Zimmertür entfernt bin, öffnet sich diese und eine vermummte Gestalt, die meine Schneekugel mit der im Sockel eingravierten Zahl Hunderteins in ihren Händen hält, verlässt eilig mein Zimmer. »Hey! Du da!«, rufe ich aufgebracht. »Wohin gehst du mit meiner Schneekugel?« Die in einen dunklen Mantel mit Kapuze gekleidete Person bleibt stehen, sie scheint erschrocken zu sein, wohl wegen meiner lauten Stimme. Dann setzt sie ihren Weg eilig fort und verschwindet im Dunkeln des Korridors.

Als ich mein Zimmer betrete, erlebe ich eine Überraschung: Auf meinem Bett liegt der aus drei Ästen gezwirnte und mit einem roten und einem blauen Edelstein bestückte Zauberstab. Ich mutmaße, dass die soeben aus meinem Zimmer geflüchtete Gestalt mir den Zauberstab für die Schneekugel überlassen hat. Was das für einen Grund haben könnte, erschließt sich mir auch nach längerem Überlegen nicht. Auf jeden Fall kommt mir das sehr gelegen. Ohnehin hätte ich mit der Schneekugel nichts anfangen können. Den Zauberstab hingegen werde ich morgen brauchen. In Gedanken gehe ich den Ablauf des bevorstehenden Tages durch. Zuversichtlich lege ich mich ins Bett. Alles wird gut werden, ich bin auf dem richtigen Weg, da bin ich mir sicher. Und so schlafe ich voll positiver Gedanken, den Zauberstab in meinen Händen umklammert, ein.

Der silberne Klang eines Glockenspiels holte mich aus einem tiefen Schlaf. Eine Hofdame verabreichte mir ein goldenes Kügelchen. Seine Einnahme wusste ich geschickt vorzutäuschen. Zwei Wachen begleiteten mich anschließend in die Lichtwerkstatt, in der ich mit Begeisterung mein wohl vertrautes Labor vorfand. Sogleich begab ich mich in die Abstellkammer (die in meiner Wahrnehmung noch keine Voliere war), in der sich die von mir gefalteten eintausend Origami-Kraniche befanden. Wenn ich die allwissende große Eule zum Leben erwecken wollte, so musste ich vorab fleißig üben, um wieder eine Routine im Zaubern zu bekommen. Behutsam nahm ich einen Kranich aus dem Regal und setzte ihn in der Mitte des Raums auf einen Schemel. Vergnügt schwang ich den Zauberstab hin und her, zog kreisende Schleifen in der Luft, richtete ihn auf das Origami und sprach die Leben einhauchende Formel. Ein Blitzlicht entfachte der Stabspitze, ich bekam einen leichten Rückstoß und der Kranich bewegte seine Flügel. Der Zauber war halbwegs geglückt.

Den ganzen Tag übte ich die magische Formel und beherrschte sie von Mal zu Mal besser. Vorerst hauchte ich nur einzelnen Kranichen Leben ein. Anschließend mehreren gleichzeitig. Bis alle eintausend Origami-Kraniche in dichtem Gewirr kreuz und quer umher flogen. Ein Blick auf die Uhr verriet, dass meine Präsenz in der Lichtwerkstatt bald endete und es nun an der Zeit war, die allwissende große Eule aufzusuchen. Die lebendig gewordenen Kraniche in der dunklen Voliere, einem beengten Käfig, zu lassen, tat mir leid; und so öffnete ich ein Fenster und entließ sie in die Freiheit.

Als ich den Torbogen hinter dem Eingangstor des Schlosses passierte, wehte mir ein warmer intensiver Luftzug übers Gesicht und ich blieb stehen ...

... und wie ich genau wusste, stand ich jetzt unter dem Türluftschleier in der Eingangshalle der Psychiatrie; und je nach Blickpunkt, den ich einnahm, befand ich mich entweder unter dem Torbogen des Schlosses oder ...

... aber in der Eingangshalle der psychiatrischen Klinik. Es war alles eine Frage der Perspektive. Eine Perspektive, die beständig zwischen der Verzauberung und der Entzauberung einer kugelförmigen Weltvorstellung hin- und herpendelte; eine Märchenwelt, die sich zu einer vermeintlichen Realität entzauberte, um dennoch am Ende der Entzauberung wieder umzuschlagen in eine irreale Welt voller Magie.

Vorsichtig begab ich mich in den Park. Aus dem Boden wuchsen Tannen und Sträucher, Steine blähten sich nach und nach auf und die Landschaft der mir vertrauten Märchenwelt baute sich Stück für Stück wieder auf. Je weiter ich lief, desto mehr verdichtete sich die Landschaft zu einem Wald; jenem verwunschenen Wald, den ich fürchtete und insgeheim doch sehr vermisst hatte.

Abseits der Wege führte mich ein verschlungener Pfad zu einer von Felsen umgebenen Absenkung, in der sich ein vereister Weiher befand. Inmitten der Eisfläche ragte die allwissende große Eule in der Landschaft auf, die durch einen Zauber versiegelt und versteinert auf einem Felsen hockte. Ihr Anblick ließ mich erschaudern – ich erinnerte mich noch genau an das damals empfundene Schaudern, eine Trostlosigkeit sondergleichen, die Besitz von mir ergreifen wollte, als ich diesen Weiher zum ersten Mal sah. Dennoch, wollte ich jemals von diesem mir unbekannten Ort weg-kommen, so würde mir keine andere Wahl bleiben, als diese grimmige, furchteinflößende Kreatur aufzuwecken und mich ihr zu stellen, was immer auch geschehen möge.

Ich holte tief Luft, richtete den Zauberstab auf die allwissende große Eule und sprach die magische Formel. Ein Blitz entfachte sich und tauchte das versteinerte Monument in ein gleißendes Licht. Das Geräusch brechen-den Gesteins krachte aus dem Inneren ihres Körpers und vorsichtshalber suchte ich Schutz hinter einem Felsen. Es schien mir zuerst, als breche ihr Körper auseinander, doch verwandelte sich das fahle Gestein in ein pechschwarzes Gefieder und ein ächzender Laut, der mir durch Mark und Bein fuhr, erschallte über dem Weiher.

Die allwissende große Eule kreischte und verdrehte ihren Kopf, dabei zischelte sie bösartig: »Wer wagt es, mich in meinem Schlaf zu stören? Zeig dich mir!«

Vorsichtig trat ich hinter dem Felsen hervor und entgegnete nervös: »Wäre es nicht derart wichtig, so hätte ich dich niemals aufgeweckt.«

Die allwissende große Eule drehte ihren Kopf zur Seite. »Du musst schon lauter sprechen«, mahnte sie mich, »wenn du mein vergehendes Gehör erreichen willst.«

»Der Grund«, rief ich ihr zu, »warum ich hier bin, ist ...«

»Komm näher«, unterbrach sie mich. »Mein Gehör ist schwach, zu schwach, um deine Worte aus dieser Distanz vernehmen zu können.«

Ich trat bis ganz an den Rand des Weihers und rief: »Mir wurde gesagt, dass ...«

Die allwissende große Eule schüttelte sich und fauchte erbost: »Ich höre kaum mehr etwas. Du musst schon zu mir herüberkommen, wenn ich dich verstehen soll!«

Vorsichtig betrat ich die Eisfläche und wagte mich langsam vor. Das unter meinen Schuhen sich spaltende Eis knackte bedrohlich. Behutsam tat ich einen Schritt nach dem anderen. Unter dem trüben Eis erblickte ich die verblichenen Gesichter ertrunkener Personen. Ich zwang alle Angst in mir nieder und näherte mich, unsicher mein Gleichgewicht auch halten zu können und nicht auszurutschen, der Mitte des Weihers. Schließlich konnte ich sicher auf einem Stein stehen, der knapp über der Eisfläche herausragte und ich stand vor dem Felsen, auf dem die allwissende große Eule hockte. Jetzt erst erkannte ich, dass sie an den Felsen gekettet war. Wie bei einem Raubtier waren ihre Beine von schweren Ketten umschlossen. Fauchend beugte sie sich mit ihrem scharfen Schnabel zu mir hinab. Erschrocken wich ich zurück. Das Eis knackte unter meinen Schuhen und als ich hinab sah, blickte ich in ein schmerzverzerrtes Gesicht, das mich aus leeren Augenhöhlen anzustarren schien, und schnell sprang ich wieder auf den Stein zurück, der mir sicheren Halt bot.

»Und nun stell deine Frage«, forderte mich die allwissende große Eule auf.

»Ich suche nach einem Ausweg aus diesem scheinbar ausweglosen Ort«, begann ich zu erklären. »Immer wieder versuchte ich von hier zu fliehen. Schließlich erreichte ich die äußerste Grenze dieser Landschaft, eine unüberwindbare Wand aus Glas. Ich lief die Wand entlang und zählte dabei 3142 Schritte. Wie ich in Erfahrung bringen konnte, ist die uns umgebende Winterlandschaft in einem kugelförmigen Raum einge-schlossen. Das exakte Volumen hat mir ein Schneemann mit der Formel $(4/3 \cdot \pi \cdot r^3)$ berechnet. Meine Frage lautet: Wie finde ich einen Ausweg aus dieser Schneekugel?«

Die allwissende große Eule fauchte und ließ ihren Kopf um seine ei-gene Achse rotieren, dabei knirschten und knackten ihre Halswirbel. »Das ist komplizierter, als du denkst, sogar sehr kompliziert«, fauchte sie und kreischte hämisch. Dann bat sie mich, näher an sie heranzutreten. Nur zögerlich tat ich einen Schritt auf sie zu, dann fuhr sie fort: »Deine Frage kann ich dir beantworten. Doch wirst du mir für diese Antwort, die nur ich dir geben kann, einen Preis bezahlen müssen.«

»Was möchtest du haben?«

Die allwissende große Eule kreischte laut auf und sprach: »Was ich haben möchte, ist ein kleines kugelförmiges Haus, mit nur einem einzigen dunklen Fenster; und obschon reichlich lichtdurchflutet, ist es in seinem Inneren unentwegt dunkel. Noch niemals hast du in diesem Haus gewohnt, und siehst doch ständig durch sein Fenster. Seit Anbeginn deines Lebens besitzt du zwei davon, und wenn du die Antwort auf deine Frage kennst, siehst du die Welt nunmehr aus einem Fenster.«

Erschrocken wich ich zurück, das Rätsel konnte ich entschlüsseln. Ve-hement schüttelte ich den Kopf. »Ich kann dir unmöglich geben, was du da von mir verlangst. Eines meiner kleinen kugelförmigen Häuser, durch dessen dunkles Fenster ich das Licht der Welt erblicke, ist eines meiner Augen, durch dessen Pupille ich sehe. Ich kann dir doch keines meiner Augen geben. Nein! Das ist völlig unmöglich.«

»Dann wirst du die Antwort auf deine Frage nie erfahren«, sprach die allwissende große Eule.

»Du bist grausam!«, erwiderte ich. Hilflos stand ich auf dem Stein, um mich herum die leblosen Gesichter hinter Eis. Die Eule war zwar böse, aber allwissend, vielleicht konnte ich sie mit einleuchtenden Argumenten von ihrem Wunsch abbringen. Also rief ich: »Einäugig würde ich die Welt nur noch als ein monokulares Bild sehen, die Tiefenwahrnehmung wäre irritiert und alles bliebe flächig. Ich kann dir keines meiner Augen geben, nur, um die Frage auf eine Antwort zu bekommen. Nein!«

»Dein Verhalten beschämt mich zutiefst.« Die allwissende große Eule senkte betrübt ihren Kopf. »Deine stereoskopische Wahrnehmung ist ein Luxus, auf den du verzichten könntest. Hätte ich nur ein Auge, so wäre ich überglücklich. Sieh mich nur an. Ich bin blind, fast taub und liege hier in schweren Ketten, inmitten einer Eisfläche. Was mir bleibt, ist nur noch mein Geschmackssinn. Und Augäpfel sind eine ganz besondere Delikatesse!« Die allwissende große Eule beugte sich tief zu mir herab, sodass ich in ihre leeren Augenhöhlen sehen konnte. »Nun hast du schon so viele Hindernisse überwunden«, fuhr sie fort. »Du hast so viele Rätsel gelöst und musstest so viel über dich ergehen lassen. Und nun, wo du bei mir bemitleidenswertem Wesen angelangt bist, das dir doch nur helfen will, möchtest du aufgeben. Willst du das wirklich?«

Ein Gefühl von Ohnmacht überkam mich. »Aber meine Augen sind das Wertvollste, was ich habe«, stammelte ich verzweifelt und fasste mir kopfschüttelnd an die Stirn.

»Und die Antwort auf deine Frage«, erwiderte die allwissende große Eule, »ist die wertvollste Erkenntnis, die ich besitze. Absolut niemand hier, kein Mensch, kein Tier und kein Fabelwesen, könnte dir deine Frage jemals beantworten. Niemand außer mir kennt die Antwort. Und sag doch selbst, ist es nicht wunderschön, wenn wir das Wertvollste, was wir beide besitzen, miteinander teilen würden? Dein Ausblick gegen meinen Einblick. Wäre das nicht ein wahrer Lichtblick?«

So sehr ich die allwissende große Eule auch zu überreden versuchte, mir doch einen anderen Preis als mein Auge abzuverlangen, so blieb sie gleichgültig gegenüber allem, was ich ihr anzubieten hoffte oder beschaffen wollte und sei es noch so kostbar. Meine Überzeugungsversuche, so geschickt und durchdacht sie auch waren, verliefen ins Leere. Auch meinem Bitten und Flehen brachte die allwissende große Eule nichts als Gleichgültigkeit entgegen. Und wie mir längst klar geworden war, akzeptierte sie nur dieses eine kugelförmige Zahlungsmittel, das unverhandelbar war. Tränen quollen mir aus den Augen. Insgeheim wusste ich, dass es keine Alternative gab; und wie mir bereits der Schneemann sagte, war die allwissende große Eule die einzige, die mir meine Frage beantworten konnte. Furchterfüllt sah ich zu ihr auf und fragte mit zittriger Stimme: »Wird es weh tun, wenn ich mein Auge verliere?«

»Mein Schnabel ist flink und spitz wie eine Nadel«, sprach die allwissende große Eule. »Und ehe du dich versiehst, habe ich dein Auge herausgenommen, schnell und schmerzlos.«

Abermals rannen mir Tränen über die Wangen. Erschüttert blickte ich über den vereisten Weiher, der von Felsen umschlossen war. Es war das letzte Mal, dass ich den mich umgebenden Raum stereoskopisch wahrnehmen konnte, fortan würde ich die Welt als flächigen Raum sehen. Eine Ausweglosigkeit sondergleichen umfing mich und ich fühlte mich hilflos und schwach. Dann erinnerte ich mich daran, dass ich schon einmal mit meinem Leben abgeschlossen hatte und mich der Verlust meines Augenlichts in diesen Momenten auch nicht mehr gestört hätte. Der Drang, endlich der Welt zu entfliehen, war zu mächtig und ich war bereit der Eule zu geben, wonach sie verlangte. »In Ordnung«, sagte ich schließlich resigniert und voller Verzweiflung. »Es bleibt mir wohl keine andere Wahl.«

»Fein, fein, fein«, zischelte die allwissende große Eule und verdrehte zufrieden ihren Kopf. »Als erstes entscheidest du, welches deiner Augen du entbehren möchtest.«

Ich überlegte und erklärte: »Auf meinem linken Auge habe ich eine Hornhautverkrümmung und auf meinem rechten Auge bin ich kurzsichtig.«

»Dann würde ich dir empfehlen, das Auge mit der Hornhautverkrümmung zu entbehren. Kurzsichtigkeit kann einfacher mittels Sehhilfe korrigiert oder mittels Operation behoben werden.«

»Ich gebe dir also mein linkes Auge«, stammelte ich, und ein Gefühl von Ohnmacht umfing mich wieder. »Und wie geht's dann weiter?«

»Du trittst nahe an meinen Felsen heran und ich beuge mich zu dir hinab. Dann machst du dein Auge weit auf und blickst möglichst entspannt in den Himmel zu den Tannenspitzen hinauf. Du konzentrierst dich auf eine der Tannenspitzen. Und ehe du dich versiehst, habe ich dein Auge herausgepickt.«

Zitternd ging ich nahe an die allwissende große Eule heran. Ich sagte mir, dass ich wahnsinnig sein müsste, aber vielleicht war ich das ja auch auf die eine oder andere Weise. Ich öffnete meine Augen weit auf und fixierte eine Tannenspitze. Sie beugte sich mit ihrem großen Kopf zu mir herab, sodass ich ihr schweres Atmen hören konnte. Ihr skalpellscharfer

Schnabel befand sich jetzt direkt vor meinem Auge und ich musste mich überwinden, nicht den Kopf wegzuziehen.

»Und vergiss nicht«, zischelte sie, »du wirst danach nicht blind sein. Du hast immer noch ein Auge.«

Es dauerte viel zu lange. Ich konnte kaum noch die Augen offen halten und kämpfte gegen mich an. »Wie oft hast du schon einem Menschen das Auge rausgepickt?«, fragte ich mit zitternder Stimme und spürte zugleich ein Zwicken in meiner linken Gesichtshälfte. Ich sah zur allwissenden großen Eule auf, die genüsslich mein Auge fraß. Warmes Blut strömte mir über die Wange und ein drückender Schmerz von Kälte breitete sich in meiner linken Augenhöhle aus. Mir wurde speiübel und ich erbrach mich auf das Eis des Sees. Dort sah ich nur verschwommen mit dem rechten Auge in die toten Gesichter. Ich zitterte am ganzen Leib und weinte, solange ich noch weinen konnte, mit dem einen Auge. Mein Magen war inzwischen leer und ich stand unter Schock. Mit meinem Ärmel stillte ich das triefende Blut. Ich spürte keinen Schmerz, ich fühlte gar nichts mehr und wollte endlich fliehen. »Nun beantworte mir meine Frage«, forderte ich die allwissende große Eule auf.

»Gewiss doch, gewiss«, fauchte sie und drehte ihren Kopf um seine eigene Achse. »Jetzt erfülle ich meinen Teil der Abmachung. Ich komme nun zur Antwort auf deine Frage: Die von dir bereits erwähnte Formel $(4/3 \cdot \pi \cdot r^3)$, mit der sich das Kugelvolumen dieser Schneekugel berechnen lässt, ist nur teilweise richtig. Die Formel muss mit 1001 multipliziert werden und lautet korrekt: $1001(4/3 \cdot \pi \cdot r^3)$. Die grundlegende, vorab zu stellende Frage ist, was eine Schneekugel eigentlich ist. Sie ist nicht bloß ein Kugelvolumen, das die Entität einer Märchenwelt umschließt. Nein. Sie ist viel mehr als das. Eine Schneekugel beinhaltet alle Elemente deines Erinnerungsvermögens. Der dich hier umgebende Ort, besteht ausschließlich aus deinen Erinnerungen. Diese treten logisch und unlogisch in Erscheinung, sind vollständig oder bruchstückhaft, sind rational oder irrational miteinander verknüpft. Eine Schneekugel ist ein mentaler Raum, der ganz der Logik eines Traums folgt. Alles, was du hier erlebst und fühlst, ist ein Teil von dir selbst. Auch ich, die allwissende große Eule, die gerade eben eines deiner Augen gefressen hat, ist ein Bruchstück deiner mentalen Erfahrung. Du bist also in deiner eigenen Gedankenwelt gefangen, aus der du kaum mehr herausfindest. Und die Frage nach dem Ausweg hat dich schließlich, nachdem du zahlreiche Rätsel gelöst und Hindernisse überwunden hast, zu mir geführt. Dein nächster, zu gehender Schritt wird darin bestehen, dass du deine Erinnerungen finden musst. Diese sind in einer Sammlung aus *eintausendundeins Schneekugeln* eingefroren. Wenn du die Schneekugelsammlung gefunden hast, musst du dich in die einzelnen Schneekugeln, sprich in deine eingefrorenen Erinnerungen, hineinbegeben und dort ihre Rätsel lösen und Aufgaben bestehen. Dies und nur dies wird der Weg sein, der einzige Weg, der dich wieder nach Hause bringen kann.«

Was mir die allwissende große Eule soeben erzählte, eröffnete mir völlig neue Einblicke und ließ mich meine Situation besser, wenn auch nicht restlos, verstehen. Zudem war mir klar, wo ich die Schneekugelsammlung finden würde. Ich tastete vorsichtig in meine leere Augenhöhle, dann wandte ich mich mit einer weiteren Frage an die allwissende große Eule. »Nun hast du mir Inhalt und Funktion einer Schneekugel erklärt und ich kann diesen mir unbekannten Ort viel besser verstehen. Auch weiß ich jetzt, was als Nächstes zu tun ist. Wie aber, wenn ich vor dieser Schneekugelsammlung stehe, gelange ich in die Schneekugeln hinein?«

Die allwissende große Eule kreischte hämisch, fauchte und drehte ihren Kopf im Kreis. »Gerne beantworte ich dir auch diese Frage. Aber wie dir bestimmt klar ist, wirst du auch für diese äußerst wertvolle Antwort, die einzig nur ich dir geben kann, einen kugelförmigen Preis bezahlen müssen.«

Nein, dachte ich, das ist nicht möglich. Das ist zu viel. Ich saß eine Weile da und atmete schwer. Dann fasste ich mich langsam. »Das ist ungerecht!«, rief ich empört. »Wir hatten vereinbart, dass du mir erklärst, wie ich vorzugehen habe, wenn ich die Schneekugel verlassen möchte.«

»Das ist nicht ganz richtig«, erwiderte die allwissende große Eule, drehte ihren Kopf und kreischte in schrillen hohen Tönen. »Deine Frage lautete, ich zitiere sie wortwörtlich: ›Wie finde ich einen Ausweg aus dieser Schneekugel?‹. Ich habe dir den Vorgang des Auswegs aus dieser Schneekugel vollumfänglich und kohärent beantwortet. Ich habe dir Hintergrundinformationen gegeben und dir deinen nächsten zu gehenden Schritt genannt. Deine Frage ›Wie finde ich einen Ausweg aus dieser Schneekugel?‹ ist mehr als liederlich und oberflächlich formuliert. Und dennoch habe ich dir auf deine ungenaue Frage, die ich gleichwohl auch hätte ungenau beantworten können, eine mehr als deutliche und äußerst ausführliche Antwort gegeben! Folglich bin ich deiner Frage mehr als gerecht geworden. Dass du mir nun eine zweite Frage stellen musst, folgt aus deiner ersten Frage, die du so unreflektiert gestellt hattest. Das ist zwar bedauerlich, kann mir aber nicht angelastet werden, es ist dein eigenes Verschulden.«

Fassungslos schaute ich zur allwissenden großen Eule auf und wollte wissen: »Wie hätte ich denn meine erste Frage treffender formulieren können?«

»Ich an deiner Stelle hätte die Frage so gestellt: Welche Schritte und Teilschritte und daran geknüpfte Bedingungen, sowie Teilbedingungen, müssen erfüllt sein, um die räumliche Entität einer Schneekugel verlassen zu können?«

Erschüttert sah ich zur allwissenden großen Eule auf, die mir mein verbliebenes Augenlicht wegfressen wollte. »Wäre es nicht denkbar«, fragte ich mit zaghaft zittriger Stimme, »dass du mir einen meiner Finger abbeißt?«

»Nein, nein, nein!«, rief sie, ließ ihren Kopf rotieren und kreischte laut. »Finger und andere Körperteile schmecken mir nicht. Es sind die Augen, deine mehr als schmackhaften Augen, und nur diese sind es, die mir ein unerhörter Gaumenschmaus sind!«

Mir war klar geworden, dass ich der allwissenden großen Eule niemals, unter keinen auch nur erdenklichen Umständen, eine Antwort abverlangen konnte, wenn ich nicht den von ihr geforderten Preis bezahlte. Ihre eisernen Regeln, nach denen hier auf dem Weiher gespielt wurde, waren unumstößlich. Dieses äußerst willensstarke und gerissene Scheusal war sich des Wertes ihrer Allwissenheit bewusst, die sie mir auf sadistische Weise, in Form meiner Augen, vorab bezahlend in Rechnung stellte. Und es gab rein gar nichts, so meine niedergeschlagene Schlussfolgerung, was ich gegen ihre Psychopathie hätte ausrichten können. Und wollte ich die eine einzige Antwort bekommen, die mich auf meinem Weg weiterbringen konnte, so musste ich den einen einzigen Preis dafür bezahlen, den die allwissende große Eule akzeptierte: mein rechtes Auge. Doch wie sollte ich, ohne sehen zu können, all die Aufgaben für die Flucht meistern? Ich würde so oder so scheitern. Ich überlegte schon, ob ich wieder gehen sollte. Doch dann hätte ich mein linkes Auge vollkommen umsonst geopfert. Das konnte ich nicht ertragen. Und wohin sollte ich gehen? Ich hielt es hier an diesem verfluchten Ort doch nicht aus. Und so entschied ich mich dafür, die ganze Wahrheit zu erfahren.

Vollkommen erschöpft und immer noch blutend, beugte ich mich zitternd vor, öffnete weit mein rechtes Auge und schielte in die Baumkronen. Ich spürte ein Zwicken auf meiner rechten Gesichtshälfte, dann umgab mich Dunkelheit. Über meiner rechten Wange spürte ich warmes Blut triefen und wieder breitete sich ein drückender, eiskalter Schmerz aus, diesmal in meiner rechten Augenhöhle. Mit meinem Ärmel stillte ich die Wunde und hörte, wie die allwissende große Eule genüsslich mein Auge fraß und dabei widerlich schmatzte. Ich konnte und wollte nicht wahrhaben, dass ich nun für immer erblindet war. Ich hatte nur noch eines im Kopf, meine Flucht. An diesem Gedanken hielt ich mich fest. »Nun beantworte mir meine zweite Frage«, forderte ich sie auf. Um mein Gleichgewicht halten zu können in der Dunkelheit – Schwindelgefühle überkamen mich –, ertastete ich den Felsen, auf dem sie hockte.

»Gewiss doch, gewiss«, fauchte sie und ich hörte ihre Halswirbel beim Drehen ihres Kopfs um seine eigene Achse knirschen und knacken. Dann hörte ich nichts mehr von ihr und ich fühlte nur noch die kalte, dunkle Stille um mich herum. Schon wollte ich nachfragen, da sprach sie plötzlich: »Jede Schneekugel wird mit einem *bronzenen Schlüssel* aufgeschlossen. Die Schneekugelsammlung, auch wenn es deine Erinnerungen sind, die in eintausendeins Kugelvolumen eingefroren sind, gehört nicht dir sondern der Hexe. Die Hexe ist dein Antagonist und soll verhindern, dass du die Schneekugel, in der du dich jetzt gerade befindest, jemals verlässt. Der Eingang zu der Schneekugelsammlung führt über die *erste Schneekugel*. Um diese erste Schneekugel zu öffnen, brauchst du aber einen bestimmten Schlüssel und diesen hat die Hexe am denkbar sichersten Ort verwahrt, den es nur gibt: im Magen ihres Drachens.«

»Den Drachen habe ich mir aber mit dem Horn eines Einhorns zu Stein gewünscht«, sagte ich verzweifelt. »Wie soll ich den Schlüssel aus seinem Magen herausbekommen, jetzt wo ich blind bin?«

»Das ist allein dein Problem«, entgegnete die allwissende große Eule gleichgültig. »Wieder einmal ist es dein eigenes Verschulden, das dich vor ungeahnte Hindernisse stellt.« Leise vernahm ich das knackende Geräusch von brechendem Stein. Vorsichtig tastete ich an ihr Gefieder, das allmählich erhärtete. »Sieh nur«, sprach sie. »Deine magischen Kräfte sind genau so dürftig, wie deine Fähigkeit, Fragen zu formulieren! Dein Zauber lässt bereits nach und ich versteinere wieder. Ich danke dir vielmals für deine Augen. Sie haben vorzüglich geschmeckt und haben mich, in kulinarischem Sinne, tiefer blicken lassen. Ich hätte mir nie träumen lassen, dass Augen so gut schmecken können! Einen Ratschlag gebe ich dir nun umsonst; aber merke dir diesen Ratschlag genau, und vergiss kein einziges Wort davon: Wenn du dich in die Schneekugeln hineinbegibst, so muss dir klar sein, dass du dich mit jeder Schneekugelreise in der Zeit rückwärts bewegst. Jede Schneekugel ist mit einer Nummer versehen; und je höher diese Nummer ist, umso weiter wird der Zeitsprung sein. Zeitsprünge können zu schlimmen Komplikationen führen und Folgewirkungen haben. Ich rate dir daher zur äußersten Vorsicht bei den Schneekugelreisen!«

»Was für Komplikationen? Was für Folgewirkungen?«, wollte ich noch wissen. Doch wie ich beim Befühlen ihres Gefieders feststellte, war die allwissende große Eule schon fast vollständig zu Stein erstarrt und so sagte ich schnell: »Sobald du versteinert bist, kann ich dich nochmals zum Leben erwecken und wir können unsere Unterhaltung fortsetzen.«

»Das würde dir nichts nützen«, sprach sie gleichgültig und ihre Stimme wurde langsamer und tiefer. »Mit was würdest du mich bezahlen wollen? Oder hast ... du ... etwa ... drei ... Augen?« Die Worte verstummten und die allwissende große Eule war wieder zu Stein erstarrt.

Blind wie ich nun war, irrte ich schutzlos durch den Wald. Ich stolperte über Stock und Stein, fiel hin und kroch im Schnee. Es war ein zielloses Umherirren und Umhertasten, inmitten eines Labyrinths, das aus dem Geruch des Schnees und dem Duft der Tannen bestand. Finsternis umgab mich und die Welt erschloss sich mir nur noch über den Hör-, Tast-, Riech- und Schmecksinn. Vor allem waren es der Tastsinn und der Hörsinn, mit denen ich verzweifelt versuchte, meinen Sehsinn zu kompensieren. Unentwegt rief ich nach dem Schneemann, so laut ich nur konnte und mit all meinen Kräften, die mir noch geblieben waren. Doch vergebens. Die zunehmende Kälte, die von der einbrechenden Nacht herrührte, zerrte an meinen Kräften und ließ mich immer hilfloser werden; die eisige Luft schmerzte schier unerträglich in meinen leeren Augenhöhlen. Zudem umgab mich ein bedrohliches Rascheln und Knacken in den Büschen und Tannen und der Wind heulte jämmerlich durchs knarrende Gehölz. Orientierungslos taumelte ich umher und wurde zunehmend kraftloser, im Körper wie im Geist. Diese Nacht würde ich nicht überleben, da war ich mir inzwischen sicher. Vielleicht sollte ich mich irgendwo verkriechen, dachte ich.

Schmerzhaft stieß ich mir den Kopf. Ich befühlte das harte Material und erriet den Holzbalken einer Dachtraufe. Ich tastete mich zu einem offenen Fenster vor. Der eisige Wind wich plötzlich einem warmen Luftzug, der den Duft von Apfel, Birne, Nuss, Schokolade, Marzipan und Lebkuchen trug und eine Stimme krächzte: »Komm herein in meine warme Stube. Ich habe Apfel-Zimtkuchen im Ofen und Jasmintee aufgesetzt.« Ein herrlicher Duft von Gebäck, Süßigkeiten und Früchten stieg mir in die Nase. »Hab' keine Angst«, krächzte die Stimme verständnisvoll und ich spürte, wie Krallenhände nach mir zu greifen versuchten. Erschrocken wich ich zurück. »Du wirkst erschöpft und hungrig«, krächzte die Stimme beinahe liebevoll. »Hier kannst du dich ausruhen, so lange du willst und du kannst essen, so viel du willst. Dein Gesicht sieht schlimm aus, du brauchst dringend Hilfe.« Meine Augenhöhlen schmerzten unerträglich und die quälenden Schwindelgefühle ließen mich bald zusammenbrechen. Hätte ich noch

Augen gehabt, ich hätte vor Verzweiflung geweint. So verzog ich nur den Mund und schluchzte in mich hinein. Ich schmeckte mein Blut und hatte mich inzwischen aufgegeben. Ich wollte nur noch in die schützende Wärme, wollte, dass der Schmerz in meinen Augenhöhlen aufhörte, auch wenn ich direkt in mein Verderben lief. Das war mein einziger Gedanke.

Als ich mich zur Tür vortastete, blieb ich vor etwas großem Klumpigem stehen, das mir den Weg versperrte und eigenartig nach Tümpel roch. Dieses klumpige Etwas wollte beharrlich verhindern, dass ich mich in das Hexenhaus begab. Mehrmals versuchte ich es zu umgehen. Aber immer wieder versperrte es mir den Weg, drängte mich zurück und hinderte mich am Weitergehen. Ich befühlte seine schleimige, nach Algen riechende Haut und hörte sein schweres Schnaufen. Nun erkannte ich den riesigen Frosch wieder, der so groß wie ein Wolf war, der mich damals im Wald verfolgt hatte und vor dem ich mich so sehr geekelt hatte. Er drängte sich zwischen meine Beine und hievte mich auf seinen Rücken. Ich umklammerte seinen glitschigen Hals und er hüpfte mit mir davon. Ohnehin wäre ich zu kraftlos gewesen, um noch Widerstand zu leisten. Doch der Frosch handelte in guter Absicht, wie ich nun spürte. In ihm hatte ich mich wohl am meisten getäuscht. Soeben hatte er mich vor dem sicheren Ende bewahrt. Und auch damals, als er mich im Wald verfolgte, geschah dies wohl in bester Absicht. Er wollte nichts weiter als helfen, wie ich jetzt im Nachhinein erkennen musste und meine fälschlichen Mutmaßungen von damals taten mir unglaublich leid. Nach einiger Zeit hüpfte der Frosch langsamer und hielt an. Er ließ mich absteigen und verschwand, so lautlos wie er gekommen war, kaum, dass mir noch Zeit geblieben wäre, ihm für alles zu danken.

Ich ging ein paar Schritte und stieß gegen ein Treppengeländer. Schmale, steile Stufen führten mich zu einer Tür, und wie ich durch Befühlen erriet, war die Tür allen Anschein nach aus den Angeln gerissenen worden. Ich betrat einen Raum, der nach modrigem Holz und Moos roch. Vorsichtig suchte ich die Wände ab und ertastete zwei Treppen. Eine führte hinab und die anderen hinauf. Ich stieg in den ersten Stock hoch. Auch dieser Raum war klein und leer. Eine weitere Treppe führte mich in den nächsthöheren Stock. Auch dort fand ich eine Treppe. Und so stieg ich höher und höher hinauf. Bis es keine Treppe mehr gab.

Vorsichtig tat ich einen Schritt nach dem anderen und stieß gegen etwas Schweres, das sich wie eine Truhe anfühlte und staubig roch. Ich kniete mich nieder und hob den Deckel an. Ich ertastete einen Sack mit unzähligen Scherben darin. Nun wusste ich, wo ich war. Ich befand mich auf dem Dachboden des Hexenturms und vor mir lag die Truhe mit dem zerbrochenen Zauberer aus Porzellan.

Ich kramte den Zauberstab aus meiner Tasche und trat drei Schritte zurück. Dann schwang ich ihn durch die Luft, richtete ihn dorthin, wo ich die Truhe vermutete und sprach die magische Leben einhauchende Formel. Ich vernahm ein Zischen und Knistern und spürte den Zauberstab in meiner Hand vibrieren und Funken stieben. Ich hörte das Licht aus der Stabspitze fließen und zu einem immer größeren Strahlen anschwellen. Wärme strömte mir entgegen und ein heißer Wind wehte um mich herum. Dann hörte ich das klickende und klackende Geräusch der Porzellanscherben, die sich Stück für Stück zusammensetzten – klack, klack, klack und klick, klick, klick, machte es und schließlich hörte ich es klick, klack, klick, klack, klick, klack machen. Dann war es wieder still und die Wärme zerging in der kalten Luft des Dachbodens.

Aufgeregt lauschte ich in die Stille hinein und hörte zuerst ein leises Grummeln; dann eine tiefere Stimme murmeln. Wie der knarrende Boden verriet, kam der Zauberer drei Schritte auf mich zu und fragte erschrocken: »Was ist mit deinen Augen passiert?« Ich erzählte ihm von meiner

Begegnung mit der allwissenden großen Eule und der Zauberer meinte: »Das sieht diesem Scheusal ähnlich. Sie ist eine grausame und sadistische Kreatur. Als ich sie damals versteinert auf dem Felsen eines Weihers hocken sah, inmitten ihrer verblichenen und erfrorenen Opfer, zauberte ich ihr vorsichtshalber Ketten ans Bein, damit sie sich auf niemanden hinabstürzen kann, um ihm die Augen auszuhacken, sollte sie jemals wieder zum Leben erweckt werden.« Ich wollte wissen, warum die allwissende große Eule derart böse sei und der Zauberer erklärte: »Sie war aus der Kombination vieler Eulen erschaffen worden. Die Verschmelzung mehrerer Eulen zu einer großen allwissenden Eule wurde mittels eines magischen Tranks vollzogen, der selbst gebraut war. Magische Tränke brauen, ist eine diffizile Kunst und sollte nur von erfahrenen Zauberern vollzogen werden. Die Laien auf dem Schloss, die diesen magischen Trank notbeholfen zusammengepantscht hatten, hätten gut daran getan, den Status Materiae Magicum eingehend zu studieren, ansonsten wäre ihnen nicht ein so fatales Missgeschick unterlaufen. Das missratene Ergebnis kennst du ja: eine Eule, die von Grund auf böse ist und Furchtbares tut. Im Übrigen«, fuhr der Zauberer fort, »ist die allwissende große Eule weder taub noch blind, sie sieht durch die vielen Augen derer, die sie gefressen hat; und ihre Taubheit täuscht sie bloß vor, um ihre Opfer möglichst nahe an sich heranzulocken.«

Ich merkte, wie mir der Zauberstab aus der Hand genommen wurde und hörte den Zauberer fünf Schritte von mir weggehen. Was er nun vorhabe, fragte ich ihn. Doch er gab mir keine Antwort und murmelte stattdessen eine magische Formel. Sogleich spürte ich eine brennende Hitze in meinen Augenhöhlen auflodern und das mich umgebende Dunkel erhellte sich zu einem strahlenden Leuchten. Allmählich blendete die weiße Fläche ab und ich erkannte schemenhaft die Konturen des Dachbodens; und schon bald konnte ich auch den Zauberer erkennen. Er war von schmaler, hoher Statur, die bis unter den Dachstuhl reichte. Sein Bart berührte beinahe den Boden. Ziemlich genau ähnelte er mit seinem schneeweißen Bart, dem violettgoldenem Mantel und dem Spitzhut jenem Zauberer auf dem Wandteppich im Saal des Schlosses. Er schnippte mit seinen Fingern vor meinem Gesicht – ich blinzelte – und er sagte: »Jetzt kannst du wieder sehen.«

Überglücklich und dankbar sah ich zu ihm auf. Ich konnte es kaum glauben, mein Augenlicht war mit einem Mal wieder da. Es kam mir wie ein Wunder vor! Ich sah mir den Dachboden an, und obwohl es hier kaum was zu sehen gab, außer der Truhe und ein paar zerschlissenen Sesseln, konnte ich mich kaum mehr sattsehen. Ich hatte meine wertvollen Augen wieder und jauchzte vor Freude! Ich überlegte und fragte den Zauberer dann, ob es denkbar wäre, dass meine Augen nachkorrigiert werden könnten. Auf meinem linken Auge hatte ich eine Hornhautverkrümmung und auf meinem rechten Auge war ich kurzsichtig. Der Zauberer nickte und murmelte wieder eine magische Formel, dabei zog er den Zauberstab waagerecht an meinem Gesicht vorbei. Es blitzte und funkte und plötzlich sah ich gestochen scharf wie nie zuvor.

Wir setzten uns in die zerschlissenen Sessel und der Zauberer entzündete eine Flammenkugel. Sie schwebte in den Dachstuhl hinauf, verströmte eine angenehme Wärme und tauchte den Raum in ein gemütliches Licht. Lauschig saßen wir so beisammen und ich erzählte von meinem bisher Erlebten: wie ich ohne Erinnerungen auf einem Schloss, einem mir unbekannten Ort, erwacht war. Wie der heimliche Gedanke an eine Flucht, über den ich immerwährend nachdachte, mich beharrlich nach einem Ausweg suchen ließ. Wie mich ein Geheimgang das erste Mal in den Wald führte und ich auf den Schneemann traf. Ich erzählte von den Spiegelreisen, die mich das Kuriositätenkabinett im Turmzimmer finden ließen. Von der Antwort, die mir die allwissende große Eule gab. Und vom riesigen Frosch, der mich vor der Hexe bewahrt hatte und mich zu diesem Turm brachte. Und nun befinde ich mich auf dem Heimweg, schloss ich meine Schilderung. Und um diesen Heimweg, der mich durch eine Schneekugelsammlung führen wird, antreten zu können, benötige ich einen Schlüssel, wie ich dem Zauberer erklärte. Und dieser Schlüssel befand sich unglücklicherweise im Magen des Drachens.

Der Zauberer erhob sich aus dem Sessel und meinte entschlossen: »Dann sollten wir keine Zeit verlieren und sofort aufbrechen. Zuerst werden wir den Schlüssel aus dem Drachenmagen holen, anschließend werden wir uns gemeinsam in die Schneekugeln begeben und dich wieder nach Hause bringen.« Dann sah er zu mir herab und fragte: »Hast du eine Ahnung, wo sich der Drache jetzt aufhalten könnte?« Ich nickte und erzählte, dass er sich in der Nähe des Waldrands befände, wo ich ihn mit dem Horn eines Einhorns zu Stein gewünscht habe. Der Zauberer nickte. Er murmelte eine magische Formel und die an der Decke schwebende Flammenkugel wurde kleiner und immer kleiner, flitzte wie eine Sternschnuppe durch den Raum und entschwand in der Spitze des Zauberstabs, woher sie gekommen war. Wir stiegen die Treppen hinab – ich zählte acht Stockwerke – und verließen den Turm.

Verschlungene Wege führten uns durch den dicht verschneiten, vom Mondlicht beschienenen Wald, über Hügel und durch Absenkungen, vorbei an Felsen und kleinen Höhlen, aus denen die Augen der Gnome funkelten und uns aufmerksam zu beobachten schienen. Als der Drache von Weitem als schwarzer Schattenriss zu erkennen war, blieb der Zauberer stehen und drehte sich zu mir hin: »Um an den Schlüssel heranzukommen, werde ich den Drachen umstülpen müssen. Versteinert, wie er jetzt ist, wird mir das aber nicht gelingen. Also werde ich ihn zuerst zum Leben erwecken müssen, um ihn bezwingen zu können. Es ist zu erwarten, dass er heftigen Widerstand leistet; kein Drache will sich bezähmen, bezwingen oder gar umstülpen lassen. Also wundere dich nicht, wenn es gleich ziemlich laut und wild zugehen wird.«

Während ich mich hinter einer Tanne versteckt hielt – ich konnte es vor Aufregung kaum noch aushalten –, näherte sich der Zauberer dem Drachen. Prüfenden Blicks umkreiste er die furchteinflößende Steinskulptur. Das tat er drei Mal. Dann hob er den Zauberstab senkrecht in die Höhe, schwang ihn wie eine Acht in der Luft und sprach eine längere Formel. Es donnerte und bebte und mit einem Mal war der Drache zu gefährlichem Leben erwacht. Er fauchte wild um sich und sein Gebiss schlug krachend zusammen. Dann spie er einen Feuerstrahl gegen den Zauberer aus. Dieser konterte mit einem Blitzstrang und beide aufeinander treffende Energien bündelten sich zu einer funkenstiebenden Lichtkugel. Das gleißende Strahlen setzte eine sengende Hitze frei. Heiße Winde entfachten und schmolzen den Schnee und die Eiszapfen von den Tannen. Die rötlichen Flammen und die bläulichen Blitzstränge – beide Energien vehement bestrebt, sich zu dominieren – mischten sich und tauchten den Wald in ein leuchtendes Violett. Der Feuerstrahl wurde schwächer und dürftiger und konnte den Blitzsträngen kaum noch Stand halten. Vorsichtig trat ich hinter der Tanne hervor und näherte mich dem Geschehen, ich wollte aus nächster Nähe mit ansehen, wie der Drache bezwungen wurde. Die den Drachen beherrschenden Blitzstränge ließen plötzlich nach und der Zauberer erstarrte zu Porzellan. Meine Magie, mit der ich ihn auf dem Dachboden des Turms zum Leben erweckt hatte, war bereits wieder zerronnen; und das im denkbar ungünstigsten Moment! Fassungslos stand ich da. Zwar wollte ich den Zauberer unbedingt noch auf die Kurzzeitwirkung meiner Magie hinweisen, doch das unglaublich wundersame Ereignis, wieder Augen zu haben, mit denen ich sehen konnte und die Aufregung, dem Drachen wieder zu begegnen, hatten mich dieses äußerst wichtige Detail vergessen lassen. Regungslos stand der Zauberer dem Drachen gegenüber und bewegte sich keinen Millimeter mehr. Der Drache schnappte nach dem Zauberer, nahm ihn zwischen seine messerscharfen Zähne, hob ihn weit hoch und schmetterte ihn mit voller Wucht zu Boden. Der Zauberer zersplitterte in tausend Teile. Wie gelähmt stand ich da. Ich war schockiert! Lautlos wollte ich mich zurückziehen, doch der Drache hatte mich bereits bemerkt und bewegte sich wutschnaubend auf mich zu.

So sehr ich auch versuchte, dem Drachen zu entkommen, er jagte mich über Stock und Stein, hin und her, kreuz und quer durch den Wald. Immer wieder schnitt er mir den Weg ab und schien ein Hetzspiel mit mir zu treiben, das mich mehr und mehr erschöpfte und desorientierte – links und rechts, oben und unten, vorwärts und rückwärts, ich hatte keine Ahnung mehr, wo was war. Schließlich umkreiste mich der Drache mit seinem schlangenartigen Körper und ich konnte ihm nicht mehr entrinnen. Das Spiel war zu Ende, nun wurde es ernst. Hasserfüllt starrte er mich aus seinen giftiggrünen Augen an. Bestimmt konnte er sich noch an unsere letzte Begegnung erinnern, bei der ich ihn mit dem Horn eines Einhorns zu Stein gewünscht hatte. Natans schwere Verbrennungen schossen mir durch den Kopf, die ich davon tragen würde, wenn ich den Feuerstrahl überlebte.

Während der Drache seine Lungen mit Luft füllte, um zu einem versengenden Strahl auszuholen, blickte ich zu den Sternen auf. Der Mondschein reflektierte in den Tannen und ich bemerkte ein eigenartiges Glänzen. Beim genaueren Hinsehen konnte ich erkennen, dass sich das Mondlicht in meinen Origami-Kranichen reflektierte. Sie saßen friedlich in den Tannen und sahen auf mich herab. Da keimte in mir eine Erinnerung auf …

… ›Senbazuru‹ hieß die im Origami-Buch erwähnte japanische Legende, ›wonach sich demjenigen ein Wunsch erfüllen würde, der mindestens eintausend Origami-Kraniche gefaltet hatte‹ und …

... nun erschloss sich mir der Sinn darüber, warum ich diese Unmengen an Origami, genau *eintausend* an der Zahl, gefaltet hatte. In der rationalen Welt der Psychiatrie konnten mir die tausend Origami-Kraniche keinen Wunsch erfüllen, doch hier, in der irrationalen Märchenwelt, wäre es denkbar, dass sie den Wunsch Wirklichkeit werden ließen.

»Ich möchte einen Wunsch aussprechen«, rief ich laut, worauf die Kraniche von den Tannenspitzen flogen und den Drachen umkreisten. Er spie Feuer aus, um die Kraniche zu versengen. Und jetzt erkannte ich auch den Sinn, die Origami-Kraniche mittels dieser von mir so verhassten Aluminiumfolie gefaltet zu haben; und ich dankte Herrn Stahlhut, dem Werkstattbetreuer, tausend Mal dafür, mir kein richtiges Papier gegeben zu haben. Seine Entscheidung, so sehr ich mich damals auch geärgert haben mochte, rettete mir nun das Leben. Der Feuerstrahl des Drachens – immer und immer wieder spie er Feuer gegen die Kraniche – konnte dem Aluminium nichts anhaben und die tausend Kraniche blieben bestehen; und somit erhielt sich auch mein Wunsch. Ich sah zu den im Kreis fliegenden Kranichen hinauf und sprach laut: »Ich wünsche mir, dass der Drache umgestülpt wird!«

Sogleich begann sich mein Wunsch zu erfüllen. Der Drache rüttelte und schüttelte sich, während ich das Weite suchte. Dann rumpelte und polterte es laut in seinem Magen und es war kaum mit anzusehen, als seine Innereien und Gedärme nach außen quollen und überquollen.

Als der Drache vollständig umgestülpt war, näherte ich mich ihm vorsichtig. Ein Ekel überkam mich, wie ich seine überall herumliegenden Eingeweide sah. Aber es blieb mir keine andere Wahl, ich musste hier was ganz Bestimmtes finden. Und so suchte ich aufmerksam. Nach einiger Zeit entdeckte ich zwischen Magen, Milz, Darm und Leber liegend einen bronzenen Schlüssel im Mondschein glänzen. Diesen nahm ich an mich. Sein aus Bronze gefertigter Halm war lang, er hatte einen mehrfach verwinkelten Bart und seine Reite bestand aus einer ovalförmigen Fläche, auf der die Prägung der Zahl ›1‹ zu lesen war.

Dass der Zauberer in tausend Teile zerschlagen worden war, war zwar ärgerlich, doch nicht sonderlich schlimm. Ich konnte seine Scherben aufsammeln und ohne weiteres mit meinem Lebenszauber, den ich mittlerweile recht gut beherrschte, obwohl er nie von sonderlich langer Dauer war, wieder zusammensetzen. Und genau das wollte ich nun tun. Auf meiner nicht ungefährlichen Heimreise durch die Schneekugelsammlung würde ich einen mutigen und der Magie mächtigen Gefährten gebrauchen; jemanden wie den Zauberer.

Als ich an der Stelle stand, wo der Zauberer vom Drachen zerschlagen worden war, musste ich mit Schrecken feststellen, dass die meisten Porzellanscherben bereits von den Gnomen eingesammelt worden waren. Aus ihren Höhlen und Felsspalten hatten sie das Szenario aufmerksam mitverfolgt. Und während ich damit beschäftigt gewesen war, den Schlüssel zwischen den Eingeweiden des umgestülpten Drachens zu suchen, waren die Gnome aus ihren kleinen Höhlen gekommen und hatten flink die Scherben eingesammelt. Ich griff nach einem Ast und verscheuchte die immer noch beflissen Scherben einsammelnden Gnome, die, schreckhaft wie sie waren, nun in ihre Höhlen flüchteten. Ein Gnom erhaschte die Porzellanhand des Zauberers, die den Zauberstab noch immer festhielt. So schnell ich nur konnte, rannte ich diesem Gnom nach, er war schon in einer Höhle verschwunden, da griff ich tief in das Loch hinein und bekam gerade noch den Zauberstab zu fassen! Der Gnom riss und zerrte heftig mit all seiner Kraft, auch schien er immer wieder meine Hand beißen zu wollen. Schließlich gab er nach und ließ los.

Wenigstens, so atmete ich auf, hatte ich den Zauberstab wieder. Das war ein kleiner Trost. Den wunderbaren Zauberer, dem ich so vieles zu verdanken hatte, würde ich wohl nie mehr sehen. Seine Einzelteile waren in den Gnomen-Höhlen verschwunden und lagen irgendwo verteilt in deren Tunnelsystemen herum. Ich seufzte. Dann drehte ich mich um und ging in Richtung des nahegelegenen Waldrands. Ein eisiger Wind ging durch die Zweige und raschelte in den Ästen, die in seltsamer Umarmung ineinander verflochten waren. Die Tannen zitterten in unheilvollen Lauten, und vom Mondlicht hinterleuchtet warfen sie gestaltenartige Schatten auf eine stille Winterlandschaft, über der sich ein Sternengewimmel wölbte. Zuversichtlich blickte ich zu den Türmen des kugelförmigen Schlosses hinüber. Vom Vollmond beschienen und mit tausenden von Glühbirnen behangen, ragte es wie ein gigantischer Weihnachtsbaum, bezaubernd und märchenhaft, vor mir auf. Ich sah auf den in meiner Hand liegenden bronzenen Schlüssel mit der Nummer ›1‹, und machte mich guten Mutes auf den Weg zum Turmzimmer, in dem sich die Schneekugelsammlung befand.

DRITTER TEIL

$$\left\{ \begin{array}{l} 1, \\ 10, \\ 11, \\ 100, \\ {}_{3}\ 101, \\ 110, \\ 111, \\ 1000, \\ 1001 \end{array} \right.$$

Als ich das Turmzimmer betrat, kam es mir so vor, als befände ich mich in einem Tiefkühler. Bei meinem letzten Aufenthalt in diesem Kuriositätenkabinett hatte ich, um den stickigen Geruch abziehen zu lassen, das Fenster geöffnet, unglücklicherweise dann aber vergessen, es wieder zu schließen. An der Decke hatten sich Eiszapfen gebildet und die zahlreichen überall abgestellten Glasbehältnisse waren mit einer Frostschicht überzogen. Mein Kristall war die einzige, den Raum erhellende Lichtquelle. Vorsichtig machte ich einen Schritt nach dem anderen und ging durch das mannigfaltige Sammelsurium aus tausenden von Uhren, die tickten, klingelten, schnurrten und schnalzten; und nach wie vor kam es mir so vor, als befände ich mich in einem gigantischen Uhrwerk von ungeahnter Komplexität. Gespenstisch sahen mich die ausgestopften Tiere mit ihren glasigen Augen an und die in Formaldehyd eingelegten Fabelwesen blickten düster von ihren Regalen herab. Das Vorwagen in den Raum brachte mir meine Erinnerung allmählich zurück und ich entdeckte das in seine Einzelteile zerlegte Spinett, mein Blick fiel auf den Uhu und den Ara, dann den Legovogel, das neben einem Regallager stehende Reittier, das an der Decke hängende Kajak, daneben den herabhängenden Rotor und den Rotator, die Udu und das Ulu, die in einen vergoldeten Bilderrahmen eingefasste Karte von Akasaka, das Tartrat in den Reagenzgläsern, den neben dem Reliefpfeiler an die Wand genagelten Kasak, das defekte Radar, die mit einem algebraischen Monom beschriebene Wandtafel, das abgekippte Bücherregal sowie das Notenheft mit der Aufschrift ›Johann Sebastian Bach. Musikalisches Opfer. Krebskanon.‹ Selbst das Zauberbuch mit der aus Nickel gefertigten Nummer ›908'809‹ befand sich noch immer aufgeschlagen auf dem Tisch. Der Raum schien unverändert geblieben zu sein.

Ich schloss das eigenartige, wie in der Wand gedrehte Fenster und trat vor ein bis an die Decke reichendes Lagerregal mit der Beschriftung ›1001‹. In diesem Gestell war die eintausendeinsteilige Schneekugelsammlung eingeordnet. Jede der Schneekugeln hatte eine Nummer in ihrem Sockel eingraviert und war chronologisch sortiert. Dicker Staub verbarg ihre Miniaturlandschaften. Wenn ich der allwissenden großen Eule Glauben schenken wollte, dann war es diese Schneekugelsammlung, die mich wieder nach Hause bringen konnte.

Ich nahm den bronzenen Schlüssel aus meiner Tasche, auf dessen Reite eine ›1‹ zu lesen war. Die dazugehörige Schneekugel stand auf dem obersten Regalbrett. Ich blickte auf die Leiter, die am Regal angelehnt war. Bei der eisigen Zimmertemperatur und der mich umgebenden Dunkelheit, schien mir das Risiko, von der Leiter zu fallen und gleich das ganze Regal mit herunterzureißen, viel zu hoch zu sein. Und würde das passieren, so würden die Schneekugeln zerbrechen und mein Rückweg wäre für immer versperrt! Ich musste also sehr sorgsam vorgehen und mir jeden meiner Schritte genauestens überlegen. Zuerst benötigte ich mehr Licht und vor allem mehr Wärme, meine Hände waren ganz steif. Ich suchte in jeder Ecke und in allen Winkeln nach Streichhölzern oder einem Feuerzeug. Doch da waren keine. Nachdenklich setzte ich mich auf das englische Sofa und lehnte mich seitlich an. Ich spürte einen Stich im Oberarm. Erschrocken leuchtete ich mit dem Kristall nach dem spitzen Gegenstand. Zu meiner Erleichterung erblickte ich das Schaukeleinhorn. Bestimmt könnte es mir verraten, wie ich Licht und Wärme in dieses Turmzimmer bringen könnte; zudem empfand ich es als angenehm, jetzt einen Gesprächspartner zu haben. Ich nahm den Zauberstab hervor, schwang ihn durch die Luft und nach dem Aussprechen der magischen Formel entfachte sich ein Blitzlicht, das den Raum in einen gleißenden Lichtschauer tauchte.

Als es wieder dunkel geworden war, hörte ich das Schaukeleinhorn mit seinem hölzernen Kiefer klappern, dass seine Schrauben und Muttern nur so quietschten. Es schlotterte und wollte wissen, warum es hier so bitterkalt sei.

»Weil irgendjemand über längere Zeit das Fenster offen gelassen hat«, erklärte ich verlegen.

Das Schaukeleinhorn war empört und meinte: »Wer tut denn so was? Das gibt's doch nicht! Und wer bist du eigentlich, wenn ich fragen darf?« Ich setzte mich wieder aufs englische Sofa und beleuchtete mit dem Kristall mein Gesicht. »Du bist es!«, rief das Schaukeleinhorn und wieherte vor Freude. »Wie lange ist es her seit unserer letzten Begegnung?«

»Ich weiß es nicht. Aber es kommt mir wie eine Ewigkeit vor.«

»Warum bist du zurückgekehrt? Konntest du den Zauberer, von dem dir die Raben erzählt hatten, nicht finden?«

»Doch, ich konnte ihn finden und er konnte mir auch weiterhelfen. Aber Vieles hatte sich als anders entpuppt, als es zu sein schien, und ist nun doch wieder so, wie es zu Beginn den Anschein gemacht hatte. Der Ort hier ist so was von kompliziert und verwirrend, ich sag's dir! Trotz allem konnte ich dann doch herausfinden, wie ich wieder nach Hause kommen kann.« Mit dem Kristall leuchtete ich auf das Regal mit der Aufschrift ›1001‹. »Mein Rückweg führt durch diese Schneekugelsammlung.« Zähneklappernd stand ich auf und rieb mir die Hände. »Bevor ich dir aber mehr davon erzähle, muss ich erst einmal Licht machen und diesen Raum beheizen. Bisher konnte ich nichts finden, womit sich Feuer machen ließe. Hast du vielleicht eine Ahnung?«

»Im Kajak an der Decke gibt es Kerzen und Streichhölzer. Und in der hinteren Ecke seitlich der Tür befindet sich ein Drehherd, den du befeuern kannst.«

Mit einer Leiter stieg ich vorsichtig zum Kajak hinauf. Es hing weit oben an der Decke. Schwindelgefühle überkamen mich und ich klammerte mich krampfhaft an den Leitersprossen fest, wobei es mir schien, als beginne der Raum sich zu drehen. Das Schaukeleinhorn wieherte und rief: »Vorsicht!« Doch es war schon zu spät und ich rutschte auf einer mit Frost überzogenen Leitersprosse aus. Die Leiter fiel um, gerade noch konnte ich mich am Kajak festhalten, für kurze Zeit hielt es mein Gewicht, dann lösten sich seine Angelhaken von der Decke und ich fiel mit lautem Krachen zu Boden.

Langsam drehte ich mich um und befühlte, zittrig vom Sturz, meinen Körper. Erleichtert stellte ich fest, dass ich mir nichts gebrochen hatte. Ich rappelte mich auf, tastete nach den Streichhölzern und zündete mehrere Kerzen an. Diese verteilte ich im Raum. Anschließend befeuerte ich den

Drehherd. Eine angenehme Wärme breitete sich aus, das Kuriositätenkabinett schien aus der Eisstarre zu erwachen und nun wirkte das Turmzimmer schon beinahe gemütlich.

Das Schaukeleinhorn konnte, wie ich erfreut feststellte, sich jetzt weitaus besser bewegen als damals, als ich es das erste Mal zum Leben erweckt hatte. Es vermochte seinen hölzernen Körper zu dehnen, seine an den Kufen fixierten Beine beugen, seinen Hals weit auf- und abschwenken, und auch seinen Kopf zu allen Richtungen hin recken. Mittlerweile hatte ich eine gewisse Routine im Zaubern bekommen und die magische Formel vollführte sich schon viel besser. Das freute mich riesig! Womöglich war die Zauberei ja doch mein verborgenes Talent, so hoffte ich. Und wenn hier alles glatt lief, so würde ich einen Meister finden, der mich als Zauberlehrling bei sich aufnahm. Sogleich musste ich an den Zauberer denken und wie ich seine Porzellanscherben aus den Gnomen-Höhlen herausbekommen könnte.

Seitlich des Schneekugelregals bemerkte ich ein an die Wand genageltes Pergament mit der Aufschrift ›Schneekugelreise‹. Es war eine Spielanleitung. Aufmerksam las ich sie durch. Dann hob ich die zu Boden gefallene Leiter auf, lehnte sie ans Schneekugelregal und machte vorsichtig den ersten Tritt auf der Leitersprosse. Als ich hinaufgestiegen war, hielt ich die Luft an und nahm die *erste Schneekugel* mit der im Sockel eingravierten ›1‹ aus dem Regal. Das Hinabsteigen war eine regelrechte Zitterpartie; ich durfte mir jetzt keinen Ausrutscher erlauben. Fiele mir die Schneekugel aus der Hand, so säße ich hier für immer fest! Erleichtert stieg ich von der untersten Leitersprosse ab und setzte mich in einen Ohrensessel.

Gespannt blies ich den Staub vom Glas. »Seine Miniatur zeigt ein Labyrinth«, bemerkte das Schaukeleinhorn, das mir aufmerksam über die Schultern blickte und neugierig fragte, wie es nun weitergehe. Ich zeigte auf die Unterseite des Sockels und erklärte: »Siehst du das Schlüsselloch? Wenn ich den Schlüssel dort hineinstecke und umdrehe, dann schließt sich die Schneekugel auf und ich gelange irgendwie in sie hinein.« Ich nahm das Pergament mit der Spielanleitung von der Wand und las darin. »Bin ich erst einmal in der Schneekugel drin«, erklärte ich weiter, »komme ich erst wieder aus ihr heraus, wenn ich einen weiteren Schlüssel gefunden habe. Dieser ermöglicht es mir, eine nächste Schneekugel aus dem Regal zu öffnen. In dieser suche ich erneut nach einem Schlüssel, der es mir wieder ermöglicht, eine nächste Schneekugel zu öffnen. Das mache ich so lange, bis ich die Schneekugelsammlung durchgespielt habe.« Das Schaukeleinhorn wieherte und meinte: »Bestimmt sind diese Schneekugeln nicht ungefährlich. Wer weiß, was dich darin alles erwartet!« Ich betrachtete die Schneekugel von allen Seiten. Es war schwer abzuschätzen, welche Gefahren einen darin erwarteten, da hatte das Schaukeleinhorn schon Recht. »Das Risiko werde ich wohl eingehen müssen, wenn ich jemals nach Hause kommen möchte«, sagte ich entschlossen und stand auf. Ich stellte die Schneekugel auf den Schreibtisch neben das Zauberbuch und atmete tief durch. Nervös steckte ich den Schlüssel ein und drehte ihn langsam um. Im Inneren des Sockels begann es zu klicken, knacken und knirschen, wie in einem Uhrwerk. Ich ging ein paar Schritte zurück und blickte gebannt auf die Miniatur in der Kugel. Ohne dass ich sie schüttelte, entfachte sich ein Schneewirbel; derweil ging auch im Turmzimmer, wie aus dem heiterem Nichts, ein Schneesturm los, der mich umwirbelte und kleiner und immer kleiner werden ließ; und in weitem, hohem Bogen wurde ich in die Schneekugel hineingesogen.

Im Schnee liegend öffnete ich meine Augen. Rieselnde, auf mich herab schwebende Flocken hatten meine Kleider mit einer filigranen Schneeschicht überzogen. Ich setzte mich auf und musterte die vor mir in die Höhe ragende Heckenmauer, die mit präzisem Schnitt gestutzt worden war und das rechtwinklige Labyrinth formte. Vom Boden mich erhebend und den Schnee von meiner Kleidung abschüttelnd, umlief ich einmal prüfenden Blicks den Irrgarten. Vor dem einzigen Eingang, einem niedrigen Heckenbogen, blieb ich stehen und sah durch den Eingang auf einen schmalen Weg, der sich im Schneenebel verlor. Mutmaßend, was mich im Labyrinthinneren erwarten würde, und mehrmals mir jegliche Furcht absprechend, trat ich schließlich, wenn auch zögerlich, ein.

Eine Totenstille lag über dem Irrgarten, nur das Knistern meiner Schritte und das Rieseln des Schnees waren zu hören. Verwinkelte Wege und ständige Richtungsänderungen – nach links, dann nach rechts und nochmals nach rechts, dann nach links und wieder nach rechts – machten mich orientierungslos. Ich fühlte meinen Puls in den Schläfen pochen. Hinter jeder Verzweigung vermutete ich etwas Gefährliches. Aber da war nichts. Als ich mich kurzerhand entschied, zum Eingang zurückzukehren – das klaustrophobische Gefühl war kaum mehr auszuhalten – musste ich mir bald eingestehen, dass ich mich längst im Wirrwarr dieses weit verzweigten Heckenlabyrinths verlaufen hatte und die unüberschaubaren Irrwege mich nicht mehr freilassen würden. Meine Befürchtung schien begründet. Denn nach jeder Weggabelung folgte eine weitere Verzweigung und diese führte wieder zu einer Weggabelung, was mich zu weiteren Verzweigungen und noch mehr Weggabelungen brachte. Und wie ich meine Schritte beschleunigte, verdichtete sich das fast lautlose Rieseln des Schnees zu einem Sieden, das dem Geräusch kochenden Wassers nicht unähnlich war. Ich sah in den Himmel hinauf und bemerkte, dass die Schneeflocken kurz über den Hecken des Labyrinths verdampften und somit dieses seltsame Geräusch erzeugten. Es machte mir Angst. Das Sieden verdichtete sich und meine Nerven begannen zu brodeln. Immer mehr Flocken fielen herab und verdampften. Die heißen Tropfen hatten meine Kleidung schon völlig durchnässt. Zunehmend verschleierte sich meine Sicht und als das Sieden der vielen Schneeflocken zu einem Brodeln anschwoll, versuchte ich immer schneller voranzukommen. Der Boden unter mir weichte auf, Kälte und Hitze trafen sich in diesem Irrgarten. Das Brodeln begann zu sprudeln und meine Angst kochte über. Ich eilte orientierungslos und panisch umher. Weder wusste ich, wo Links und wo Rechts noch wo Vorwärts und wo Rückwärts war. Schließlich mühte ich mich, so schnell ich konnte, durch den aufgeweichten Boden, in dem ich beinahe zu versinken drohte, angetrieben von der Angst und Panik, nie mehr aus diesem Irrgarten herauszufinden, durch die verwinkelten, verzweigten, verschachtelten, verworrenen, klaustrophobischen Wege; schneller und immer schneller hetzend! Und dann befand ich mich unverhoffter Dinge, im Zentrum des Labyrinths.

Die anfängliche über dem Irrgarten liegende Totenstille war wieder eingekehrt, ein kaum hörbares Rieseln knisterte um mich herum. Meine Gedanken sammelten sich, wurden klarer und ich konzentrierte mich auf eine in der Mitte des schneebedeckten Rasens stehende Schatzkiste. Vorsichtig näherte ich mich ihr. Ich betrachtete sie von allen Seiten. Schließlich fasste ich allen Mut zusammen und, vorsichtig ihren Deckel anhebend, fieberte ich dem, was gleich passieren würde, entgegen. Ein Knarren morschen Holzes und ein Quietschen und Gieren verrosteter Scharniere zerkratzten die Stille. Meinen Puls bis in die Ohrenspitzen spürend, sah ich auf die nun geöffnete Schatzkiste: Schwarzes, die Innenflächen auspolsterndes Samt bettete einen bronzenen Schlüssel, auf dessen Reite eine ›10‹ eingraviert war. Nervös in alle Richtungen schauend, war mir klar geworden, dass ich in diesem Labyrinth, gegen meine eigene Furcht anspielend, nur mein eigener, mein einziger, Gegenspieler sein konnte. Nach dem Schlüssel greifend, entfachte sich in Sekundenschnelle ein Schneesturm und ich war von einem tosenden Sog umgeben; und wieder größer und größer werdend, wurde ich in hohem weitem Bogen aus der Schneekugel hinausgewirbelt.

Als ich meine Augen öffnete, war es dunkel und eiskalt und ich fand mich auf dem Boden des Turmzimmers liegend wieder. Weshalb wurden die Kerzenlichter ausgelöscht? Und warum wurde das Fenster wieder geöffnet? Als ich in der Dunkelheit angespannt lauschte, hörte ich das Schaukeleinhorn plötzlich wiehern und »Vorsicht!« rufen. Es krachte und ich flüchtete mich in einen Wandschrank. Dann hörte ich ein noch lauteres Krachen und ich war mir sicher, dass die Wachen soeben das Turmzimmer stürmten. Ich hielt die Luft an und hoffte, dass die Wachen mich hier drinnen im Wandschrank nicht finden würden.

Als ich nach einiger Zeit nichts mehr hörte, beschloss ich, den Wandschrank einen Spalt weit zu öffnen, um hinauszuspähen. Licht und Wärme kamen mir entgegen. Lautlos trat ich aus dem Schrank. Das Turmzimmer war beheizt und von Kerzenlicht erhellt. Ich blickte auf eine mir abgewandte Person, die auf der Leiter stand und sich soeben aus dem obersten Regal eine Schneekugel nahm. Und wie ich erkennen konnte, war es die *erste Schneekugel*, welche sich diese Person genommen hatte. Und dann wurde mir klar, was geschehen war …

… und ich erinnerte mich an den Ratschlag, den mir die allwissende große Eule als Letztes noch gegeben hatte, deren Wortlaut war:

›[…] merke dir diesen Ratschlag genau, und vergiss kein einziges Wort davon: Wenn du dich in die Schneekugeln hineinbegibst, so muss dir klar sein, dass du dich mit jeder Schneekugelreise in der Zeit rückwärts bewegst. Jede Schneekugel ist mit einer Nummer versehen; und je höher diese Nummer ist, umso weiter wird der Zeitsprung sein. Zeitsprünge können zu schlimmen Komplikationen führen und Folgewirkungen haben. Ich rate dir daher zur äußersten Vorsicht bei den Schneekugelreisen!‹

Dies also waren die Rat gebenden Worte der allwissenden großen Eule an mich, bevor sie wieder zu Stein erstarrte …

… und ich mutmaßte, dass der Zeitsprung bei meiner ersten Schneekugelreise mich etwa eine Stunde in der Zeit zurückversetzt haben musste. Ich wurde, in just jenem Moment aus der Schneekugel hinausgesogen und ins Turmzimmer zurück verortet, als ich auf der Leiter stand, um aus dem an der Decke hängenden Kajak Brennmaterial zu nehmen und mir das wiehernde Schaukeleinhorn ermahnend zurief: ›Vorsicht!‹. Mein Ausrutschen, auf der mit Frost überzogenen Leitersprosse, ließ die Leiter auf den Boden fallen, was das erste Krachgeräusch verursachte. Das zweite, lautere Krachgeräusch, von dem ich geglaubt hatte, es seien die Wachen, die das Turmzimmer stürmten, war das herunterfallende Kajak gewesen, an dem ich mich festgeklammert hatte. Und jetzt gerade beobachtete ich mich selbst, wie ich vor einer Stunde die erste Schneekugel aus dem Regal genommen hatte und die Leiter, aufgrund meiner Höhenangst unsicher, wieder herabstieg. Auf keinen Fall durfte mein früheres Ich mich jetzt sehen!

Lautlos ging ich mehrere Schritte rückwärts. Und gerade als ich mich wieder im Schrank verstecken wollte, stieß ich mit dem Schuh an eine am Boden herumliegende Glasmurmel. Sie rollte über den Boden und fiel dann in eine Absenkung beim Drehherd – klack, klack, klack machte es. Da drehte sich mein früheres Ich in meine Richtung und unsere Blicke trafen sich. Vor Schreck ließ mein früheres Ich die Schneekugel fallen und mit einem klirrenden Geräusch zersplitterte sie am Boden.

Augenblicklich versteifte sich mein Leib. Wie ich an meiner Hand erkennen konnte, verhärtete sich meine Haut und nahm die glänzend-glasige Oberflächenbeschichtung von Porzellan an. Was sollte ich nur tun? Ich bekam furchtbare Angst. Ich fühlte, wie sich meine Innereien verhärteten und schwer wurden. Mein ganzer Körper, bestehend aus den Substanzgruppen: Wasser, Proteine, Lipide, Mineralstoffe, Kohlenhydrate und Nukleinsäuren, war in Sekundenschnelle zu Porzellan erstarrt. Jetzt wusste ich, wie es sich anfühlte. Ich wollte schreien, doch es ging nicht. Ich war gefangen. Obwohl schon mein ganzer Körper erstarrt war, härtete er weiter von innen aus. Meine Gedanken verlangsamten sich, mein Bewusstsein wurde trüber. Ich spürte eine immer größer werdende Spannung in meinem Leib; ich fühlte dumpf einen Riss direkt durch mein Gesicht gehen und schließlich brach mein zu Porzellan erstarrter Körper unter einem enormen Druck auseinander!

Euglena stand wie gelähmt auf der Leiter und sah entsetzt auf ihre Doppelgängerin hinab, die zerbrochen am Boden lag. Beim besten Willen konnte sie sich das soeben Erlebte nicht erklären. Ab jetzt sollten sich für Euglena viele scheinbar seltsame Dinge im Turmzimmer und anderswo ereignen, deren Logik sich ihr erst später erschließen würde. Verwirrt stieg sie die Leiter hinab und setzte sich in den Ohrensessel. »Was war da gerade passiert?«, fragte sie das Schaukeleinhorn konsterniert. »Warum bin ich mir selbst begegnet? Als ich die erste Schneekugel aus dem Regal genommen hatte, schaute plötzlich eine Doppelgängerin zu mir hoch!« Das Schaukeleinhorn wippte nachdenklich hin und her und meinte dann: »Ich kann auch keine plausible Erklärung dafür finden. Aus meinem Blickwinkel konnte ich dich beobachten, wie du die Leiter emporgestiegen bist. Plötzlich öffnete sich der Wandschrank und deine Doppelgängerin kam heraus. Zeitgleich, als du die Schneekugel fallen lassen hast, verhärtete sich der Körper deiner Doppelgängerin und zerbrach, ebenfalls zeitgleich mit der am Boden zersplitternden Schneekugel.«

Euglena und das Schaukeleinhorn schauten sich die am Boden liegende, zerbrochene Doppelgängerin genauer an. Vorsichtig nahm Euglena ihre linke Gesichtshälfte vom Boden auf und hielt sie ins Kerzenlicht. Ihre Bruchstelle und Lichtdurchlässigkeit verrieten, dass es sich um reines, weißes Porzellan handeln musste. Das Schaukeleinhorn schwenkte auf seinen Kufen und fragte dann plötzlich ganz aufgeregt: »Was ist das?« Es wieherte und wühlte mit seinem Horn im Porzellanhaufen. Schließlich stieß es beim Stochern auf einen bronzenen Schlüssel aus dem Haufen, auf dessen Reite eine ›10‹ eingraviert war. Euglena verglich diesen Schlüssel mit jenem, den sie in ihrer Tasche bei sich hatte und der mit einer ›1‹ versehen war. Beide sahen identisch aus und unterschieden sich nur durch ihre Ziffern.

Nachdenklich nahm Euglena im Ohrensessel Platz. »Jetzt erinnere ich mich«, sagte sie und wandte sich dem Schaukeleinhorn zu. »Wie mir die allwissende große Eule erklärt hatte, sind Schneekugelreisen auch Zeitreisen. Jedes Mal wenn man aus einer Schneekugel wieder austritt, ist man in der Zeit zurückversetzt; und je höher die Nummer der Schneekugel ist, desto größer ist der Zeitsprung. Die allwissende große Eule hatte mich vor schlimmen Komplikationen gewarnt, die bei Schneekugelreisen entstehen könnten. Damit war wohl ein Szenario wie dieses hier gemeint gewesen.«

»Deine Doppelgängerin«, sagte das Schaukeleinhorn grüblerisch, rollte seine Augen nach allen Seiten hin, wippte auf seinen Kufen und stellte schließlich fest: »Dann handelt es sich bei deiner Doppelgängerin folglich um dein eigenes Selbst, das in der Zeit zurückgereist ist und unglücklicherweise sich selbst begegnete. Es könnte doch so gewesen sein, dass du dich mit dem Schlüssel Nummer ›1‹ in die erste Schneekugel begeben hast. Als du sie wieder verlassen hast, bist du etwa eine Stunde in die Vergangenheit gereist und es kam unglücklicherweise zu einer Begegnung mit dir selbst. Als dein anderes, auf der Leiter stehendes Ich die Schneekugel fallen ließ, entstand in jenem Moment, als die Schneekugel am Boden aufschlug und zerstört wurde, ein Paradoxon.« Das Schaukeleinhorn überlegte. »Denn wie konntest du dich jemals in die erste Schneekugel hineinbegeben, wenn sie doch zerbrochen war? Folglich bewirkte das Paradoxon, um das Gleichgewicht im Raum- und Zeitgefüge wieder herzustellen, eine Zerstörung deines zeitreisenden Ichs. Übrig blieb einzig dieser Schlüssel mit der Nummer ›10‹, den du, oder besser gesagt, den dein zeitreisendes Ich aus der ersten Schneekugel mitgebracht hatte.«

»Das wäre eine schlüssige Erklärung.« Euglena schaute zum Schneekugelregal hinüber. »Dennoch frage ich mich, warum mein zeitreisendes Ich, das ja aus der ersten Schneekugel kam, den Schlüssel mit der Nummer ›10‹ bei sich hatte. Wäre es nicht logischer, dass mein zeitreisendes Ich den Schlüssel mit der Nummer ›2‹ bei sich gehabt hätte? Ich dachte, ich müsste restlos alle Schneekugeln dieser eintausendeinsteiligen Sammlung durchspielen, um nach Hause zu gelangen.«

Euglena nahm das Pergament mit der Spielanleitung zur Hand und las es nochmals aufmerksam durch. Kein Absatz konnte ihre Frage beantworten. Und so sehr sich Euglena darüber auch den Kopf zerbrach, sie konnte keine Erklärung dafür finden, warum ihr zeitreisendes Ich aus der ersten Schneekugel den Schlüssel mit der Nummer ›10‹ und nicht, was ihr viel logischer erschien, den Schlüssel mit der Nummer ›2‹ bei sich hatte. Der Grund dafür sollte sich ihr erst viel später erschließen.

Nach einer Weile stand Euglena auf und sagte wohlüberlegt: »Es ist an der Zeit, mit dem Schlüssel Nummer ›10‹ die Heimreise anzutreten. Und diesmal passe ich auf, dass es zu keiner weiteren Begegnung mit mir selbst kommt!«

Mit größter Vorsicht stieg sie die Leiter empor und holte die *zehnte Schneekugel* vom Regal herunter. Sie blies die Staubschicht weg und die Kugel ließ ein freies, von einem Wald umgebendes Feld erkennen, auf dem ein weißes Holzhaus stand. »Darf ich dich begleiten?«, fragte das Schaukeleinhorn erwartungsvoll, hin- und herwippend, und sah bittend zu Euglena hoch. Aber Euglena schüttelte den Kopf. »Ich befürchte, das geht nicht. Dann könnte sich ein weiteres Paradoxon ereignen – oder gar mehrere! Wenn ich dich jetzt in die Schneekugel mitnehmen würde, dann wärst du ab dem jetzigen Zeitpunkt nicht mehr in diesem Turmzimmer vorhanden. Folglich würde mein allfällig späteres Ich, das dich in der Zukunft vielleicht dringend brauchen würde, dich nicht mehr im Turmzimmer antreffen können. Noch verheerender wäre es aber, wenn ich dich in der Vergangenheit in eine Schneekugel mitnehmen würde, dann wärst du in der Zukunft, beispielsweise gerade jetzt, nicht mehr im Turmzimmer vorhanden, und die wichtigen Gespräche zwischen uns hätten niemals stattfinden können. Folglich hätte der Lauf der Dinge einen anderen Weg genommen und das Raum-Zeit-Kontinuum – auch wenn das nur spekulativ ist – bricht auseinander; etwa so wie mein zu einer Porzellanfigur gewordenes Ich, das zerbrochen ist und nun nicht mehr existiert.«

Euglenas Ausführungen über die Folgewirkungen von Veränderungen im Zeitstrang bei Zeitreisen leuchteten dem Schaukeleinhorn natürlich ein und es wollte auf keinen Fall das Raum-Zeitgefüge aus seinen Strukturen hebeln und die Handlungsstränge der Geschichte abändern oder gar zerstören. Traurig wippte es in die Ecke zurück und wieherte vor sich hin. Euglena tröstete das Schaukeleinhorn. Sie munterte es wieder auf und die beiden verabschiedeten sich voneinander.

Es sollte ihr letztes Gespräch gewesen sein. Denn wie Euglena wusste, durfte sie das Schaukeleinhorn in der Vergangenheit unter keinen Umständen mehr zum Leben erwecken. Würde sie es dennoch tun, so würde das Schaukeleinhorn in der Zukunft über einen anderen Wissensstand verfügen und ihre Gespräche würden folglich einen anderen Verlauf nehmen. Folglich würden andere Schlüsse gezogen werden; folglich andere Handlungen vollführt werden, und folglich wäre das Raum-Zeit-Kontinuum gefährdet.

Euglena stellte die *zehnte Schneekugel* auf den Schreibtisch neben das Zauberbuch und atmete tief durch. Nervös steckte sie den Schlüssel ein und drehte ihn langsam um. Im Inneren des Sockels begann es zu knirschen, knacken und klicken, wie in einem Uhrwerk. Sie ging ein paar Schritte zurück und blickte gebannt auf die Miniatur in der Kugel. Ohne dass Euglena sie schüttelte, entfachte sich ein Schneewirbel; derweil ging auch im Turmzimmer wie aus dem heiterem Nichts ein Schneesturm los, der sie umwirbelte und kleiner und immer kleiner werden ließ; und in weitem, hohem Bogen wurde sie in die Schneekugel hineingesogen.

Der Vollmond zeichnete ein klares Bild von der im Schnee ruhenden Landschaft. Euglena befand sich auf einem freien Feld, das von einem Wald abgegrenzt wurde. Das Vogelgezwitscher in einem großen Baum war das einzig wahrnehmbare Geräusch. Westlich stand ein weißes Haus, auf das Euglena zuging. Ein Briefkasten, den sie am Vorbeigehen öffnete, war leer.

Die Eingangstür des Hauses war mit Brettern vernagelt und auch durch kräftiges Ziehen und Drücken konnte sie die Bretter nicht lösen. Dennoch war sich Euglena sicher, dass der Schlüssel in diesem Hauses zu finden sein musste. An seiner Westseite stand ein kleines Fenster halboffen, durch das sie sich hindurchzwängen konnte.

Sie befand sich in einer Küche. Auf einem Tisch lag ein brauner Sack, der nach scharfem Pfeffer duftete, daneben stand eine gefüllte Flasche. Über eine Treppe gelangte Euglena in die oberen Stockwerke.

Auf dem Dachstuhl fand sie eine Seilrolle und ein Messer, das auf einem Tisch lag. Das durch eine Dachluke einfallende Mondlicht ließ die Klinge gefährlich aufblitzen. Einen Schlüssel konnte Euglena hier nicht finden und so stieg sie wieder die Treppe hinab, durchquerte einen Durchgang und betrat ein Wohnzimmer.

Ihr Blick streifte eine mit Batterie betriebene Messinglaterne, die sie einschaltete. Eine unleserlich beschriftete Tür war zugenagelt. An der Wand hinter ihr hing ein Schwert. Am Ende des Raums, seitlich eines weiteren Durchgangs, entdeckte sie eine Vitrine mit verschiedenen Artefakten. Auf diese zugehend gab der Boden unter ihren Füßen plötzlich nach! Gerade noch konnte sie sich festhalten; und da hing sie nun. Mit viel Anstrengung hievte sie sich hoch. Beinahe wäre sie in einer Falltür verschwunden, die von einem Teppich verdeckt gewesen war. Eine wackelige Treppe führte ins Dunkle hinab. Euglena horchte und vernahm ein Grollen und Fauchen von irgendwo dort unten. In diese Dunkelheit sich hinabzuwagen, wäre vollkommen irre, schoss es ihr durch den Kopf, und so wandte sie sich wieder der Vitrine zu.

Zwanzig Gegenstände waren in dem gläsernen Behältnis abgestellt: Ein Smaragd, ein Juwel, ein Kelch, ein Diamant, ein Kristallschädel, ein Goldtopf, ein Gemälde, ein Ei und weitere Objekte. Bei genauerem Hinschauen entdeckte Euglena einen einundzwanzigsten Gegenstand, und das war der von ihr gesuchte bronzene Schlüssel, auf dessen Reite sie die Nummer ›11‹ lesen konnte. Sie umlief die Vitrine und wurde nachdenklich. Es beschlich sie der Gedanke, seit dem Zeitpunkt schon, als sie in dieser Schneekugel ihre Augen geöffnet hatte, diesen ihr vertrauten Ort gut zu kennen. Sie versuchte sich zu erinnern ... *an das freie Feld, den großen Baum, das westlich stehende weiße Haus, den Briefkasten, die Vitrine mit den zwanzig Gegenständen* ... und so sehr sie auch ihre Erinnerungen wälzte, sie konnte sich nicht erklären, warum ihr dieser Ort so vertraut war. Und es wird auch noch viel Zeit in dieser Geschichte vergehen, bis sich Euglena erinnern kann, warum ihr dieser Ort so vertraut ist. Schließlich gab sie ihre Erinnerungsversuche auf und griff nach dem Schlüssel mit der Nummer ›11‹. In dem Moment entfachte sich ein Schneesturm in dem Haus und Euglena war von einem tosenden Sog umgeben; und wieder größer und größer werdend, wurde sie in hohem weitem Bogen aus der Schneekugel hinausgewirbelt.

41

Von Kälte und Dunkelheit umgeben tastete sich Euglena, mit Hilfe ihres leuchtenden Kristalls, zum Schneekugelregal vor. Abermals war sie in der Zeit zurück gereist, und folglich stand das Turmzimmerfenster wieder offen und es brannte logischerweise auch kein Kerzenlicht mehr. Euglena ärgerte sich fürchterlich über ihre Nachlässigkeit, das Fenster damals, als sie das Turmzimmer zum ersten Mal betreten hatte, nicht geschlossen zu haben. Die Konsequenz für ihre Nachlässigkeit bekam sie nun eiskalt zu spüren.

Als Euglena das Fenster schließen wollte, kam ihr wieder das Problem mit dem Paradoxon in den Sinn: Unter keinen Umständen etwas an der Vergangenheit zu verändern, das Auswirkungen auf die Zukunft haben könnte. Denn würde sie das Fenster jetzt schließen, so würde ihr späteres Ich das Turmzimmer mit einer wärmeren Raumtemperatur vorfinden. Folglich würde ihr späteres Ich nicht frieren – das Turmzimmer nicht beheizen wollen – nicht mit einer Leiter zu dem an der Decke hängenden Kajak hinaufsteigen – nicht von der mit Frost überzogenen Leiter fallen – und die Geschichte nähme höchstwahrscheinlich oder sogar ziemlich sicher, einen anderen Verlauf. Und so ließ Euglena das Fenster offen stehen, wie es war.

Behutsam stieg sie auf die Leiter. Sie musste wirklich äußerst vorsichtig sein. Sie war erstens nicht schwindelfrei und zweitens war die Leiter mit Frost überzogen. Unversehrt bleibend, holte sie die zum Schlüssel passende Schneekugel mit der Nummer ›11‹ herunter.

Die Miniatur der *elften Schneekugel* zeigte eine steile Gebirgslandschaft und Euglena kam in den Sinn, dass es wohl notwendig wäre, einen fliegenden Gefährten bei sich zu haben, der das Gebirge überblicken würde. Die Sammlung des Kuriositätenkabinetts barg zahlreiche, hierfür in Frage kommende Tiere und Fabelwesen, die das Raum-Zeit-Gefüge höchstwahrscheinlich nicht irritieren würden, sollte sie sich für eines von diesen als Begleiter zu ihrer Schneekugel-Zeitreise entscheiden. Viele der Tiere und Fabelwesen ängstigten Euglena aber. Der Ara mit seinem großen Schnabel flößte ihr nach wie vor Respekt ein. Den Uhu assoziierte sie mit der allwissenden großen Eule, die sie über alles fürchtete. Schließlich wählte

215

Euglena den *Legovogel*. Aus taktischen Gründen wollte sie ihn aber erst in der Schneekugel zum Leben erwecken. Denn würde sie dem Legovogel im Turmzimmer Leben einhauchen, bestünde die Möglichkeit, dass er sich weigern könnte, sie zu begleiten.

Euglena atmete tief durch. Sichtlich weniger nervös als beim letzten Mal, schloss sie die *elfte Schneekugel* auf und stellte sie auf den Schreibtisch. Behutsam nahm sie den Legovogel unter den Arm und wartete gespannt ab. Im Inneren des Sockels begann es wieder zu knacken, zu klicken und zu knirschen. Über der Miniatur entfachte ein Schneewirbel und im Turmzimmer ging ein Schneesturm los, der die beiden umwirbelte und kleiner und immer kleiner werden lies; und in weitem, hohem Bogen wurden sie in die Schneekugel hineingesogen.

42

Euglena befand sich auf einem schmalen Gebirgskamm und sah mit Bangen die steilen Felswände hinab, die sich im dichten Schneenebel verloren. Schwindelgefühle überkamen sie ganz plötzlich und sie musste sich erst einmal hinsetzen und die Höhenluft auf sich wirken lassen. Sie erinnerte sich vage vor langer Zeit einmal irgendwo auf einem Berg gewesen zu sein; und schon damals hatte sie sich unwohl gefühlt. Langsam stand sie wieder auf.

Sie setzte den Legovogel auf einen Felsvorsprung und trat mehrere Schritte zurück. Dann schwang sie den Zauberstab, sprach die magische Formel und erweckte ihn zum Leben. Doch als er zu fliegen versuchte, stürzte er, schwer und unbeweglich, wie er nun mal war, in die Tiefe hinab und zerschellte in unzählige Teile. Euglena klatschte sich die flache Hand gegen die Stirn. Warum nur hatte sie das nicht kommen sehen? Legosteine sind keine Federn und nicht zum Fliegen gedacht. Das war doch eigentlich ganz logisch.

Vorsichtig begab sie sich auf einen steilen Abwärtspfad. Der Schneenebel war dicht und es dauerte eine knappe Stunde, bis sie das erste Legosteinchen wiederfand. Obschon Euglena den Legovogel auch sich selbst hätte überlassen können, konnte sie es nicht mit ihrem Gewissen vereinbaren, ihn einfach in den Felsspalten verteilt liegen zu lassen. Sie war es ja gewesen, die ihn aus dem Turmzimmer mitgenommen und hierher gebracht hatte. Euglena musste immer wieder über sich selbst den Kopf schütteln. Sie hatte tatsächlich geglaubt, ein Vogel aus Legosteinen könne fliegen, wenn er mittels Magie zum Leben erweckt wird. Das war natürlich absurd, denn ein Lebenszauber ist schließlich kein Flugzauber.

Sie wusste nicht, wie viele Steine es waren. Jedoch fand sie schließlich einen Flügel, bei dem die Steine noch zusammengesetzt waren. So konnte sie den anderen Flügel konstruieren. Dann entdeckte sie, dass der Vogel aus vier Farben bestand: Blau, Gelb, Grün, Rot und hatte bei den blauen und den gelben Steinen die gleiche Anzahl an Steinen gefunden. Sie schlussfolgerte daraus, dass auch die grünen und roten Steine die gleiche Anzahl hätten. So tastete sich Euglena zu immer tieferen Schluchten voran. Ihre Höhenangst wurde auf eine harte Probe gestellt. Sie musste sich gefährlich nahe zu den Abgründen vorwagen und sah immer wieder in die steilen Tiefen hinab. Ihr wurde ganz flau im Magen und ihre Hände hielten sich am Boden fest, je näher sie den Abgründen kam. Um entlegene Felsspalten zu erreichen, in welche Legosteine hineingefallen waren, musste sie sogar klettern; und ihr schwindelte, auf allen Vieren kroch sie daher weiter. So hatte sich Euglena ihre Schneekugelreise definitiv nicht vorgestellt. Hätte sie sich vorab doch bloß ein paar Gedanken zum Material der Legosteine gemacht, schoss es ihr wieder und wieder durch den Kopf, dann wäre ihr das hier alles erspart geblieben.

Je weiter sie talabwärts stieg, umso mehr Legosteine fand sie. Sie ließ keine Stelle aus, alles suchte sie ab. Das Suchen und Einsammeln dauerte insgesamt – wie könnte es in dieser elften Schneekugel auch anders sein – elf geschlagene Stunden. Als Euglena endlich das letzte Legosteinchen fand, stand die Sonne im Zenit und sie befand sich im Tal unten. Sie war erleichtert und überglücklich, nun nicht mehr in den schwindenden Höhen zu sein und dort oben waghalsig zwischen Felsen und Vorsprüngen herum zu klettern. Von hier unten schien der Gebirgskamm idyllisch in den Sonnendunst überzugehen und im goldenen Strahlen zu verschwinden.

Euglena hockte sich auf eine Sitzbank am Wegrand hin und machte sich daran, den Legovogel wieder zusammenzusetzen. Nach elf Minuten war sie fertig. Es war zwar nicht genau der gleiche Legovogel (Euglena hatte ja seinen Bauplan nicht und rekonstruierte den Legovogel, so gut sie konnte, aus ihrem Gedächtnis), aber dennoch war es in gewisser Weise derselbe Legovogel, so dachte Euglena, er bestand ja immer noch aus den gleichen Bausteinen. Mit dem Zauberstab hauchte sie ihm Leben ein. Sogleich begann er zu zwitschern und auf der Sitzbank auf und ab zu gehen. Behutsam setzte ihn Euglena zu sich auf die Schulter. Dann folgte sie einem Pfad, der in den Nebel führte.

Der Legovogel, mit dem Euglena ins Gespräch zu kommen versuchte, war zu Beginn verwirrt. Seine Erinnerungen waren vage und verzerrt und er hatte nur bruchstückhafte Bilder in seinem Kopf. Das Auseinanderbrechen und neu Zusammensetzen hatten sein Erinnerungsvermögen beeinträchtigt, wie Euglena begriff. Sie entschuldigte sich vielmals und erklärte ihm den Grund, warum sie ihn in diese Schneekugel mitgenommen hatte. Der Legovogel war keineswegs nachtragend und zwitscherte stattdessen fröhlich vor sich hin.

Im Nebel tauchten eckige Schattenrisse auf, die sich beim Näherkommen als puzzleartige Figuren entpuppten. Euglena drehte ihren Kopf mit fragendem Blick zum Legovogel hin. Der wusste bereits die Antwort auf ihre Frage, zwickte ihr sanft ins Ohr und sagte mit seiner Fistelstimme: »Das sind Tangram-Figuren.« Euglena runzelte die Stirn und der Legovogel erklärte ihr: »Ein Tangram ist ein altes chinesisches Legespiel. Es besteht, im Vergleich zu meinem vielteiligen Lego-Set, aus nur sieben Puzzle-Steinen:

> Zwei großen Dreiecken,
> einem mittelgroßen Dreieck,
> zwei kleinen Dreiecken,
> einem Quadrat
> und einem Parallelogramm.

Die sieben Steine bilden quasi eine atomare Skala, mittels derer die Vielfalt der Welt als abstrakte Schattenrisse gelegt werden können.« Und während der Legovogel die Herkunft und Regeln dieses chinesischen Puzzles erläuterte, lichteten sich die Nebelschleier und die beiden kamen zu einem Dorf, das in frühlingsfrischen Farben erblühte.

Alles hier bestand aus dem Tangram. Euglena konnte es kaum glauben, was sie da sah. Die Tempel, Häuser und Pagoden waren aus unzähligen Puzzle-Steinen zusammengesetzt. Auch die Pflanzen, Steine und Hügel mit den darauf sich befindenden Tieren bestanden zu tausendfach aus den immer gleichen sieben Formen. Und sogar das fließende Wasser, das sich in einem kantigen Fluss kräuselte, ergab sich aus Millionen Dreiecken, Quadraten und Parallelogrammen und machte feine Klackgeräusche. Wohin man auch blickte, man sah das Tangram in allen Größen und in den unterschiedlichsten Materialien.

Mit den siebenteiligen Dorfbewohnern ins Gespräch zu kommen, erwies sich als unmöglich. Sie hatten weder Münder noch Augen, weder Nasen noch Ohren und waren in ihrer puzzleartigen Art taubstumm und blind. Sie gaben keinen Mucks von sich, übersahen Euglena und überhörten ihre

Fragen. Trotzdem schienen sie ein normales Dasein zu führen. Jeder von ihnen hatte scheinbar eine Aufgabe und ging geschäftig einer strukturierten Arbeit nach. Euglena sah sich nach allen Seiten um und versuchte irgendwo einen bronzenen Schlüssel zu entdecken. Sie bat auch den Legovogel Ausschau zu halten. Doch da gab es rein gar nichts, was einem Schlüssel auch nur im Entferntesten hätte ähneln können.

Im Zentrum des Dorfes thronte eine Tempelanlage aus Millionen und Abermillionen hölzernen Tangram-Steinen. Die Pagoden ragten weit in den Himmel auf zu einer Sonne aus einer unvorstellbaren Menge Tangram-Steinen. In diesen Himmelstürmen erschufen puzzleartige Mönche und Novizen neue Tangram-Figuren. Und wie Euglena erkannte, war die Tempelanlage eine Art Lebens- und Materialwerkstätte. Hier wurden Menschen, Tiere, Pflanzen und Gegenstände wie Kerzen und Öllampen zusammengesetzt. Die Puzzlefiguren wurden bei ihrem Herstellungsprozess auf Mahagonibretter gelegt und zur Vollendung in den Innenhof der Tempelanlage gebracht. Ein Priester berührte das Mahagonibrett mit seinem Stab und erweckte die Figuren zum Leben. Euglena und der Legovogel beobachteten diesen Vorgang aufmerksam und sahen mit an, wie die hölzernen Tangram-Steine eines Pandabären als geschlossene Lichtform aufglühten und lebendig wurden, im gleichen Augenblick aber ein anderer Pandabär zum Schatten abdunkelte, sich mehr und mehr auflöste, bis er verschwunden war. Der Legovogel zwickte Euglena sanft ins Ohr und flüsterte: »Wie bei einer Reinkarnation: Wird eine Tangram-Figur aus dem Licht geschöpft, so erlischt eine andere als Schatten. Als ob die Seele der verstorbenen Figur in den Körper der geborenen Figur wandert. Ein Zyklus aus Hell zu Dunkel und Dunkel zu Hell.« Euglena nickte. Sie glaubte nun zu wissen, wie der bronzene Schlüssel zu finden sei und wandte sich von dem mystischen Szenario im Innenhof ab. Sie ging in Richtung der Pagoden und erklärte dem Legovogel, dass der Schlüssel nicht zu suchen sei, sondern zusammengesetzt werden müsse.

In einer Materialwerkstätte, wo Öllampen und Kerzen zusammengesetzt wurden, nahm sich Euglena ein hölzernes Grundformenset aus dem Materialbestand und ging damit zu einem Puzzle-Tisch, wo der Legovogel auf sie wartete. Die beiden tüftelten verschiedenste Kombinationen aus, um einen möglichst schlüsselähnlichen Schattenriss zu bekommen.

Mehrmals glaubten sie die Lösung gefunden zu haben und brachten das Mahagonibrett mit der gelegten Figur in den Innenhof. Doch jedes Mal schüttelte der Priester verneinend den Kopf. Die beiden gaben nicht auf, denn sie hatten keinen anderen Plan als diesen. Eifrig tüftelten sie weiter und kamen immer wieder auf neue, ausgeklügelte Kombinationen. Aus der Ferne war ein Wasserfall zu hören; auch vor ihrem Fenster zog ein schmaler Bach vorbei, der ständig klack, klack, klack machte. Der Ort inspirierte Euglena.

Spät in der Nacht gelang es den beiden eine Kombination zu legen, welche die anerkennende Zustimmung des Priesters fand. Der Tangram-Schlüssel setzte sich aus drei Teilen zusammen:

1. Der Reite, bestehend aus zwei großen Dreiecken;
2. Dem Halm, bestehend aus der Raute;
3. Dem Bart, bestehend aus dem mittelgroßen Dreieck, den zwei kleinen Dreiecken und dem Quadrat.

Der Priester blickte prüfend und lange auf die Legeanordnung. Dann berührte er mit seinem Stab das Mahagonibrett. Der hölzerne Tangram-Schlüssel erglühte und formte sich zu einem Schlüssel aus Bronze. Der Legovogel zwickte Euglena sanft ins Ohr und zwitscherte fröhlich vor sich hin. Euglena schaute zufrieden auf den vor ihr liegenden bronzenen Schlüssel, auf dessen Reite die Nummer ›100‹ zu lesen war. Sie schaute zum Nachthimmel auf und betrachtete die Mondscheibe aus Milliarden und Abermilliarden von Quadraten, Parallelogrammen und Dreiecken. Einen Planeten zusammenzupuzzeln, wäre wohl eine Aufgabe für Hunderte von Generationen, ging es ihr durch den Kopf.

Die beiden verabschiedeten sich voneinander. Der Legovogel wollte nicht mehr ins Kuriositätenkabinett zurückkehren. Da er selbst ein zusammengesetztes Wesen war, fühlte er sich in der chinesischen Gebirgslandschaft mit ihren modularen Figuren beheimatet. Er kehrte auch nie mehr ins Turmzimmer zurück und lebt fortan ein glückliches Leben. Bis zu jenem Tag, an dem ein Novize auf die absurde Idee kommen wird, den Legovogel auseinanderzunehmen, um ihn zu einem Tiger zusammenzusetzen. Darauf wird Panik und ein fürchterliches Chaos über das Dorf hereinbrechen, das letztlich deren Ende bedeuten wird.

Euglena machte eine tiefe Verbeugung vor dem Priester. Er entgegnete ihre Geste mit einer leichten Verneigung. Sie nahm den Schlüssel dankbar an sich, ein Schneesturm aus flockenweichen Tangram-Steinen entfachte, und ehe sie sich versah, wirbelte sie, größer und größer werdend, aus der Schneekugel hinaus.

43

Euglena wünschte sich, jetzt wo sie wieder im eiskalten Turmzimmer war, nichts sehnlicher, als unter einem Türluftschleier zu stehen und von dessen Wärme überströmt zu werden. Der durch das Fenster einbrechende Mondschein warf ein milchigtrübes Licht auf das Schneekugelregal, in dem Euglenas Erinnerungen eingestaubt schlummerten, und vom leisen, tausendfältigen Ticken der sich im Turmzimmer befindenden Uhren behütet schienen. Euglena überlegte, ob die Uhren in irgendeiner Weise in Bezug zu den Schneekugeln standen. Die Vermutung lag nahe, dass jede dieser tausend Miniaturwelten, die von einer geheimnisvollen Mechanik in ihrem Sockel angetrieben wurden, mit einer der Tausend ebenfalls mechanischen Uhren metaphysisch verschaltet war und das Turmzimmer ihr Gedankenkosmos war, in dem jede ihrer Erinnerungen mit einer Zeit versehen war, die in Relation zueinander standen.

Behutsam rückte Euglena die mit Frost überzogene Leiter am Regal zurecht und holte vorsichtig die *hundertste Schneekugel* herunter. Ihre Miniatur zeigte einen Strand mit hohem Wellengang und diese Landschaft betrachtend, überkam Euglena ein Hauch südlicher Wärme. Sie überlegte, ob es sinnvoll sein könnte, ein weiteres Tier oder Fabelwesen aus dem Bestand des Kuriositätenkabinetts mitzunehmen. Während Euglena mit ihrem Kristall über die Regale leuchtete und über die Idee eines Begleiters für die nächste Reise nachdachte, schlotterte sie am ganzen Körper. Der Gefährte müsste klein sein oder von ihr noch nicht vorher bemerkt worden sein, um nicht ein weiteres Zeit-Paradoxon zu riskieren. Sonst hätte sie sehr gern das Schaukeleinhorn mitgenommen, das reglos in der Ecke stand. Nichts schien unauffällig und dennoch hilfreich genug zu sein und ihr wurde immer kälter. Schließlich entschied sie sich, die Reise allein anzutreten, um nicht länger in diesem eiskalten Raum mit der Auslese eines neuen Gefährten zubringen zu müssen. Kurzerhand schloss Euglena die *hundertste Schneekugel* auf und stellte sie auf den Schreibtisch. Es klickte, knackte und knirschte; sie beobachtete den über der Miniatur entfachenden Wirbel und wurde sogleich wirbelnd und immer kleiner werdend in die Schneekugel hineingesogen.

44

Die Meereswogen waren eingefroren und glänzten spiegelglatt in der Mor-
genröte. Euglena befand sich an einem Sandstrand. Die unnatürlich stille,
statische Landschaft schien wie vakuumverpackt, und das für einen Strand
so typische Möwengekreische fehlte; die Möwen lagen steinhart gefroren
im Sand. Kein Geräusch war zu orten, kein Windzug zu spüren, kein
Salzgeruch zu erschnuppern, keine Schneeflocke zu sehen und, auch wenn
das kaum vorstellbar ist, es war auch keine Temperatur zu spüren. In der
Ferne bewegte sich irgendwas. Euglena konnte nicht erkennen, was es war;
und so ging sie einfach darauf zu.

Nach einem längeren Strandspaziergang traf sie auf einen Schneeleoparden. Er scharrte eifrig im Sand herum. Vorsichtshalber hielt sie Abstand zu
dem Raubtier und rief laut zu ihm hinüber. Aber der Schall schien sich in
diesem atmosphärenlosen Raum kaum ausbreiten zu können. Vorsichtig
näherte sich Euglena dem Schneeleoparden und versuchte in einem fort
ihm zuzurufen. Erst als sie ganz nahe neben ihm stand, konnte er sie hören.
Der Schneeleopard erschrak und wich ängstlich zurück. Er knurrte und
fauchte vor Schreck, die vor ihm stehende Frau war wie aus dem Nichts
aufgetaucht; dann fasste er sich wieder und fragte mit launischer Miene:
»Wer bist du und woher kommst du?« Euglena musste aufmerksam zuhören,
sie entschlüsselte seine Worte aber mehr durch die Mundbewegung seiner
Schnauze. Um nicht schreien zu müssen, trat sie nahe an den Schneeleopard heran und sagte: »Wer ich bin, weiß ich selbst nicht. Ich weiß
weder, woher ich komme, noch wohin ich gehe. Ich befinde mich auf dem
Heimweg und bin jetzt hier gestrandet.« Sie deutete auf die vielen im Sand
liegenden Möwen und zeigte auf eine große Welle, die im Moment ihres
Brechens eingefroren war und auf deren Wellenkamm erstarrte Surfer auf
ihren Brettern standen. »Was ist hier passiert?« Der Schneeleopard hatte
sich bereits wieder von ihr abgewandt und konnte die Frage schon nicht
mehr hören. Besonders gesprächig war er ja nicht, ging es Euglena durch
den Kopf, und sie folgte ihm stillschweigend.

Die beiden gingen lautlos nebeneinander her und während sie die Küste entlang spazierten, häufte sich die Anzahl Touristen, die wie reglose Skulpturen am Strand und im Wasser verteilt waren. Euglena kam es vor, als gehe sie durch einen zur Fotografie erstarrten Moment, der sich aus der Lebendigkeit zahlreicher Augenblicke ergab: Jene Momente, in denen Leute sonnenbadeten, ins Meer sprangen oder auf Wellen ritten; jene Momente, in denen sich Leute Bälle zuwarfen, die jetzt in der Luft festgefroren waren; jene Momente, in denen Badetücher, Strandschirme und aufblasbare Wasserbälle vom Wind fortgeweht wurden und im Moment ihres Flugs jetzt im Äther verharrten; jene Momente, in denen Strandbesucher auf ihren Badetüchern lagen, in ihren Strandkörben saßen und mit ihren Surfbrettern die Küste entlanggingen; und jene Momente, in denen Leute Bücher lasen und mit ihren Blicken in just jenem Augenblick auf einem Wort ruhten.

Euglena ließ ihre Handinnenfläche spielerisch über die Schultern der zeiterstarrten Leute gleiten, um die eigenartig verhärteten Körper zu befühlen. Ihre Hautoberflächen zeigten Anzeichen eines Sonnenbrands und waren mit geröteten Schriftzeichen übersät. Teilweise war die Masse an Touristen so dicht, dass es schwer wurde, sich noch irgendwo hindurchzuzwängen. Und so geschah es, dass Euglena aus Versehen jemanden umstieß. Dadurch wurde eine weitere Person umgestoßen, was, wie bei einem Dominospiel, eine Kettenreaktion auslöste. Der Reihe nach fielen dutzende Strandbesucher um. Euglena erschrak. Der Schneeleopard drehte sich knurrend zu ihr um und ermahnte sie besser aufzupassen. »Das sind Computerprogramme in Menschengestalt«, erklärte er. »Schon ein leichtes Berühren kann sie beschädigen. Und wenn die Landschaft wieder aktiv ist, werden die Programme fehlerhaft sein.« Euglena nickte und wollte wissen, was es mit der Zeitstarre auf sich hatte. Der Schneeleopard deutete auf eine Absenkung im Sand. »Das riesige Loch dort drüben. Alles begann mit einem einzigen, unscheinbaren, im Sand krabbelnden Virus, der niemandem aufgefallen war, selbst mir nicht. Rasant hatte er sich vermehrt und immer mehr Viren begannen zu graben. Ein immer tiefer und größer werdender Abgrund entstand. Und plötzlich war es da, ein riesiges Loch, das neugierig machte. Das Unheil nahm seinen Lauf, als vereinzelte Strandbesucher sich an den Rand vorwagten und abstürzten. Die Leute wurden immer neugieriger und bald schon zog das riesige Loch die Blicke aller auf sich. Immer mehr von ihnen stürzten in die Tiefe hinab; und je mehr Abstürze es gab, umso langsamer wurde hier alles. Bis die Landschaft und ihre Geräusche und auch das Meer aus Daten eingefroren waren!«

Der Schneeleopard begann wieder eifrig im Sand zu scharren und Euglena machte sich Gedanken über Viren, die Programme zum Abstürzen brachten; über ein Datenmeer, in dem nicht mehr gesurft werden konnte; und über ein Morgenrot, das wie ein Warnlicht am Horizont leuchtete. Während die vorherige Schneekugel ein modulares Konstrukt aus Puzzlefiguren war, war diese Schneekugel eine Art Raummaschine mit einer Hard- und Software.

Euglena ging zum Schneeleoparden hinüber und kniete sich zu ihm hin. »Nach was gräbst du eigentlich ständig?« Ohne sein übereifriges Scharren zu unterbrechen, antwortete er: »Ich suche nach dem Betriebssystem, damit könnte ich den Strand wiederbeleben. Ich befürchte aber, es hat sich in den untersten Schichten abgelagert.«

Euglena stand auf und hielt Ausschau nach einem Schlüssel. Als sie keinen finden konnte, fing sie ebenfalls an, im Sand zu graben. Sie grub und grub und war bald so übereifrig mit Graben beschäftigt wie der Schneeleopard. Das Finden des Schlüssels war in der letzten Schneekugel wesentlich einfacher gewesen, ging es ihr durch den Kopf. Das Tangram legte den Gedanken ja nahe, einen Schlüssel aus den sieben Puzzlesteinen zusammenzustellen. Plötzlich verspürte Euglena einen schmerzvollen Stich in der Hand. »Aua!« Sie sprang aus der Grube und ihr Schrei war so laut gewesen, dass der Schneeleopard ihn hörte und zu ihr herüberkam. »Was ist passiert?«, wollte er wissen. Euglena zeigte auf eine schwarze Spitze im Sand. »Irgendetwas hat mich gestochen!« Der Schneeleopard heulte laut triumphierend auf und rief: »Heureka! Du hättest keinen besseren Fund machen können.« Wie besessen fing er an, die Spitze auszugraben und murmelte ständig vor sich hin: »Das ist die Lösung unseres Problems, wir haben sie gefunden, endlich!« Euglena griff sich eines der herumliegenden Surfbretter und half mit, die Spitze freizuschaufeln. Doch das spitze Ding entpuppte sich als weitaus größer, als von ihr angenommen, und so gruben die beiden eine ganze Weile lang.

Schließlich war ein meterhohes Objekt, das Euglena in den Schatten stellte, freigeschaufelt. Der Schneeleopard heulte wieder triumphierend auf und erklärte: »Das ist der Cursor, das wirkungsvollste und klickreichste Element an diesem Strand. Mit meinen Gedanken kann ich ihn steuern. Pass gut auf, was jetzt passiert.« Euglena schaute gebannt zu und staunte nicht schlecht, als der Cursor sich in Bewegung setzte und wie ein Pflug den Strand umgrub – ständig machte es dabei klick, klick, klick. Tiefere Sandschichten kamen an die Oberfläche und legten Elemente der grafischen Benutzeroberfläche, wie Ordner, Icons, Buttons und Scroll-Balken frei. Stolz blickte der Schneeleopard zu Euglena auf. »Nun haben wir die sichtbare Oberfläche des digitalen Bildes ausgegraben. Als nächstes müssen wir die Bildunterseite ausgraben, um an die Datenstrukturen und Algorithmen zu gelangen.« Mit seinen Gedanken steuerte er den Cursor so, dass er sich sehr viel tiefer in den Sand eingrub – in einem fort machte es klick, klick, klick – und Quellcodes, Syntaxen sowie binäre Ziffern wurden nach und nach freigelegt.

Inmitten der Nullen und Einsen, Icons und Buttons und Quellcodes, die nun überall ausgegraben kreuz und quer herumlagen, fand Euglena einen *virtuellen Schlüsselbund* mit vielen tausend Passwörtern. Der Schlüsselbund bestand aus einem weiten Ring, an dem anstelle von Schlüsseln die Codes und Passwörter hingen. Sie gab dem Schneeleoparden ein Zeichen, worauf er zu ihr hinüber kam. »Welches könnte wohl das richtige Passwort sein, um diesen Ort zu verlassen?« Der Schneeleopard überblickte die schiere Anzahl an Schriftzeichen und lief zum Passwort ›Logout_100‹ hinüber. Er nahm es zwischen seine Zähne und hob es hoch, um es Euglena zu zeigen. Sie nickte und wollte sich nun selber in dem Schriftzeichengewirr umsehen, das Passwort ›Logout_100‹ stellte sie nicht restlos zufrieden. Sie schaute und schaute und suchte und suchte. Schließlich entdeckte sie das Passwort ›Logout_100_Login_101‹. Das musste das Passwort sein, nach dem sie suchte, um sich aus dieser Schneekugel auszuloggen und sich in eine nächste Schneekugel wieder hineinzubegeben, da war sie sich sicher; zudem schimmerten seine Schriftzeichen in bronzenen Farbtönen. Sie löste das Passwort vom Schlüsselbund und trug es zum Schneeleoparden hinüber. Prüfend sah er es sich an und nickte. »In Ordnung, mit diesem kannst du dich hier ausloggen und anschließend anderswo dich wieder einloggen.« Euglena nickte eifrig. »Möchtest du wirklich schon gehen?«, fragte der Schneeleopard.

Euglena überlegte und ihr Blick schweifte über den erstarrten Strand und das gefrorene Datenmeer. Ein beinahe romantisches Gefühl überkam sie, als sie die elektrischen Signale glitzern, glänzen und glimmern sah in einem mondlichtgeformten Power-Icon, das im Standby-Modus auf- und abdimmte. Euglena seufzte und sagte: »Das ist ein bizarrer und zugleich bezaubernder Ort. Gerne würde ich hier Urlaub machen, irgendwann einmal. Aber es liegt noch ein weiter Weg vor mir.« Der Schneeleopard nickte verständnisvoll, wenngleich er traurig über diesen Abschied war, wie Euglena zu erkennen glaubte. »Hab' vielen Dank, dass du den Cursor gefunden hast«, sagte er und zum ersten Mal umspielte ein Lächeln seine Gesichtszüge. »Durch das Ausgraben der Quellcodes wird es mir möglich sein, ein Reboot durchzuführen; und durch den Neustart des Betriebssystems wird dieser Ort reaktiviert und wiederbelebt werden.«

Der Schneeleopard sollte Recht behalten. Mit dem Reboot wird alles wieder beim Alten sein. Die Touristen werden sich vergnügt am Strand tummeln; bis zu jenem Tag, an dem ein neuer Virus unauffällig herumkrabbeln und sich vermehren wird. Abermals werden die Viren ein riesiges Loch in den Sand graben, die Leute darin abstürzen, was letztlich den totalen Stillstand zur Folge haben wird. Und wieder wird es dem Schneeleoparden gelingen, durch seinen unermüdlichen Eifer, die Landschaft zu reaktivieren und wieder werden Viren den Datenraum zum Absturz bringen, worauf der Schneeleopard den Datenraum wieder reaktivieren wird und das in einem zu fort bis in alle Ewigkeit. Glücklicherweise hatte er eine unendlich lange Lebensdauer und endlose Geduld; und so würde es ihm niemals langweilig werden bei diesem Vorgang, der einer Endlosschleife glich.

Der Schneeleopard nahm das Passwort ›Logout_100_Login_101‹ zwischen seine Zähne und setzte es in die Leiste eines Passwort-Editors ein. Dann legte er seine Pfote auf den ›OK‹-Button und sah Euglena an. Sie nickte ihm zu und der Schneeleopard drückte auf den Button. Sogleich entfachte sich ein Schneetreiben und Euglena wurde von einem tosenden Sog erfasst, der sie immer größer werdend aus der Schneekugel hinauswirbelte.

45

Ein schummriges Nachmittagslicht erhellte das Kuriositätenkabinett. Noch immer war das Fenster geöffnet und das Turmzimmer von einer eisigen Kälte durchdrungen. Euglena lehnte sich aus dem Fenster und sah auf den Park hinab. Dieser war von Laternen beleuchtet. Auf einem der Gehwege entdeckte sie eine Person, die eine rote Kappe trug, und wie Euglena erkannte, war das ihr früheres Ich, das gerade seinen einstündigen Freigang im Park machen durfte, in der Zeit von 17:17 bis 18:18 Uhr. Euglena war heilfroh, diese Vergangenheit überwunden zu haben und sich nun im sicheren Ort des Turmzimmers zu wähnen, wo sie sich auf ihrem Heimweg befand. Zuversichtlich öffnete sie ihre Hand, in der sie den bronzenen Schlüssel mit der Nummer ›101‹ hielt.

Sie rückte die mit Frost überzogene Leiter am Regal zurecht und erkannte, noch bevor sie auf die erste Leitersprosse gestiegen war, dass die *hundertste Schneekugel* fehlte. Der Platz, an dem die von ihr gesuchte Schneekugel stehen sollte, war leer! Höchstwahrscheinlich war sie anderweitig im Regal eingeordnet worden, beruhigte sich Euglena und suchte sämtliche Regalablagen ab. Dabei entdeckte sie, dass die tausendteilige Sammlung unvollständig war; und wie Euglena mit noch größerem Unbehagen feststellen musste, fehlte auch die von ihr so dringend benötigte *hundertste Schneekugel* und war im Kuriositätenkabinett unauffindbar! Euglenas Herz raste, es kam ihr vor, als wäre ihr Heimweg soeben in einer Sackgasse geendet. Aufgelöst setzte sie sich in den Ohrensessel. Sie horchte dem allseitigen Uhrenticken zu; dann beruhigte sich ihr Herzschlag allmählich, wurde langsamer und langsamer und schlug schließlich wieder synchron mit dem gleichmäßig-ruhigen Uhrenticken des Turmzimmers.

Ihre Gedanken sammelnd, begann Euglena ihre im Schloss und in der Psychiatrie gewonnenen Erinnerungen zu ordnen und systematisch über den Verbleib der Schneekugel Nummer ›101‹ nachzudenken ...

... und vage erinnerte sie sich an eine Schneekugel, deren Miniatur eine mit Pyramiden bestückte Wüstenlandschaft zeigte, in deren Sockel die Zahl

Hunderteins eingraviert war. Dies musste die von ihr gesuchte Schneekugel sein! Sie stand auf dem Fenstersims ihres Psychiatrie-Zimmers ...

... und wohl oder übel musste Euglena, wollte sie diese Schneekugel haben, das sichere Turmzimmer verlassen, in ihre Vergangenheit hinabsteigen und die Schneekugel aus ihrem Zimmer holen. Die Zeit hierfür schien durchaus günstig zu sein, ihr früheres Ich befand sich gerade im Park. Um von niemandem erkannt zu werden, zog sich Euglena einen dunklen Mantel mit Kapuze über, den sie in der Sammelkiste mit den Kleidungsstücken fand. Zur Sicherheit nahm sie ihren Zauberstab mit.

Als sie vor ihrem Zimmer stand und sich leise hineinschlich, erwartete sie auch schon eine böse Überraschung: ihr Wecker zeigte die Uhrzeit ›18:18‹ an. Jeden Moment konnte ihr früheres Ich zur Tür hereinkommen. Und würde das passieren, so könnte dies wieder ein Paradoxon auslösen, das sie zu Porzellan erstarren ließe. Zudem stand die Schneekugel nicht auf dem Fenstersims, was nun wirklich das Allerschlimmste war! Euglena war aufgebracht, sie konnte sich auf die Schnelle nicht erinnern, wo sie die Schneekugel damals hingestellt hatte. Die einzige Abstellmöglichkeit bot der Kleiderschrank. Um ihn schneller durchsuchen zu können, legte Euglena behände den Zauberstab aufs Bett und leuchtete hastig jeden Winkel im Kleiderschrank mit dem Kristall aus. Nervös wühlte sie in den Sachen herum. Schließlich fand sie die Schneekugel inmitten ihrer Pullover. Sie blickte auf die Nummer ›101‹ und atmete auf.

Auf dem Korridor hörte sie herannahende Schritte. Sie schloss den Kleiderschrank, griff sich die Schneekugel und verließ augenblicklich das Zimmer. »Hey! Du da!«, rief ihr eine aufgebrachte Stimme hinterher. »Wohin gehst du mit meiner Schneekugel?« Euglena erkannte die Stimme nur allzu gut, es war ihre eigene. Erschrocken blieb sie stehen. Dann setzte sie ihren Weg eilig fort und verschwand im Dunkeln des Korridors.

Als Euglena wieder im Turmzimmer war, ließ sie sich erleichtert auf dem englischen Sofa nieder. Sie verspürte das Bedürfnis, sich mit irgendjemandem über das bisher Geschehene zu unterhalten, und fasste den Entschluss, eines der Tiere oder Fabelwesen zum Leben zu erwecken. Jetzt erst bemerkte sie, den Zauberstab auf dem Bett ihres Psychiatrie-Zimmers liegen gelassen zu haben. War das ein Ärgernis! Euglena stampfte genervt auf den Boden. Ein mulmiges Gefühl beschlich sie, von nun an musste sie ohne Magie auskommen und das machte ihren Heimweg nicht gerade leichter. Doch dann wurde ihr bewusst, dass sie sich selbst damals schon gesehen hatte und sie begriff, dass sie den Zauberstab ihrem früheren Selbst überlassen musste, wollte sie das Raum-Zeit-Kontinuum wahren.

Sie legte den dunklen Mantel mit Kapuze zurück in die Sammelkiste mit den Kleidungsstücken und betrachtete gedankenversunken die *hunderterste Schneekugel.* Ihre Miniatur zeigte eine geheimnisvolle und zugleich bedrohliche Wüstenlandschaft. Euglena zögerte mit dem Einstecken des Schlüssels, sie würde, wenn sie in dieser Schneekugel wäre, ihren Zauberstab nicht mehr bei sich haben. Doch wollte sie jemals nach Hause kommen, so gab es nur diesen einen einzigen Weg, der durch ihre Erinnerungen führte; und diese offenbarten sich ihr als ein Gleichnis fantastischer Metaphern, die sie durchzustehen hatte. Sie nahm allen Mut zusammen und schloss die Schneekugel auf. Es knirschte, klickte und knackte und wirbelnd wurde Euglena in sie hineingesogen.

46

Ein eisiger Sandsturm tobte. Euglena befand sich auf der Anhöhe einer Düne und blickte hilfesuchend in alle Himmelsrichtungen. Der Sand zog unaufhörlich an ihr vorbei, sodass sie immer wieder die Augen zukneifen und schützend ihre Hände vors Gesicht halten musste. Schemenhaft erkannte sie die Umrisse mächtiger Dreiecke hinter den Erhebungen aufragen. In einem dieser Bauwerke wollte sie Zuflucht suchen; zudem glaubte sie dort den bronzenen Schlüssel zu finden. Zügig ging sie in Richtung der Pyramiden. Hinter jeder Düne erhob sich eine nächste Düne und dann wieder eine Düne und nochmals eine Düne und abermals eine Düne; und wie es Euglena schien, war die Wüste endlos und die Pyramiden in unerreichbare Ferne gerückt.

Kraftlos kauerte sie sich hin. Die Kälte zehrte unerbittlich an ihren Kräften und sie sehnte sich ein Feuer herbei. Die Schneekugeln wurden von Mal zu Mal gefährlicher. Erschöpft betrachtete sie ihr müdes Spiegelbild am Boden. Verwundert stellte sie fest, dass sie auf eine spiegelglatte Fläche schaute, die nahtlos in Sand überging – als ob der Sand sich zu diesem Material komprimiert und verhärtet hätte. Wie ein geheimnisvoller Pinselstrich zog sich eine gläserne Straße durch die sandige Landschaft und verschwand hinter der nächsten Düne, wie Euglena erkennen konnte. Diesem Weg wollte sie folgen.

Schon bald sah sie hinter einer Düne ein rotes Licht aufflackern. Sie ging schneller und hoffte dort ein Lagerzelt mit einem Feuer, um das Nomaden hocken, vorzufinden. Wenn es doch bloß keine Fata Morgana war, ging es Euglena durch den Kopf. Sie krackselte die Düne hinauf und rutschte auf der anderen Seite die gläserne Straße hinunter. Eine angenehme Wärme kam ihr beim Hinunterrutschen entgegen. Als sie aber unten ankam, glühte die Straße in roten, orangen, gelben und weißen Farben auf und auch die Luft war heiß wie in einer Schmiede.

Vor ihr stand ein brennender Rotfuchs. Sein sengender Körper stiebte knisternde Funken wie eine Fackel und sein Feuer loderte weit in den Himmel auf. Sogleich bemerkte er Euglena und drehte sich zu ihr um.

»Sei vorsichtig und komm mir nicht zu nahe«, ermahnte er sie streng und wirkte zugleich schüchtern; und wie es Euglena schien, loderte sein Feuer wie zum Selbstschutz noch mehr auf. Der Feuerfuchs brannte derart heiß, dass der Sand zu Glas schmolz, und da wo er ging, hinterließ er eine gläserne Straße.

Euglena ging vorsichtig auf ihn zu. Sie spürte eine wohltuende Wärme ihr entgegenströmen, dann wurde es ihr fast schon zu heiß und sie trat mehrere Schritte zurück. »Ich bin froh, dir begegnet zu sein«, sagte sie ehrfürchtig. »Deine Wärme schützt mich vor der todbringenden Kälte.« Sie zeigte auf die dreieckigen Schattenrisse. »Um Zuflucht vor dem Sturm zu finden, wollte ich die Pyramiden erreichen, aber meine Kräfte reichten nicht aus. Ich möchte es wieder versuchen. Wirst du mir dabei helfen?«

Der Feuerfuchs musterte Euglena mit seinen glühenden Augen und sagte: »Die Pyramiden sind unerreichbar. Niemand kann dorthin, nicht einmal ich. Es ist unmöglich.«

»Warum sind sie unerreichbar?«

»Die Wüstenlandschaft besteht aus zwei Ebenen«, erklärte der Feuerfuchs. »Einer flächigen Hintergrundebene und einer räumlichen Vordergrundebene. Die Hintergrundebene beginnt oberhalb der Horizontlinie. Sie zeigt Pyramiden und einen Nachthimmel. Unterhalb der Horizontlinie liegt die Vordergrundebene, in deren Sanddünen wir uns befinden. In dieser Ebene können wir uns allseitig bewegen und, ganz wie es uns beliebt, Gegenstände einsammeln. Es ist undenkbar von einer räumlichen in eine flächige Dimension und umgekehrt zu wechseln. Genauso unmöglich ist es, den uns umschließenden Raum zu verlassen.«

»Willst du mir damit sagen, die Wüste kann nicht verlassen werden?« Erschrocken sah Euglena den Feuerfuchs an.

Er nickte mit ernster Miene und sein Körper glühte ein wenig ab.

»Warum?«, wollte Euglena wissen und insistierte: »Es gibt für alles eine passende Lösung und immer irgendwo einen Ausweg!«

Der Feuerfuchs schüttelte resigniert den Kopf und sein Körper verlor weiter an Brennkraft, sodass sein Feuer nur noch als feinzüngelnde Flamme in den Himmel aufloderte. Euglena wollte noch eine Frage stellen, doch der Feuerfuchs hatte seinen Blick bereits von ihr abgewandt und setzte seinen Weg stillschweigend fort. Euglena folgte ihm.

Der Sturm ließ nach. Die Abenddämmerung tauchte die Pyramiden in ein goldenes Licht, während am Nachthimmel die Weiten des Weltalls sichtbar wurden. Auf der Spitze einer Sanddüne blieb der Feuerfuchs schließlich stehen und sah wehmütig zu den Sternen hinauf. Seine Flammen glimmten ab, bis sein Körper nur noch glühte und das Feuer in ihm beinahe erloschen war. Euglena schaute diesem Vorgang mit Erstaunen zu und setzte sich neben ihn. Der Feuerfuchs, dem Euglenas verwunderter Blick nicht unbemerkt blieb, drehte sich zu ihr hin und erklärte: »Ich kann meine Brennkraft regulieren. Meine Brennstufen reichen von einem unscheinbaren lauwarmen Glühen bis hin zu einem Feuerball von enormer Brennkraft.«

Schweigend sahen sich die beiden das Universum an. Die Sterne, Kometen, Asteroiden und Galaxien wölbten sich an der dünnen Membran des Schneekugelhimmels und zeigten die Gesamtheit von Raum und Zeit und aller Materie und Energie.

Euglena war tief berührt von dem Anblick und sagte: »Ich wäre jetzt so gerne näher bei den Sternen. Du nicht auch?«

»Das war ich bereits.« Der Feuerfuchs sprach mit wehmütiger Stimme. »Früher, als ich noch ein Phönix-Vogel war, bin ich ständig zum Nachthimmel aufgeflogen. Dort oben konnte ich noch viel tiefer in den Kosmos hineinsehen, ich fühlte mich frei und, vom Wind getragen, federleicht.«

»Wie kam es, dass du jetzt ein Fuchs bist und kein Vogel mehr?«

Der Feuerfuchs machte eine ernste Miene, seine Augen glühten auf und er begann zu erzählen: »Vor langer Zeit hatte ich den Wunsch, die Wüste zu verlassen und ich fragte mich, so wie du dich jetzt auch, wo sich ein Ausweg befinden könnte. Tatsächlich gibt es eine Möglichkeit, die Wüste zu verlassen, wie ich herausfand. Aber als Ausweg würde ich das nicht bezeichnen. Vielmehr ist es ein Wagnis, bei dem man sein Leben aufs Spiel setzt und mit hoher Wahrscheinlichkeit verliert. Der einzige Weg hinaus führt durch das Pharaonengrab. Ich ging davon aus, dass ich als Vogel leichtes Spiel dabei hätte und problemlos durch das Pharaonengrab hindurchfliegen könne. Tatsächlich konnte ich auch die gefährlichen Hindernisse der unterirdischen Räume mühelos überfliegen. Doch kurz vor dem Ende, ich konnte schon das Ausgangsportal sehen, erschien Apophis, ein ägyptischer Gott der Finsternis, in der Gestalt einer riesigen

Schlange. Als Erzfeind der Sonne verachtete er auch mich; als Phönix-Vogel trug ich das Feuer in mir, das mich am Ende meines Lebens verbrannte und aus dessen Asche ich wieder auferstand. Apophis jagte mich durch die Grabgänge. Doch so sehr ich auch versuchte, ihn abzuschütteln, ich konnte ihm nicht entrinnen, und Apophis biss mich schließlich tot. Als ich meine Augen wieder öffnete, sah Isis, die Göttin der Geburt, auf mich herab. Sie hatte mich wiedergeboren. Unglücklicherweise konnte sie mich nicht als Feuervogel wieder auferstehen lassen, und so entschied sie sich, mir den Körper eines Rotfuchses zu geben. Damit ich in der kalten Wüste nicht erfrieren würde, gab sie mir ein Feuer mit auf den neuen Lebensweg. Dieses kann ich, um mich auf die Temperaturschwankungen der Wüste einzustellen, regulieren.«

»Wir könnten doch«, sagte Euglena zögerlich und zugleich voller Erwartung, »gemeinsam das Pharaonengrab durchqueren. Zu zweit ist es bestimmt einfacher.«

Der Feuerfuchs schüttelte den Kopf. »Das Pharaonengrab würde uns in die dunkelste Tiefe hinabführen, wo wir auf gefahrenvolle Hindernisse treffen würden. Aber glaub mir, zu diesem Ort willst du nicht hinunter! Abgesehen davon, bin ich auch kein Vogel mehr. Als ein solcher war es mir damals immerhin noch möglich, die gefährlichen Hindernisse einfach zu überfliegen. Als Fuchs hingegen müsste ich rennen, springen, klettern und kriechen.« Der Feuerfuchs schüttelte den Kopf. »Das wäre noch viel anspruchsvoller als mein damaliger Versuch, bei dem ich schon gescheitert bin.« Er sah Euglena kopfschüttelnd an. »Ich kann dir gern den Einstieg zu dem Pharaonengrab zeigen, aber ich werde kein zweites Mal in dieses hinabsteigen. Niemals!«

Euglena sah den Feuerfuchs bittend an und versuchte ihn zu überzeugen, das Pharaonengrab gemeinsam mit ihr zu durchqueren. Doch immer wieder verneinte er, zu sehr fürchtete er den Endgegner dieser Unterwelt: Apophis. Doch Euglena wollte nicht locker lassen und leistete unermüdliche Überzeugungsarbeit, indem sie viele klug formulierte Argumente aufzählte, von denen sie glaubte, dass sie den Feuerfuchs überzeugen müssten. Euglena redete und argumentierte unermüdlich mit größter Eloquenz. Aber als sie sich nach längerem Reden wieder zum Feuerfuchs umdrehte, war er eingeschlummert. Ratlos schlief auch sie ein.

Euglena erwachte, als der Feuerfuchs noch schlief. Während die Sterne am Firmament noch funkelten, ragten die Spitzen der Pyramiden bereits als dunkle Schattenrisse ins Gelb und Rot des heraufziehenden Tages. Euglena betrachtete die erwachende Wüste und grübelte an den Fragen vom Vortag. Wie sie feststellen musste, ließ sich der Feuerfuchs auch mit den besten Argumenten nicht umstimmen. Womöglich aber würde sie ihn mit einem Leckerbissen überzeugen können. Und so suchte sie im Wüstensand nach einer für den Feuerfuchs besonders bekömmlichen Delikatesse.

Nach kurzer Zeit entdeckte Euglena eine Raumkoordinate mit den Buchstaben ›X, Y, Z‹ und ein Polygon aus dreizehn Punkten. Sie wusste, dass beides für den Feuerfuchs keine Leckerbissen sein würden und legte die Raumkoordinate und das Polygon wieder beiseite. Schließlich fand sie die von ihr gesuchte Delikatesse, von der sie genau wusste, dass sie dem Feuerfuchs vorzüglich schmecken würde: Es war ein nagelneues Plug-in. Bis zum späteren Morgen hatte sie sieben weitere Plug-ins im Sand gefunden. Diese legte sie dem Feuerfuchs hin, in der Hoffnung, dass sie seinen Mut erweitern würden.

Als der Feuerfuchs erwachte, fraß er genüsslich die Plug-ins. Euglena hockte sich zu ihm hin und fragte ihn wieder, ob er mit ihr gemeinsam den Weg durchs Pharaonengrab wagen würde. Er überlegte und verneinte. Wie Euglena aber aufgefallen war, dauerte das Überlegen, bis er verneinte, jetzt wesentlich länger als noch am Vortag. Sie suchte weitere Plug-ins und verfütterte sie an den Feuerfuchs. Gierig fraß er sie auf. Und bei jedem Mal, als Euglena ihn fragte, kam das »Nein« seiner Antwort später und war zögerlicher. Nachdem der Feuerfuchs etliche Plug-ins gefressen hatte, willigte er schließlich ein. Er war nun fest davon überzeugt, dass er und Euglena das Pharaonengrab mühelos durchqueren konnten. Guten Mutes und geradezu euphorietrunken wollte er sich sofort auf den Weg machen. Euglena hatte ihr Ziel erreicht und die beiden brachen auf.

Bei Einbruch der Dunkelheit erreichten sie ein verlassenes Tal. Der Feuerfuchs zeigte Euglena eine diagonal im Sand liegende Öffnung, von der aus eine Treppe in die Tiefe hinabführte. Er drehte sich zu ihr um und sagte: »Das ist der Einstieg ins Pharaonengrab. Wenn wir die Treppe hinuntergegangen sind und das Eingangsportal passiert haben, gibt es kein Zurück mehr. Wir werden schwierige Hindernisse überqueren müssen

und mit Untieren und dämonischen Kräften aller Art konfrontiert sein.«
Der Feuerfuchs loderte wie eine Fackel auf und ging voran. Ein langer
Treppenabstieg führte die beiden tief unter die Erde. Euglena überkam
ein mulmiges Gefühl. »Hier müssen wir warten«, sagte der Feuerfuchs,
als sie unten ankamen und eine Halle betraten. Er empfahl Euglena, sich
in der Zwischenzeit die kunstvollen Wände anzusehen; und um sie besser
sichtbar zu machen, flammte er auf, sodass die Halle hell erleuchtet war.
Euglena war überwältigt von den Hieroglyphen und Malereien an den
Wänden und Säulen und wollten wissen, ob ihnen in diesem Pharaonengrab Figuren aus diesen Darstellungen begegnen würden. Der Feuerfuchs
nickte und deutete mit seiner Pfote auf eine menschengroße Gestalt mit
Hundekopf, die soeben die Halle betreten hatte.

Euglena drehte sich um und sah Anubis. Dieser forderte beide still-
schweigend auf, ihm zu folgen. Er führte sie zu einem Eingangsportal,
das von zwei Sphinxen getragen wurde. Schweigend übergab Anubis dem
Feuerfuchs und Euglena je drei Herzamulette, die er ihnen umhängte.
Dann trat er vor eine bis an die Decke reichende Sanduhr, zog an einem
Hebel und die Sanduhr drehte sich um. Anschließend verbeugte sich
Anubis und überließ die beiden sich selbst.

Euglena sah den Feuerfuchs fragend an. »Was haben die drei Herzamulette zu bedeuten?«

»Das sind deine drei Leben, die du hier unten im Pharaonengrab hast.
Und glaub mir, du wirst sie dringend brauchen.«

»Und was genau bedeutet das: drei Leben zu haben?«

»Wenn wir versuchen, das Pharaonengrab zu durchqueren, können wir
zwei Mal sterben, ohne tot zu sein. Sterben wir aber ein drittes Mal, ist
unser Hindernislauf vorbei; und zwar endgültig.«

»Und was dann?« Ein beklemmendes Gefühl überkam Euglena, die
Angst saß ihr im Nacken.

»Was dann passieren wird, willst du gar nicht wissen.«

Euglena wurde kreidebleich. Mit zittrigen Händen umklammerte sie
ihre drei Herzamulette. Vielleicht hatte sie sich doch zu viel vorgenommen.
»Ist der Hindernislauf denn so schwierig, dass davon auszugehen ist, dass
man dabei drei Mal sterben kann?«

»Ja, das ist er. Der Hindernislauf ist in mehrere Abschnitte unterteilt, die von Abschnitt zu Abschnitt kniffliger werden. Und es gibt noch eine weitere Einschränkung.« Der Feuerfuchs zeigte auf die Sanduhr. »Das ist unsere vorgegebene Zeit, in der wir das Pharaonengrab durchqueren müssen. Wenn die Zeit vorher abgelaufen ist, sterben wir ebenfalls, ungeachtet wie viele Herzamulette wir noch haben. Wir sollten uns also sputen, die Zeit zerrinnt bereits!«

Der Feuerfuchs ging voran und der erste Abschnitt begann. Euglena harrte ängstlich dem, was da auf sie zukam. Jetzt ging es also los. Eine Schar riesiger Käfer mit gehörnten messerscharfen Zähnen stürmte den beiden entgegen und attackierte sie. Mühelos konnten sie über die Käfer hinwegspringen. Über eine steile Treppe, über die eine weitere Schar Käfer herabstürzten, gelangten sie zu einer Wasserfläche. In deren Mitte befand sich eine Barke. Die Barke konnten sie nur erreichen, indem sie auf Steine sprangen, die nur knapp aus der Wasserfläche ragten. Das Von-Stein-zu-Stein-Springen war wesentlich schwieriger als angenommen, Krokodile, die um die Steine schwammen, schnappten immer wieder kraftvoll zu. Beinahe wäre der Feuerfuchs von einem der Krokodile gepackt und in die Tiefe gezogen worden. Schließlich erreichten die beiden die Barke und konnten die Wasserfläche sicher überqueren.

Beim zweiten Abschnitt bildeten meterhohe Klötze erschwerende Hindernisse. Giftige Vipern sprangen zwischen den Klötzen hervor und versuchten tödliche Bisse zu setzen. Als sich auch noch Steinplatten von der Decke lösten, war Euglena einen Moment lang unkonzentriert und wurde von einer Viper gebissen; ihr wurde schwarz vor Augen ... Als sie ihre Augen öffnete, stand sie wieder am Beginn des zweiten Abschnitts. Sie fasste an ihren Hals und bemerkte, dass sie nur noch zwei Herzamulette bei sich trug, ein Leben hatte sie jetzt bereits verloren. Abermals überwand sie die Hindernisse, und war diesmal auf die von der Decke herunterfallenden Steinplatten vorbereitet. Am Ende des Abschnitts wartete der Feuerfuchs auf sie.

Der dritte Abschnitt bestand aus einem Treibsandboden, über dem Treppen und Brücken schwebten. Sie bewegten sich horizontal hin und her sowie vertikal auf und ab. Anfänglich wirkte der Abschnitt harmlos, aber bald schon stürzten kreischende Falken herab. Um gleich drei herabstürzenden Falken auszuweichen, sprang der Feuerfuchs zu einer in der Luft schwebenden Treppe hinüber, auf der sich auch Euglena befand. Er kriegte aber nur die unterste Stufe zu fassen, wo er sich mit einer Pfote gerade noch festhalten konnte und hilflos in der Luft baumelte, unter ihm ein Abgrund aus verschlingendem Treibsand. Euglena wollte ihn zu sich hinaufziehen und verbrannte sich an seiner glühenden Pfote. Der Feuerfuchs fiel in den Treibsand, wo er versank. Nun hatte auch er nur noch zwei Leben.

Die Hindernisse des vierten Abschnitts bargen alle Gefahren auf einmal und bildeten einen Durchlauf aus Treibsand, von der Decke sich lösender Steinplatten, Abgründen, aus denen Vipern hervorsprangen, Attacken von riesigen Käfern mit gehörnten Zähnen, vereinzelten Wasserflächen, in denen Krokodile schwammen und kreischenden, steil herabstürzenden Falken. Zusätzlich lagerten Sarkophage mit herausspringenden Mumien zwischen den Steinblöcken. Eine der Mumien umklammerte Euglena und riss sie in die Tiefe ...

Vor dem fünften Abschnitt legten die beiden eine Verschnaufpause ein. Euglena war sich bewusst, dass sie jetzt nur noch ein einziges Leben hatte; und sie umklammerte fest ihr letztes Herzamulett. Schweigsam gingen die beiden eine lange von Fackeln und Feuerschalen erhellte Halle hinab.

Euglena schaute in alle Richtungen. »Warum ist es plötzlich so still? Haben wir es geschafft? Sind wir am Ziel?«

Der Feuerfuchs zitterte am ganzen Körper. »Das ist die Stille vor dem letzten Abschnitt. Jetzt erwartet uns der Endgegner!« Euglena schnürte es die Kehle zu und sie konnte kein Wort mehr sagen. Ein schwaches Beben erschütterte die Halle und ein schwarzer, kalter Nebel breitete sich aus. Der Feuerfuchs verkroch sich blitzschnell in einem Loch, das er in der Wand fand. Dunkelheit und Kälte breitete sich aus. Euglena sah nach oben und blickte in die hungrigen Augen von Apophis, der giftig mit seiner Zunge zischelte und verlangend ihr letztes Herzamulett anstarrte.

Euglena rannte, so schnell sie nur konnte. Apophis schlängelte ihr geschwind und geschmeidig hinterher. Der schwarze Nebel, der ihr etwas Schutz bot, ihren Sichtradius aber massiv begrenzte, machte sie zunehmend orientierungsloser. Sie hatte Mühe, sich in diesem Dunst vorwärts, rückwärts oder seitwärts zu bewegen. Euglena fühlte ihren Puls in den

Schläfen pochen, ihr Herz raste immer schneller. Mehrmals konnte sie Apophis' giftigen Bissen nur knapp ausweichen. Hinter einer Säule konnte sie sich kurzzeitig verstecken, bis Apophis sie auch dort entdeckte und Euglena wieder um ihr Leben hetzen musste. Da kam ihr eine Idee und sie lotste die Riesenschlange eine weite Treppe hinauf. Von dort aus sprang sie auf einen in der Luft schwebenden Steinblock. Apophis schlängelte ihr geschmeidig und geschwind nach, beinahe konnte er sie am Bein packen und stürzte in die Tiefe hinab, wo er im Treibsand versank.

Euglena rannte den Gang entlang, an dessen Ende konnte sie bereits das Ausgangsportal erkennen. Sie eilte, so schnell sie nur konnte, ohne sich umzudrehen. Neben den Säulen des Ausgangsportals hing der bronzene Schlüssel mit der Nummer ›110‹. Diesen wollte sie sich greifen, doch wie aus dem Nichts tauchte Apophis vor ihr auf und drückte sie grob vom Ausgangsportal weg. Euglena fiel hin.

Apophis zischelte und züngelte und stierte sie mit schadenfreudigem Blick an. Er öffnete sein giftiges Maul, dabei beugte er sich zu Euglena hinab, die er nun totbeißen wollte. Augenblicklich stand sie auf, riss eine Fackel von der Wand und hielt sie Apophis entgegen. »Dein Erzfeind ist der Sonnengott Re!«, rief sie. »Du fürchtest das Feuer. Komm mir zu nahe und du wirst dich verbrennen!« Apophis schien das zu amüsieren, er lächelte, dann züngelte er die Fackel einfach aus. Er riss sein Maul weit auf und Euglena blickte in einen Schlund aus hakenförmigen, giftigen Zähnen. »Warte!«, rief da eine laut hallende Stimme, und es war die Stimme des Feuerfuchses, der auf eine Säule geklettert war. »Ich bin der Phönix-Vogel, den du vor langer Zeit einmal totgebissen hast. Aber ich wurde wieder geboren. Und nun bin ich zurückgekehrt!« Apophis wandte sich von Euglena ab und schaute zur Säule hinauf, wo der Feuerfuchs stand und entschlossen auf ihn hinabblickte. Apophis schien sich bestens zu erinnern, er zischelte und züngelte ganz aufgeregt und hatte nur noch Augen für den Feuerfuchs. Und während Apophis sein riesiges Maul aufriss, nahm der Feuerfuchs Anlauf und sprang ihm in den Rachen. Und während er sprang, entflammte sein Körper zu einem Feuerball von enormer Brenn-kraft – als ob seine ganze Energie sich in dem Moment entlud. Dann war er auch schon in Apophis Rachen verschwunden.

Die Riesenschlange lächelte zufrieden und wandte sich wieder Euglena zu. Doch dann rang Apophis plötzlich nach Luft und riss sein giftiges Maul weit auf. Aus ihm loderte, funkte und stiebte es wie aus einem Höllenschlund. Apophis hatte den Feuerfuchs zwar verschlungen, aber er verbrannte nun kläglich an dessen höchster Brennstufe und ging explosionsartig in Flammen auf! Euglena hätte dem Spektakel bis zum bitteren Ende zugesehen, doch ihr blieb die rieselnde Sanduhr über der Tür nicht unbemerkt und sie erkannte, dass ihre Lebenszeit in wenigen Sekunden zerronnen war. Schnell griff sie sich den Schlüssel; sogleich erfasste sie ein kühler Sog und wirbelte sie aus der Schneekugel hinaus.

47

Erschöpft und schweißgebadet ließ sich Euglena aufs englische Sofa fallen. Der Hindernislauf hatte sie fast das Leben gekostet. Zum ersten Mal war sie um das offen stehende Fenster froh, das eine erfrischende Kühle im Turmzimmer verströmte. Trotz aller Anstrengung und Gefahr, so dachte Euglena, hatte das Springen und Rennen durch das Pharaonengrab mit seinen tückischen Hindernissen ihr doch auch einen prickelnden Adrenalinschub gegeben. Sie konnte darin deutliche Parallelen zu den ihr vertrauten Jump 'n' Run-Levels von Computerspielen erkennen: Auch ein Jump 'n' Run-Level war in mehrere Abschnitte unterteilt und steigerte seinen Schwierigkeitsgrad von Abschnitt zu Abschnitt. Zudem hatte ein solches Level oftmals, wie die Sanduhr im Pharaonengrab, einen Countdown, in dessen Zeitfenster das Level durchgespielt werden musste. Jeder Spieler hatte eine gewisse Anzahl an Leben, die es ihm trotz tödlicher Fehltritte erlaubten, das Spiel fortzusetzen und ein solchermaßen typisches Merkmal war ein besonders perfider Endgegner, auch Endboss genannt, der am Schluss die Spielfigur erwartete. Euglenas begrenzter Sichtradius im letzten Abschnitt, ließ sie wiederum an das Game Design-Konzept vom Gefechtsnebel, auch Fog of War genannt, denken. In diesem Abschnitt war sie von schwarzem Nebel umgeben, in dem sie von Apophis, dem Endgegner, immer wieder attackiert wurde. Das Spielkonzept war ihr schon früher begegnet, wie sie in ihrem Unterbewusstsein zu spüren glaubte, und zwar in der ersten Schneekugel, wo ihr früheres Ich durch ein schneenebelverschleiertes Labyrinth geirrt war. Auf dem sicheren Sofa sitzend, dachte sie über ihre Abenteuer nach und spürte immer noch den Adrenalinrausch in sich. Zufrieden lächelte sie in sich hinein, das war vielleicht ein Leben!

Euglena erinnerte sich plötzlich wieder an die zehnte Schneekugel, und das war jene Schneekugel mit dem ihr so vertrauten, freien Feld, dem großen Baum, dem westlich stehenden weißen Haus, dem Briefkasten und der Vitrine mit den zwanzig Gegenständen. Als Euglena damals ihre Erinnerungen wälzte, konnte sie sich nicht erklären, warum ihr dieser Ort

242

so vertraut war, aber nun war es ihr wieder eingefallen: Die zehnte Schnee-kugel zitierte das Computerspiel *Zork*, ein Textadventure, das im Jahr 1977 programmiert worden war und dessen Räume und Ereignisse vollständig mittels Text ausgedrückt und durch einen Parser gesteuert wurden.

Euglena nahm noch einmal die Schneekugel mit der Wüstenminiatur zur Hand. Sie fragte sich, was wohl aus dem Feuerfuchs geworden sei, der sein Leben geopfert hatte, um ihres zu retten. Wahrscheinlich, so dachte sie, befand er sich jetzt in einer feinstofflichen Sphäre im Jenseits. Doch Euglena irrte sich. Der Feuerfuchs erfreute sich bester Gesundheit. Als Apophis verbrannt war, erhob er sich aus dessen Asche. Durch Apophis' Ableben erlangte der Feuerfuchs die Gestalt seines vorherigen Lebens wie-der. Fortan wurde er wieder vom Wind getragen und flog als Phönix-Vogel über die Sanddünen hinweg und dem Firmament des Nachthimmels entgegen. Er genoss es, zu den Sternen aufsteigen zu können und hatte seine alte Freiheit wieder.

Euglena nahm den Schlüssel mit der Nummer ›110‹ aus ihrer Ho-sentasche und trat vor die Schneekugelsammlung. Zu ihrem Verdruss stand die *hundertzehnte Schneekugel*, wie vormals schon die hunderterste Schneekugel, nicht im Regal. Diesmal nahm es Euglena mit Fassung hin, zudem wusste sie auch schon, wo sie die *hundertzehnte Schneekugel* finden würde, nämlich im Büro von Dr. Schreiber. Er mochte diese Schneekugel ganz besonders, weil er in einem Haus mit der Hausnummer ›hundert-zehn‹ aufgewachsen war. Ihre Miniatur zeigte ein Wohnquartier und ein Museum am Ende der Häuserreihe und war Sinnbild seiner Kindheits-erinnerungen, wie Dr. Schreiber Euglena damals erzählte, als er ihr den Begriff einer ›Wahrnehmungsverzerrung‹ erläuterte. Euglena atmete tief durch. Abermals musste sie die eng gewundene Wendeltreppe des Turms hinabsteigen und sich in die Erzählstränge ihrer Vergangenheit begeben; und das kostete sie regelrecht Überwindung.

Die Uhr in Dr. Schreibers Büro, zeigte ›02:02‹ an, als Euglena sich hineinschlich. Die verriegelte Bürotür konnte sie mühelos mit ihrem Kris-tall öffnen, der auch ein Mobiltelefon war, auf dem die Zahlencodes zum Entriegeln sämtlicher Türen und Schleusen der Psychiatrie gespeichert waren. Anders als erwartet, ließ sich die Schneekugel nicht auf Dr. Schrei-bers Schreibtisch mit den vielen Schreibstiften finden. Mit dem Kristall leuchtete Euglena in mehrere Schränke, suchte in Schubladen und am Boden. In einem Kleiderschrank fand sie eine vielfältige Garderobe vor, bestehend aus Anzügen, einem Kasak und einem Karnevalskostüm mit Maske. Neben einem Zylinder und einem farbigen Schal entdeckte sie endlich die Schneekugel mit der im Sockel eingravierten Nummer ›110‹. Dann fiel ihr Blick auf den Aktenschrank, den sie schon einmal durchstöbert hatte. Und noch einmal wollte sie Einsicht in ihre Akte nehmen, um sich zu vergewissern, dass sie auch wirklich leer war. Als sie ihre Akte herausnahm, staunte sie nicht schlecht über die Fülle an Papier, die ihre Akte umfasste. Gerade als sie in ihren Aktenblättern lesen wollte, öffnete sich leise quietschend die Bürotür. Euglena fand keine Zeit mehr, die Blätter, die sie in ihrer Hand hielt, wieder in die Akte einzuordnen und so legte sie die leere Akte zurück und schloss den Aktenschrank. In der Hoffnung nicht gesehen zu werden, schlich sie in die andere Ecke des Zimmers zum noch offen stehenden Kleiderschrank.

Eine schattenhafte Person, die mit einem Lichtkegel in den Raum leuchtete, betrat lautlos das Büro. Um nicht von dem Bediensteten, der soeben ins Zimmer gekommen war, erkannt zu werden, nahm sich Euglena die Maske – es war ein Eselskopf – aus dem Kleiderschrank und zog sich diese über. Dann hielt sie die Luft an. Die Person, die soeben das Zimmer betreten hatte, ging zum Aktenschrank, öffnete diesen und zog eine leere Akte daraus hervor. Anschließend blätterte sie in weiteren Akten. Als die Person den Aktenschrank wieder geschlossen hatte, schwenkte sie mit ihrem Lichtkegel durch den Raum. Euglena war klar geworden, dass dies nicht ein Bediensteter sein konnte, sondern dass diese unmittelbar vor ihr stehende und den Aktenschrank durchstöbernde Person unverkennbar ihr früheres Ich war, das sich in Dr. Schreibers Büro geschlichen hatte, um seine Akte einzusehen. Als der Lichtkegel ihres Mobiltelefons Euglenas Eselskopfmaske anleuchtete, erschrak das frühere Ich und rannte aus dem Zimmer. Euglena riss sich die Eselskopfmaske vom Gesicht und legte sie in den Kleiderschrank zurück. Nun aber wollte sie die Gunst dieses Moments nutzen und doch noch einen Blick in die Aktenblätter, in die über sie angelegte Akte, werfen. Aber auf dem Flur herannahende Schritte, dieses Mal wohl die eines Bediensteten, der einen Kontrollrundgang machte und ein immer stärker leuchtender Lichtkegel, zwangen Euglena, ihr Vorhaben abzubrechen, die Akten in den Aktenschrank zurückzulegen sowie schnell und lautlos Dr. Schreibers Büro zu verlassen.

Wieder im Turmzimmer sich befindend atmete Euglena erleichtert auf. Zum einen konnte sie von Glück reden, dass es bei der Begegnung mit ihrem früheren Ich zu keinem Paradoxon gekommen war; und zum anderen konnte sie froh sein, in Dr. Schreibers Büro von keinem Bediensteten ertappt worden zu sein. Sie setzte sich in den Ohrensessel und betrachtete die Schneekugel, mittels derer Dr. Schreiber ihr das Thema der ›Wahrnehmungsverzerrung‹ erläutert hatte. Ihre Miniatur zeigte eine unscheinbare Häuserreihe. Und auch wenn diese *hundertzehnte Schneekugel* von allen im Regal sich befindenden Schneekugeln, die am wenigsten spektakulärste war, so war sie doch die wichtigste von ihnen, denn sie würde Euglena tief in das Gleichnis ihrer Erinnerungen blicken lassen und ihr einen Spiegel vorhalten. Euglena kramte den Schlüssel mit der Nummer ›110‹ aus ihrer Tasche und schloss die Schneekugel auf, in die sie wirbelnd hineingesogen wurde.

Das Aufleuchten roter und grüner Ampelmännchen sorgte für ein kontrastreiches Lichtspiel bei Nacht. Gleichmäßig schwebten daunengroße Schneeflocken vom tiefschwarzen Himmel herab. Euglena befand sich an der Straßenkreuzung eines Wohnquartiers. Als sie die Häuserreihe entlangging, bemerkte sie, dass die Fenster und Türen, die Eingangstreppen und Backsteinwände und sogar die schneebedeckten Bäume und Büsche der Vorgärten auf einer Folie aufgedruckt und auf einer riesigen Wand aufgeklebt waren. Sämtliche Häuserreihen des Wohnquartiers entpuppten sich als Attrappen, die auf einer Fläche Räumlichkeit suggerieren sollten. Selbst die Schneeflocken waren herabschwebende hexagonale Polyeder, die mit der Textur verzweigter Kristallstrukturen versehen waren. Erst am Ende der Häuserreihe konnte Euglena ein Gebäude ausmachen, das einen begehbaren Eingang hatte.

Als sie durch die Tür ging, leuchtete auf der Frontseite des Gebäudes ein überdimensioniertes, die ganze Wandfläche einnehmendes Power-Icon auf. Euglena durchquerte einen längeren Gang, an dessen Wänden der Schriftzug ›Museum 2.0‹, aufblinkte. Ein Aufsichtsplan skizzierte die ›Dreiteilige Ausstellung‹ zum Thema ›Virtuelle Welten‹. Passend zur Frontwand des Museums entsprach auch die Anordnung der musealen Räume dem Grundriss eines Power-Icons: Ein kreisförmiger Gang bildete die Ausstellungsfläche, die von einer senkrechten Linie, dem Eingangsbereich, gebrochen wurde. Das Museumspersonal bestand aus drei Meter hohen, in Serie produzierten Maschinenmenschen in schwarzen Anzügen und roten Krawatten. Ihre kahlen Köpfe und augen-, nasen- und mundlosen Gesichter waren von einer aluminiumfarbenen Schicht überzogen und strahlten die Ausdruckslosigkeit von Schaufensterpuppen aus. Der Eingang zur Ausstellung bestand aus einem übergroßen Fernsehbildschirm. Um in die Ausstellung zu gelangen, musste sich Euglena durch die Kathodenstrahlröhre hindurchzwängen und begab sich im symbolischen Sinn auf die andere Seite, die virtuelle Seite, eines Fernsehbildschirms.

Der erste Teil der Ausstellung begann mit der Definition des Begriffs ›Immersion‹. Euglena betrachtete eine Installation, in der eine menschengroße Puppe auf einen leuchtenden Bildschirm schaute. Auf diesem Bildschirm blickte die Puppe auf ihr Abbild, das sich inmitten einer virtuellen Umgebung befand. ›Immersion‹ bedeutete, wie Euglena einer Informationstafel entnehmen konnte, ›Eintauchen oder Einbetten‹ und beschrieb ›das Schwinden der Eindrücke und Sinne in der eigenen, physischen Welt und die Identifikation mit einer anderen Person in einer künstlich geschaffenen virtuellen Welt‹. Eine am Bildschirm sitzende Person nahm aufgrund der Immersion ihre Umgebung nur noch schwach bis gar nicht mehr wahr; die am Bildschirm flach abgebildete virtuelle Welt erzeugte einen ›medialen Raum‹, der in Gedanken des Betrachters zu einem ›Rezeptionsraum‹ wurde. Das sollte heißen, dass sich die Fläche des Bildschirms in der Vorstellung des Betrachters zu einem Raum auffächerte, der ihn seine physische Realität vergessen ließ.

Euglena blickte auf ein überdimensioniertes Buch, aus dessen Seiten eine Märchenwelt reliefartig hervortrat: Ein Schloss mit See, ein verwunschener Wald mit Tieren und Fabelwesen, sowie die Figuren einer Hexe, eines Zauberers und eines Königs mitsamt seinen Rittern, Wachen, Hofdamen und Untertanen bildeten ein Reich der Fantasie. Wie dieses Exponat veranschaulichte, war die Immersion nicht erst mit dem Aufkommen digitaler Medien entstanden, bereits Geschichten in Büchern hatten eine immersive Sogwirkung und ließen die Leser ihre physisch präsente Welt vergessen.

Euglena ging weiter und kam zu einem Kinematographen, der eine herannahende Lokomotive projizierte. Zu sehen war ein Ausschnitt aus dem Film ›L'Arrivée d'un train en gare de La Ciotat‹ aus dem Jahr 1895, in dem eine Lokomotive in einen Bahnhof einfuhr. Laut Überlieferungen sollen 1895 einige der Zuschauer aufgesprungen sein, weil sie glaubten, der Zug würde sie überfahren. In ihren Gedanken erweiterten sich die Zugschienen des Filmbildes in den Zuschauerraum. Wie Euglena der Informationstafel entnehmen konnte, wurde dieses Phänomen als ein frühes Zeugnis einer filmischen Immersion angesehen, wo in der Fantasie der Zuschauer sich die Grenze zwischen Bildprojektionsfläche und physischem Raum aufgelöst hatte.

Exponate mehrerer Fernsehgeräte thematisierten die Entwicklung der ›filmischen Immersion‹. Diese beschäftigte sich zunehmend mit Strategien der Raumüberwindung. Das Fernsehen erlaubte es dem Zuschauer, Einblicke von verschiedenen Orten der Welt zu haben, 1968 sogar live bei der ersten Mondlandung dabei zu sein. Die Entwicklung der Technik ermöglichte immer größere Fernsehbildschirme mit höherer Bildauflösung und besserer Klangqualität.

Euglena betrat einen nachgebildeten, kleinen Kinosaal. Eine Informationstafel hob das visuelle und auditive Kinoerlebnis in dunkler Atmosphäre als ein besonders immersives Ereignis hervor. Eine 3D-Brille, die sich Euglena aufsetzte, zeigte ihr die Illusion des Filmbilds, das in den Zuschauerraum überging.

Der zweite Teil der Ausstellung thematisierte ein Medium, das einen deutlich höheren Grad an Immersion zuließ, nämlich das Medium *Computerspiel*. Der Eingang führte Euglena durch einen drei mal drei Meter großen Pixel. Dessen Subpixel waren durch einen roten, einen grünen und einen blauen Vorhang dargestellt. Im symbolischen Sinn begab sie sich in den virtuellen Raum eines Pixelbildes.

Als Euglena die Ausstellungsfläche der Computerspiele betrat, befand sie sich inmitten einer Vielzahl chronologisch geordneter Computergeräte, welche die Entwicklung der Computerspiele aufzeigten: In den Anfängen der 50er und 60er Jahre entstanden auf Oszilloskopen und PDP-1-Monitoren einfachste Spiele aus Punkten und Strichen ohne Soundausgabe. Die 70er Jahre brachten weitere Spiele mit abstrakter Grafik für TV-Bildschirme hervor. Aufgrund der schwachen Rechenleistung war der Hintergrund schwarz und das Spielthema des Weltraums naheliegend, der Sound klang metallisch und beschränkte sich auf wenige Töne. In den 80er Jahren wurde der aus Linien und Punkten bestehende Bildraum farbiger. Es entstanden grobpixelige, weiträumigere Landschaften, deren flächige, frontal dargestellte Welten meist von links nach rechts durchwandert werden konnten. In den 90er Jahren war zu beobachten, wie der flächige Bildraum aufgebrochen wurde und Landschaften in unterschiedlichen geometrischen Darstellungen wie der Kavalierperspektive, der isometrischen Projektion und dem Fluchtpunkt visualisiert werden konnten. Weiter vollzog sich der Schritt von der zweidimensionalen zur dreidimensionalen Raumrepräsentation. Dergleichen verbesserten sich auch die Soundkarten und brachten eine immer opulentere Klangqualität orchestraler Filmmusik hervor. Zu

Beginn des 21. Jahrhunderts wurde der Pixelraster der Bildschirme stetig verfeinert, bis er nicht mehr zu sehen war. Computerprozessoren wurden kleiner und konnten mehr Informationen speichern. Dadurch stieg die Rechenleistung an und die Räume der digitalen Spielwelten wurden fotorealistischer und immersiver.

Eine Informationstafel informierte Euglena über die unterschiedlichen Computerspiele-Genres, die aus dieser Technikentwicklung hervorgegangen waren. Sie trugen Bezeichnungen wie: Denk- und Geschicklichkeitsspiele, Jump 'n' Run, Adventure, Rollenspiele, Ego-Shooter, oder MMORPG (Massively Multiplayer Online Role-Playing Games, die auch Massen-Mehrspieler-Online-Rollenspiele genannt wurden). Letztere wurden über das Internet gespielt und von Millionen Menschen in der Welt bevölkert. Euglena wurde vor Augen geführt, wie aus einfachen Punkten und Strichen virtuelle Parallelwelten entstanden waren, die eine derartige Faszination ausübten, dass sie den Spieler die eigene Realität gänzlich vergessen lassen konnten. Anders als beim passiven Fernsehen konnte beim Computerspielen direkter Einfluss auf den Bildraum genommen werden und eine Identifikation mit dem Avatar, der Figur, die den Spieler in der virtuellen Welt repräsentierte, hergestellt werden.

Euglena probierte einige Erfindungen zur Steigerung der virtuellen Immersion aus. Etwa den CAVE, einen Würfel, in dem auf allen Innenflächen ein zusammenhängendes Bild projiziert und so eine dreidimensionale Illusionswelt erzeugt wurde. Oder eine 3D-VR-Brille mit einem 360-Grad-Laufband, das aus einer Bodenplatte bestand, die Gehbewegungen erfassen konnte.

Um in den dritten Teil der Ausstellung zu gelangen, musste sich Euglena durch die Pupille eines drei Meter im Durchmesser messenden Auges hindurchzwängen. Im symbolischen Sinn kroch sie in das Auge eines computerspielenden Menschen und gelangte so in seinen Verstand.

Informationstafeln veranschaulichten Euglena, wie virtuelle Welten abhängig machen konnten. Die Immersion von Computerspielen konnte eine derart starke Wirkung ausüben, dass es Leute gab, für die es sich nicht mehr lohnte, am physischen Leben teilzuhaben. Die virtuelle Welt war für sie zu einer viel aufregenderen Parallelwelt geworden. Repräsentiert wurde ihr eigenes Selbst durch einen Avatar, quasi als ihre Stellvertretung oder ihre Filiale in der virtuellen Welt. Den Avatar konnte der Spieler nach seinen Wünschen gestalten. Es war ihm möglich, sich als eine Figur oder als eine Person zu verkleiden, zu verwandeln oder zu maskieren, die er in seiner physischen Welt niemals sein konnte; dieses Spielprinzip nannte sich ›Mimikry‹. In MMORPG-Rollenpielen, die ausschließlich über das Internet gespielt wurden, konnte sich der Spieler innerhalb einer Gruppe als Held bewähren und positive Bestätigungen erfahren. Das waren Bestätigungen, die er in seiner physischen Präsenz – am Arbeitsplatz, in der Schule oder anderswo – nie erleben konnte. Dadurch steigerte sich die Identifikation mit seinem Avatar, der wichtiger wurde als seine physische Präsenz in der Alltagsrealität. Seine physische Präsenz konnte in extremen Fällen verkümmern, worauf sich der Spieler fast vollständig in der virtuellen Welt verlor, und in seiner physischen Welt nur noch agierte, um zu essen, zu trinken und zu schlafen.

Euglena begab sich an eine interaktive Station, die an einem aus Styropor gefertigten Gehirn angeschlossen war. Über eine Eingabe zeigten aufleuchtende Lämpchen jene Gehirnregionen an, die bei hoher Immersion betroffen waren. Eine weitere Einstellung zeigte, wie sich das Gehirn eines von virtuellen Welten abhängigen Menschen von dem einer nicht abhängigen Person unterschied. Das Styropor-Gehirn veranschaulichte zudem, dass Gehirnströme von exzessiven Computerspielern ähnliche Reaktionen aufwiesen wie bei Alkohol-, Nikotin- oder Cannabissüchtigen. Positive Erlebnisse beim Spielen virtueller Welten führten unter anderem dazu, dass der Glücksbotenstoff ›Dopamin‹ freigesetzt wurde. Das Gehirn erfuhr demgemäß eine Selbstbelohnung beim Spielen und ordnete dieses Verhalten als optimale Strategie ein. Infolgedessen stumpfte das Gehirn für andere Reize und Verhaltensweisen ab, die ebenfalls das Belohnungszentrum aktivieren konnten, mit der Folge einer psychischen Abhängigkeit.

Unter dem Schlagwort ›Heroin aus der Steckdose‹ las Euglena auf einer Informationstafel, dass die Abhängigkeit von virtuellen Welten, anders als bei Alkohol und Drogen, eine nicht stoffgebundene Sucht war. Dennoch bewirkte sie Entzugserscheinungen wie Nervosität, Unruhe und Schlafstörungen. Euglena ging weiter und blieb vor drei Dioramen stehen. Die Schaukästen veranschaulichten im Maßstab 1:1 Beispiele virtueller Abhängigkeit im Alltag:

Im ersten Diorama war die Situation eines Pausenplatzes mit Modellfiguren in Lebensgröße nachgestellt. Sie waren allesamt voneinander abgewendet und interagierten nur mit ihren Mobiltelefonen. Bei genauerem Hinsehen wurde allerdings klar, dass die Schüler auf dem Pausenplatz mittels ihrer Mobiltelefone untereinander kommunizierten. Anstatt die Möglichkeit über den physischen Raum zu nehmen, interagierten sie über den virtuellen Raum und entfremdeten sich so von der Realität.

Das zweite Diorama veranschaulichte die Situation eines überfüllten Zugabteils. Passagiere, eng beieinandersitzend und beieinanderstehend und, ihrem Gesichtsausdruck nach zu urteilen, sich unwohl fühlend, benutzten Mobiltelefone, Laptops und Tabletcomputer. Euglena erkannte in dieser Szenerie das menschliche Bedürfnis, in beengtem Raum sich mittels digitaler Medien abzuschotten, obschon in einer Situation wie dieser, eine Kommunikation von Angesicht zu Angesicht mentale Erleichterung verschaffen könnte.

Im dritten Diorama sah Euglena eine ihr abgewandte Modellfigur in einem Schlafzimmer. Um das Tageslicht fernzuhalten, waren die Fensterläden geschlossen. Die Modellfigur saß verwahrlost an einem mit Junkfood überladenen Tisch vor einem Monitor. Elektronische Summ- und Rauschgeräusche untermalten die tragische Situation. Euglena stieg in das Diorama und näherte sich der Modellfigur, die wie sie rötliches Haar und die gleiche Frisur hatte. Und vor Entsetzen stand ihr dann auch der Mund weit offen, als sie sich selbst in der Modellfigur erkannte, wie sie aufgrund virtueller Abhängigkeit vollkommen verwahrlost war!

Euglena rannte aus dem Museum, um sich irgendwie abzureagieren. Zügig wollte sie sich auf den Heimweg machen; doch fiel ihr bald wieder ein, dass sie einen Schlüssel mit einer Nummer brauchen würde, um die Schneekugel verlassen zu können; und so begab sie sich, wohl oder übel, da ihr nichts anderes übrig blieb, wieder ins Museum zurück.

Euglena überlegte. Die Ausstellung hatte sie völlig durcheinandergebracht, schnell wollte sie diese Schneekugelwelt hinter sich bringen. Wo in diesem Museum könnte der Schlüssel versteckt sein? Sie sah zum Eingang der Ausstellung und zum Ausgang des Museums. Dann wandte sie sich ans Museumspersonal und wollte wissen, ob es weitere Ausgänge gäbe. Kommentarlos deutete der drei Meter hohe Maschinenmensch auf eine Notfalltür im Halbdunkeln des hinteren Eingangsbereichs.

Auf der Notfalltür stand ›EX111T‹. Sie ließ sich mit einer Zahlenkombination öffnen; und wie Euglena feststellen musste, ließ sich die Tür nicht mit der im Exit-Schild verborgenen Nummer ›111‹ öffnen. Sie probierte alle nur erdenklichen Kombinationen aus, die ihrer Meinung nach Sinn ergeben müssten. Doch ohne Erfolg. Euglena war sich sicher, die passende Zahlenkombination, um aus dieser Schneekugel auszusteigen, irgendwo in der Ausstellung zu finden.

Abermals besuchte sie die Ausstellung über ›Virtuelle Welten‹. Sie registrierte jedes Detail. Aus allem Möglichen versuchte sie die Zahlenkombination herzuleiten: Indem sie Exponate zusammenzählte; indem sie die in der Ausstellung vorkommenden Zahlen addierte, subtrahierte, multiplizierte und dividierte; indem sie Quersummen aus allem nur Erdenkbaren errechnete; indem sie aus Quersummen Wurzeln zog oder Quersummen potenzierte; ja sogar indem sie Rechnungen vollzog, auf hundertelf Stellen nach dem Komma genau. Schließlich ging Euglena kryptoanalytisch vor. Sie vermutete, dass die Texttafeln verschlüsselte Informationen enthielten, die es zu entziffern galt. Sie stellte Hypothesen auf und wendete mehrere Methoden der Kryptoanalyse an. Doch es half alles nichts, die Notfalltür nahm keine einzige ihrer strikt durchdachten und stringent hergeleiteten Zahlenkombinationen an und Euglenas mathematisches Geschick, sowie ihre bemerkenswerte Fähigkeit, komplexe Rechnungen allein im Kopf, ohne die Zuhilfenahme einer Rechenmaschine, durchzuführen, verhalfen ihr zu keiner Lösung. Nach etlichen Rundgängen kannte Euglena die Ausstellung in- und auswendig. Den Schlüssel konnte sie zwar nicht finden, dafür aber eine bestimmte Einsicht. Die Ausstellung hatte ihr didaktisches Ziel bei ihr nicht verfehlt. Die Botschaft, *dass sie, Euglena, an virtueller Abhängigkeit litt*, war bei ihr unmissverständlich angekommen. Und wo war nun der Schlüssel? Oder sollte sie den Rest ihres Lebens dieses Museum besuchen? Auf die Dauer wurde es in dieser Schneekugel zum Abwinken langweilig. Sie hatte jetzt schon genug von diesem Ort und wollte nur noch weg. Sie überlegte und drehte gedankenverloren eine weitere Runde.

Euglena stieg in das dritte Diorama mit ihrem verwahrlosten Selbst als Modellfigur. Mehrmals hatte sie sich hier alles akribisch angesehen. Als sie die versteckte Seriennummer ›5-21-7-12-5-14-1‹ im Genick der Modellfigur entdeckte, mutmaßte sie schon voller Freude, dass das die

Zahlenkombination für die Notfalltür sein müsste. Doch weit gefehlt. Euglena setzte sich nachdenklich aufs Bett und betrachtete sich die Situation noch einmal ganz genau. Sie überlegte, was wohl das Sinnvollste wäre, das in einer solchen Situation zu tun sei. Vielleicht den Stecker des Computers ziehen, damit die virtuelle Welt erlischt und das Heroin aus der Steckdose unterbunden war? Oder sich vielleicht Hilfe holen, doch wo? Wohl am ehesten in einer Klinik, die sich auf Computerspielsucht spezialisiert hatte. Euglena schob die Modellfigur, die auf dem Stuhl vor dem Computer saß, beiseite. Sie wollte in der Suchmaschine des Internets nach der Adresse einer Suchtklinik suchen. Doch der Computer entpuppte sich, wie alles andere in dieser Ausstellung auch, als eine Styropor-Attrappe. Euglena setzte sich wieder aufs Bett und sah zum Telefon hinüber, das auf dem Nachttisch stand. Sie nahm den Hörer ab und wie erwartet erklang kein Hörton, auch das Telefon war eine Attrappe. Dann fiel ihr ein Buch unter dem Nachttisch auf. Es war ein Telefonbuch. Und nun dämmerte Euglena die Moral dieser Ausstellung, nämlich, *dass sie, Euglena, nicht im virtuellen Raum nach Hilfe suchen sollte, sondern im physischen Raum*; und sie blätterte im Telefonbuch und wurde unter ›K‹ bei einer ›Klinik für Computerspielabhängigkeit‹ fündig, die sich an der Bronzestraße 111 befand. Über eine Notrufnummer konnte man sich dort rund um die Uhr anmelden. Sich über das Styroportelefon anzumelden, machte natürlich wenig Sinn. Wahrscheinlich war aber, dass diese Notrufnummer die Zahlenkombination für die Notfalltür war. Euglena merkte sie sich und verließ die Ausstellung.

Eilig passierte sie den Eingangsbereich und blieb vor der Notfalltür stehen. Angespannt, ob sie nun auch wirklich des Rätsels Lösung gefunden hatte, gab sie die Notrufnummer mit zittrigem Finger an der Zahlentastatur ein. Sekundenlang geschah nichts. Dann entriegelte sich die Notfalltür mit einem leisen Surren. Euglena drückte die Klinke runter, eine durch den Türspalt wehende Schneeluft fuhr ihr durchs Haar, dann sprang die Tür wie von alleine auf und sie wurde von einem wirbelnden Sog erfasst.

49

Zu Euglenas Überraschung spürte sie um sich eine angenehme Zimmertemperatur. Das Fenster, durch das die ganze Zeit kalte Luft eingeströmt
war, war nun geschlossen. Wenn das Fenster nicht mehr geöffnet war,
konnte das nur heißen, dass sich Euglena jetzt vor dem Zeitpunkt befinden musste, als sie zum ersten Mal das Turmzimmer betreten hatte.
Diese Vermutung bestätigte sich auch, als sie sich das Schaukeleinhorn
betrachtete, das nicht mehr die stattliche Anatomie eines richtigen Einhorns hatte, noch nicht verwandelt war und sein ursprüngliches, flächiges,
naiv anmutendes Holzdesign hatte, das mehr einer Kinderzeichnung von
einem Einhorn glich.

Nachdenklich setzte sich Euglena in den Ohrensessel und reflektierte
die letzte Schneekugelreise. Diese hatte sie tief in das Gleichnis ihrer Erinnerungen blicken lassen und ihr einen Spiegel vorgehalten, der sie ihre
Computerspielsucht erkennen ließ. Aus dieser Erkenntnis entstanden in ihr
natürlich viele Fragen. Sie stellte sich die Frage, wie es überhaupt so weit
kommen konnte, dass sie abhängig wurde. Noch viel mehr aber stellten
sich ihr Fragen zu ihrer momentanen Situation, in der sie sich befand.
Warum schwankte ihre Wahrnehmung ständig zwischen einer Märchenwelt und einer Psychiatrie hin und her? Die Tatsache, dass sie während
der ganzen Zeit, als sie sich im Schloss oder der Psychiatrie aufhielt, nie
Nahrung zu sich nehmen musste oder nie das Bedürfnis verspürte ein
WC aufsuchen, legte die Vermutung nahe, dass sie sich gerade selbst in
einer virtuellen Welt befinden würde. Eine virtuelle Welt, die zwischen
dem Modus einer magischen Welt mit Schloss und dem Modus einer
realitätsnahen Welt mit Psychiatrie, hin- und herwechselte. Der Ort, in
seiner Gesamtheit betrachtet, verhielt sich wie ein räumlich und zeitlich
verschachteltes Labyrinth, dessen metaphorische Architektur sie, Euglena,
gefangen hielt. Die beste Vorgehensweise, um aus diesem Labyrinth einen
Ausweg zu finden, bestand darin, die Situationen richtig einzuschätzen,
die wichtigen Informationen und Gegenstände zu sammeln und diese
mit anderen Informationen und Gegenständen zu kombinieren, mit den

richtigen Personen und Wesen zielführende Konversationen zu führen und die Zeichen der Rätsel zu erkennen und zu lösen. Dieser Prozess von Beobachtung, Analyse und Handlung ähnelte doch sehr der Logik eines Computerspiels. Und nach diesen Überlegungen erhob sich Euglena wieder aus dem Ohrensessel und wandelte gedankenbeladen im Kuriositätenkabinett umher; die letzte Schneekugelreise hatte sie intellektuell gefordert und tief nachdenklich gestimmt.

Vor dem Regalbrett mit der Beschriftung ›Die sieben Raben‹ blieb sie stehen. Ihr fiel der siebente Rabe auf, der damals unauffindbar gewesen war, als sie zum ersten Mal das Turmzimmer betreten hatte und alle Tiere und Fabelwesen zum Leben erweckt hatte, um sie wegen des im Wald spurlos verschwundenen Zauberers zu befragen. Der siebente Rabe blickte Euglena herzallerliebst aus seinen gläsernen Augen vom Regalbrett herab an. Hätte Euglena den Zauberstab bei sich gehabt, so hätte sie ihn zum Leben erweckt, um ihn als Gefährten in die nächste Schneekugel mitnehmen zu können. Sie nahm den ausgestopften Raben aus dem Regal und betrachtete ihn von allen Seiten.

Ein dumpfes Grollen war plötzlich zu hören. Euglena ging rasch zum Fenster und öffnete es vorsichtig. Es war tiefe Nacht. Vom Wald her vernahm sie den Schrei eines Einhorns; zudem hörte sie ein Klackgeräusch aus nächster Nähe. Unterhalb ihres Fensters sah sie eine Person mit einer Petroleumlampe in der Hand. Um Genaueres beobachten zu können, lehnte sich Euglena weit aus dem Fenster und erkannte ihr früheres Ich, das auf dem Bibliotheksbalkon stand und Glasmurmeln auf die gefrorene Seefläche warf – klack, klack, klack, machte es. Dann entglitt Euglena, die sich zu weit aus dem Fenster des Turmzimmers hinausgelehnt hatte, der unter ihren Arm geklemmte siebente Rabe. Unglücklicherweise fiel er so, dass er Euglenas früherem Ich die Petroleumlampe aus der Hand schlug.

Verärgert über dieses Missgeschick schloss sie das Fenster. Nachdenklich blickte sie zum Regalbrett hoch. Auf diesem standen jetzt nur noch sechs Raben. Und wie ihr soeben klar wurde, konnte ihr der siebente Rabe, wenn sie zum ersten Mal in der Zukunft das Turmzimmer betreten würde und nach dem im Wald spurlos verschwundenen Zauberer fragen würde, die Auskunft nicht geben, was genau im Hexenturm mit dem Zauberer geschehen war und unter welchen Umständen er zu Porzellan verwandelt worden war.

Euglena kramte den bronzenen Schlüssel mit der Nummer ›111‹ aus ihrer Hosentasche. Behutsam setzte sie die Leiter, die nun nicht mehr mit Frost überzogen war, ans Regal und holte die *hundertelfte Schneekugel* herunter. Ihre Miniatur war dunkel und zeigte einen Textcursor inmitten von Nullen und Einsen. Euglena runzelte die Stirn, die Schneekugel machte auf sie einen abstrakten, mathematischen Eindruck. Zahlenversonnen betrachtete sie die tausendteilige Sammlung. Es wird nun diese hundertelfte Schneekugel sein, die Euglena eine Frage beantworten wird, über die sie vor Längerem intensiv nachgedacht hatte. Es war die Frage gewesen, aus welchem Grund ihre zerbrochene Doppelgängerin, als diese aus der ersten Schneekugel gekommen war, den Schlüssel mit der Nummer ›10‹ bei sich getragen hatte und nicht, wie Euglena logischer erschienen wäre, den Schlüssel mit der Nummer ›2‹. Nun wird sie den Grund dafür verstehen, warum sie nicht alle tausend Schneekugeln der Sammlung durchspielen muss – worüber sie sehr froh sein kann. Euglena steckte den Schlüssel ein und schloss die Schneekugel auf.

50

Ein wirbelnder Windhauch streifte Euglenas Wangen. Sie befand sich in einer dunklen, nicht näher definierbaren Umgebung, die dem Inneren eines schwarz verspiegelten Kugelvolumens ähnelte. Leuchtende Schneeflocken, die eigenartigerweise aufwärts schwebten, waren die einzige Lichtquelle in dem sonst lichtlosen Raum. Euglena versuchte sich irgendwie zu orientieren, doch konnte sie oben und unten kaum noch auseinanderhalten – als ob sie im Weltraum schwebte. Schwankend lief sie in irgendeine Richtung. Das Dunkel und die Krümmung irritierten ihren Gleichgewichtssinn, und außer den aufwärts schwebenden Schneeflocken gab es keine visuellen Fixpunkte mehr, an denen sie sich hätte orientieren können. Also lief sie einfach weiter. Noch eine ganze Weile musste Euglena das beklemmende Gefühl aushalten, durch das Nirgendwo zu gehen und jeder Zeit in eine unbekannte Leere hinabfallen zu können. Dann stand sie plötzlich vor einem schwarz verspiegelten Kontrollpult.

Intuitiv drückte sie auf die ›Leertaste‹. Ein Luftzug wirbelte die Schneeflocken auf und sie formierten sich zu einem Textcursor, der eine Zeile in den Äther stiebte:

C:\Snowglobe111 >_

Euglena mutmaßte, dass die hundertelfte Schneekugel eine Art Betriebssystem sei und der Textcursor soeben eine Festplatte benannt hätte. Und um den nächsten Schlüssel zu finden, musste sie wohl aus diesem Betriebssystem wieder aussteigen. Sie gab den Befehl ›exit‹ ein und der Textcursor stiebte weitere Informationen in die Dunkelheit:

C:\Snowglobe111 >exit

…

Enter Password
****
0000_0000_0000_0000_0000_0000_0000_0000
****

Das Betriebssystem verlangte also ein Passwort aus acht vierstelligen Ziffern. Euglena überlegte und ihr Blick fiel auf den Verzeichnisnamen ›Snowglobe111‹. Sie befand sich in der hundertelften Schneekugel, so viel war klar. Bestimmt machte die Nummer ›111‹ eine der acht Stellen im Passwort aus. Euglena rief sich die Nummern der bisher durchgespielten Schneekugeln in Erinnerung. Diese lauteten: ›1‹, ›10‹, ›11‹, ›100‹, ›101‹, ›110‹ und ›111‹. Sie setzte sie in das Passwort ein und erhielt folgende Reihenfolge:

```
*************************************************
0001_0010_0011_0100_0101_0110_0111_????
*************************************************
```

Die letzte Ziffer, die achte Stelle, wäre dann wohl, wie Euglena richtig schlussfolgerte, die Schlüsselnummer der nächsten Schneekugel und sogleich die noch fehlende Nummer, um das Passwort zu komplettieren. Doch wie lautete die achte Stelle? Wie müsste die Zahlenfolge 1, 10, 11, 100, 101, 110, 111 logisch fortgeführt werden? Die Schneekugelsammlung beinhaltete eintausendeins Schneekugeln. Und doch hatte Euglena nur sieben Schneekugeln durchwandern müssen, um zur hundertelften Schneekugel zu gelangen. Sie dachte nach und kam zum Schluss, dass die Schneekugelsammlung Teil einer virtuellen Welt sei und es Sinn machen würde, wenn die Schneekugeln nach dem Binärsystem der Maschinensprache geordnet wären. Folglich bezogen sich die Schneekugelnummern ›1‹, ›10‹, ›11‹, ›100‹, ›101‹, ›110‹ und ›111‹ nicht auf das dezimale Zahlensystem sondern auf das binäre Zahlensystem, das aus den Zwillingsvariablen 0 und 1 gebildet wurde: Die ›1‹ im Dezimalsystem ist ebenfalls die ›1‹ im Binärsystem; die ›2‹ im Dezimalsystem ist die ›10‹ im Binärsystem; die ›3‹ im Dezimalsystem ist die ›11‹ im Binärsystem; und so fort …

Dezimalsystem:	1	2	3	4	5	6	7	8
Binärsystem:	1	10	11	100	101	110	111	?

Folglich wäre die Zahl ›8‹ im Dezimalsystem – Euglena rechnete es natürlich im Kopf aus – …

$8 : 2 = 4$ Rest: 0
$4 : 2 = 2$ Rest: 0
$2 : 2 = 1$ Rest: 0
$1 : 2 = 0$ Rest: 1

... die Zahl ›1000‹ im Binärsystem. Vorsichtig, um sich nicht zu vertippen, ergänzte sie das Passwort:

****

0001_0010_0011_0100_0101_0110_0111_1000

****

Mehrmals prüfte Euglena die Zahlenfolge. Dann drückte sie, wenn auch etwas zögernd – ihre Nervosität überwog in dem Moment ihr selbstsicheres Gefühl richtig gerechnet zu haben – auf die ›Enter‹-Taste. Augenblicklich zerstob ein Windhauch das Passwort aus Einsen und Nullen wieder zu Schneeflocken und der sanfte Luftzug entwickelte sich zu einem Wirbelwind. Euglena klammerte sich am Kontrollpult fest und spürte wie sich der Wirbelwind zu einem Schneesturm steigerte. Er wurde stärker und stärker und wie ein Orkan zog er Euglena in die Höhe – immer höher und höher und noch höher – und wirbelte sie aus der Schneekugel hinaus.

51

Als Euglena ihre Augen öffnete, lag sie, benommen vom Orkan-Wirbel, auf dem englischen Sofa. Allmählich legten sich ihre Schwindelgefühle. Langsam richtete sie sich auf. In ihrer Hand hielt sie einen bronzenen Schlüssel mit der Nummer ›1000‹. Euglena lächelte zufrieden, sie hatte bereits einen weiten Weg zurückgelegt auf ihrer Heimreise und war wohl kurz vor dem Ziel. Sie stand auf und ging zum Schneekugelregal hinüber. Die Freude wehrte nur kurz, die *eintausendste Schneekugel* stand nicht im Regal. Zudem musste Euglena feststellen, dass für die letzte Schneekugel, mit der Nummer ›1001‹, kein Platz im Regal vorgesehen war – das Regal bestand aus zwanzig Regalbrettern, auf denen jeweils fünfzig Schneekugeln platziert waren. So einfach würde der letzte Abschnitt ihrer Heimreise dann wohl doch nicht werden, dämmerte es Euglena. Sie sah sich im Kuriositätenkabinett um und bemerkte, dass es weitaus weniger vollgestopft war als zuvor: Der *Drehherd* sowie weitere Objekte und Tiere fehlten, und das waren der *Ara*, das *Reittier*, das *Schaukeleinhorn*, das *Zauberbuch*, die *chinesische Vase*, die *Udu*, das *Kajak*, die *Sammelkiste mit den Kleidungsstücken*, der *Rotor*, der *Reliefpfeiler*, das *Radar*, der *Uhu*, der *Kasak* und die *Matrjoschka-Puppe*. Wohin waren die Dinge verschwunden? Euglena fielen die Glasmurmeln auf, die auf dem Schreibtisch verteilt lagen und im einfallenden Fensterlicht glänzten. Bisher lagen die nicht dort. Um die eintausendste Schneekugel zu finden, blieb Euglena nichts anderes übrig als einmal mehr das sichere Turmzimmer zu verlassen und außerhalb zu suchen.

Vorsichtig und so leise wie möglich, stieg sie die eng gewundene Wendeltreppe hinab. Sie wusste nicht, wie weit sie diesmal in der Zeit zurückgereist war. Die Differenz von der Schlüsselnummer ›1000‹ zur vorangegangenen Schlüsselnummer ›111‹ war erheblich, was folglich einen weiten Zeitsprung bewirkt haben musste. Durch einen der oberen Korridore schleichend, entdeckte Euglena postierte Wachen. Sie wartete und wartete darauf, dass die Wachen ihre Posten wieder verlassen würden. Aber nichts dergleichen geschah. Sie holte die Glasmurmeln aus dem Turmzimmer – eine fiel ihr dabei auf den Boden und rollte zum Wandschrank hinüber. Wieder im Korridor sich befindend, warf sie eine Glasmurmel in Richtung der postierten Wachen – klack, klack, klack, machte es. Als die Wachen auch beim Klackgeräusch einer zweiten und einer dritten Glasmurmel keine Regung zeigten und immer noch wie angewurzelt an ihrer Stelle standen, näherte Euglena sich ihnen. Schon von weitem erkannte sie, dass etwas nicht stimmen konnte. Die Wachen standen unnatürlich steif an der Wand und beim näheren Betrachten ihrer glänzend-glasigen Gesichtshaut wurde klar, dass sie zu Porzellanfiguren erstarrt waren.

Beim Hinabsteigen weiterer Stockwerke fand Euglena Ritter, Hofdamen und Untertanen in erstarrten Posen vor. Alle Schlossbewohner waren zu Porzellanfiguren erstarrt. Selbst das Wetter war erstarrt. Ein Blick aus den Fenstern zeigte, dass die Schneeflocken unbeweglich in der Luft hingen. Die Zeit stand still und es herrschte eine totale Statik. Euglena war klar geworden, in welche Zeit sie durch die letzte Schneekugelreise zurückversetzt worden war. Nämlich in jene Zeit, wie ihr das Schaukeleinhorn bei ihrem ersten Besuch im Turmzimmer erzählt hatte, in der die Hexe die Gestalt eines Ritters angenommen hatte und auf diese Weise ins Schloss gelangte, anschließend sämtliche Bewohner in menschengroße Porzellanfiguren verwandelte und das Zauberbuch in der Schlossbibliothek fand, was ihr die Erstarrung der Zeit ermöglichte. Eigentlich, so dachte Euglena, vereinfachte der Zeitstillstand ihre Suche. Nun konnte sie, ohne unter ständiger Beobachtung zu stehen, sich frei im Schloss bewegen, ganz und gar wie es ihr beliebte.

Euglena betrat die Lichtwerkstatt und schmunzelte, als sie die Wache mit dem stählernen Helm sah, die neben dem Drehherd stand und die an ihren Werkbänken erstarrten Werkstattarbeiter prüfend überblickte – diese Zeit hatte Euglena längst hinter sich. Aufmerksam suchte sie jeden Winkel und jedes Regal nach der eintausendsten Schneekugel ab. Auch im Labor und in der Voliere wurde sie nicht fündig. Und so suchte Euglena in der Bibliothek, im Genesungsraum, im Hortus Conclusus, im Saal, im Verlies, im Zählraum und in sonstigen Räumen des Schlosses. Sie wagte sich sogar bis in die königlichen Gemächer vor. Auf den Schultern des Königs hockte der Ara, zeitverloren starrten die beiden zum Fenster hinaus. Euglena sah sich um. Schranktüren standen offen. In einem der Schränke entdeckte sie Tausende von Schlüsseln; auch den kleinen Schlüssel, mit dem sich die magischen Wandspiegel aufschließen ließen. Diesen nahm sie vom Haken und verließ den Raum.

Jetzt, wo die Zeit stillstand, so dachte Euglena, könnte sie ungehindert ihre Spiegelreisen fortsetzen und so die eintausendste Schneekugel schneller finden. Als sie den kleinen Schlüssel bei einem der Wandspiegel eingesteckt und umgedreht hatte, musste sie enttäuscht feststellen, dass er sich nicht öffnen ließ. Wie Euglena vermutete, war seine Magie durch das Einfrieren der Zeit versiegt. Euglena betrachtete sich nachdenklich im Spiegel. Er reflektierte sie verzerrt und sie blickte auf ein verdehntes, verwölbtes Bildnis. In ihr kamen die Fragen auf: Wer bin ich? Woher komme ich? Wohin gehe ich? Durch das Hineinschauen in den Spiegel konnte sie keine Antwort finden und so rätselte sie weiter über ihre Gegenwart, Vergangenheit und Zukunft. Schließlich wandte sie sich vom Spiegel ab und setzte ihre Suche nach der eintausendsten Schneekugel anderweitig fort.

Euglena passierte den luftzuglosen Torbogen (der Türluftschleier war ebenfalls außer Betrieb) und suchte außerhalb des Schlosses. Sie wagte sich bis ans Seeufer vor, wo sie unter der Eisfläche eine dunkle schwarze Masse erkennen konnte: das ebenfalls vom Zeitstillstand nicht verschont gebliebene Ungeheuer. Seine tentakelartigen Fangarme brachen an einer Stelle der Eisfläche aus. Euglena sah sich die Fangarme aus nächster Nähe an. Sie bestanden aus unendlich vielen, sich immer feiner verästelnden Spiralstrukturen und folgten den Proportionen des Goldenen Schnitts. Euglena kannte dieses geometrische Muster bestens, es waren mathematische Fraktale (Mandelbrot-Mengen mit einem ungeheuren Formenreichtum).

Sie ging waldeinwärts und erreichte die von Felsen umgebene Absenkung, in der sie die allwissende große Eule inmitten des Weihers entdeckte. Euglena dachte darüber nach, dass die allwissende große Eule jetzt in einer Doppelstarre verhaftet war: Einerseits durch den Versteinerungszauber und andererseits durch die Zeitstarre. Schlimme Erinnerungen kamen in ihr hoch und es schauderte sie beim Anblick dieses grimmig dreinblickenden Wesens. Ihr wurde speiübel, Schwindelgefühle überkamen sie, die Augen taten ihr weh und sie konnte nicht länger an diesem fürchterlichen Ort bleiben.

Auf dem Rückweg zum Schloss begegnete Euglena mehreren Fabelwesen und Tieren: Zwerge, Kobolde, Gnome, sowie Bären, Hirsche, Rehe, Biber,

Marder, Dachse, Hasen, Eichhörnchen, Igel und Mäuse spähten, aus der Zeit gefallen, wie sie waren, hinter Tannen, Büschen, Felsspalten, Höhlen und aus sonstigen Löchern hervor. Selbst das Reittier konnte Euglena entdecken, wie es schläfrig zwischen zwei Tannen kauerte, gleich neben dem riesigen Frosch, der hinter den Büschen und Sträuchern friedlich hervorlugte.

Euglena begegnete auch einem Einhorn. Wie sie sofort an seinem Gesichtsausdruck erkannte, war es das Schaukeleinhorn in seiner früheren Gestalt. Entzückt blieb sie stehen und sah sich das Geschöpf in aller Ruhe an – Zeit hatte sie ja genug. Das Einhorn war von stattlicher Erscheinung, mit einem schneeweißen Fell und einem lang geschwungenen Schweif. Friedlich stand es da und blickte durch seine tiefblauen Augen in die Ferne. Nur zu gern hätte sie mit dem Einhorn ein paar Worte gewechselt, doch das war nicht möglich, und sie ging weiter.

Als Nächstes begegnete Euglena dem Schneemann in seiner ursprünglichen Gestalt als Waldgeist. Auch dieses Wiedersehen entzückte sie. Wie ein feinstoffliches Gewebe hing der Waldgeist freundlich lächelnd zwischen den Tannen und glitzerte geheimnisvoll in der Sonne. Zeiterstarrt wie auch er war, konnte Euglena seine lichtartige Materie von Nahem betrachten: Sie bestand aus einer fein verästelten Spiralstruktur, die sich bis ins Unendliche fortsetzte. Wie ihr nun klar wurde, setzte sich der Waldgeist aus den gleichen mathematischen Fraktalen wie das Ungeheuer zusammen und stellte ein Kräfteverhältnis dar. Wie die allwissende große Eule ihr damals erklärt hatte, war jedes Wesen, dem Euglena begegnete, ein Teil von ihr selbst. Sie hatte erkannt, dass das *Ungeheuer* und der *Waldgeist* eine Gleichung bildeten, und zwar eine Gleichung ihrer Seelenzustände, die Trauer und Freude, Angst und Mut, Unglück und Glück, Unsinn und Sinn im Lot hielten. Alle Landschaften und Räume, die sie durchwandert und durchquert hatte, sämtliche Personen und Wesen, denen sie begegnet war, hatten sich aus Euglenas Psyche gespeist und ergaben eine Art Seelenuhrwerk. Und wie Euglena über den Zusammenbau ihrer Psyche nachdachte, entschlüsselte sie die Wesen, Personen, Räume und Landschaften, mit denen sie in Berührung gekommen war: Etwa der *Schneemann* und *Dr. Schreiber*, die ihren Intellekt und ihre Reflexionsgabe repräsentierten; das *Schaukeleinhorn* und der *riesige Frosch,* die ihre Empathie und Hilfsbereitschaft wiedergaben;

263

der *Zauberer*, der Sinnbild ihres Mutes und ihrer Entschlossenheit war; die *Wachen* und *Pfleger*, die eine Autorität verkörperten, die sie, Euglena, vehement ablehnte; und wie sich Euglena eingestehen musste, und dafür schämte sie sich, spiegelte die *allwissende große Eule* wohl ihre verborgenen abartigen Fantasien wider, die jeder Mensch, auf die eine oder andere Weise, in sich hat.

Euglena hatte den Waldrand erreicht und blickte zeitvergessen auf das im Schnee ruhende, wollknäuelartige *Schloss* hinüber: Ein Sinnbild ihrer einst kindlichen, noch nicht entwirrten Weltvorstellung und das Wunschbild von Harmonie, wie Euglena die märchenhafte Architektur entschlüsselte. Und wie sich das Schloss mit seinem Märchenpersonal aus ihren kindlichen Ängsten, Freuden und Träumen ergab, so bildete das Äquivalent zum Schloss die *Psychiatrie*, die ihrer Gefühlswelt als erwachsene Frau entsprungen war.

Auf dem Weg zum Schlosseingang irritierten sie der fehlende Wind und die in der Luft hängenden Schneeflocken. Zeitvergessen sah sie in alle Richtungen. Immer wieder blies sie die Schneeflocken an und schmeckte sie mit der Zunge. Euglena reflektierte ihren bisher gegangenen Weg durch eine Märchenwelt, eine Psychiatrie und eine Schneekugelsammlung, auf der sie viel über den Zusammenbau von Dingen gelernt hatte: Etwa wie eine Glühbirne zusammengebaut ist; wie eine Uhrwerksmechanik klickt, knackt und knirscht; wie die Kristallstrukturen von Schneeflocken aufgebaut sind; wie eine Schneekugel und ihr dazugehöriger Schlüssel zusammengesetzt sind; wie das Sicherheitssystem einer Psychiatrie funktioniert; wie Origami-Figuren gefaltet werden; wie Legosteine zusammengesetzt und Tangram-Puzzle-Steine zusammengestellt werden; wie eine mathematische Formel gegliedert ist, um ein Kugelvolumen zu berechnen; wie sich ein binäres Zahlensystem aus den Zwillingsvariablen 0 und 1 ergibt; wie eine virtuelle Welt mittels digitaler Elemente konstruiert ist; und letztlich mündete dieser Erkenntnispfad vom Zusammenbau der Dinge in die Endfrage vom Zusammenbau der menschlichen Psyche, als ein metaphysisches Seelenuhrwerk, dessen Pendel zwischen den Polen der Verzauberung und der Entzauberung schwingt.

Unter dem Torbogen hindurchgehend grübelte Euglena weiter über den Verbleib der eintausendsten Schneekugel, die sie so dringend benötigte, um ihre Heimreise fortsetzen zu können. Sie überlegte, ob sie auf den Zauberer warten sollte, der von einem flinken Eichhörnchen um Hilfe gerufen worden war. Doch wie lange würde es dauern, bis der Zauberer das Schloss erreicht hatte? Tage, Wochen, Monate oder gar Jahre? Das Schaukeleinhorn hatte Euglena, damals bei ihrer ersten Begegnung im Turmzimmer, nichts über die Wartezeit erzählt, wie lange es gedauert hatte, bis der Zauberer gekommen war; und Euglena hatte auch nicht danach gefragt. Wie sollte sie auch wissen, dass gerade diese Information für sie derart wichtig werden würde. Der genaue Wortlaut des Schaukeleinhorns lautete, wie sich Euglena noch erinnern konnte: ›Als der Zauberer die Insel erreicht hatte, [...]‹. Das Problem bei Märchenerzählungen ist, dass ihre Begrifflichkeiten oftmals ungenau sind. Man denke nur an die häufig verwendeten Floskeln: ›Es war einmal [...], oder ›Einst vor langer Zeit [...]‹. Und eben diese Ungenauigkeit, so folgerte Euglena, würde ihr nun zum Verhängnis werden. Um besser nachdenken zu können, begab sie sich in die Bibliothek.

Auf einer Ottomane sitzend dachte Euglena weiter nach. Sie betrachtete die vollgestopften Bücherregale. Dabei fiel ihr das Zauberbuch auf, das auf einem der Tische offen herumlag. Sie las in der aufgeschlagenen Seite von einer magischen Formel, mit der eine Zeitstarre vollführt werden konnte. Sie blätterte die Seiten um. Wie ihr klar wurde, konnte ihr das Zauberbuch nicht weiterhelfen. Dennoch wollte sie den kostbaren Folianten, der ihr noch wertvolle Dienste erweisen könnte, mit ins Turmzimmer hinaufnehmen; zudem wäre das Zauberbuch dort sicherer verwahrt als in der Bibliothek, wo es nur so herumlag und jeder Zeit von der Hexe wieder benutzt werden konnte. Euglena spürte in ihrer Kleidertasche ein drückendes Gefühl, die Glasmurmeln aus dem Turmzimmer, die sie schon eine ganze Weile bei sich trug, wurden ihr allmählich zu schwer. Sie klappte das Zauberbuch zu, stand auf und legte beim Hinausgehen die Glasmurmeln in eine Zinnschale.

Als sie ins Turmzimmer zurückgekehrt war, stellte sie als erstes das Zauberbuch ins Bücherregal – den Folianten hatte sie um 180 Grad verkehrt, auf der Kopfseite stehend, im Regal eingeordnet. Gedankenverloren ging sie auf und ab und hin und her zwischen den Lagerregalen. Das Kuriosum dieses Kabinetts war die Sammlung der Figuren und Objekte aus anderen Märchenwelten sowie die Sammlung der sprachlichen Palindrome. Euglena

265

erinnerte sich an die musikalischen Palindrome: Joseph Haydns dritter Satz (Menuett al roverso) aus der Symphonie Nummer 47 in G-Dur, der aus dem Schallplattenspieler eines Grammophons im Genesungsraum des Schlosses geknistert hatte. Oder Anton Weberns Sinfonie Opus 21, welche die Lautsprecher in der Eingangshalle der Psychiatrie gespielt hatten. Euglena sah das auf dem Boden liegende Notenheft mit Johann Sebastian Bachs Musikalischem Opfer an; auch dieser Krebskanon ist ein musikalisches Palindrom, wie sie beim Durchlesen feststellte: die Noten, in beide Richtungen gespielt, von links nach rechts, und von rechts nach links, ergaben dieselbe Melodie.

Euglenas Blick schweifte über die Sammlung der Figuren und Objekte aus den Märchenwelten: Die zahlreichen, in Gläsern eingelegten Rüben aus einem der *Rübezahl-Märchen*; den goldenen Pantoffel aus dem Märchen *Aschenputtel*; die Raben aus dem Märchen *Die sieben Raben;* der ausgestopfte Kater, der neben einem Paar schwarzer Stiefel in einem der oberen Regale eingeordnet war, aus dem Märchen *Der gestiefelte Kater*; die hässliche Ente aus dem Märchen *Das hässliche Entlein* und den abgetrennten Pferdekopf mit der Aufschrift ›Falada‹, der Name des Pferdes, aus dem Märchen *Die Gänsemagd.* Euglena griff in eine ihrer Kleidertaschen und zog die rote Kappe hervor, ein Objekt aus dem Märchen *Rotkäppchen und der böse Wolf,* das sie vor langer Zeit aus dem Turmzimmer ausgeliehen hatte. Behutsam legte sie die rote Kappe in die Sammelkiste mit den Kleidungsstücken zurück.

Ein weiteres Mal sah sie sich die Märchenwelten-Sammlung an und entdeckte das Spinnrad mit der spitzen Spindel. Es war nicht irgendein Spinnrad, sondern es war das Spinnrad aus dem Märchen *Dornröschen*, und die spitze Spindel erfüllte einen ganz bestimmten Zweck. Diesen Zweck, so dachte Euglena, könnte sie sich zunutze machen, jetzt, wo sie an diesem aus der Zeit gefallenen Ort festsaß. Die Schneekugelreisen hatten sie bestimmt hundert Jahre in die Vergangenheit gebracht. Und würde sie sich jetzt aufs englische Sofa legen und sich mit der spitzen Spindel stechen, so würde sie einem einhundertjährigen Schlaf verfallen und auf diese Weise wieder zurück in die Zukunft, und somit in ihre Gegenwart, gelangen. Dort, so war sich Euglena ziemlich sicher, würde sie die für ihre Heimreise benötigte eintausendste Schneekugel im Regal vorfinden. So wollte sie es machen, eine andere, bessere Lösung kam ihr nicht in den Sinn.

Euglena konnte sich für diesen langen Schlaf aber keinesfalls auf das englische Sofa legen. Denn würde sie das tun, so würde sie beim ersten Besuch im Turmzimmer sich selbst schlafend auf dem Sofa vorfinden, was ein Paradoxon auslösen würde. Um das Raum-Zeit-Kontinuum nicht zu irritieren, begab sie sich mit der spitzen Spindel und dem Spinnrad in ein anderes Turmzimmer, in dem sie ein federweiches Bett vorfand. Das Zimmer, zwar eng und wenig geräumig, war einladend hergerichtet und wurde von hohen Fenstern erhellt. Auf einem Tischchen standen ein Nachttopf und ein Waschbecken, daneben eine chinesische Vase. Hier wollte Euglena die nächsten einhundert Jahre ruhen. Sie legte sich ins Bett und stach sich mit der spitzen Spindel in den Finger. Doch wie sie feststellen musste, war die spitze Spindel gar nicht so spitz wie angenommen, es war eine stumpfe, nur mutmaßlich spitze Spindel, die vorab erst einmal geschärft werden musste. Euglena warf verärgert die Bettdecke zurück und begab sich eilig in die Lichtwerkstatt hinab.

In ihrem Labor holte sie sich eine Metallfeile zum Spitzen der stumpfen Spindel. Voll Zuversicht, die richtige Lösung gefunden zu haben und mittels der Spindel einen einhundertjährigen Zeitsprung machen zu können, ging sie an den Werkbänken vorbei in Richtung der Tür, als einer der zeiterstarrten Werkstattarbeiter explosionsartig zersplitterte. Ein krächzendes, bösartiges Lachen war zu hören und eine bucklige, in sich gekrümmte Gestalt kam hinter dem Drehherd hervor und sagte: »Deine Zeit ist abgelaufen!« Euglena atmete schwer. Die Hexe hatte sie vor lauter Nachdenken völlig vergessen. Wie ihr doch klar sein musste, trieb sie hier ihr Unwesen und hatte die ganze Insel in eine Zeitstarre versetzt. Und nun wollte sie auch Euglena in eine Porzellanfigur verwandeln. »Hinter dir! Ein dreiköpfiger Affe!«, rief Euglena, worauf sich die Hexe reflexartig umdrehte und Euglena fliehen konnte.

Die Hexe hinkte ihr hinterher und sie hinkte erstaunlich flink wie ein Wiesel. Euglena versuchte sich zu verstecken und hoffte, dass die Hexe sich in dem Wirrwarr an Räumen verlieren würde. Doch weit gefehlt! Die unüberschaubaren Gänge, Treppen und Korridore führten die Hexe überhaupt nicht in die Irre. Immer wieder fand sie Euglena irgendwo in einem der Zimmer versteckt und die Blitze aus ihrem Zauberstab trafen sie beinahe, gerade noch rechtzeitig konnte sie fliehen. Schließlich rettete sich Euglena in die Bibliothek. Die Tür verbarrikadierte sie mit einer Ottomane. Das nützte aber nichts. Mit einem Zauberspruch zerfetzte die Hexe die Bibliothekstür und die Ottomane flog in hohem Bogen durch die Luft. Euglena hatte sich derweil in die labyrinthartige Bibliothek geflüchtet. Mit Herzklopfen irrte sie durch die verwinkelten Regalschluchten mit den vollgestopften Büchern und Folianten, die sich zu Mauern aller Größen und Formen auftürmten. Plötzlich hörte sie neben dem krächzenden Keuchen auch noch ein dumpfes Schnauben. Der Drache war also auch hier! Euglena schlich sich über Umwege in den Lesesaal. Dort fiel ihr unter einem Stoß Bücher ein Glanz in die Augen. Was mochte das sein? Es war eine Schneekugel. Vorsichtig zog Euglena sie unter dem Bücherhaufen hervor. Auf den Sockel blickend, erkannte sie, dass es sich um die *eintausendste Schneekugel* handelte, die sie in ihren Händen hielt. Ihr Blick fiel auf die Miniatur, die sie schon einmal vor langer Zeit, wie sie sich noch vage erinnern konnte, betrachtet hatte:

Die weißen Punkte zeigten mehrere, in einem Hafenbecken wiegende Schiffe und Segelboote, an deren See-Ende sich ein Alpenpanorama weitete, deren aufgehendes Morgenrot den sternenbestückten Schneekugelhimmel noch nicht erhellen konnte. Ein herbstfarbener Park mit winzigen Büschen und Bäumen, verlief entlang des Ufers und seine Seepromenade führte zu einer Anlegestelle, an der auf einem hohen Sockel ein steinerner Löwe thronte, der majestätisch in die Ferne blickte. Der morgendliche Stadtverkehr verzweigte sich um den verlassenen Park, in dem eine einzige Person auf einer Sitzbank hockte; im Hintergrund waren Uhren- und Kirchtürme zu sehen.

Euglena sah entschlossen auf, nun konnte sie ihre Heimreise fortsetzen. Sie lächelte. Die Hexe würde vergebens nach ihr suchen und sich wundern, wohin Euglena so plötzlich verschwunden war. Und wie sie über all das nachdachte, lief sie, ohne es zu bemerken, in Gedanken versunken rückwärts und stieß sich, was nun wirklich sehr ungünstig war, an der Udu. Ein dumpfer Laut klang aus dem afrikanischen Schlagidiophon. Euglena stockte der Atem. Die Hexe, die den Udu-Klang nur allzu gut gehört hatte, krächzte laut auf und tauchte plötzlich am anderen Ende des Regals auf, an dem Euglena stand. Drohend schwenkte sie ihren schwarzastigen, mit einem roten Edelstein bestückten Zauberstab. Euglena nahm es gelassen hin und lächelte verschmitzt. Eins zwei wäre sie durch die Schneekugel verschwunden, noch bevor die Hexe irgendeine magische Formel sprechen konnte. Sie steckte den Schlüssel in den Schneekugel-Sockel und sagte: »Machs gut, du widerliche, böse Hexe du!« Und gerade als Euglena den Schlüssel umdrehen wollte und der Hexe auch noch ihre Zunge rausstreckte, fiel sie zu Boden, irgendwas hatte ihr einen heftigen Stoß verpasst. Die Schneekugel war in tausend Teile zersplittert. Euglena konnte es nicht glauben, das durfte alles nicht wahr sein! Der Drache hatte sich in der Zwischenzeit, als Euglena die Hexe beleidigt und ihr die Zunge rausgestreckt hatte, lautlos an sie herangepirscht, um ihr hinterrücks einen Hieb zu verpassen und ihre Flucht durch die eintausendste Schneekugel zu vereiteln.

Die Hintertür der Bibliothek war in Sichtweite. Doch der Drache drängte Euglena wutschnaubend in den Lesesaal zurück, wo die Hexe böse lächelnd sie erwartete. Und diesmal war es die Hexe, die Euglena ihre faulige Zunge zwischen ihren verfaulten Zähnen rausstreckte. Euglena zitterte am ganzen Körper. Sie konnte sich vor Angst und Bangen kaum mehr auf den Beinen halten und flehte um Vergebung. »Deine Zeit ist abgelaufen!«, krächzte die Hexe erbost und ihr Drache schnaubte laut auf. Warum nur, schoss es Euglena immer wieder durch den Kopf, kam jetzt nicht der Zauberer, der von einem Eichhörnchen um Hilfe gerufen worden war und der ja auf dem Weg zu diesem Schloss war, durch die zerfetzte Bibliothekstür hinein und würde sie, Euglena, vor der Hexe und dem Drachen retten? Warum kam er denn nicht? Jetzt wäre doch der perfekte Zeitpunkt dafür. Genau in diesem Moment! Doch so sehr Euglena hoffte und innerlich betete, der Zauberer erschien nicht.

Wie Euglena richtig erkannte, wäre ein solches Szenario eine durchaus denkbare Option, um zu einem guten Ende zu finden. Nach dem der erste Lösungsweg: Euglenas Zeitreise in die Zukunft mittels der vermeintlich spitzen Spindel schon nicht geklappt hatte und auch der zweite Lösungsweg: ihre Flucht mittels der eintausendsten Schneekugel, die sie endlich gefunden hatte, ihr aber zerbrochen war, misslungen war, so würde der dritte Lösungsweg: die Rettung durch den Zauberer, zwar eine edle, wenn auch simple Lösung sein. Die Errettung durch eine übergeordnete Macht, die in den Erzählsträngen dieser Geschichte nicht etabliert worden war, im Sinne eines ›Deus ex Machina‹ (einer Rettung in letzter Sekunde und wie aus heiterem Himmel), wäre eine noch simplere Lösung als das plötzliche Erscheinen des Zauberers. Die Geschichte verlangt es Euglena nun mal ab, dass sie die ihr auferlegten Konfliktsituationen durch genaues Beobachten, Analysieren und Handeln lösen muss. Und deshalb gibt es noch einen vierten Lösungsweg aus dieser scheinbar ausweglosen Situation, die Euglena noch nicht bedacht hatte. Im Übrigen gäbe es sogar noch einen fünften Lösungsweg, und zwar mittels der alten Öllampe im Kuriositätenkabinett. Doch Euglena kannte – kurioserweise – das Märchen von *Aladin und der Wunderlampe* nicht und wäre somit auch nie auf die Idee gekommen, an dieser Wunderlampe zu reiben, worauf der Geist aus der Wunderlampe ihr hätte erscheinen und sie sich die eintausendste Schneekugel einfach hätte herbeiwünschen können.

»Deine Zeit ist abgelaufen!«, krächzte die Hexe bitterernst und richtete ihren Zauberstab auf Euglena. Ihre zornigen Augen funkelten entschlossen. Um wenigstens ihre Sterbezeit zu wissen, warf Euglena einen letzten Blick auf die Bodenstanduhr, die wie immer die zehnte Stunde anzeigte. In diesem Moment traf es Euglena wie einen Geistesblitz und sie erkannte den vierten Lösungsweg: Zehn Uhr. Auf dem analogen Ziffernblatt der Bodenstanduhr war die Zeit wie ein Kuchenstück abgebildet, aber als Digitalanzeige las sie sich als 10:00. Und denkt man sich den Doppelpunkt weg, so ergäbe das die Zahl 1000! Auf dem Ziffernblatt sah Euglena das Aufziehschloss: Ein Schlüsselloch, das zu ihrem bronzenen Schlüssel mit der Nummer ›1000‹ perfekt zu passen schien! Sie rannte zur Bodenstanduhr hinüber, öffnete das Uhrglas, und auch wenn sie vom Blitz aus dem Zauberstab der Hexe getroffen worden war und fühlte, wie ihr Körper zu erstarren begann, so war es ihr möglich, den Schlüssel im Ziffernblatt einzustecken und mit letzter Kraft umzudrehen. Dann wurde ihr schwarz vor Augen und sie spürte ihren Körper auseinanderbrechen und ihr Bewusstsein in sich zusammenfallen. Aus fernster Ferne hörte sie den Klang der Bodenstanduhr acht Mal schlagen. Es war ein bronzener Klang, der mit jedem Schlag leiser und leiser wurde.

52

Leise Maschinengeräusche, aus einem Brumm-Knack-Pieps-Summ-Ge-wirr, und rauschende Ventilation bilden ein Flirren und Sirren, aus dem Euglena wie aus einer Trance erwacht. Sie liegt waagrecht auf einer ge-polsterten, schmalen Fläche. Das Licht ist viel zu grell, als dass sie ihre Augenlider öffnen könnte. Langsam richtet sie sich auf. Ihre Gelenke fühlen sich steif an und ihr Nacken ist verspannt. Vorsichtig tastet sie ihren Körper ab. Sie trägt ein Nachthemd, auf ihrem Kopf befindet sich eine verkabelte Haube. Euglena wird ein Glas Wasser gereicht. In wenigen Zügen trinkt sie es aus. Allmählich gewöhnen sich ihre Pupillen an das Licht und die Konturen einer rundlichen Maschine mit Ringtunnel verdeutlichen sich. Die Haube wird ihr sorgsam abgenommen. Sie sitzt auf dem Liegetisch eines Computertomographie-Scanners. Euglena wird gebeten, die neben ihr auf einem Stuhl liegenden Kleider anzuziehen, es sind ihre persönlichen Sachen. Anschließend wird sie in ein Nebenzimmer gebracht und gebeten, sich hinzusetzen und zu warten.

Euglena steht inmitten eines schneeweißen, fast leeren Raums. Welt-fremd blickt sie um sich. Sie geht zu einem der Fenster, es ist fest ver-schlossen. Sie befindet sich in einem Hochhaus weit oben und sieht auf eine Altstadt mit Uhren- und Kirchtürmen. Nicht unweit vom Hochhaus befindet sich ein Bahnhof mit einem weitverzweigten Schienennetz, Züge fahren ein- und aus. In der Agglomeration mischen sich moderne Architek-turbauten mit Industriekomplexen. Etwas weiter weg öffnet sich die Stadt einem See, der von flachen Hügelketten umgeben ist, dahinter erhebt sich ein schneebedecktes Alpenpanorama in der Morgendämmerung.

Euglena setzt sich auf ein Sofa. Sie betrachtet eine bis an die Decke reichende schneekugelähnliche Maschine, die in der Mitte vom Raum steht. Ein imposanter Apparat, so etwas hat sie noch nie gesehen. Der Sockel ist mit einem Schaltpult versehen, darüber glänzt eine Schrift. Euglena liest das in Großbuchstaben geschriebene Wort:

KRYONIUM

Die Tür geht auf, eine Frau mittleren Alters in dunklem Anzug kommt herein. Sie begrüßt Euglena mit einem adretten Handschlag und nimmt auf dem Sofa ihr gegenüber Platz. »Hatten Sie ein angenehmes Erwachen? Bestimmt fühlen Sie sich noch ein wenig orientierungslos, das geht schnell vorbei.«

Euglena schüttelt verwirrt den Kopf und reibt sich die Stirn.

Die Frau schaut sie mit prüfendem Blick an. »Sie wissen schon, wo Sie hier sind? Oder?«

Euglena zeigt zum Fenster hinüber. »Die Stadt da draußen ist der Ort, an dem ich wohne und arbeite, das ist Zürich, aber« – sie schaut ratlos um sich – »ich weiß wirklich nicht, wo ich hier bin und warum ich hier bin.«

»Sie befinden sich im Institut für Neurotechnik. Ich bin Frau Zeiger, die leitende Wissenschaftlerin.« Sie lächelt zuversichtlich. »Sie brauchen sich wirklich keine Sorgen zu machen. Ihre Erinnerungen werden sich im Lauf des Tages wieder einstellen.«

Euglenas Blick fällt auf das Namensschild am Anzug der Frau auf dem ›Dr. rer. nat.‹ geschrieben steht. »Jetzt erinnere ich mich wieder, aber nur vage. Ich weiß noch, wie ich das Institut aufsuchte, um meine Computerspielsucht therapieren zu lassen. Wir führten ein Gespräch, in dem Sie mir eine Heilmethode erklärten, die sich noch im Teststadium befindet. Anschließend führten weitere Personen eine Reihe von Tests mit mir durch und dann ...« Euglena zuckt ratlos mit den Achseln.

»Und dann wurden Sie in einen Tiefschlaf versetzt.« Frau Zeiger lächelt freundlich. »Wenn Sie möchten, kann ich Ihre lückenhaften Erinnerungen wieder auffrischen.«

»Sehr gern. Und bitte erklären Sie mir auch technische Details, das interessiert mich sehr.«

»Unser Forschungsschwerpunkt liegt auf der Gehirn-Computer-Schnittstelle, auch BCI (Brain-Computer-Interface) genannt. Wir entwickeln Technologien, die mit biologischen Systemen gekoppelt werden können. Konkret ist damit ein System gemeint wie« – Frau Zeiger deutet auf Euglenas Kopf – »Ihr Gehirn. Die Verbindung erfolgt, wie bei einer Elektroenzephalographie, mittels einer Elektrodenhaube. Ein Computertomographie-Scanner überwacht die Gehirnaktivitäten während des Tiefschlafs. Bislang konnte der Mensch nur Daten an den Computer abgeben, der sie speicherte, analysierte und auswertete. Wir haben eine Methode entwickelt, die dieses Prinzip umkehrt und wo die Maschine auf das menschliche Gehirn einwirken kann und die Gehirnströme modifiziert. Soll ich Ihnen mehr davon erzählen?«

Euglena nickt wissbegierig.

»Der kugelförmige Apparat dort drüben ist die zentrale Hardware, von dort aus wird der Vorgang gesteuert.«

»Warum schaut der Computer wie eine Schneekugel aus?«

»Die Kugel ist ein Holographie-Sphären-Monitor. Sie projiziert ein räumliches Bild. Während des Tiefschlafs projiziert der Holographie-Sphären-Monitor die Gehirnströme in Echtzeit. Das heißt: Während Sie schliefen, konnten wir unverschlüsselt in Ihre Erinnerungen hineinsehen und alles, was Sie im Tiefschlaf erlebt haben, mitverfolgen. Die Ereignisse konnten wir entweder aus dem Subjektivblick, also direkt aus Ihren Augen mitbeobachten, oder aus dem Objektivblick, in dem Fall betrachteten wir das Geschehen von außerhalb, wie durch eine Filmkamera.«

Euglena zeigt sich sehr beeindruckt, findet es aber äußerst skurril, dass es tatsächlich möglich ist, mit einer Maschine sich direkt in ihr Gehirn einzuloggen und alles hautnah mitzuerleben. Sie zeigt auf den irisierenden Schriftzug und will wissen, was es mit dem Namen ›KRYONIUM‹ auf sich hat.

»Das ist der Name der Software«, erklärt Frau Zeiger. »Es handelt sich dabei um ein sogenanntes Serious Game, ein Computerspiel, das wir zu Therapiezwecken entwickelt haben. Ziel ist es, virtuelle Abhängigkeit auf eine neuartige und noch nie dagewesene Weise zu therapieren. Die Methode besteht darin, mit einem Computerspiel gegen das permanent krankhafte Verlangen nach virtuellen Welten vorzugehen. Der Begriff ›KRYONIUM‹ leitet sich vom griechischen Wort ›krýos‹ ab, was ›Kälte‹ bedeutet. Der Begriff bezieht sich auf den Vorgang, demgemäß das Erinnerungsvermögen virtuell eingefroren und vom Quellcode neu zusammengesetzt wird. Wenn Sie möchten, kann ich Ihnen den Apparat gerne vorführen, er scheint Sie zu faszinieren.«

Euglena geht mit Frau Zeiger zu der schneekugelähnlichen Maschine hinüber. Ein Flirren ist zu hören, als Frau Zeiger einen Knopf drückt, dann flackert der Holographie-Sphären-Monitor in polychromatischem

Licht auf und aus seinen Schaltkreisen klingt ein gläsernes Sirren. Frau Zeiger tippt Programmbefehle ein und das KRYONIUM startet. Sie wendet sich Euglena zu. »Wie Sie selbst zu Beginn unseres Gesprächs erwähnt haben, handelt es sich hierbei um ein Teststadium und wir befinden uns in einer experimentellen Phase. Das Institut für Neurotechnik schaltete ein Inserat online, wonach wir eine Testperson mit einer hochgradigen virtuellen Abhängigkeit suchten, die Gegenstand unserer wissenschaftlichen Untersuchungen sein sollte. Nur wenige Stunden später standen Sie vor unserer Tür und stellten sich als Probandin zur Verfügung.«

Euglena versucht sich zu erinnern, doch sie hatte nur vage Bilder in ihrem Kopf von dem Tag, an dem sie das Institut aufgesucht hat. »Und was geschah dann? Erzählen Sie mir Schritt für Schritt, was passierte.«

»Als Erstes, in der Vorbereitungsphase, wurde ein Gehirntraining mit Ihnen durchgeführt, um Ihre geistige Leistungsfähigkeit festzustellen. Daraus konnten Ihre Merkspanne und Informationsverarbeitungsgeschwindigkeit eruiert werden. Ihre Daten wurden in den Voreinstellungen des KRYONIUMS eingegeben. Das Therapiespiel konnte so optimal auf Ihr Profil eingestellt werden. Währenddessen wurden Sie in den Tiefschlaf versetzt.

Als Sie mit einer verkabelten Haube auf dem Liegetisch des Computertomographie-Scanners schliefen, analysierten und decodierten die Algorithmen des KRYONIUMS Ihre Gehirnströme und bündelten sie zu einem semantischen Raum, der einer Geschichte folgte. Die virtuelle Welt, ihre virtuelle Welt, die geschaffen worden war aus den Bausteinen ihres Erinnerungsvermögens, war ein Rätsel- und Fluchtraum. Die Handlungsstränge folgten einer traumähnlichen Logik und waren bruchstückhaft wie der Blick durch ein Kaleidoskop.

Die Algorithmen waren darauf ausgerichtet, eine virtuelle Welt zu konstruieren, die Ihre Computerspielsucht therapiert. Mit Ihren Gehirndaten erzeugte das KRYONIUM eine Situation, in der Sie sich derart unwohl fühlen mussten, dass Sie dem Ort entfliehen würden wollen. Um einen Ausweg finden zu können, mussten Sie sich nach und nach mit Ihrem Problem der virtuellen Abhängigkeit auseinandersetzen. Anfänglich kam Ihnen vieles fremd vor und Sie konnten Ihre Situation nicht wirklich einschätzen. Es war Ihnen ein Rätsel, wo Sie waren, warum Sie an diesem Ort waren, wie Sie zu diesem gelangten, Sie wussten nicht einmal, wer Sie sind. Doch je mehr Sie diesen Ort analysierten und reflektierten, desto klarer wurde das Scherbenbild in Ihrem Unterbewusstsein, das sich Stück für Stück wie ein Puzzle zu einem Gesamtbild zusammenfügte.

Im KRYONIUM waren Sie eine suchende Spielfigur. Was Sie aber suchten, war nicht der Ausgang aus einer Landschaft, sondern der Ausweg aus Ihrer eigenen Psyche. Die Algorithmen konstruierten aus der Summe Ihrer Erinnerungen eine virtuelle Welt, die Sie gefangen hielt; und wollten Sie dieser Welt entfliehen, so mussten Sie gegen Ihre eigene Psyche spielen.«

Es klopft an der Tür. Jemand gibt ein Tablett mit einem Glas Orangensaft, einem Brötchen und einem Joghurt für die Probandin ab. Dankend nimmt Euglena das Frühstück an und setzt sich aufs Sofa. Auch Frau Zeiger macht eine kurze Pause. Als sie wieder zurückkommt, ist Euglena fertig mit Frühstücken. In der kurzen Zeit gingen ihr viele Gedanken durch den Kopf und sie möchte wissen, was genau für die Heilung ihrer Computerspielsucht verantwortlich ist. Sie kann sich unter dem Therapiespiel nichts Konkretes vorstellen und fragt, ob es möglich wäre, ihre Spielwelt, die sie durchlebt hat während des Tiefschlafs, anzusehen.

»Das Konzept dieses Therapiespiels sieht es vor«, erklärt Frau Zeiger, »dass die Patientin sich unwissend und ahnungslos auf die Suche nach ihrem Suchtproblem macht. Das KRYONIUM spielt das Suchtproblem gewissermaßen rückwärts, indem die Patientin sich nicht von dem Problem zu distanzieren versucht, sondern sich ihm mit allen nur erdenklichen Strategien und Mitteln zu nähern versucht. Der Schlüssel zur Therapie liegt in einem Such- und Findungsprozess. Um die virtuelle Welt des KRYONIUMS erfolgreich durchspielen zu können, muss die Patientin ihre abgestumpften, verzerrten und verloren gegangenen kognitiven Fähigkeiten wiedererlangen. Die Algorithmen konstruieren eine labyrinthartige Welt, die einem Trainingsort für kognitive Fähigkeiten gleichkommt. Um in den Rätselwelten dieses Therapiespiels voranzukommen, müssen kognitive Fähigkeiten ausgebildet werden wie: Aufmerksamkeit, Wahrnehmungsfähigkeit, Erinnerungsvermögen, Erkenntnisfähigkeit, Schlussfolgerung, Urteilsfähigkeit, Abstraktionsvermögen, räumliches Vorstellungsvermögen, Rationalität, Kreativität, Imagination, Rhetorik, Wille und Glaube.

Computerspiele fördern in der Regel kognitive Fähigkeiten, aber bei der Computerspielsucht führt das zu einer Degeneration. Folglich haben wir es bei einem Computerspiel mit einem Medium zu tun, das kognitive Fähigkeiten aufbauen wie auch abbauen kann. Und das macht sich das KRYONIUM zunutze, indem es gegen die Spielsucht quasi anspielt.«

Frau Zeiger tippt auf dem Kontrollpult Euglenas Identifikationsnummer ›2-4-4-5‹ ein. »Ich rufe jetzt Ihren Spielverlauf auf. Anhand dessen kann ich Ihnen die Logik der virtuellen Welt, welche die Algorithmen für Ihre Therapie kreiert haben, näher erklären. Ihre virtuelle Welt war, wie ich dem Verlauf entnehmen kann, dreigeteilt; und zwar in die Abschnitte: Märchenwelt, Psychiatrie und Schneekugelsammlung.« Der Holographie-Sphären-Monitor projiziert einen verschneiten Inselwald in isometrischer Projektionsdarstellung und Frau Zeiger erklärt: »Ihr Spiel begann im ersten Teil auf einem Schloss. Diesen Ort erblickten Sie in der Ich-Perspektive. In dieser märchenhaften Welt fühlten Sie sich relativ wohl und verbrachten dort einen Großteil des Spielverlaufs. Jedoch erwies sich dieses Konstrukt als nicht Ziel führend, es war zu diffus konzipiert. Dementsprechend änderten die Algorithmen die Parameter und die Märchenwelt brach in sich zusammen.«

Frau Zeiger tippt auf dem Kontrollpult und am Holographie-Sphären-Monitor flackert ein schneebedeckter Park auf. »Die Algorithmen hatten das Schloss zu einer Psychiatrie modifiziert. Diesen Ort konnten Sie nur schwer ertragen, was Ihre Fluchtmotivation um ein Vielfaches steigerte. Da auch der zweite Teil sich nicht als optimal herausstellte, konstruierten die Algorithmen mit den Elementen der Märchenwelt vom ersten Teil eine Brückenverbindung zu einem dritten Teil.«

Frau Zeiger tippt auf dem Kontrollpult und am Holographie-Sphären-Monitor leuchtet das Turmzimmer auf. »Der dritte Teil ereignete sich größtenteils in dem Ihnen bereits aus dem ersten Teil vertrauten Kuriositätenkabinett. Die Algorithmen entschieden sich für einen gänzlich anderen Raumaufbau. Sie konstruierten keinen homogenen Raum mehr, sondern mehrere Räume im Raum.«

Euglena überlegt. »Das war die Schneekugelsammlung, deren Miniatur-Räume durch Schlüssel geöffnet werden mussten.«

Frau Zeiger nickt und fährt fort: »Ihre Erinnerungen wurden auf mehrere Kugelvolumen verteilt. Weiter hatten die Algorithmen entschieden, Ihren Subjektivblick zu eliminieren. Ein Paradoxon führte zur Auslöschung

Ihrer Ich-Perspektive. Fortan erlebten Sie den Ablauf der Geschichte aus einem Objektivblick und betrachteten den Raum durch eine auktoriale Erzählperspektive. Sie durchwanderten mehrere Schneekugeln. Diese verhielten sich wie Erkenntnisstufen, die Sie schrittweise an Ihr eigentliches Problem, die Computerspielsucht, herangeführt haben.«

Euglena überlegt und ihre Gedanken drehen sich um die vielen unterschiedlichen Figuren, die sie in den virtuellen Räumen kennengelernt hatte. Bestimmt, so mutmaßt sie, benötigte die künstliche Intelligenz enorm viel Rechenleistung.

»Es gibt keine KI«, erklärt Frau Zeiger. »Das KRYONIUM ist nicht wie ein herkömmliches Computerspiel aufgebaut. Jede Figur, die Sie sahen und mit der Sie sprachen, das waren Sie selbst. Auch die Räume und Orte, an denen Sie waren, sind aus Ihren Erinnerungen gebaut worden. Das KRYONIUM modellierte die von Ihnen erlebte virtuelle Welt ja ausschließlich aus Ihrer Psyche heraus und die hauptsächliche Rechenleistung machte dabei ihr Gehirn.«

»Warum kamen in meiner virtuellen Welt derart viele Zahlencodes und Ziffern vor? Mir schien es so, als wären Zahlen das wichtigste Element. Im Zentrum der Geschichte stand sogar eine mathematische Formel zur Berechnung eines Kugelvolumens; außerdem bestanden ein Ungeheuer und ein Waldgeist aus mathematischen Fraktalen.«

Frau Zeiger tippt auf dem Kontrollpult und am Holographie-Sphären-Monitor erscheint der Quellcode. »Da haben wir auch schon die Antwort. Wie ich dem Spielverlauf entnehmen kann, sind Sie Mathematikerin. Offenbar hat das KRYONIUM diesem Aspekt ein besonderes Gewicht gegeben und ihre virtuelle Welt mittels Versatzstücken der Mathematik konstruiert.«

Euglena sieht sich im Zimmer nach einem Kalenderblatt um, findet aber keines. »Wie lange bin ich eigentlich im KRYONIUM gewesen? Was haben wir heute für ein Datum?«

Frau Zeiger lächelt. »Das KRYONIUM, und darauf sind wir besonders stolz, verfügt über eine wirklich bemerkenswerte Zeitkompression. Die Zeit im kryonischen Schlaf mag Ihnen wie eine Ewigkeit vorgekommen sein. Tatsächlich aber dauerte er nur acht Stunden. Heute ist der 31. August.«

»Wow!« Euglena kann es kaum glauben und fragt erwartungsvoll: »Bin ich denn nach nur acht Stunden schon geheilt?«

»Das wird sich herausstellen. Ihre Fortschritte sind Gegenstand unserer Testphase, deren einzige Probandin Sie sind.« Frau Zeiger sieht auf ihre Armbanduhr und bemerkt: »Bestimmt haben Sie heute noch etwas vor, es ist Sonntag. Wissen Sie schon, wie Sie nach Hause kommen werden?«

Euglena bittet darum, ihr ein Taxi zu rufen. Dann verabschiedet sie sich von Frau Zeiger und vereinbart im Anmelderaum einen nächsten Termin.

Im Eingang vor dem Lift fasst sich Euglena an die Stirn, sie kneift ihre Augen zu ... *und sieht ein Blitzen und Flackern im Dunkel ihrer geschlossenen Lider ...* und ein rollendes Geräusch breitet sich vor ihr aus. Sie öffnet ihre Augen. Die Lifttüren sind soeben auseinandergeglitten und ein Abwärtspfeil blinkt über dem Fahrstuhlknopf. Sie steigt ein, fährt ins Erdgeschoss und verlässt das Institut für Neurotechnik.

Vor dem Gebäude wartet bereits das Taxi. Euglena steigt ein. Der Fahrer ist wenig gesprächig und Euglena ebenfalls wortkarg; ihr hat es die Sprache verschlagen von der ganzen Aufregung und sie ist in Gedanken versunken weit weg irgendwo in den Schneekugelwelten. Sie nennt dem Fahrer ihre Wohnadresse im Seefeldquartier und das Taxi fährt los. Der Zürcher Hauptbahnhof, die Altstadt mit den Uhren- und Kirchtürmen, ein von flachen Hügelketten umgebener See mit schneebedecktem Alpenpanorama sowie der Chinagarten, ziehen am Autofenster vorbei. Als Euglena hinausschaut und die vielen Eindrücke auf sich wirken lässt ... *flackern und blitzen ihr Erinnerungsfetzen auf und sie sieht einen ›Strich‹ und einen ›Kreis‹ vor sich; dann eine ›Eins‹ und eine ›Null‹; und schließlich erkennt sie die Zahl ›10‹ darin* ... und als sie über deren Bedeutung nachdenkt, hält das Taxi auf einem Parkplatz vor einem Wohnblock mit der Hausnummer ›10‹. Euglena bezahlt und steigt aus.

Herr Huber, ein Rentner, der im selben Wohnblock wie Euglena wohnt, hat wie fast immer bei schönem Wetter seine Staffelei auf der Rasenfläche vor dem Eingang aufgestellt. Er kaut auf einer Wurzel und malt an einem Ölbild. Als sie ihn dort sitzen sieht, kommen ihr nach und nach Erinnerungen an ihn in den Sinn. Er grüßt Euglena freundlich und möchte von ihr wissen, wie es nun mit dem Wohnungstausch ausschaut. Ach ja, dieser Wohnungstausch, denkt Euglena, und ihr fällt alles wieder ein. Vollkommen verblüfft über die Erinnerungen, die vorher nicht da waren und nun wie selbstverständlich in ihrem Kopf sind, lächelt sie den alten Mann an und antwortet:

»Ihren Vorschlag, die Wohnungen zu tauschen, finde ich eine wirklich tolle Idee. Das sollten wir unbedingt machen, so bald wie möglich.«

»Das freut mich. Ich werde auch nicht jünger. Letzte Woche bin ich einundachtzig geworden, da fällt mir das Treppenlaufen immer schwerer; insbesondere dann, wenn ich meine Malutensilien ständig rauf- und runtertragen muss. Sie verstehen?«

Euglena nickt und wünscht ihm nachträglich alles Gute zu seinem einundachtzigsten Geburtstag.

Herr Huber wirft seine abgekaute Wurzel auf den Rasen und kramt eine neue aus der Hosentasche. »Wollen Sie auch eine? Sie hat einen intensiven Waldmeister-Geschmack, einfach köstlich.«

Euglena lehnt dankend ab.

Herr Huber rückt seine Brille zurecht. »Wann haben Sie eigentlich Geburtstag, wenn ich fragen darf?«

Euglena denkt angestrengt nach. Offenbar hinterlässt die kryonische Reise immer noch eine Gedächtnislücke bei ihr ... *und sie sieht in dem aufblitzenden und aufflackernden Erinnerungsfetzen zweimal eine ›Null‹ und zweimal eine ›Eins‹* ... und verlegen kramt sie in ihrer Jacke herum, nimmt ihre Brieftasche heraus und schaut ihr Geburtsdatum auf ihrem Personalausweis nach; dann antwortet sie: »Am zehnten Januar.«

Bis zum Januar möchte er aber nicht warten mit dem Wohnungstausch, sagt Herr Huber im Scherz. Euglena muss lachen. Die beiden verabschieden sich mit dem gegenseitigen Versprechen, ihre Wohnungen so bald wie möglich zu tauschen.

Am Eingang zum Wohnblock fallen Euglena die Briefkästen der Hausnummer drei und sechs auf. Sie quellen über mit Post. Die Mieter sind erst kürzlich ausgezogen und haben die Post nicht an ihre neue Adresse weiterleiten lassen. Euglena kann nur den Kopf über so was schütteln. Ständig ziehen hier irgendwelche Leute ein und aus und machen Lärm. Euglena wohnt im Erdgeschoss in der ersten Wohnung, während Herr Huber in der Nummer elf ganz oben wohnt. Da das Gebäude keinen Lift hat, muss Herr Huber tagtäglich die Treppen mühevoll rauf und runter schlurfen, was eine echte Zumutung für jemanden in seinem Alter ist. Euglena hingegen würde es sehr bevorzugen, im obersten Wohnblock zu wohnen. Dort ist es ruhig und sie hat vom Balkon aus eine herrliche Seesicht. Für beide wäre ein Wohnungstausch also optimal.

Euglena öffnet ihre Wohnungstür. Es überkommt sie ein Gefühl, als sei sie von einer weiten Reise heimgekehrt. Sie jauchzt vor Freude. Endlich zu Hause! Ein überwältigender Moment! Plötzlich kommen ihr neue Erinnerungen in den Sinn. Ihr letzter Urlaub fällt ihr wieder ein. Eigenartig fremd und doch so vertraut sind die Bruchstücke. Ihre letzte Urlaubsreise nach Kanada, an die sie sich nun wieder erinnern konnte, kam ihr weniger weit vor als die kryonische Odyssee durch ihr eigenes Selbst. Sie betrachtet die im Eingang hängende Postkarte, ein Mitbringsel aus dem Urlaub. Darauf zu sehen ist eine kanadische Landschaft mit einem Gletschersee, an dessen Ufer ein Kajak liegt.

In ihrem Schlafzimmer sieht Euglena ihren Computer stehen mit drei extragroßen Monitoren und opulenten Soundboxen. Von der Decke leuchtet farbiges Neonlicht und an den Wänden hängen Poster von Super Mario, Katamari Damacy, Space Invaders und Final Fantasy, alles japanische Videospiele. Euglenas Herz schlägt höher, als sie an das Land der aufgehenden Sonne und das Mekka der ultramegatollen Games denken muss. Ein Seufzer geht ihr über die Lippen und es kribbelt ihr ganz gemein in den Fingerspitzen. Sie möchte das Power-Icon am Computer drücken, jetzt gleich, und ein wenig zocken, ein ganz klein wenig nur, vielleicht eine halbe Stunde oder so, mehr nicht. Sie setzt sich hin und betrachtet sich in den schwarzverspiegelten Bildschirmflächen. Dann ist ihr die Lust am Zocken bereits wieder vergangen, ganz plötzlich, so wie sie gekommen war. Euglena kann nicht sagen, warum, aber es ist so, und das findet sie gut. Sie steht auf und zieht aus einem der Regale ein Buch heraus. Sie möchte in die Stadt, zu einem besonders lauschigen Ort. Euglena versucht sich zu erinnern, wo der Ort sein könnte, der ihr so gefällt ... *und blitzhaft flackern ihr Erinnerungsfetzen auf, in denen sie immer wieder ›die Form eines Hexagons‹ erkennen kann ...* und allmählich fällt es ihr wieder ein. Sie zieht Jacke und Schuhe an und macht sich auf den Weg.

Der Wind rührt in den Zweigen, die im Licht der Sonne ganz schwarz sind. In den Schöpfen der Bäume raschelt es. In roten, grünen, gelben, braunen Farben wirbeln die Blätter um Euglena herum, die gerade über den Zwingliplatz spaziert und zu den neugotischen Kuppeln des Grossmünsters aufschaut, das sich in mitten der Altstadt befindet. Der Spätsommer ist bereits in den Herbst übergegangen und über den Dächern der Zürcher Altstadt leuchtet ein tiefblauer, wolkenloser Himmel. Lange ist Euglena nicht mehr hier gewesen. Schon oft hat sie sich vorgenommen an einem ihrer freien Nachmittage hierher zu kommen, um in dem gemütlichen Kirchencafé in aller Ruhe ein Buch zu lesen. Das ständige Zocken und Gamen und Daddeln hatte sie diesen Ort beinahe vergessen lassen. Aber nun ist endgültig Schluss mit Computerspielen. Das KRYONIUM hat sie für immer von den virtuellen Welten befreit, ein neuer Lebensabschnitt kann beginnen, so hofft sie.

Euglena betritt das Kirchencafé. Die Tische sind um die Mittagszeit fast alle besetzt. Trotzdem ist es in dem Raum fast still. Die Leute sprechen leise zueinander, lesen Bücher und Zeitungen, kaum einer tippt und wischt auf seinem Mobiltelefon. Sie setzt sich an einen hexagonalförmigen Tisch ganz hinten in der Ecke und bestellt einen Jasmintee mit Apfel-Zimtkuchen. Das Herbstlicht fällt durch die Glasmalereien der Spitzbogenfenster und erglüht in allen nur erdenklichen Farben, es schimmert auf Euglenas weißem Einband. Das Buch, das sie mitgenommen hat, ist eine Biografie über den Schweizer Mathematiker Leonard Euler. Vor Wochen hatte sie angefangen es zu lesen, hier möchte sie ihre Lektüre fortsetzen. Es ist ein wunderbares Gefühl, denkt Euglena, ein Buch in den Händen zu halten – seinen Schutzumschlag, seinen Lesezeichenband, sein Volumen und sein Gewicht und natürlich seinen Duft nach bedrucktem Papier; die Haptik eben. Alles Eigenschaften, die ein E-Book nicht hat.

Die Bedienung kommt an Euglenas Tisch und sagt, dass es ein Problem mit ihrer Bestellung gäbe. Es sei nur noch ein allerletztes Stück Apfel-Zimtkuchen da und just in dem Moment, als Euglena ihre Bestellung aufgegeben habe, habe auch jemand anderes den Kuchen bei ihrer Kollegin bestellt. Die Frage, die sich nun stelle, ist, wer von den beiden auf den Apfel-Zimtkuchen verzichten mag, sie oder der andere Gast. Euglena überlegt und meint schließlich: »Wir könnten den Kuchen in je zwei gleichgroße Stücke aufteilen und diesen zum halben Preis abrechnen, insofern das dem anderen Gast recht ist.« Die Bedienung geht zu dem anderen Gast hinüber, um nachzufragen, was er von dem Vorschlag halte. Dann kommt sie zurück und teilt Euglena mit, dass der andere Gast mit ihrem Vorschlag einverstanden sei. Euglena sieht zu ihm hinüber. Es ist ein asiatischer Mann, etwa in ihrem Alter. Freundlich winkt er ihr zu. Euglena winkt zurück und muss sogleich an Japan denken, an die Zen-Gärten, das Hanami mit den blühenden Kirschbäumen und Tokyo bei Nacht mit den gleißendbunten Leuchtreklametafeln und den ultragrellen Neonlichtern; und wie sie die cyberspaceartige Atmosphäre in den Wolkenkratzerschluchten vor sich sieht, fühlt sie sich inmitten einer Computerspielwelt, es kribbelt gehörig in ihren Fingern und in Gedanken zockt sie gleichzeitig Final Fantasy, Space Invaders, Katamari Damacy, Super Mario und …

»Darf ich mich kurz zu dir setzen?«

Euglena schaut auf. Vor ihr steht der asiatische, junge Mann.

»Offenbar mögen wir beide Apfel-Zimtkuchen«, sagt er neugierig.

Euglena lächelt. »Ja, gerne, setz dich doch.«

»Ein origineller Vorschlag von dir, den Kuchen zu teilen. Ich bin übrigens Yoshio.«

»Ich heiße Euglena.«

»Ein schöner Name, noch nie gehört.«

Die Bedienung stellt den halbierten Apfel-Zimtkuchen auf Euglenas Tisch und will die andere Hälfte an Yoshios Platz bringen; da sagt Euglena: »Du kannst gerne hier bei mir bleiben, wenn du willst.« Yoshio holt seine Jacke, sein Buch und seinen Bleistift und setzt sich zu Euglena. Sogleich möchte sie von ihm wissen, ob er in Japan gelebt hat.

»Geboren bin ich in Tokyo, aufgewachsen hier in Zürich«, sagt er. »Japanisch kann ich fließend, aber mit dem Schreiben hapert es. Einmal im Jahr, meist an Weihnachten, besuche ich Verwandte in Tokyo.«

Euglena hört interessiert zu und probiert ein Stück von dem Kuchen. »Ich war letztes Jahr im Mai in Tokyo«, erzählt sie. »Eine aufregende Stadt und faszinierende Kultur. Ich hab' mich total in die Zen-Gärten verliebt, seither besuche ich regelmäßig Origami-Kurse.«

Yoshio nickt zustimmend. »Zen-Gärten sind interessante Miniaturlandschaften. Mich fasziniert, wie aus den Elementen Holz, Pflanzen, Wasser, Stein ein dreidimensionales Landschaftsgemälde entsteht; zudem sind Zen-Gärten Sinnbild eines Mikrokosmos.«

»Du scheinst dich ja bestens auszukennen. Arbeitest du auf dem Gebiet?«

»Ich hab' Landschaftsarchitektur studiert, arbeite momentan aber im IT-Bereich. Ein Job auf dem Gebiet zu finden – ich würde ja voll gern Zen-Gärten entwerfen – ist gerade echt schwierig. Was machst du so?«

»Bei mir schaut's ähnlich aus. Studiert habe ich Mathematik, mein absolutes Traumfach. Ich liebe alles, was mit Zahlen, Buchstaben und Klammern zu tun hat. Am liebsten würde ich den ganzen Tag nur algebraische Monome ausrechnen.« Euglena seufzt. »Momentan arbeite ich in einem Architekturbüro und visualisiere 3D-Modelle, nicht gerade mein Traumjob.»

»Das wird schon.« Yoshio lächelt zuversichtlich. »Die Zeiten ändern sich schnell und die Chancen, sich auf Monome und Zen-Gärten zu spezialisieren, stehen so gut wie noch nie zuvor. Wir leben in einer aufregenden Zeit voller Möglichkeiten.«

Euglena schmunzelt und die beiden sehen sich zukunftsoptimistisch in die Augen. Gerade will Yoshio etwas sagen, da stellt die Bedienung zwei dampfende Tassen hin. »Du trinkst auch Jasmintee!«, sagen beide verblüfft im gleichen Atemzug. Über ihr Synchronsprechen müssen sie lachen und sind einmal mehr erstaunt über ihre Gemeinsamkeiten.

»Kommst du oft hierher?«, fragt Yoshio. »Ich gönne mir immer mal wieder eine virtuelle Auszeit. In dem Kirchencafé gibt's kein WLAN und ich kann nicht in Versuchung geraten, auf meinem Tabletcomputer zu surfen.«

Euglena nickt zustimmend. »Das Kirchencafé ist eine analoge Oase, man sollte jeden Tag hierherkommen.«

Yoshio schlägt eine Seite in seinem Buch auf und zeigt sie Euglena. »Sudoku könnte ich auch auf dem Handy spielen. Aber wenn ich die Felder mit dem Bleistift ausfülle – mit dem Graphit über das Papier strichle und ein leises Kritzeln höre –, hat das viel mehr Haptik.«

Euglena nickt zustimmend. »Es ist total verrückt. Unser Alltag ist so durchnormt von digitalen Technologien und das Gefühl für das Physisch-Räumliche, in dem so viel Seele und Geist steckt, geht nach und nach verloren.«

»Hast du schon mal Sudoku gespielt?«

»Ehrlich gesagt, nein. Und ich kenne nicht einmal die Spielregeln.«

»Ach, das macht doch nichts.« Yoshio berührt sanft Euglenas Hand. »Die sind ganz einfach, ich erklär sie dir: Das Raster eines Sudokus besteht aus 9 mal 9 Feldern, die eine Quadratfläche aus 81 Feldern bilden. Die wiederum sind in neun Blöcke unterteilt. Die Blöcke sind Unterquadrate von der Größe 3 mal 3 Felder. In jedem Sudoku sind bereits Ziffern vorgegeben. Ziel ist es, das Raster mit Zahlen von 1 bis 9 auszufüllen, sodass in jeder waagerechten und senkrechten Zeile sowie in den Unterquadraten, keine Zahl doppelt vorkommt.«

»Das ist aber interessant«, bemerkt Euglena und drückt Yoshios Hand. Sie legt ihr Buch auf den Tisch und blättert darin. »Hier, sieh nur.« Sie zeigt auf eine bestimmte Seite. »Das Sudoku ähnelt vom Prinzip her den lateinischen Quadraten von Leonard Euler, mit dem Unterschied, dass die lateinischen Quadrate nicht in Blöcke unterteilt sind.«

»Na sieh einer an, man lernt nie aus. Was ist das überhaupt für ein Buch?«

»Eine Biografie über Leonard Euler. Wenn du willst, kann ich sie dir ausleihen.«

»Sehr gern. Danke vielmals!«

Euglena reicht ihm das Buch und schaut in dem Moment gebannt in die glühenden Farben der Glasmalereien. Eine ganze Weile schauen sich die beiden schweigsam die kunstvoll gefertigten Spitzbogenfenster an. Dann dreht sich Yoshio zu Euglena hin und meint: »Draußen ist ein goldener Herbsttag. Wie wäre es mit einem Spaziergang am See? Du könntest mir mehr über Leonard Euler erzählen.«

Die beiden verlassen das Kirchencafé und schlendern den Limmatquai entlang in Richtung Bellevueplatz. Sie überqueren die Quaibrücke, wo die Limmat in den See mündet. Euglena betrachtet zur rechten Seite die Zürcher Altstadt mit den Uhren- und Kirchtürmen und Yoshio auf der linken Seite den See mit den Schiffen und Segelbooten. Beim Hafen angekommen, hocken sie sich auf dem Bürkliplatz auf eine Sitzbank hin.

Nahe beisammen sitzend, lauschen sie dem flüsternden Wind in den Baumkronen, der in kühlen und warmen Zügen durch die Äste weht und die Sonnenstrahlen reflexartig in den Zweigen bricht. Die Blätter lösen sich aus den Baumkronen, wehen als farbige Wirbelwinde auf und tänzeln raschelnd über den Platz. Yoshio bemerkt wie sich ein rotes Blatt in Euglenas ebenfalls rotem Haar verfangen hat. Auch Euglena hat es bemerkt, wartet aber, bis Yoshio etwas sagt. Mit einem charmanten Augenzwinkern bittet sie ihn, ihr das Blatt aus dem Haar zu nehmen. Und während er das sorgfältig tut, rücken die beiden noch näher zueinander. Yoshio bewundert Euglenas Sommersprossen und meint, er wolle sie zählen, bis auf den letzten Punkt. Euglena muss kichern und erzählt ihm das Rübezahl-Märchen mit der niemals enden wollenden Zählerei. Yoshio interessiert sich für Märchen und Euglena weiß viele Märchen zu erzählen. Und weil bereits der Abend dämmert und die Märchen noch längst nicht erzählt sind, tauschen die beiden ihre E-Mail-Adressen aus. Wie ihnen dabei klar wird, hat der virtuelle Raum eben doch auch seine guten Seiten, er verbindet sie über den physischen Raum hinaus und gibt ihnen das Gefühl, beieinander zu sein, irgendwie halt.

Die Nacht ist hereingebrochen. Über dem Alpenpanorama erhebt sich eine Mondsichel und am Firmament ist ein Sternengewimmel aufgeglommen, das auf dem See glitzert. Ein leises Vogelzwitschern mischt sich mit dem noch viel leiseren Wellenrauschen, und froh darüber, noch immer den Gesang der Nachtigall zu hören, und nicht den Morgenruf der Lerche, geben sich die beiden dem Moment hin, der sich über alle Sekunden, Minuten und Stunden hinauszuheben scheint und doch viel zu schnell zerrinnt. Um Mitternacht verabschieden sich Euglena und Yoshio. Sie geben sich einen Kuss und das Versprechen, sich nächstes Wochenende wiederzusehen. Sich behutsam voneinander abwendend, ein letztes Mal noch umschmeicheln sich ihre Blicke, geht jeder seinen Weg. Yoshio schlendert die Bahnhofstrasse hinunter und Euglena geht in Richtung Bellevueplatz.

Der Montag beginnt für Euglena mit dem ersten Satz von Beethovens letzter Sinfonie. Die Stereoanlage ist so programmiert, dass sie von Montag bis Freitag jeden Morgen um sechs Uhr diesen heroischen Ohrwurm spielt. Während des Frühstückens liest sie auf ihrem Laptop die neuesten Nachrichten, checkt ihre E-Mails und überprüft den Status ihrer Netzwerke. Um sieben Uhr verlässt sie den Wohnblock und fährt mit dem Bus zum Hauptbahnhof. Um die zwanzig Minuten Wartezeit zu überbrücken, begibt sie sich in ein Take-Away, das inmitten der Haupthalle steht. Die weiten Fenster geben einen Rundumblick auf das umtriebige Geschehen. Während eine hektische Menschenmenge das Take-Away umfließt, kann Euglena erneut ihre E-Mails checken und den Status ihrer Netzwerke überprüfen, diesmal nicht an ihrem Laptop, sondern an ihrem Mobiltelefon. Auf dem Bahnsteig wartend, drängelt und drückt es von allen Seiten. Mit Erleichterung sieht Euglena den einfahrenden Zug herannahen. Als er hält und die Zugtüren sich öffnen, strömen Fahrgäste heraus, während gleichzeitig einige der ungeduldig gewordenen, am Bahnsteig wartenden Leute versuchen, sich in den Zug hineinzudrängen, um einen Sitzplatz zu ergattern. Der Zug ist wie immer derart überfüllt, dass die Beengtheit für viele nur durch das Abtauchen in den virtuellen Raum oder das Musikhören erträglich ist. Euglenas Arbeitsort befindet sich zum Glück nur einen Katzensprung entfernt, in Altstetten, ganz in der Nähe vom Institut für Neurotechnik. Die Zugfahrt in die Agglomeration dauert gerade mal fünf Minuten. Für viele scheint die Arbeitszeit schon auf ihrer Hinreise zum Arbeitsort begonnen zu haben. Sie schreiben und telefonieren geschäftig an ihren Mobiltelefonen und Laptops. Um dem Lärm zu entfliehen, steckt sich Euglena, die sich nur noch einen Stehplatz irgendwo ganz hinten ergattern konnte, Kopfhörer in die Ohren, nimmt ihren Tabletcomputer hervor und sucht nach Updates, Plug-ins und Upgrades für ihre Programme.

Um acht Uhr sitzt sie an ihrem Arbeitsplatz in einem Großraumbüro. Während ihr Computer hochfährt, checkt sie die E-Mails auf ihrem Mobiltelefon – keine Nachricht von Yoshio. Euglena ist enttäuscht. Dafür ist sie frustriert, als sie auf ihrem Arbeitscomputer über dreißig E-Mails vorfindet. Diese müssen schnellstmöglich abgearbeitet werden, dann erst kann sie mit ihrer eigentlichen Arbeit, der 3D-Visualisierung von Bauplänen, beginnen. Leise hört sie das nervöse Tippen an den Tastaturen, den statischen Klang von Kopiermaschinen und die Geräusche der 3D-, Laser- und Tintenstrahldrucker. Wie Euglena aus einer E-Mail erfährt, hat ihre Kollegin, die ihr gegenübersitzt, ein Burnout und wird schnellstmöglich ersetzt. Bis dahin, so steht es in der E-Mail, soll Euglena einen Teil ihres Parts übernehmen, der sich mit der Auslegung einer neuen Grundstücksverkehrsgenehmigungszuständigkeitsübertragungsverordnung beschäftigt. Eine weitere E-Mail informiert über den Personalwechsel in der Buchhaltung. Eine Rundmail der Buchhaltungsabteilung mit hoher Dringlichkeitsstufe bittet um die Zusendung der Bankverbindungen aller Mitarbeiter, es gab offenbar Probleme mit einem Buchhaltungsprogramm. Eine weitere E-Mail kündigt einen Infoabend mit anschließendem Catering für Freitagabend an, die Stadtverwaltung hat dem Architekturbüro einen besonders umfangreichen Auftrag, ein Großprojekt, übertragen. Am Mittag ergibt sich für Euglena wieder ein Zeitfenster, um ihre privaten E-Mails zu checken – noch immer keine Nachricht von Yoshio. Um sich abzulenken, sieht sie sich einen Kurzfilm auf einem Online-Portal an. Am Nachmittag kann sie endlich mit der 3D-Visualisierung der Baupläne beginnen, mit der sie schon am Morgen hätte anfangen sollen, was aufgrund der zu bearbeitenden E-Mails aber nicht ging. Euglena fragt sich, ob sie nicht doch lieber auf Computerspielentwicklung umsatteln sollte, im Bereich vom Game Design könnte sie wenigstens fantasievolle Welten mit aufregenden Plots erschaffen. Am Abend ist Euglena wie immer im Rückstand mit ihrer Arbeit und fünfzehn weitere E-Mails haben sich im Verlauf vom Nachmittag angehäuft. Die überreizten Mienen der Mitarbeiter lassen erkennen, dass sie mit diesem Problem nicht allein ist.

Die abendliche Rückfahrt mit dem Zug fällt Euglena leichter und ist doch unangenehmer als die morgendliche Hinfahrt. Während viele Leute am Morgen müde vor sich hindämmern, sind sie am Abend hellwach und wie elektrisiert, weil insbesondere an einem Montag die Woche erst begonnen hat und das Wochenende in noch weiter Ferne liegt. Auf den ohnehin schon zügig rotierenden Rolltreppen des Bahnhofs herrscht ein

Gedränge und Gerenne. Zugreisende wollen sich die doppelte Beschleunigung durch das Gehen auf einer sich vorwärtsbewegenden Bodenfläche zunutze machen, um schneller ihr Zuhause zu erreichen, weil sie bereits am nächsten Tag in aller Frühe wieder hier sein müssen und alles wieder von vorne losgeht. Euglena kann nur den Kopf schütteln über all das. Die Kleider, die viele Leute tragen, sind nicht etwa Anzüge, T-Shirts, Jeans oder Mäntel, sondern eng geschnürte Arbeitszeit-Korsette, die einem die Luft zum freien Atmen nehmen. Als Euglena den Hauptbahnhof verlässt, entdeckt sie vor einem Geschäft eine Sammelkiste mit Kleidungsstücken, auf der ›zum halben Preis‹ steht. Sie erinnert sich an diese Kiste und wie sie immer mal wieder darin herumgewühlt hat. So manchen originellen Artikel hat sie gefunden und konnte ein Schnäppchen schlagen. Als sie so in den Sachen herumwühlt, wird ihr von irgendjemandem irgendetwas in die Hand gedrückt: ein Flyer, der für Yoga-Stunden wirbt. Neben den Origami-Kursen würde sich Euglena natürlich auch für Yoga interessieren, keine Frage. Nur wo sollte sie die Zeit dafür hernehmen? Spannend ist das allemal und so steckt sie den Flyer in ihre Hosentasche. Zuhause muss Euglena vorerst ein paar Einkäufe machen und geht Online-Shoppen. Dadurch spart sie Zeit ein. Mit dieser eingesparten Zeit kann sie sich vor dem Schlafen noch ein Zeitfenster gönnen, in dem sie einen Film schaut; und während sie diesen Film auf sich wirken lässt, schläft sie ein.

56

Die folgenden Tage verlaufen ähnlich wie der Montag. Euglena steht jeden Tag um sechs Uhr auf, begibt sich zum Hauptbahnhof, verschmilzt mit der hektischen Menschenmasse, steigt in einen überfüllten Zug und sitzt um acht Uhr an ihrem Arbeitsplatz.

Dienstags funktioniert in der Firma für drei Stunden die Internetverbindung nicht, was bei einigen Mitarbeitern für Unruhe sorgt. Als das Problem nicht behoben werden kann, wird ein IT-Spezialist gerufen. Für eine halbe Stunde muss er den Strom unterbrechen, worauf eine gereizte Atmosphäre entsteht, die bei einigen stille Panik auslöst. Die Firma steht für eine halbe Stunde still. Noch immer keine E-Mail von Yoshio.

Mittwoch Abends trifft Euglena ihre Freundinnen in der Stadt. Gegenseitig sprechen sie sich Mut zu, ihren Arbeitsstress mit mehr Gelassenheit zu bewältigen und nicht alles immer gleich so ernst zu nehmen. Anschließend gehen sie in eine Disco und tanzen sich knallvergnügt unter dröhnenden Techno-Sounds in eine Ekstase aus Laserlicht und Trockeneis. Immer und immer wieder checkt Euglena ihren SMS- und E-Mail-Account – aber keine Antwort von Yoshio. Sie ist genervt und enttäuscht.

Donnerstags ist die Stimmung unter den Mitarbeitern der Firma wie geladen. Die Woche spitzt sich auf den Freitag zu, an dem über das neue Großprojekt informiert werden soll. Und fast alle Mitarbeiter beschleicht die Vorahnung, dass das Projekt auch negative Veränderungen mit sich bringen könnte. Am frühen Abend passiert Euglena etwas Schlimmes: Ihr Mobiltelefon funktioniert nicht mehr. Nun hat sie ihr elektronisches Zweitgehirn verloren und damit einige ihrer unverzichtbaren Daten. Kopflos eilt sie zum nächstgelegenen IT-Support. Die Daten werden auf einer externen Festplatte gesichert und auf Euglenas Mobiltelefon vom Vorjahr, das bereits veraltet ist, gespiegelt – eine halbwegs passable Lösung. Das Reparieren hat eine Wartezeit von mindestens drei Tagen, was für sie eine schier unmöglich lange Wartezeit ist. Am späteren Abend klingelt Herr Huber an der Haustür. Er scheint verärgert und möchte so schnell wie möglich, am liebsten gleich am Wochenende, den Wohnungstausch vornehmen. Euglena aber ist kräftemäßig ausgezehrt und muss Herrn Huber auf später vertrösten.

Freitags ist es so weit und der angekündigte Infoabend klärt über das bevorstehende Großprojekt auf. Wie alle Mitarbeiter bereits vorausgeahnt haben, gibt es eine gute und eine schlechte Nachricht. Die gute Nachricht ist, dass keine Mitarbeiter entlassen werden müssen und die schlechte Nachricht ist, dass keine weiteren Mitarbeiter eingestellt werden können aus Sparmaßnahmen. Im Klartext bedeutet das: der Arbeitsdruck wird zunehmen, Überstunden werden anfallen und alle sollen noch ein wenig zügiger und effizienter arbeiten als bisher. Zur Feier des Großprojekts gibt es im Anschluss auf der Dachterrasse ein generöses Catering. Euglena nimmt sich ein Mineralwasser und einen der flambierten Gemüsespieße, sie ist Vegetarierin. Gedankenversunken begibt sie sich zum Geländer und sieht in den Abgrund hinunter. Sie erinnert sich, dass es erst ein Jahr her ist, seit ein Mitarbeiter hier einen Suizid begangen hat. Als sie ihr Mobiltelefon checken will, um nachzusehen, ob sie irgendwas verpasst haben könnte, zieht sie ein zerknittertes Kartonpapier aus der Hosentasche. Es ist der Flyer, der ihr am Bahnhof von irgendjemandem in die Hand gedrückt worden ist. Auf der Vorderseite ist die Grafik eines meditierenden Menschen als Schattenriss abgebildet. Seine Umrisse sind in goldenes Licht getaucht und davor glühen senkrecht übereinander die Chakren, die sieben Zentren spiritueller Kraft im menschlichen Körper. Euglena kehrt den Flyer um und liest auf der Rückseite das Zitat von Shabkar, einem tibetischen Yogi, der von 1781 bis 1851 gelebt hatte:

>Man muss in der grenzenlosen Weite verweilen,
hellwach und klar,
die Unendlichkeit des Raums schauend,
so, als säße man auf dem Gipfel eines Berges
mit freier Sicht nach allen Seiten.‹

Eine Träne rollt Euglena über die Wange, ein Gefühl von Hoffnungslosigkeit überkommt sie mit einem Mal. Auch wenn sie dieses Zitat soeben von einem zerknitterten Flyer abgelesen hat, so erstrahlen diese Worte in einer doch ungebrochenen Kraft, welche die Wahrheit widerspiegeln. Eine Wahrheit, die im 19. Jahrhundert von einem tibetischen Gelehrten formuliert wurde und zeitlos ist. Es ist genau jene beschriebene Ruhe und jener Weitblick, dem sich alle Sinne einer Kontemplation öffnen. Aber in einem Zeitgefüge, das von Tag zu Tag beschleunigt, erscheint Euglena das nahezu unmöglich. Die sie umgebende Hektik speist sich aus einem gigantischen Materialhaufen von Computern, Handys, Laptops, Monitoren, Fernsehgeräten, Soundboxen, Glasfaserkabeln, Druckmaschinen, Modems, Satelliten und vielem mehr, das längst für sie unverzichtbar geworden ist. Wo soll das alles noch hinführen? Euglena wischt sich die Tränen aus den Augen und sieht in die Ferne. Das Gebäude, auf dem sie steht, gehört zu den höchsten der Agglomeration. Die Dachterrasse zeigt ein atemberaubendes Nachtpanorama, das die Stadt als komplexes Lichtgewirr erscheinen lässt. Euglena denkt an elektronische Schaltkreise – als ob Zürich eine gigantische Maschine wäre, ein technoider Organismus, in dem der Mensch als eine unmerkliche Variable verflochten ist. Sie schaut in eine andere Richtung. Irgendwo dahinten muss das Institut für Neurotechnik sein, geht es ihr durch den Kopf, und die virtuellen Schneekugelwelten kommen ihr in den Sinn. Euglena denkt an das KRYONIUM und über die Landschaften, Figuren und Handlungsstränge nach, die mit der zunehmenden Erinnerung an ihre physische Alltagsrealität allmählich verblasst sind. Die Schneekugelwelten waren so aufregend und spannend und mit nichts zu vergleichen, was sie vorher je erlebt hat. Euglena sieht zu den Sternen auf *... und Erinnerungsfetzen an eine Wüstenlandschaft glühen und funkeln vor ihr auf: Sie sieht die ›Pyramiden, deren Spitzen als dunkle Schattenrisse ins Gelb und Rot des heraufziehenden Tages aufragen‹; sie erspürt die ›Wärme des lodernden Feuerfuchses in den Sanddünen, der eine gläserne Straße hinter sich herzieht‹; und sie sieht das ›gefährliche Pharaonengrab mit seinen unzähligen Hieroglyphen und Waldmalereien‹ vor sich ...* und während sie weiter die Sterne betrachtet, blickt sie Lichtjahre in die Vergangenheit und macht sich Gedanken über ihre Zukunft. So muss sie wieder an den tagtäglichen Arbeitsstress denken und sie fragt sich, wie es überhaupt noch möglich sein soll, in einer pluralen Gesellschaft, die multimedial angetrieben wird, sich dem virtuellen Raum entziehen zu können. Die meisten Arbeitsplätze verlangen einen ständigen Umgang mit Computergeräten. Der Mensch ist kaum noch gewohnt, mit der Hand zu schreiben und erledigt alle Arbeit an Bildschirmen. Die Hektik zwingt einen, Einkäufe und Bestellungen im virtuellen Raum zu verrichten; zudem bietet sich einem beim Einkauf im Internet ein größeres und oftmals preiswerteres Angebot. Freundschaften lassen sich im virtuellen Raum besser knüpfen als im physischen Raum; und möchte man mit jemand Fremdem ins Gespräch kommen – etwa in einem Zug, wo eine Möglichkeit gegeben ist –, scheitert es oftmals daran, dass die Leute mit Kopfhörern verkabelt und auf einen Bildschirm fixiert sind. Handgeschriebene Mitteilungen sind zu einem Sonderfall geworden, hauptsächlich werden an Weihnachten und Geburtstagen Briefe geschrieben; ansonsten läuft fast alles nur noch über E-Mail. Einzahlungen werden per E-Banking von Zuhause aus erledigt, weswegen sich ein direkter Kundenkontakt von Mensch zu Mensch erübrigt. Die Digitalisierung verändert den Arbeitsmarkt, aber auch das Privatleben. Vor allem sind es soziale Netzwerke, die einen Freundeskreis zusammenhalten. Nicht nur Arbeit findet für viele Menschen fast vollständig am Bildschirm statt, auch ein reiches Angebot an Freizeitmöglichkeiten lässt sich am Monitor erleben: Es werden Filme gesehen, E-Books gelesen, Audiodateien gehört und vieles mehr. Wer ein intensiveres Erlebnis sucht, begibt sich in die immersiven Atmosphären digitaler Spiele und erlebt dort fantastische Welten, was ein aufregender Ausgleich zum statischen und oftmals monotonen Arbeitsalltag ist. Gewissermaßen dient der physische Raum nur noch als Durchgang zu den Flächen virtueller Welten, Parallelwelten, die unsere Alltagswelt ergänzt oder teilweise schon ersetzt hat.

Euglena spürt ein Vibrieren in ihrer Hosentasche. Yoshio hat ihr eine SMS geschickt. Endlich! Euglena fasst Hoffnung. Er entschuldigt sich, dass es so lange mit einer Antwort gedauert hat und teilt ihr mit, dass er sich freuen würde, wenn er sie dieses Wochenende sehen könnte, aber bedauerlicherweise muss er durcharbeiten und Nachtschichten schieben. Er bedankt sich für die spannende Biografie über Leonard Euler, in die er sich immer vor dem Einschlafen vertieft, und dabei natürlich auch immer an sie, Euglena, denkt. Am Montag Abend ist es ihm möglich, sich ein Zeitfenster für ein Treffen mit ihr freizuhalten. Auch wenn aus dem ersehnten Wiedersehen am Wochenende nichts wird, so freut er sich ungemein auf ein Montags-Date mit ihr. ›Wir treffen uns um 21:00 Uhr auf dem Bürkliplatz bei der Sitzbank. XOXO, Yoshio‹, liest Euglena in der letzten Zeile. Ein gemischtes Gefühl überkommt sie. Zum einen weiß sie jetzt nicht, was sie am Wochenende machen soll, und zum anderen freut sie sich auf den Montagabend. Euglena tippt eine Antwort und vermerkt in der P.S.-Zeile: ›Die Euler-Biografie kannst du behalten, betrachte sie als Geschenk‹.

Das Catering auf der Dachterrasse zieht sich gemächlich und genüsslich mit Speiseeis, Konfekt, Torten, Kuchen und Cocktails bis in die späte Nacht hinein und wird von oberflächlichem Gedankenaustausch und belanglosen Gesprächen bestimmt. Es werden über Dinge geredet wie beispielsweise das neu verabschiedete Rindfleischetikettierungsüberwachungsaufgabenübertragungsgesetz, das Euglena, die Vegetarierin ist, nicht im Geringsten interessiert. In gleicher Weise, wie sich die Flaschen leeren, vergnügen sich immer weniger Leute auf der Dachterrasse, die nach und nach, einer nach dem anderen, gehen. Und als Euglena sich zum Schluss noch einen Eiswein genehmigt und gedankenverloren den Nachthimmel betrachtet, fühlt sie sich innerlich leer. Für heute hat sie sich definitiv zu viele Gedanken gemacht, gesteht sie sich ein, und sie begibt sich, ein wenig angeheitert, auf den Heimweg.

57

Am Wochenende hätte Euglena Zeit gehabt, mit Herrn Huber die Wohnung zu tauschen; doch sie fühlt sich ausgelaugt und müde. Sie schläft bis zum Mittag. Beim Erwachen kribbelt es ihr gehörig in den Fingern. Sie hat vom Zocken geträumt und befand sich inmitten einer sagenhaften Welt aus Schlössern, Rittern, Zauberern, Hexen, Ungeheuern, Drachen, Gnomen und vielem mehr, was man sich nur wünschen konnte.

Euglena steht auf und dreht nachdenklich mehrere Runden im Zimmer. Dann geht sie auf und ab. Das Im-Kreis-Gehen lässt sie an eine 0 denken und das auf und ab gehen an eine 1. Ohne was zu essen, setzt sie sich vor ihren Rechner, den sie zum ersten Mal, seit sie am Institut für Neurotechnik war, anschaltet. Das Power-Icon leuchtet auf, die Ventilation rauscht – ein wohl vertrautes Gefühl. Der Computer ist durch eine Passworteingabe geschützt. Sie denkt nach, und wie ihr wieder einfällt, bezieht sich das Passwort auf ihren Vornamen ›Euglena‹, den sie als Zahlenfolge decodiert hat, in dem jeder einzelne Buchstabe gemäß seiner Reihung im 26-stelligen Alphabet ersetzt wird: ›E‹ kommt an 5. Stelle der alphabetischen Reihung; ›u‹ an 21. Stelle; ›g‹ an 7. Stelle; und so fort. Folglich lautet das Passwort: ›5-21-7-12-5-14-1‹. Euglena drückt die ›Enter‹-Taste und die Maschine fährt hoch, die Monitore glühen auf. Als sie auf die Benutzeroberfläche schaut ... *flackern und blitzen ihr zahllose Erinnerungsfetzen aus einer Schneekugelwelt auf und sie sieht ein ›Betriebssystem‹, einen ›Strand‹ mit ›eingefrorenen Meereswogen‹, einen ›Schneeleoparden‹, ein ›Datenmeer‹, ›Ordner‹, ›Icons‹ und ›Buttons‹, ›Scroll-Balken‹, einen ›Cursor‹, ›das Passwort: Logout_100_Login_101‹, ›Viren‹ und ›abgestürzte Programme‹, ›Quellcodes‹ und ›Algorithmen‹, ›Syntaxen‹, ›binäre Ziffern‹ ...* und Euglena fasst sich schmerzhaft an den Kopf bei diesen vielen bruchstückhaften Gedanken ... *und es blitzen und flackern ihr Erinnerungsfetzen aus einer weiteren Schneekugelwelt auf und sie sieht ein ›Jump 'n' Run-Level‹, eine ›Wüstenlandschaft‹ mit ›Sanddünen‹ und ›Pyramiden‹, einen ›Phönix-Vogel‹ und einen ›Feuerfuchs‹, eine ›flächige Hintergrundebene‹ und eine ›räumliche Vordergrundebene‹, eine ›Raumkoordinate X, Y, Z‹, ›Polygone‹, ›Plug-ins‹ und ›Upgrades‹, ein*

›Pharaonengrab‹ mit ›Hieroglyphen und Wandmalereien‹, einen ›Countdown‹, einen ›Endgegner‹, ein ›Ausgangsportal‹ mit einem ›bronzenen Schlüssel mit der Nummer 110‹ … und Euglena reibt sich kräftig an der Stirn, sie eilt ins Bad, schluckt mehrere Tabletten und wirft sich aufs Bett. Es fühlt sich für sie an, als würde sie wieder vollkommen in die virtuelle Realität abgleiten. Die Scheinwelt fühlt sich für sie realer an, als ihr jetziges Zuhause, nach dem sie so lange gesucht hat. Das macht ihr Angst. Endlich ist sie, nach so langer Reise und so vielen Abenteuern, angekommen, ihr tiefster Wunsch ist Wirklichkeit geworden. Doch die Wirklichkeit verblasst angesichts der fantastischen Erlebnisse in den virtuellen Schneekugeln. Euglena sieht ihr Zimmer plötzlich verzerrt und verdehnt, alles drehte sich nur noch um sie herum, wie ein heimtückischer Wirbelwind. Verzweifelt drückt sie ihr Gesicht ins Kopfkissen, ihr dröhnt explosionsartig der Schädel und sie wartet auf die Wirkung der Tabletten. Wieder und wieder … *sieht sie in dem Flackern und Blitzen ihrer geschlossenen Lider ›Nullen‹ und ›Einsen‹ und es fühlt sich für sie an, als befände sie sich inmitten eines ekstatischen Strudels aus binären Ziffern, die sie tiefer und immer tiefer hinabziehen: ›01000101 01110011001000000110100101110011011101000001000000011001000 1100101011100100010000001101000011001010110100101101101011010101 1011000110100101011000110110100000110010100100000010001110110111 0010101100100011000010110111001101011011001010010000001100000110 0001011011000100000001100101011010010110111001100110010100100110 0000010001100110110001110101011000110110100001110100001001100001 1100001000001100001110111100011000100110010101110010001000010 0000011001000110010101101110001000000100010101110101011000100110 0111011011000110010101101110011000010010000001101001011011001101 1010110110101011001010110010011101111100001110100100011000010 1000011100100110010100101010110111001100100000100000011011100110 0001011000110110100000110010001100101011011100110101101110111011 010000111011001000000011001000110100101100101001000000010000000 1100110110001110101011000110110100000111010000010000001110100 1001101110110110110001000000011001000110100101100101011100110 1011001010101101101001000000011010010110100001110010001001000000 011101010101011100110001001100101011010110110000101101110001 11011001100110100011001010101101110001000000100111101110010001

*110100001011100010000001000101011100110010000001101001011
100110111010000100000011001000110010101110010001000000110
100001100101011010010110110101101100011010010110001101101
000011001010010000000100011101100101011001000110000101101 1
100110101101100101001000000011000010110111000100000011 0010
101101001011011100110010100100000010001100110110001110101
011000110110100001110100001011000010000010000111101111000
110001001100101011100100010000001100100011001010110111000
100000010001010111010101100111011010110001100101011011 0011
000010010000001101001011011010110110101100101011100100111
011110000111010010001101000011100100110010101101110011 00
100001000000110111001100001011000110110100001100100011001
010110111001101011011101000011101100100000011001000110100
101100101001000000100011001101100011101010110001101101000
011101000010000001110110011010111101101110001000000110 01000
110100101100101011100110110010101101101010010000001101001 01
101000011100100010000001110101011011100110001001100101011
010110110000101101110011011100111010001100101011011100010
011000111010101100011011010000111010000010000001110110011 0
111101101110001000000110010001101001011000101100101011001101100
101011011010010000001101001011010000111001000100000011101
010110111001100010010011001010110101101100001011011100110111
001110100011001010110111000100000010011110110110010011101 00
0010111000100000* ... und nach einiger Zeit steht Euglena wieder auf
und setzt sich vorsichtig an ihren Computer.

Nervös blickt sie auf ihre Monitore und zieht mit ihrem Cursor über das
Icon eines Mittelalter-Fantasy-Online-Rollenspiels. Aber ihr Drang, jetzt
wirklich zocken zu wollen, ist nicht stark genug. Stattdessen aktualisiert sie
ihr Betriebssystem mit Namen *Snow Leopard* und führt ein Update durch.
Plötzlich überkommt Euglena ein Bedürfnis nach sozialem Kontakt und
sie zückt ihr Mobiltelefon. Ihre Kolleginnen gehen entweder nicht ran
oder sind am Wochenende schon anderweitig verplant und beschäftigt.
Sie klickt mit dem Cursor auf das Icon der Suchmaschine *Firefox*, loggt
sich in ein Chatforum ein und unterhält sich anonym mit verschiedensten
Personen. Das Wochenende vergeht auf diese Weise wie im Flug.

Es ist Montagabend. Euglena steht auf dem Bürkliplatz und hört die Uhren- und Kirchtürme neun Mal schlagen. Erwartungsvoll hockt sie auf einer Sitzbank und schaut auf den glitzernden See. Ein Herbstlaub umdufteter Wind weht ihr entgegen. Das Abendrot ist zur Sternennacht erloschen und das als Schattenriss sich erhebende Alpenpanorama ist von einer noch nicht aufgegangenen Mondsichel hinterleuchtet. Euglena hört Schritte hinter sich. Es ist Yoshio. Mit strahlenden Augen steht er vor ihr. Der ersehnte Moment ist da, endlich! Eine Umarmung, ein Kuss, ein paar flüchtige Worte. Dann geben sie sich die Hand und schlendern die Seepromenade entlang. Der Weg führt sie durch einen Park. Das Ufer wird von Stehlaternen beleuchtet. Ein herrlicher Abend. Sie bemerken ein Schimmern unter der Wasseroberfläche und erkennen beim genaueren Hinsehen einen Propeller. Yoshio erklärt Euglena, dass es sich dabei um eine Schiffsschraube handle, die zu einem Rotor gehöre, und dieser Rotor habe sich von einem der Schiffe oder Segelboote gelöst. Die beiden gehen weiter am Löwendenkmal beim Hafen Enge vorbei und bleiben vor einem Restaurant stehen. Yoshio sieht Euglena an und legt ihr den Arm um die Schultern. »Ich möchte dich zum Abendessen einladen und wir stehen vor dem lauschigsten Lokal, das Zürich zu bieten hat.« Euglena lächelt.

Als die beiden eintreten, ist Euglena dann auch erstaunt, wie lauschig und andersartig das Lokal ist. »Wow!« Überall sind Schiffsmodelle in großen Flaschen zu sehen und inmitten der Tische ragt die Attrappe eines Kraken mit langen Tentakeln auf. An einem Reliefpfeiler sind Meeresmuscheln in allen Größen und Formen angebracht. Videoprojektoren werfen ein Lichtspiel mit Ozeanwellen an die Decke, sodass es den Anschein macht, man befände sich unter Wasser. Und ein prominent an der Wand montiertes Radar, vermittelt das Gefühl, in einem nostalgischen U-Boot zu sein. Ein Kellner begrüßt die beiden und begleitet sie zu einem Fensterplatz. Neben dem schwertfischförmigen Tisch stehen ein Anker und eine Schiffsglocke.

»Und?«, fragt Yoshio erwartungsvoll.

»Ich find's super hier!« Euglena strahlt über das ganze Gesicht. »Hier sollten wir öfters hingehen. Mir kommt es so vor, als befände ich mich an einem völlig anderen Ort, weit weg von Zürich und der Schweiz.«

Der Kellner teilt ihnen die Speisekarte aus und zündet mit einem Streichholz die auf dem Tisch stehende, vertropfte Kerze an. Vorab stellt er den beiden eine Schale mit Krabbenchips auf den Tisch. Im flackernden Licht vertiefen sie sich in die Menüs, immer wieder treffen sich ihre Blicke und ein Lächeln umspielt ihre Lippen.

Yoshio sieht zu Euglena hinüber. »Wie war deine Woche?«

»Gut, gut.« Sie mag jetzt nicht über ihre Arbeit sprechen, nicht an diesem besonderen Ort und nicht jetzt, wenn sie sich so glücklich fühlt.

Yoshio legt ihr ein Geschenk auf den Tisch. »Als kleines Dankeschön für das Leonard-Euler-Buch.«

»Oh! Na das ist aber eine Überraschung.« Euglena nimmt das Geschenk in die Hand. Es hat die Form eines Buches und mit dem Gewicht kommt es auch in etwa hin. Yoshio, das Lokal, das Geschenk und ihr neues, computerspielfreies Leben. Euglena fühlt sich überglücklich und eine Träne gleitet ihr über die Wange. Kurzerhand steht sie auf und geht aufs WC.

Zufrieden schaut sie sich im Spiegel an und überprüft ihr Make-up. Sie zieht ihren Lippenstift nach und richtet sich die Haare. Im Neonlicht schimmert ihr naturrotes Haar kupfern und auch ihre Sommersprossen, die Yoshio so sehr gefallen, sind von schönem Schimmer. Sie wäscht sich die Hände, und wie sie zum Händetrockner rüberschwenkt, stößt sie mit dem Schuh an eine am Boden herumliegende Glasmurmel; geräuschlos rollt sie über den Boden und fällt dann in eine Absenkung neben der Tür – klack, klack, klack macht es. Wie eigenartig, denkt Euglena. Sie hebt die Glasmurmel vom Boden auf und betrachtet sie. Mit einem Mal überkommt sie ein seltsames Gefühl, ein Déjà-vu, als ob sie das hier schon einmal erlebt hätte, in einer vielleicht anderen Form, sie ist sich nicht sicher. Sie legt die Glasmurmel aufs Lavabo und verlässt das WC.

Als sie an den Tisch zurückkehrt, kritzelt Yoshio in einer Zeitung. Er merkt, dass Euglena sich wieder an den Tisch gesetzt hat, sieht sie an und sagt: »Im Kreuzworträtseln bin ich nicht annähernd so geübt wie im Sudoku. Tja! Hier ist eine Frage über Mathematik und ich hab' keine Ahnung.«

»Bestimmt kenne ich die Antwort. Wie lautet die Frage?«

Yoshio legt die Zeitung beiseite. »Du hast dein Geschenk noch nicht aufgemacht.«

»Ja, richtig. Ich bin schon ganz gespannt, was du mir da wohl schenkst.« Sorgsam, ohne das Papier zu zerreißen, öffnet Euglena das Geschenk und es überkommt sie wieder ein seltsames Gefühl. In ihren Händen hält sie ein Märchenbuch mit dem Titel: ›Tausendundeine Nacht. Eine Sammlung morgenländischer Erzählungen‹. ›Tausendundeine Nacht‹ lässt sie an das Zahlenpalindrom ›1001‹ denken; ein Element, das ihr im kryonischen Tiefschlaf ständig begegnete.

Yoshio hat die Zeitung mit dem Kreuzworträtsel wieder aufgeschlagen und liest Euglena die Mathematik-Frage vor: »›Welcher Mathematiker – ein Name mit zehn Buchstaben – hat die Formel zur Berechnung des Volumens einer Kugel hergeleitet?‹«

Euglena erschreckt. »Das kann nicht sein!« Augenblicklich schnellt sie vom Stuhl auf. Der Buchtitel und die Formel zur Berechnung eines Kugelvolumens ergeben die kryonische Formel der Schneekugelsammlung: $1001(4/3 \cdot \pi \cdot r^3)$. »Das ist unmöglich!« Der Schreck sitzt ihr tief in den Gliedern. Sie torkelt rückwärts und fällt hin. Sofort steht sie wieder auf und geht schnurstracks in Richtung Ausgang. Sie müht sich durch das Stimmengewirr der vielen Gäste, vorbei an dem Kellner, der ihr, wie es ihr scheint, absichtlich den Weg versperrt und eilt aus dem Lokal.

Sie rennt und rennt, als ob jemand, oder vielmehr etwas, hinter ihr her wäre. Etwas Formloses, Raumloses scheint sie zu verfolgen. Ein Anflug von Paranoia überkommt sie und sie hastet noch schneller durch den dunklen, sie verschlingenden Äther. Sie bleibt stehen, kurz muss sie verschnaufen und wieder zu Atem kommen. Es ist stockdunkel und ungewöhnlich still um sie herum. Auch die Stille droht sie zu verschlingen. Sie befindet sich irgendwo im Park am Ufer. Die Stehlaterne über ihr knistert so eigenartig. Dann hört sie ein Rascheln. Sie dreht sich nach allen Seiten hin und geht eins zwei Schritte rückwärts. Dann sieht sie zwei Punkte in einem der Baumwipfel. Es ist ein Uhu. Gierig starrt er sie aus glänzenden Augen an. Dann ein schauderhaftes Kreischen aus seinem spitzen, scharfen Schnabel. Euglena rennt weiter in Richtung Bellevueplatz. Ihr Mobiltelefon vibriert. Yoshio versucht sie anzurufen, immer und immer wieder. Schließlich schaltet sie ihr Mobiltelefon aus.

Sie überquert die Quaibrücke und steigt in ein Taxi, aus dem gerade jemand aussteigt.

In ihrer Wohnung wirft sie sich verzweifelt aufs Bett. Schon von Anfang an, als sie am Institut für Neurotechnik aus ihrem Tiefschlaf erwacht ist, hegte sie den Verdacht, sich womöglich immer noch in der virtuellen Welt des KRYONIUMS zu befinden. Da aber alles um sie herum authentisch wirkte – nicht ein Hauch von Schnee lag in der Luft –, kam sie von diesem Gedanken wieder ab. Zudem scheint es ihr so, als ob das Leben, welches sie hier führt, ihr tatsächliches Leben in einer physischen Welt sei. Euglena stürzt ein Glas Wasser hinunter, dann fühlt sie sich gefasster und holt sich ein leeres Blatt Papier. Auf diesem notiert sie alle Auffälligkeiten, die sie seit dem Erwachen am Institut für Neurotechnik bemerkt hat; und das sind eine Menge Hinweise, die auf eine neunte Schneekugel, die *Dezimalzahl 9* und deren *binäres Äquivalent 1001*, hindeuten:

• Angefangen bei *Herrn Huber*. Er ist einundachtzig Jahre alt und kaut ständig auf einer Wurzel herum. Die Wurzel aus 81 ist ›9‹ ($\sqrt{81}$ = 9).

• Gerade andersrum verhält es sich beim *Sudoku*. Sein Raster besteht aus ›9‹ mal ›9‹ Feldern, welche ebenfalls die Zahl 81 ergeben (9 · 9 = 81).

• Euglena nimmt ihren *Personalausweis* hervor, auf der ihr angeblicher Geburtstag, der ›10. Januar‹, steht. Als Datumsangabe mit Zahlen würde das als ›10.01‹ geschrieben werden; und denkt man sich den Punkt weg, taucht wieder die Zahl ›1001‹ auf.

• Der *Wohnblock,* in dem Euglena wohnt. Seine Hausnummer ist die ›10‹. Der Wohnblock hat insgesamt elf Wohnungen und Euglena wohnt in der Wohnung ›01‹. Ihre Hausnummer und Wohnungsnummer ergeben nebeneinander gestellt die Zahl ›1001‹. Von den elf Wohnungen im Wohnblock stehen zwei leer und folglich sind ›9‹ davon belegt (11 - 2 = 9). Jene Wohnungen, die leer stehen, sind die mit der Hausnummer drei und sechs, was wiederum die Quersumme ›9‹ ergibt (3 + 6 = 9).

• Jeden Morgen wird Euglena von *Beethovens letzter Sinfonie* geweckt; das ist die ›9‹. Sinfonie.

• Das *Treffen auf dem Bürkliplatz bei der Sitzbank*, das von Yoshio bestimmt wurde, fand um 21:00 Uhr statt, die ›9‹. Abendstunde.

• Und dann noch das *Märchenbuch* mit dem Titel ›Tausendundeine Nacht‹, welches die Zahl ›1001‹ ist.

• Euglena überlegt. Lange grübelt sie, da war doch noch etwas anderes. Und sie erinnert sich wieder an ihre *Identifikationsnummer*, die Frau Zeiger am Kontrollpult eingab. Sie lautete ›2-4-4-5‹. Vielleicht mag das wirklich nur ein Zufall sein, aber wenn die Nummern aller Schneekugeln, in die sich Euglena hineinbegeben hatte, plus die allerletzte, die eintausenderste Schneekugel, zusammengezählt werden würden, so ergäbe deren Summe die Zahl dieser Identifikationsnummer (1 + 10 + 11 + 100 + 101 + 110 + 111 + 1000 + 1001 = 2445).

• Zu guter Letzt gab es da noch die Frage nach dem Mathematiker – sein Name war *Archimedes* –, der die Formel zur Berechnung des Volumens einer Kugel ($4/3 \cdot \pi \cdot r^3$) hergeleitet hat. Das war der wohl deutlichste dieser insgesamt *neun* Hinweise, so kommt Euglena zum Schluss.

Und jetzt, wie geht es weiter? Euglena atmet tief durch und überlegt. Wie in allen anderen Schneekugeln muss auch in dieser eintausendsten Schneekugel ein Hinweis verborgen liegen, um sie verlassen zu können. Und dieser Hinweis muss zu einem Schlüssel führen, in dessen Reite die Nummer ›1001‹ zu lesen sein sollte. Euglena denkt angestrengt nach. Wo könnte sie etwas übersehen haben? Die ganze Nacht verbringt sie damit, soziale Netzwerke und ihre Computerdaten zu durchforsten. Sie verliert sich immer mehr im Finden dieses allerletzten Puzzleteilchens, ihre panischen Gedanken verschachteln sich regelrecht zu einem Labyrinth; und wie sie in ihrem gedanklichen Irrgarten immer schneller und schneller über die verwinkelten, verzweigten, verschachtelten, verworrenen, klaustrophobischen Wege hetzt ... *blitzt und flackert ihr ein besonders heftiger Erinnerungsfetzen aus der ersten Schneekugelwelt auf, der einen Gedächtnisverlust von ein paar Minuten bei ihr auslösen wird und Sie spürt die ›rieselnden, verdampfenden Flocken‹, empfindet die ›Totenstille‹ und fühlt die ›Orientierungslosigkeit‹ von damals ...* und benebelt von ihrem kurzzeitigen Gedächtnisverlust begibt sich Euglena in die zwielichtige Zone des Darknets.

In einem Online-Chat-Raum sieht sie sich die Namen der User durch. Ihr eigener Benutzername ›Ada‹ hat sie ihrer Lieblingsmathematikerin Ada Lovelace, die in der Zeit von 1815 – 1852 in England lebte, entnommen. Ada Lovelace wird als die erste Programmiererin bezeichnet, die 1843 einen Algorithmus für einen nie fertig gestellten mechanischen Computer, die Analytic Engine von Charles Babbage, entworfen hatte. Damit nahm sie wesentliche Aspekte der späteren Programmiersprachen vorweg; und so etwas beeindruckt Euglena. Wie sie den Online-Chat-Raum durchforstet, fällt ihr der Benutzername ›Hannah36‹ auf. Der Name kommt ihr irgendwie bekannt vor, sie kann sich aber beim besten Willen nicht erinnern, woher – immer noch spürt sie die rieselnden Flocken, empfindet eine Totenstille und fühlt eine Orientierungslosigkeit. Sie erkennt in der Quersumme der Zahl 36 einen Hinweis auf die Zahl 9. Zudem ist *Hannah*, genau wie *1001*, ein Palindrom. Ein triftiges Indiz also, der Sache auf den Grund zu gehen und diesen User anzuschreiben. Am besten, so denkt Euglena, versucht sie es auf eine lockere, humorvolle Weise, und schreibt:

[03:30]_Ada28:	Hey! :-)
[03:30]_Hannah36:	Wer bist du?
[03:30]_Ada28:	Ada28
[03:30]_Hannah36:	Darauf wäre ich nie gekommen!
[03:30]_Ada28:	Willst du auch noch mein Alter wissen? ;-)
[03:30]_Hannah36:	Ich brauche Hilfe! Könntest du die Polizei für mich rufen?
[03:30]_Ada28:	Was ist passiert?
[03:30]_Hannah36:	Ich bin an einem mir unbekannten Ort gefangen!
[03:30]_Ada28:	Wo?
[03:30]_Hannah36:	Was weiß ich denn! Ich werde hier gegen meinen Willen festgehalten!!
[03:30]_Ada28:	Im Ernst jetzt?
[03:30]_Hannah36:	JA!!!
[03:31]_Ada28:	Was ist das für ein Ort, an dem du bist?
[03:31]_Hannah36:	Eine Psychiatrie.
[03:31]_Ada28:	Und was ist dein Problem?
[03:31]_Hannah36:	Ich bin hier gefangen! Das habe ich doch bereits erwähnt!!
[03:31]_Ada28:	Ich meinte, was hast du für ein psychisches Problem? ;-)
[03:31]_Hannah36:	Gar keins!
[03:31]_Ada28:	Du bist in einer Psychiatrie und hast kein psychisches Problem? Irgendwie seltsam. Findest du nicht auch?
[03:31]_Hannah36:	Wirst du mir jetzt helfen?

[03:31]_Ada28:	Kontaktier doch selber die Polizei!
[03:31]_Hannah36:	Hier gibt's aber kein Mobilfunknetz.
[03:31]_Ada28:	Hahaha!!!
[03:31]_Hannah36:	Warum lachst du?
[03:31]_Ada28:	Wie können wir dann miteinander chatten? ;-)
[03:32]_Hannah36:	Keine Ahnung, warum ich ohne Funkverbindung mit dir chatten kann!
[03:32]_Ada28:	Du bist echt seltsam, Hannah!
[03:32]_Hannah36:	Ich bin nicht Hannah. Ich chatte bloß mit ihrem Handy.
[03:32]_Ada28:	Hast du das Handy etwa geklaut?
[03:32]_Hannah36:	Nein. Hannah ist tot.
[03:32]_Ada28:	Was?!? Wie bitte!?!
[03:32]_Hannah36:	Es gehen hier wirklich sehr! sehr!! sehr!!! seltsame Dinge vor sich.
[03:32]_Ada28:	Und die wären?
[03:32]_Hannah36:	Gerade eben ist mir eine Gestalt mit grässlichem Eselskopf begegnet!
[03:32]_Ada28:	Ich glaube, du bist zu Recht in einer Psychiatrie ;-)
[03:33]_Hannah36:	Ich brauche dringend HILFE!!!!
[03:33]_Ada28:	Die Psychiatrie ist der beste Ort dafür ;-)
[03:33]_Hannah36:	Hilf mir BITTE!!!!!!!!!!!!
[03:33]_Ada28:	Stopp! Jetzt will ich DICH mal was fragen.
[03:33]_Hannah36:	Und was?
[03:33]_Ada28:	Ich spiele gerade eine Art mathematisches Puzzle und suche nach einem numerischen Schlüssel, der sich auf die Zahl 9 bezieht. Als ich die Ziffer deines Benutzernamens sah, dachte ich: 36 = 3 + 6. Und: 3 + 6 = 9. Kannst du mir folgen?
[03:33]_Hannah36:	F*ck y**!!!!
[03:33]_Ada28:	LOL
[03:33] _Hannah36:	Ich hab' keine Ahnung! Schreib doch eine Rund-mail und nerv Andere mit deinen seltsamen Rechenaufgaben :-(
[03:33]_Ada28:	Na dann, gute N8!

Beim Wort ›Rundmail‹ horcht Euglena auf. Sie erinnert sich an eine *Rundmail der Buchhaltungsabteilung*, die mit hoher Dringlichkeitsstufe markiert worden ist. In dieser Rundmail wurden die Mitarbeiter aufgefordert, ihre Bankverbindungen anzugeben, weil es ein Problem mit einem Buchhaltungsprogramm gegeben haben soll. Diese Aufforderung erscheint Euglena seltsam. Ihr Arbeitgeber sollte im Besitz dieser Daten sein. Ungeachtet dessen, ob die digitalen Daten verloren gegangen waren, liegen sie doch immer noch im analogen Format auf Papier in einer Kartei vor. Euglena vermutet hier einen versteckten Hinweis auf den Schlüssel mit der Nummer ›1001‹ und die *eintausenderste Schneekugel*. Sie geht zum Bücherregal, zieht einen Ordner mit ihren Bankdaten heraus und blättert ihn akribisch durch. Ihre Bankkontonummer lässt keinen Hinweis auf die Zahlen 9 oder 1001 erkennen. Beim weiteren Durchblättern entdeckt sie schließlich einen Schlüssel, der zu einem Bankschließfach gehört, das auf ihren Namen ausgestellt ist. Der Schlüssel hat aber keine Ähnlichkeit mit einem Schneekugelschlüssel. Euglena betrachtet die Schließfachnummer ›1-7-11-13-77-91-143‹. Es sind sieben Zahlen. Sie überlegt. Doch so sehr sie auch die Kombination wieder und wieder analysiert, von vorne nach hinten und von hinten nach vorne, sie kann nichts darin entdecken, was sie weiterbringen könnte. Also legt sie den Ordner beiseite und öffnet das Fenster, um frischen Wind zu bekommen.

Der Herbst haucht ihr entgegen, es duftet nach welken Blättern. Ein Wagen fährt gerade die Straße entlang, biegt ab und fährt auf den Parkplatz. Die Autoscheinwerfer blenden Euglena für einen kurzen Moment und sie kneift sich die Augen zu. Die Nacht ist sternenlos und die Mondsichel leuchtet hell und klar im Dunkeln. Unzählige Galaxien, Asteroiden und Kometen befinden sich da weit oben über ihr; doch das Universum besteht aus unendlich viel mehr und bildet eine Gesamtheit von Raum und Zeit und aller Materie und Energie. Euglena kommt sich mit einem Mal nichtig vor, und als sie es in dem Moment spürt, wird sie zu einem Teil eines unvorstellbaren Großen und Ganzen. Sie ist ein Hauch von Sternenstaub, und auch davon nur ein unvorstellbar kleiner Teil. Auf dem Parkplatz drüben schalten sich die Autoscheinwerfer aus und verglimmen als Punkte. In Gedanken dreht Euglena die zwei Punkte um 90 Grad und muss dabei an ein *Teilungszeichen* denken; und wie elektrisiert steht sie jetzt kerzengerade aufrecht. Als Teil eines großen Ganzen im Kosmos und

die vor ihren Augen erscheinenden Teilungszeichen, die sie in den Auto-
scheinwerfern gesehen hat, veranlassten sie dazu, die Schließfachnummer
aus dem Ordner mit der Division zusammenzubringen. Damit hat sie
das allerletzte Teil dieses Puzzles gefunden. Sie jauchzt und macht einen
Luftsprung. 1001 lässt sich durch alle sieben Zahlen teilen. 1, 7, 11, 13,
77, 91, 143 sind sämtliche Teiler von 1001:

$$
\begin{aligned}
1001 : 1 &= 1001 \\
1001 : 7 &= 143 \\
1001 : 11 &= 91 \\
1001 : 13 &= 77 \\
1001 : 77 &= 13 \\
1001 : 91 &= 11 \\
1001 : 143 &= 7 \\
1001 : 1001 &= 1
\end{aligned}
$$

Nun gibt es für Euglena keinen Zweifel mehr, dass sie sich immer noch
in einer kryonischen Schneekugel befindet und folglich die virtuelle Welt
nie verlassen hat. Soeben hat sie den Hinweis zum Ausgang der letzten
Schneekugel gefunden! Die Zahlen der Schließfachnummer bei der Bank,
die allesamt über die Division zur Zahl 1001, der Zahl der letzten Schneekugel führen, weisen eindeutig darauf hin, dass in diesem Schließfach die
letzte Schneekugel liegt; und die Zahl ist wie eine für Euglena gelegte
Spur, die sie zum Ausgang des KRYONIUMS führen soll. Sie ist viel zu
aufgeregt, als dass sie hätte schlafen können. Andererseits ist es bereits
fünf Uhr morgens und wie sich im Internet recherchieren lässt, öffnet die
Bank um sieben Uhr.

Euglena verlässt ihre Wohnung. Sie geht am Chinagarten vorbei und läuft hinunter zum See. Die Lichter der Stehlaternen geben ihr das Gefühl von Sicherheit und so spaziert sie gemächlich am Ufer entlang. Nur wenige Leute kommen ihr entgegen. Die Straßen sind kaum befahren, es ist dunkel und das Aufleuchten roter und grüner Ampelmännchen sorgt für ein kontrastreiches Lichtspiel. In weniger als einer halben Stunde hat sie den Bellevueplatz erreicht. Um die Zeit schneller verstreichen zu lassen, flaniert Euglena durch die verwinkelten Straßen und Gassen der Zürcher Altstadt, eine vermeintlich physische Realität, die so lebendig wirkt und letztlich nur aus leblosen elektronischen Schaltkreisen der Zwillingsvariablen 0 und 1 programmiert ist. Euglena geht über den Zwingliplatz und schaut zum Grossmünster auf. Eine imposante Architektur ist das, die wie alles andere hier auch, durch den Texteditor eines Quellcodes, zusammengehalten wird und Teil einer maschinenspracheverfassten Scheinwelt ist. Euglena hört dem Rascheln in den Schöpfen der Bäume zu und schaut dem Wind nach, der die braunen, gelben, grünen, roten Blätter über den Platz wirbelt. Sie atmet tief ein und nimmt den Herbstduft in sich auf. Es ist ein herrliches Gefühl hier zu sein, hier, an genau diesem Ort; und es ist kaum zu glauben, dass alles hier ein Konstrukt aus Binärziffern ist. Euglena muss an Pythagoras von Samos denken, ein griechischer Philosoph und Mathematiker, der einst gesagt hat: ›Alles ist Zahl.‹ Im Kirchencafé brennt noch Licht, aber niemand scheint drinnen zu sein. Euglena muss grinsen, als sie daran denkt, dass es in dem Kirchencafé kein WLAN gibt und sie geglaubt hat, der Ort sei eine analoge Oase. Analog ist hier überhaupt nichts. Gedankenversunken geht sie in Richtung der Bank.

Euglena steht vor dem noch nicht geöffneten Bankgebäude an der Börsenstrasse, das sich zwanzig Minuten von dem Restaurant befindet, in das sie Yoshio gestern eingeladen hat. Sie wirft einen Blick auf das Display ihres Mobiltelefons, auf dem mehrere verpasste Anrufe der Nummer ›523 598 7756‹ angezeigt sind. Yoshio hat schon viele Male versucht sie zu erreichen. Was will diese virtuelle Figur bloß von ihr? Euglenas schüttelt den Kopf und ihr Blick fällt auf das LED-Display neben der Eingangstür, es zeigt ›+ 8.1 °C‹ an. Es ist frisch an diesem Herbstmorgen. Um sich die Zeit noch ein wenig zu vertreiben, geht Euglena in die Bahnhofstrasse gleich um die Ecke und schaut in illuminierte Schaufenster hinein mit Wandteppichen, Bodenstanduhren, Glockenspielen, Porzellanfiguren, Glühlampen und Wandspiegeln.

Punkt sieben Uhr öffnen sich die automatischen Schiebetüren der Bank. Euglena ist nervös. Immer wieder schaut sie um sich. Verfolgt sie womöglich jemand? Weiß irgendjemand hier über sie Bescheid? In der Eingangshalle zügelt sie ihre Schritte. Euglena hört Musik, die sie zu kennen glaubt. Die Lautsprecher spielen die fröhlich beschwingte Musik des dritten Satzes, Menuett al roverso, aus Joseph Haydns Symphonie Nummer 47 in G-Dur. Euglena wendet sich an einen der besetzten Schalter. Sie legt ihren Schlüssel vor und bittet um die Sichtung ihres Schließfachs. Der Bankangestellte führt sie in ein Untergeschoss hinab. An einer Tresortür tippt er am Tastatur-Code-Leser – Euglena schielt auf seine Hand – die Zahlenkombination ›9-0-8-8-0-9‹ ein. Mit einem Surren und Knacken entriegelt sich die Tresortür. Euglena kann es kaum noch aushalten, sie spürt ihren Puls in den Schläfen pochen und ihre Hände zittern vor Aufregung. Langsam öffnet sie das Schließfach, ihr Herz rast. Sie zieht die Schublade heraus und darin befindet sich tatsächlich die Schneekugel, in deren Sockel die Nummer ›1001‹ eingraviert ist; daneben liegt der zugehörige *bronzene Schlüssel*. Euglena atmet tief durch. Sie zögert und überlegt lange. Schließlich, ohne die *eintausenderste Schneekugel* und deren Schlüssel angefasst zu haben, drückt sie die Schublade wieder zu und schließt das Fach ab. Eilig verlässt sie den Tresorraum. Ihre Schritte hallen eigenartig auf dem glänzenden Bodenbelag. Sie schaut um sich, wieder fühlt sie sich verfolgt. Sie bedankt sich im Vorbeigehen bei dem Bankangestellten und verlässt das Gebäude.

Mit dem Tram fährt sie neun Stationen bis nach Altstetten und steigt beim Institut für Neurotechnik aus. Mit dem Lift fährt sie neun Etagen hinauf und geht durch den Anmelderaum. Sie platzt in das Zimmer von Frau Zeiger mit der Zimmernummer ›1001‹ und fragt aufgebracht: »Wie viel von dem, was sie mir erzählt haben, ist überhaupt wahr?«

Frau Zeiger schaut gerade aus dem Fenster, sie trägt einen Kasak. Sofort dreht sie sich um und sagt: »Alles, was ich Ihnen erzählte habe, ist wahr.«

»Und wo befinde ich mich jetzt gerade?«

»Sie befinden sich immer noch in der virtuellen Welt des KRYONIUMS, in der letzten kryonischen Schneekugel.«

Euglena schüttelt verwirrt den Kopf. »Und was soll das bitteschön für einen Zweck haben?«

»Dieses letzte Behältnis bildet Ihre Alltagsrealität eins zu eins ab. In dieser letzten Schneekugel soll Ihr Suchtverhalten auf die Probe gestellt werden. In ihr folgt der Algorithmus dem Prinzip, dass nur dann, wenn Sie nicht wieder Ihrer Sucht verfallen, Sie auch in der Lage sein werden, die Zeichen zu erkennen, mittels derer Sie die Sie umgebende Welt als virtuell identifizieren können.«

»Und was passiert, wenn ich den Ausstieg durch die eintausenderste Schneekugel, die in meinem Bankschließfach liegt, nicht nehme?«

»Wenn Sie die letzte Schneekugel nicht aufschließen, wird der Exit-Befehl im Quellcode nicht aktiviert werden können und das Spiel ist folglich nicht zu Ende gespielt worden. Dann werden die Algorithmen eine Schleife bilden und das KRYONIUM wird einen Reboot durchführen, bei dem Ihr Erinnerungsvermögen neu zusammengesetzt wird.«

»Und was wird dann passieren?«

»Ihr bisheriges Wissen um das KRYONIUM wird gelöscht werden. Die Algorithmen werden aus dem Material Ihrer Psyche wieder eine neue virtuelle Welt erschaffen, deren Figuren, Räume und Handlungsstränge ähnlich aber dennoch anders sein werden. Und wieder werden Sie zum Zweck Ihrer Therapie durch Metaphern Ihrer Erinnerungen irren und nach einem Ausweg suchen.«

»Und wie oft hat das Programm schon einen Reboot durchgeführt? Oder ist das mein erster Spieldurchgang in diesem Serious Game?«

»Das kann ich Ihnen nicht sagen. Wie Ihnen bestimmt klar geworden sein muss, bin auch ich, so wie alle Figuren des KRYONIUMS, ein Element dieser Spielwelt, das nicht über den Rand seines Quellcodes blicken kann. Vielleicht wurde das Reboot noch nie durchgeführt, vielleicht aber schon etliche Male. Ich weiß es nicht. Aber wenn ich Ihnen einen Rat geben darf, dann diesen, dass es jetzt schon fast zu spät ist, das KRYONIUM zu Ende zu spielen.«

Euglena erschrickt. »Warum?«

Frau Zeiger deutet auf ein an der Wand hängendes Kalenderblatt. »Haben Sie das *heutige Datum* nicht bemerkt? Heute ist der 9. September!«

»Der 09.09«, stammelt Euglena und ihr Blick fällt auf ein kleines Tischchen, auf dem eine Matrjoschka-Puppe steht. Neben dem *Drehherd*, dem *Ara*, dem *Reittier*, dem *Schaukeleinhorn*, dem *Zauberbuch*, der *chinesischen Vase*, dem *Udu*, dem *Kajak*, der *Sammelkiste mit den Kleidungsstücken*, dem *Rotor*, dem *Reliefpfeiler*, dem *Radar*, dem *Uhu* und dem *Kasak*, den Frau Zeiger gerade trägt, ist die *Matrjoschka-Puppe* das letzte, das fünfzehnte Objekt, das im Kuriositätenkabinett gefehlt hat; und wie Euglena soeben klar wurde, haben sich diese damals verschwundenen Objekte auf die darauf folgenden Erzählstränge verteilt. Wie krass ist das denn! Soeben hat ihr die Matrjoschka-Puppe zugezwinkert und auch noch die Zunge rausgestreckt.

»Heute ist der 09.09«, wiederholt Frau Zeiger und erklärt: »Bei unserer letzten Begegnung – Sie hatten mich sogar nach dem Datum gefragt – war es Sonntag, der 31. August. In der letzten kryonischen Schneekugel hätten Sie folglich *9 Tage* Zeit gehabt, um herauszufinden, dass am Dienstag, dem 9. September, dem 09.09, ein Reboot durchgeführt werden wird. Diesen mehr als offensichtlichen Hinweis haben Sie übersehen!«

»Wie viel Zeit bleibt mir noch, bis das Reboot durchgeführt werden wird?«

»Um exakt *09:09 Uhr* führt das KRYONIUM ein Reboot durch.« Sie schaut auf ihre Armbanduhr. »Ihnen bleiben also gerade noch 42 Minuten. 42 Minuten, um für sich eine Antwort zu finden, wie Ihr Leben weitergehen soll.«

Euglena bricht das Gespräch augenblicklich ab. Sie eilt aus dem Zimmer und, da der Lift blockiert zu sein scheint, nimmt sie den Notausgang und hastet neun Stockwerke die Treppen hinab. Sie will jetzt unbedingt zu ihrem Schließfach, um die eintausenderste Schneekugel aufzuschließen. Draußen dann die nächste böse Überraschung: Wie sie der Fahrplananzeigetafel entnehmen muss, fährt das nächste Tram erst wieder in einer halben Stunde von Altstetten in Richtung Zürichsee, wo sich die Bank befindet. So schnell sie nur kann, rennt sie durch die Nacht auf den von Stehlaternen beleuchteten Gehwegen.

Außer Atem erreicht Euglena um exakt neun Uhr das Bankgebäude. Die automatischen Schiebetüren öffnen sich. Euglena betritt die Bank und bleibt unter dem Türluftschleier stehen. Der Luftzug überströmt sie mit einer eindringlichen Wärme. Erinnerungen an ihre kryonische Reise gehen ihr plötzlich durch den Kopf und Euglena verfällt ins Nachdenken.

Eine Minute vergeht.

Schließlich wendet sie sich vom Eingang ab und entfernt sich vom Bankgebäude.

Am Ende der Straße, beim Gebäude einer Verkehrsinfrastrukturfinanzierungsgesellschaft, bleibt Euglena an einem Fußgängerstreifen stehen. Der
morgendliche Stadtverkehr zieht an ihr vorbei – Autos, Busse, Lieferwagen,
Trams, Velofahrer – und es brummt und hupt und klingelt und quietscht.
Die Ampel ihr gegenüber glüht immer noch rot in der Dunkelheit; dann
schaltet sie auf Grün um. Euglena überquert den Fußgängerstreifen. Sie
betritt einen menschenleeren Park. Wieder ist es ungewöhnlich still hier. Sie
dreht sich nach allen Seiten hin. Eine Stehlaterne knistert, von irgendwo
her hört sie den Uhu rufen.

Gedankenversunken läuft sie dem Seeufer entlang. In dieser letzten
Schneekugel hat sie eine Vorschau auf das bekommen, was sie erwarten
würde, wenn sie das KRYONIUM verlässt. Es erwartet sie eine normierte
und anonyme Alltagsrealität, die von einer teilweise gleichgültigen Mechanik, einem seelisch verkümmerten Uhrwerk, angetrieben wird; und
das Pendel schlägt, was Euglena sehr bedauert, aufgrund ihrer gemachten
Erfahrungen aber als erwiesen und wahr erachtet, überwiegend zum Pol des
Sinnlosen. Zwar, so geht es ihr durch den Kopf, gab es in der virtuellen Welt
weitaus monotonere Momente als in der physischen Alltagsrealität, aber
diese waren von Magie und Überraschungen aller Arten geprägt gewesen
und wirkten immersiv und spannend. Anders als in der Alltagsrealität wäre
Euglena im KRYONIUM keine von vielen Nebenfiguren, sondern sie wäre
die Hauptfigur. Alle Berechnungen der Algorithmen, sämtliches Personal,
jeder einzelne Raum und jede einzelne Landschaft, restlos alles in dieser
virtuellen Welt, ist, in bester Absicht, auf sie ausgerichtet. Euglena überlegt
weiter, was überhaupt der eigentliche Grund für ihre Computerspielsucht
gewesen sein mag. Sie kommt zum Schluss, dass Computerspielsucht im
Grunde genommen die Kritik an der durchnormierten, monotonen und
selektiven Alltagsrealität ist. Menschen zocken zu einem großen Teil doch
deshalb, weil sie etwas Außergewöhnliches und Fantastisches erleben wollen.
Dies kann ihnen die Alltagsrealität oftmals nicht mehr bieten. Außerdem
beinhalten Computerspiele klare Strukturen, die eingehalten werden. Es ist

ein Grundbedürfnis eines jeden Menschen, dass Versprechen und Regeln eingehalten werden, das gibt ihm das Gefühl von Sicherheit und Ordnung. In Computerspielen werden Regeln restlos und immer eingehalten. Das Einhalten der Regeln ist im Quellcode einer jeden virtuellen Spielwelt festgelegt. Die Alltagsrealität hingegen geht teilweise sehr fahrlässig mit dem Einhalten von Regeln um und gleicht mittlerweile selbst einem Spiel: einem absurden, mitunter seelenlosen Spiel, das quasi von den Algorithmen aus Berufs- und Alltagslügen gelenkt wird. Versprechen sind wenig verbindlich und Bedingungen ändern sich rapide. Computerspielwelten sind dagegen loyal und wahrhaftig. Und aus genau diesem Grund will Euglena das KRYONIUM *nicht* verlassen. In einer virtuellen Welt zu existieren, deren Landschaften, Figuren und Handlungsstränge sich aus dem Bestand seiner eigenen Psyche und Seele speisen, ist, trotz allem Dafür- und Dagegenhalten, um ein Vielfaches verheißungsvoller. Und so entscheidet sich Euglena gegen die Alltagsrealität auf der Erdkugel und für ihr Fortbestehen auf der Fläche eines Quellcodes. Fortan möchte sie über Berge und Strände wandern und durch Räume und Korridore gehen, die sich aus den elektronischen Schaltkreisen der Zwillingsvariablen 0 und 1 ergeben.

Euglena hockt sich auf eine Sitzbank hin und beobachtet den menschenleeren Park. Ihr Blick fällt auf eine Voliere mit Vögeln, die ganz in ihrer Nähe steht, und auf ein Quecksilberbarometer, das an einer Stehlaterne angebracht ist. Der Luftdruck beträgt ›1001 Hektopascal‹ und die Temperatur misst ›9 Grad Celsius‹. Ein Eichhörnchen huscht lautlos an ihr vorüber und der Wind weht einen Origami-Kranich über den Rasen. Euglena ist nervös wegen dem, was in wenigen Sekunden geschehen wird, aber auch glücklich über ihre Entscheidung, die sie getroffen hat. Ihr Blick schweift in die Ferne. Schiffe und Segelboote wiegen im Hafenbecken. Am Ende des Sees weitet sich ein Alpenpanorama. Das hinter ihm aufgehende Morgenrot kann das Dunkel der Sternennacht beim Blick in den Himmel noch nicht erhellen. Die Seepromenade führt zu einer Anlegestelle, an der auf einem hohen Sockel ein steinerner Löwe thront und majestätisch in die Ferne blickt. Euglena sieht auf die Ziffernblätter der Uhren- und Kirchtürme, deren Zeiger *jetzt* auf ›09:09‹ gerückt sind. Plötzlich beginnt es zu schneien. Euglena betrachtet die auf sie herabrieselnden Flocken. Zunehmend werden sie dichter. Ein Schneetreiben entfacht. Und wie sich der Schnee aufhäuft, so verblassen Euglenas Erinnerungen und sie verfällt in einen tiefen, kryonischen Schlaf.

In ihrem Unterbewusstsein formiert sich der heimliche Gedanke an eine Flucht, über den sie – nach ihrem Wiedererwachen – immerwährend nachdenken wird; die Flucht von einem ihr unbekannten Ort.

NACHWORT

{ 4 Stephan Günzel

Matthias Alexander Kristian Zimmermann, der hier als Romanautor re-
üssiert, ist für seine großflächigen Gemälde bekannt, die als ›Levelmixer‹,
›Pixelpolymorphie‹, ›Raummaschine‹ und ›Volumenspeicher‹ Elemente
aus Computerspielen der letzten Jahrzehnte versammeln und in neuen
Kombinationen nicht nur eindrucksvolle Bilder schaffen, sondern eine
Dekonstruktion des Mediums ›Game‹ in Gang setzen. Mit KRYONIUM
wird das Vorhaben nun auf der Ebene der Erzählung fortgeführt, ihr aber
auch eine andere Richtung gegeben, weil das Medium nun nicht mehr
als Bildfläche vor Augen steht, sondern als Sukzession einen stufenweisen
Durchgang durch die verschiedenen Erlebensformen schildert.

Mithin erinnert Zimmermanns Erstlingswerk an den Ausgang aus dem
von Platon in seiner Staatslehre geschilderten Höhlengleichnis, in dem sich
Menschen präreflexiv befinden. Erkenntnis bedeutet demnach die Abkehr
vom Schein und die Einsicht in das wahrhaft Seiende – die Welt der
Ideen – und damit verbunden der Gang ins Freie, wo nicht nur Freiheit,
sondern auch Übersicht und Klarheit bestehen. In KRYONIUM werden
wie bei Platon insgesamt drei Stufen durchlaufen. In der zweieinhalbtau-
send Jahre alten Schrift »Politeia« ist der Ausgangszustand, in dem sich die
Menschen zunächst und zumeist befinden, derjenige einer vollkommenen
Illusion: In der Höhle gefesselt und die Augen auf eine Wand gerichtet,
blicken sie dort auf Bilder, die den Betrachtenden als vollkommen real
erscheinen, wobei es sich aber nur um die Schatten an einer Lichtquelle
vorbeigetragener Objekte handelt. Auf die Ursache können die Gefangenen
erst schließen, wenn sie sich befreien und aus der Fixierung lösen. Dann
erkennen sie den Täuschungsmechanismus, der in der Medientheorie des
zwanzigsten Jahrhunderts schon mehrfach zur Kritik der massenkultu-

rellen Unterhaltungsformen herangezogen wurde: Die US-amerikanische Fototheoretikerin Susan Sontag hat 1977 in ihrem Aufsatz »In Platons Höhle« davon gesprochen, dass die Menschen in der Gegenwart immer noch in dem titelgebenden Raum hausten, da sie sich immer noch an den ›Abbildern der Wahrheit‹ ergötzten: Anstelle der Welt betrachten sie die Fotografien derselben, wie sie in Zeitungen und Journalen zu sehen sind oder im Fernsehen gezeigt werden. – Frei nach Friedrich Nietzsches »Götzendämmerung«, wird die ›wahre Welt‹ hier also zur ›Fabel‹, der mehr Glauben geschenkt wird, als der zugrundeliegenden Wirklichkeit.

Bereits sieben Jahre vor Sontag deutet der französische Filmtheoretiker Jean-Louis Baudry in seinem Aufsatz »Ideologische Effekte erzeugt vom Basisapparat« diesen Kino-›Apparatus‹ dezidiert als Umsetzung der konstitutiven Elemente des von Platon beschriebenen Täuschungsvorgangs der Höhle: Lichtquelle als Projektor, vorbeigetragene Objekte als darin laufender Filmstreifen, Höhlenwand als Projektionsfläche auf dem die Bewegungsbilder von den Zuschauenden im Kino betrachtet und für ›wirklich‹ gehalten werden. Bei Zimmermann ist es nicht mehr die Fotografie oder der Film, der die Illusion erzeugt, sondern ein Medikament, das der Protagonistin verabreicht wurde: Wie die Kinobesucher halluziniert sie die Wirklichkeit. Nur ist das ›Ich‹ der Erzählung dabei selbst aktiv und erfüllt sich ihre Aufgabe im Schloss, wo sie als Hüterin künstlicher Lichtquellen (!) ihre Flucht durch einen Spiegel antritt.

Baudry wiederum erinnert daran, dass der Spiegel – zufolge der psychoanalytischen Lehre des Freudianers Jacques Lacan – das Medium des Selbsterkennens ist; und so, wie der Spiegel nach Lacan dem Kleinkind ein Bild seiner Ganzheit vermittelt, macht die Kinoleinwand nach Baudry den Betrachtenden Identifikationsangebote. Demnach ist Selbsterkenntnis immer auch schon in Teilen wieder ein ›Verkennen‹. Genau dies erlebt die Protagonistin in KRYONIUM nach ihrer Flucht, die ihr zunächst als Befreiung erscheint, während sie doch nur auf der nächsten Ebene gefangen ist. Dieser Ort wird im platonischen Gleichnis von denen bewohnt, welche die Urheber des Scheins sind. Für Sontag wären dies die Fotografen oder die Presse, für Baudry die Filmemacher oder die zugehörige Industrie. Bei Platon sind es die ohnehin von ihm als Verführer unter Verdacht gestellten Künstler, welche die Skulpturen gefertigt haben, die auf der Höhlenwand zu flachen Simulakren, den ›Trugbildern‹, werden. In KRYONIUM ent-puppt sich das Schloss als Psychiatrie, in der die vermeintlich schizophrene Insassin unter den Einfluss von Neuroleptika gesetzt wird.

Die Freiheit auf dieser Ebene ist jedoch nur eine weitere Verblen-dungsstufe, wenngleich ein notwendiger Zwischenschritt zur endgültigen Befreiung oder letztlichen Erkenntnis, ihr Erreichen nach Platon jedoch nur wenige riskieren – für ihn sind es die weisheitsliebenden Philosophen. Tatsächlich ist es auch reizvoll im medialen Produktionsgeschäft mitzu-wirken oder zumindest dessen Mechanismen zu kennen. Die wahrheits-suchende ›Philosophin‹ des KRYONIUM jedenfalls verlässt diese Welt, um an deren Höhlenausgang anzukommen, der sich in Form einer zu überwindenden Mauer zeigt. Jedoch liegt dahinter nicht sogleich die licht-durchflutete Freiheit des platonischen Mythos, sondern eine weitere Wand aus Glas – das Glas der Schneekugel, in dem wiederum die psychiatrische Klinik eingeschlossen ist, in der die illusionserzeugenden Medikamente verabreicht werden.

Platons dialektischer Durchgang über die Täuschungs- oder Bildebe-nen führt letztlich zu einem ›Ent-vergessen‹ der ewigen Wahrheiten. Das ›Ent-hüllen‹, ›Ent-bergen‹ oder ›Ent-vergessen‹ zielt auf die griechische Auffassung von Wahrheit als ›A-letheia‹ und somit auf die Wahrheit selbst zurück, die im Höhlengleichnis als die von der Sonne außerhalb der Höhle erleuchteten Dinge, Tiere und Menschen angeführt werden, wobei Platon in der Analogiebildung verlangt, diese wirkliche Welt eben nicht mit der-jenigen gleichzusetzen, in der die Menschen gewöhnlich leben, sondern letztlich mit einer, die sich im Jenseits befindet: das Reich der Ideen von den Dingen oder der (mathematischen) Begriffe, in der die Sonne als ›das Eine‹ die Beständigkeit der Wahrheit garantiert. Bis die Protagonistin des KRYONIUMS zur Wahrheit ihrer äußersten Welt vordringt, muss sie sich jedoch durch viele Schneekugeln oder Welten arbeiten, respektive ›spielen‹, denn die letzte Ebene ist diejenige eines Computerspiels. Der Weg zum Licht der Erkenntnis führt also über den Weg der Erinnerung und somit über den Weg der Wahrheit als ›Ent-Vergessenheit‹.

In beiden Fällen – bei Platon wie bei Zimmermann – ist die Wahrheit schwer erträglich. Für die Ideen-entdeckenden PhilosophInnen bedeutet die finale Erkenntnis eine Einsicht in die Tatsache, dass das Leben nie im vollen Umfang Wahrheit liefern kann, sondern erst der Tod, wenn die Seele wieder vom Körper entlastet ist. Die Protagonistin des Romans erwartet am Ende die Einsicht, dass sie dem Leben als Spielerin in ihrem Suchtverhalten verfallen war; also ihren (leiblichen) Trieben oder (tierischen) Instinkten folgte. Mit dem Therapiespiel ›KRYONIUM‹, in dem sie sich von Schneekugel zu Schneekugel rückwärts durch die Zeit gearbeitet hat, soll sie von ihrer Abhängigkeit befreit werden. – Hier besteht nun der entscheidende Unterschied zu Platon: Am Ende liegt die Rückkehr ins Leben, nicht der Eingang in den Tod.

Ebenfalls anders als im platonischen Aufstieg deutet sich ein zyklischer Schluss an: Der kryonische Quellcode nutzt ja zu Therapiezwecken ähnliche Mittel wie sie im Inneren der Schneekugel verabreicht werden: Programme oder Halluzinogene zur Immersions- bzw. Illusionserzeugung. Entsprechend ambig sind ›Games‹ seit jeher: Einer ihrer Ursprünge liegt in Reiz-Reaktions-Maschinen, die schon Ende des vorletzten Jahrhunderts zur Feststellung der Leitgeschwindigkeit von Nervenbahnen eingesetzt wurden: Probanden sollten in geschlossenen Kammern auf einen Telegrafentaster drücken, sobald ein Licht aufleuchtete. Damit wurde jedoch nicht nur die Übertragung von Reizen gemessen, sondern wurden letztlich die ›User‹ wie pawlowsche Hunde konditioniert. Computerspiele sind solcherart nicht trennscharf von Simulationen unterschieden, die ein Verhalten oder Handeln trainieren bzw. ›vorahmen‹. Auch wenn die Zwecke der Spiele meist in ihnen selbst liegen (Erreichen des nächsten Levels, des finalen Spielziels oder schlichtweg von mehr Punkten), so passt sich das Handeln doch den Systemvoraussetzungen an – und muss es auch, um den entsprechenden Erfolg zu zeitigen. Nichts Anderes geschieht in Simulationen zu Trainingszwecken, auch wenn das Ziel außerhalb liegt und etwa das Steuern eines Fahrzeugs (Auto, Panzer, Flugzeug etc.) erlernt werden soll. Computer sind dabei diejenigen Maschinen, welche es ermöglichen, alle nur erdenklichen Simulationen ablaufen zu lassen, indem sie die ehemals analogen Medien der Simulation emulieren. Insofern entscheidet sich die Protagonistin reflexiv und nachdem sie den beschwerlichen Weg der Wahrheitssuche in Form eines Wegs der stufenweisen Erinnerung auf sich genommen hat, für die Scheinwelt, für den reflexiven Rückgang in die Höhle, da ihr das Leben der Wahrheit unerträglich und unmöglich erscheint. Hier schließt Zimmermann an das philosophische Heute an, denkt man an das Licht der Aufklärung, welches nach Max Horkheimer und Theodor W. Adorno die Erde im ›triumphalen‹ Unheil erstrahlen lässt oder auch an die von Michel Foucault im Blick auf das panoptische Gefängnis als für die Moderne emblematische, universelle Sichtbarkeit, die als Falle begriffen wird, insofern sie auf alle Lebensbereiche ausgreift und diese unter Überwachung stellt. Kein schützendes Dunkel mehr, in dem das Verstecken oder Verbergen noch möglich wäre. Auch skizziert Zimmermann hier eine Dialektik, die zwischen Verzauberung im ersten Teil und Entzauberung im zweiten, doch wieder die Entzauberung als nur eine Form einer weiteren Erzählung im dritten Teil entlarvt.

Dass die Mechanismen oder ›Fähigkeiten‹ von Computern auch zu Therapiezwecken eingesetzt werden können, hat einer der Väter des Internets, der Informatiker Joseph Weizenbaum 1966 mit seinem KI-Programm ELIZA gezeigt: Dieses war in der Lage, Texteingaben mit Hilfe eines Parsers syntaktisch zu analysieren und den Arzt insofern zu simulieren als ein Gespräch durch stete Rückfrage in Gang gehalten wurde. Auch wenn Weizenbaum sein Programm nicht wirklich für die tatsächliche Anwendung in Kliniken entwickelte, sondern sich vielmehr im Geiste des Computervordenkers Alan Turings darin erprobte, ein Programm zu schreiben, dass den Realitätstest bestehen soll, insofern die Nutzer die künstliche nicht von einer menschlichen Intelligenz zu unterscheiden in der Lage waren, so war die Büchse der Pandora doch ein weiteres Stück geöffnet worden. Das fiktive Therapiespiel ›KRYONIUM‹ jedenfalls ist zur vollständigen Analyse des Unbewussten der Patientin in der Lage und nutzt diese zur generativen Strukturierung des Spiels.

Der vielleicht wichtigste Aspekt an KRYONIUM im Bezug auf Computerspiele ist aber derjenige der darin vorkommenden dreigliedrigen Räumlichkeit: Der Roman lässt sich nicht nur als platonische Matrjoschka einer drogeninduzierten Illusion innerhalb eines Spiels zu Therapiezwecken lesen, sondern selbst als eine Analogie der Grundverfassung von Spielen oder, noch allgemeiner, von virtuellen Realitäten verstehen. Computerspiele sind zumeist von einer dreifachen Spatialität gekennzeichnet, die mit dem französischen Stadttheoretiker Henri Lefebvre als Triade von Praxis, Repräsentation und Symbolisierung bezeichnet werden kann. Lefebvre hatte 1974 in seiner Schrift über »Die Produktion des Raums« diese Aspekte unterschieden, um in erster Linie deutlich zu machen, dass Raum keineswegs ein starres Gebilde ist, wie die Tradition des Raumdenkens spätestens seit Isaac Newton annimmt, wenn die Zeit der Bewegung als ein davon getrenntes Moment gedacht wird.

Wie schon für Einstein, ist für Lefebvre Zeit dagegen vom Raum untrennbar, insofern dieser im Wandel begriffen ist, gerade wenn man die urbane Entwicklung, für die sich Lefebvre interessierte, über die Jahrhunderte betrachtet. Lefebvres Thesen fanden zwar erst mit der in seinem Todesjahr 1991 erschienenen englischen Übersetzung international Beachtung (und fiel mit der geopolitischen Veränderung des zusammenbrechenden ›Ostblocks‹ zusammen), das ursprüngliche Erscheinungsjahr ist aber einschlägig für eine bislang recht wenig beachtete Erfindung: 1974 wurde die erste im Netzwerk spielbare Version von ›Maze War‹ durch Greg Thompson für acht Nutzer veröffentlicht. Das ursprünglich von Steve Colley bereits im Jahr zuvor bei der NASA entwickelte Game ließe sich als ›Pac-Man in 3D‹ bezeichnen, wenn es diesem Klassiker von 1980 nicht einige Zeit zuvorgekommen wäre. Wie der Titel besagt, handelt es sich bei ›Maze War‹ um einen Kampf zwischen Rivalen in den Gängen eines Irrgangs. Auch wenn die Bildschirmansicht noch keine flüssigen Echtzeitdarstellungen präsentierte, sondern die einzelnen Frames noch nacheinander wie in einer Art Daumenkino aufgebaut wurden, so beinhaltete das Spiel doch die wegweisenden Elemente vieler späterer Computerspiele, insbesondere solcher, die heute als First-Person Shooter oder im Deutschen als Egoshooter bezeichnet werden. Sie können als der Inbegriff von Computerspielen gelten, da sie auf einem Spielprinzip beruhen, das notwendigerweise die Nutzung des Computers als Medium – zu einem solchen wird der Rechner in Verbindung mit einem Monitor – voraussetzen und die Bildmanipulation als zentrales Mittel der Interaktion nutzen.

Wie in heutigen Spielen in der Perspektive der ersten Person wurde in der Primäransicht von ›Maze War‹ ein Korridor aus den Augen der Handlungsinstanz heraus dargestellt. Die Navigation erfolgte als Illusion einer Orientierungsbewegung durch das Wegesystem. Dieses konnte wiederum in einer anderen Bildschirmansicht, die in den späteren Versionen ab 1977 selbst in die Hauptansicht am unteren Bildrand eingebunden war, als Übersichtsanzeige in Form einer Karte dargestellt werden, die den Standort der virtuellen Figur sowie den Gegner zugleich mit anzeigte. (Genau genommen war diese Map also der Vorläufer von ›Pac Man‹.) In der Begrifflichkeit Lefebvres wäre dies eine Raumrepräsentation, in der die Raumpraxis entweder nachträglich abgebildet wird oder auch vorausgreifend geplant werden kann. Beide stehen solcherart in einem Wechselverhältnis und tragen zur Erfahrung von Raum bei. Das dritte Moment nach Lefebvre ist die symbolische Ebene, die er leicht irreführend als ›Repräsentationsraum‹ bezeichnet. Im Gegensatz zur erstgenannten Repräsentation ist hier jedoch nicht die direkte Darstellung des Handlungsraums, sondern die ›Bedeutung‹ in sozialen, kulturellen, politischen oder anderweitigen immateriellen Hinsichten gemeint. Der Raum von ›Maze War‹ etwa verweist auf den Stil der historischen Architektur von neuzeitlichen Irrgängen oder Korridoren, wie sie heute noch in Verwaltungs- oder Erziehungseinrichtungen anzutreffen sind. Das Wegesystem der meisten anderen Egoshooter ähnelt mehr antiken Labyrinthen, die im Unterschied zu den Irrgängen ab der Barockzeit, nur aus einem eingefalteten Weg bestanden, der keine Abzweigungen kannte, sondern – nach dem Vorbild der üblichen Weise, das Feld in immer enger werdenden Furchenwendungen zu pflügen – schlichtweg nur in die Mitte der kreisrunden Anlagen hineinführte. Die ›Bedeutung‹ einer solchen Raumorganisation wäre dementsprechend die Selbstfindung, während die der neuzeitlichen Labyrinthe die des Selbstverlusts ist – Computerspiele sind solcherart ein Ausdruck der grundsätzlichen Dynamik und ›Dreifaltigkeit‹ der Lebenswelt, wie Lefebvre sie beschreibt.

So changiert Zimmermanns KRYONIUM zwischen labyrinthischer Selbstfindung als Prozess der fortschreitenden und stufenweisen Erinnerung, nur um im Schluss den bewusst gewählten Weg des Selbstverlusts und der Abkehr von der unerträglichen und gesehenen Wahrheit einzuschlagen. Die wenigen Menschen, die aus der Höhle ans Licht klettern, die das Dunkel des Kinosaals mit den flackernden Bildern verlassen, um die Wahrheit zu sehen, tauchen wieder freiwillig ins Unbewusste hinab und in die Scheinwelt der Bilder, kehren in die Simulation zurück. – Ist die Höhle noch dieselbe nach der Rückkehr und der Abkehr vom gleißenden, brennenden und unerträglichen Licht der Wahrheit, ließe sich fragen.

In Zimmermanns KRYONIUM nun begegnen die drei Momente in den Abschnitten des Romans nahezu idealtypisch als räumliche Praxis im ersten Teil ›Amnesie‹, als Raumrepräsentation im zweiten Teil ›Monotonie‹ und als Repräsentationsraum im dritten Teil ›1, 10, 11, 100, 101, 110, 111, 1000, 1001‹. Diese Folge der neun Ziffern (ohne die Null selbst) im Binärcode hebt die Allgemeinheit der letzten Ebene hervor, die im Roman zudem aus der allgemeinen Perspektive des auktorialen Erzählers beschrieben wird. Hier wird das Computerspiel als solches thematisch: Sein Stellenwert in der Gesellschaft und Kultur, die Frage, ob wir uns unterhalten lassen und/oder uns bilden wollen, die Frage nach dem Suchtpotential, das Abwägen zwischen virtueller Realität und dem Sein ›in real life‹. Die erste Ebene der Handlungspraxis stellt sich vom Ende her gedacht entsprechend als das Eingetaucht-sein in die virtuelle Schlosswelt dar, dem ›Vergessen‹, aus dem sich die Protagonistin herausarbeitet. Der Zwischenschritt ist derjenige eines vermeintlichen – kartografischen – Blicks von außen auf diese Täuschung als Gegenmittel zum eintönigen Ablauf des Alltags in der Psychiatrie, der sich selbst nur als ein Level unter anderen des großen Spiels herausstellt, an dem letztlich wir alle beteiligt sind …

Über den Autor ...

Matthias A. K. Zimmermann

Matthias Alexander Kristian Zimmermann wurde 1981 in Basel (Schweiz) geboren und ist in ländlicher Umgebung im Kanton Aargau aufgewachsen. Er studierte musikalische Komposition, Kunst & Vermittlung, Game Design, Art Education und Pädagogik. Zimmermann ist Schriftsteller, Maler und Medienkünstler. Seine Bilder, die er als »Modellwelten« bezeichnet, reflektieren und erforschen die Kunst-, Design- und Mediengeschichte. Sein Werk erfuhr eine breite Rezension und befindet sich in Sammlungen diverser Museen.

Weitere Bucherscheinung über Matthias A. K. Zimmermann: Natascha Adamowsky (Hrsg.): Digitale Moderne. Die Modellwelten von Matthias Zimmermann. Hirmer Verlag, München 2018, ISBN 978-3-7774-2388-3

Das erste Kunstbuch über die Geschichte der Computerspiele und die digitale moderne Kultur beschäftigt sich mit der Ästhetik unserer digitalen Welt sowie deren Anwendung und Reflexion in der Kunst. Matthias Alexander Kristian Zimmermann, Schweizer Maler und Medienkünstler, lässt in seinen vielschichtigen Panoramen klassisch in Acryl gemalte Bilder mit am Computer generierten Szenerien verschmelzen. Seine zentralen Sujets sind dabei Computerspiele, mittelalterliche Malerei und japanische Gärten. Texte von Kunst-, Medien- und Kulturwissenschaftlern sowie Game-Designern flankieren die faszinierenden Bilderwelten.

Über den Nachwortverfasser ...

Stephan Günzel wurde 1971 in Coburg geboren. Seine Forschungsschwerpunkte liegen in den Bereichen der Raum-, Bild- und Medientheorie. Er veröffentlichte einschlägige Anthologien und Nachschlagewerke zum Raumthema und verfasste zahlreiche Schriften im Bereich der Game Studies. Günzel ist seit 2011 Professor für Medientheorie an der University of Applied Sciences Europe in Berlin und gründete dort den Studiengang Game Design. Derzeit ist er zudem Gastprofessor und Fachgebietsleiter für Medienwissenschaft an der Technischen Universität Berlin. Im Kulturverlag Kadmos ist zuletzt von ihm der der Band »Raum | Bild Zur Logik des Medialen« und der Band »Mediale Räume« erschienen.

Bibliografische Information der Deutschen Nationalbibliothek

Die Deutsche Nationalbibliothek verzeichnet diese Publikation in der
Deutschen Nationalbibliografie; detaillierte bibliografische
Daten sind im Internet unter http://dnb.d-nb.de abrufbar.

KRYONIUM. Die Experimente der Erinnerung
Erschienen bei KULTURVERLAG KADMOS
1. Auflage Oktober 2019
Copyright © Kulturverlag Kadmos, Berlin. Wolfram Burckhardt
Alle Rechte vorbehalten

Lektorat: Kristina Schippling
Satz: Readymade
Buchdesign: Matthias A. K. Zimmermann

Schriften: Garamond, Century Gothic, Basicdots

Druck und Bindung: CPI books GmbH, Leck
Gedruckt auf säurefreiem und chlorfrei gebleichtem Papier
Printed in Germany
ISBN 978-3-86599-444-8

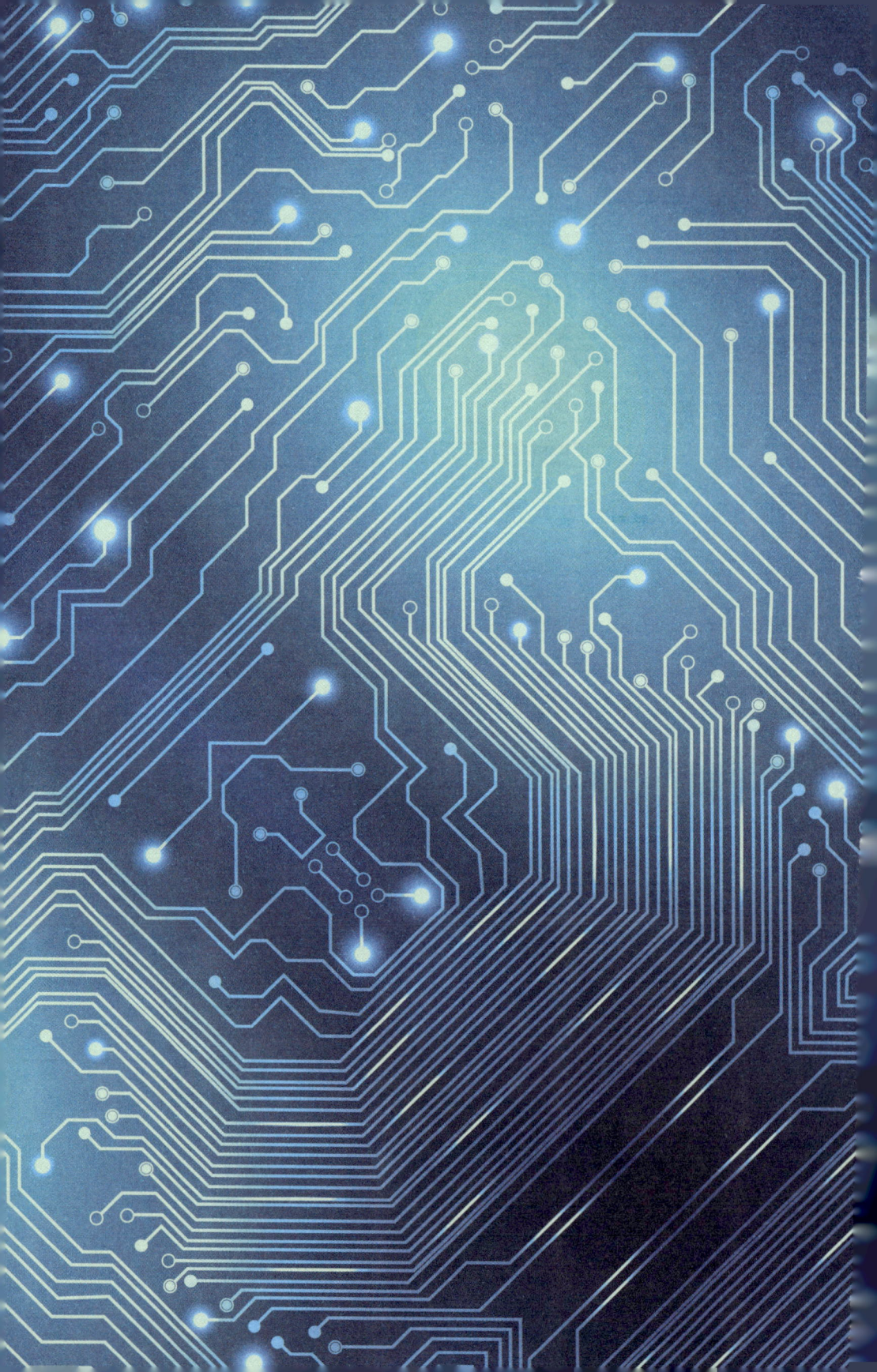